STUDIA HISTORICA MONGOLICA

蒙古史研究

第十五辑

乌云毕力格 主编

中国蒙古史学会
内蒙古大学蒙古学研究中心 编

上海古籍出版社

图书在版编目（CIP）数据

蒙古史研究.第十五辑 / 乌云毕力格主编.—上海：上海古籍出版社，2023.5

ISBN 978-7-5732-0665-7

Ⅰ.①蒙… Ⅱ.①乌… Ⅲ.①蒙古族–民族历史–中国–文集 Ⅳ.①K281.2-53

中国国家版本馆CIP数据核字（2023）第058939号

蒙古史研究（第十五辑）

乌云毕力格　主编

上海古籍出版社出版发行

（上海市闵行区号景路159弄1-5号A座5F　邮政编码201101）

（1）网址：www.guji.com.cn

（2）E-mail：guji1@guji.com.cn

（3）易文网网址：www.ewen.co

上海天地海设计印刷有限公司印刷

开本787×1092　1/16　印张13.75　插页4　字数310,000

2023年5月第1版　2023年5月第1次印刷

ISBN 978-7-5732-0665-7

K·3357　定价：78.00元

如有质量问题，请与承印公司联系

郝维民（1934—2022）

谨以本辑纪念郝维民先生

目　录

纪念郝维民教授

苏德毕力格　乌云格日勒
（内蒙古大学）

内蒙古大学郝维民教授2022年1月21日在呼和浩特病逝，享年88岁。他是内蒙古自治区哲学社会科学名家，也是著名的近现代蒙古史专家，为内蒙古近现代史研究付出了毕生精力。在《蒙古史研究》新一期付梓之际，我们简要介绍郝维民教授生平事迹，以表缅怀之情。

1934年2月12日，郝维民出生于内蒙古伊克昭盟杭锦旗东巴嘎四科河头村（今内蒙古巴彦淖尔市乌拉特前旗金星苏木）一个牧民家庭，他的父母给他起名敖腾比力格，意为小慧。1945年在家乡入学时，任课老师给他起了汉名——郝维民。此后，他在五原、包头、呼和浩特等地完成小学和中学学习。1957年考入刚刚建校的内蒙古大学，开启历史学专业学习。一年之后，因在同学当中岁数较长、阅历较丰，被推选以半工半读形式参加历史系的教学和科研工作。同年9月，历史系成立蒙古史教研室，成员有4人，郝维民便是其中一员。1961年，他开始为历史系本科生讲授内蒙古革命史。

1962年7月，郝维民大学毕业，转正为助教，正式成为内蒙古大学教师。这一年，蒙古史教研室改为蒙古史研究室，郝维民任研究室党支部书记。1972年底，蒙古史研究室改为学校直属研究单位，郝维民任直属党支部书记，主持研究室工作。1973年7月，郝维民带领蒙古史研究室11名成员前赴锡林郭勒盟正蓝旗汉克拉公社，体验牧民生活，进行社会历史调研，跟牧民同吃、同住、同劳动，并与牧民座谈蒙古族社会历史，考察金界壕、鲁王城、元上都遗址，历时3个月。这是内蒙古大学蒙古史研究队伍首次下牧区进行调研的学术实践活动。在此期间，郝维民教授先后为历史系、蒙古语系本科生、文研班、工农兵学员讲授内蒙古革命史、内蒙古近现代史。

1975年，内蒙古大学蒙古史研究室与内蒙古历史所合作编写《中国古代北方民族简史》，郝维民与特布信组织编写了《沙俄侵略我国蒙古地区简史》。1980年8月，内蒙古党委成立内蒙古党史资料征集委员会、内蒙古革命史编审委员会，下设办公室、《内蒙古革命史》编写组，郝维民任办公室副主任、编写组副组长。这一年，他与特布信教授共同招收中国民族史专业内蒙古近现代史研究方向的硕士研究生，开创了这一方向的研究生教育之先河。1983年，郝维民晋升副教授；1988年，晋升教授。

1982年8月，郝维民积极筹划，经内蒙古自治区党委批准成立了中共内蒙古地区党史研究所，设在内蒙古大学；1985年又冠名内蒙古近现代史研究所。郝维民主持建所工作，并任所长，直至1994年卸任。卸任行政职务后，他继续在教学科研第一线奋战，1999年指导最后一名研究生毕业，2006年光荣退休。

郝维民教授历任中国蒙古史学会秘书长、名誉会长，内蒙古自治区中共党史学会副理事长，内蒙古自治区国史学会副会长，内蒙古自治区延安精神研究会副会长等学术团体职务。在兼任工作中，他总是以饱满的热情组织和参加各种学术活动，以高度责任心完成每一项工作。

郝维民教授将毕生的精力献给了他所热爱的科研工作。1960年1月，他在内蒙古大学第一届科学讨论会上提交《锡尼喇嘛领导的伊克昭盟“独贵龙”运动》一文，后发表于《实践》杂志当年第2期。这是他学术生涯的开始。1963年，他发表《伊克昭盟“独贵龙”运动》一文，并与黄时鉴、特布信合写《中国旧民主主义革命时期内蒙古人民的革命斗争》长篇学术论文。这是关于内蒙古革命史的第一篇重要学术论文，具有开拓新的学术领域的重要意义。

改革开放以后，郝维民教授将主要精力投入于内蒙古近现代史、内蒙古地区史及民族理论和民族政策领域的研究与教学中。他带领内蒙古近现代史研究所的研究队伍，走访多名自治区老领导和革命老前辈，进行深入交流和访谈，在搜集大量口述史资料和文字资料的基础上，组织编写工作，先后主编《大青山抗日斗争史》《内蒙古近代简史》《内蒙古自治区史》《呼和浩特革命史》《百年风云内蒙古》及国家社科基金项目《内蒙古革命史》《内蒙古通史》和《内蒙古通史纲要》《蒙古学百科全书·近现代史》等9部学术著作。他还作为主要执笔人之一参加了国家民委民族问题五种丛书之《蒙古族简史》的编写工作。

2009年，郝维民开始主持国家社科基金项目“当代中国蒙古族历史”，2014年开始带领课题组成员驱车行程达10万多公里，历时一年零八个月，对全国31个省、自治区、直辖市的蒙古族现状进行调研。在这次旷日持久的调研活动中，先生体力严重透支，数次住院治疗。但身体状况稍有好转，他便奋不顾身，奔赴目的地，继续投入工作，最终顺利完成调研任务，搜集到大量第一手资料。2019年该项目以优秀成绩结项，完成书稿230万字。2016年，84岁高龄的郝维民仍承担了国家教育部重大委托项目“当代中国蒙古族研究”。

郝维民先生始终秉持“要选重大课题研究带学科建设，要以重大课题研究带资料建设，要以重大课题研究带培养人才”的学术理念和治学原则，充分发挥“群体力量，集体智慧”，出色地完成了上述大型著作的撰写工作和各类科研项目研究工作。

他所主持完成的研究成果曾荣获多项高层次荣誉和奖励。《内蒙古革命史》获得内蒙古自治区哲学社会科学规划项目优秀成果一等奖、内蒙古自治区首届图书奖和“五个一工程”入选奖，并获首届国家社会科学基金项目优秀成果二等奖，这是内蒙古自治区社会科学界迄今所获的国家最高奖项之一。

《大青山抗日斗争史》获内蒙古自治区哲学社会科学优秀成果一等奖；《呼和浩特革命史》获内蒙古自治区社会科学优秀成果一等奖和内蒙古自治区“五个一工程”入

选奖;《百年风云内蒙古》获内蒙古自治区“五个一工程”入选奖;《蒙古族简史》获中国社会科学院优秀成果奖。论文《试论内蒙古革命的道路》获中国中共党史学会中共党史研究优秀成果二等奖;《漫议中国西部大开发与蒙古族的发展》获国家民委社会科学研究优秀成果二等奖。

郝维民教授与齐木德道尔吉教授共同主编的《内蒙古通史》,被全国哲学社会科学规划办公室评为基础研究优秀成果,收入代表国家社会科学研究最高水平的“国家社科基金成果文库”出版,2012年获得内蒙古自治区哲学社会科学优秀成果政府奖一等奖、国家教育部高等学校哲学社会科学优秀成果二等奖、中国政府出版奖图书奖,国家出版总署、国家民委推荐为百部民族优秀图书。《蒙古学百科全书·近现代史》作为内蒙古自治区成立70周年献礼,获内蒙古自治区哲学社会科学优秀成果政府奖二等奖。

郝维民教授在六十余年的工作中多次被评为学校的优秀党员、先进工作者;1988年,被授予内蒙古自治区民族团结进步先进个人称号;1990年,被评为内蒙古自治区有突出贡献的中青年专家;1992年享受中华人民共和国政府特殊津贴专家。在内蒙古大学成立50、60周年之际,分别于2007、2017年被授予内蒙古大学突出贡献奖;2017年荣获内蒙古大学乌可力奖特殊贡献奖。2019年荣获内蒙古自治区第八届哲学社会科学奖哲学社会科学名家奖。

郝维民先生为内蒙古大学优势特色学科——蒙古史学科的发展做出了重大贡献,特别是在内蒙古近现代史研究领域的开拓、人才培养和科研队伍建设方面做出了卓越贡献。

附:郝维民教授论著目录

著作

1. 主持编写:《沙俄侵略我国蒙古地区简史》,内蒙古人民出版社,1979年。
2. 主编:《大青山抗日斗争史》,内蒙古人民出版社,1985年。
3. 参编:《蒙古族简史》,内蒙古人民出版社,1985年。
4. 主编:《内蒙古近代简史》,内蒙古大学出版社,1990年。
5. 主编:《内蒙古自治区史》,内蒙古大学出版社,1991年。
6. 主编:《内蒙古革命史》,内蒙古大学出版社,1997年。
7. 主编:《呼和浩特革命史》,内蒙古大学出版社,1999年。
8. 主编:《百年风云内蒙古》,内蒙古教育出版社,2000年。
9. 主编:《内蒙古通史纲要》,人民出版社,2006年。
10. 总主编:《内蒙古通史》,人民出版社,2011年。
11. 主编:《内蒙古通史》第七卷,人民出版社,2011年。
12. 主编:《蒙古学百科全书·近现代史》,内蒙古人民出版社,2017年。
13. 副主编:《中国历代少数民族英才传》,甘肃人民出版社,2000年。
14. 参编:《多松年》,内蒙古人民出版社,1981年。

论文

1.《伊克昭盟“独贵龙”运动与锡尼喇嘛的斗争》,《实践》1960年第2期。

2.《伊克昭盟“独贵龙”运动》,《内蒙古大学学报》1963年第1期。
3.《旧民主主义革命时期内蒙古人民的革命斗争》,《内蒙古大学学报》1964年第2期“蒙古史专号”（与黄时鉴、特布信合写）。
4.《“五四”到“五卅”时期呼和浩特反帝爱国运动史实札记》,《内蒙古大学学报》1979年第Z1期。
5.《第一、二次国内革命战争时期的内蒙古人民革命党》,《内蒙古大学学报》1979年第3、4期合刊。
6.《李大钊与内蒙古革命》,《近代史研究》1981年第4期。
7.《中国共产党的领导是内蒙古革命胜利的根本保证》，收入《新民主主义革命时期论文选集》，中共中央党校出版社，1982年。
8.《试论内蒙古革命的道路》,《内蒙古大学学报》1982年第1期。
9.《内蒙古最早的革命刊物——〈蒙古农民〉》,《内蒙古社会科学》1985年第4期。
10.《辛亥革命与内蒙古政治》，收入《辛亥革命在各地》，中国文史出版社，1991年。
11.《研究内蒙古革命史的珍贵文献——读王铎同志的〈五十春秋〉》,《内蒙古社会科学》1993年第2期。
12.《〈乌兰夫年谱〉史料订正札记》,《内蒙古档案史料》1993年第1期。
13.《民主革命时期毛泽东思想民族理论在内蒙古的实践》,《内蒙古社会科学》1994年第1期；收入《毛泽东百周年纪念——全国毛泽东生平和思想研讨会论文集》，中央文献出版社，1994年。
14.《四十年间人与事　历历都到眼前来》，收入《珠光湖韵》，内蒙古大学出版社，1997年。
15.《民族领袖，一代伟人——政治家乌兰夫》，收入《中国历代少数民族英才传》，甘肃人民出版社，2000年。
16.《达斡尔族政治家、教育家郭道甫》，收入《中国历代少数民族英才传》，甘肃人民出版社，2000年。
17.《缅怀恩师　不忘师教》，收入《漠南名人伊锦文》，内蒙古大学出版社，2001年。
18.《对土尔扈特蒙古部东归问题的理性思考》，收入《东归历史文化论文集》，新疆大学出版社，2004年。
19.《内蒙古近现代史研究回顾与展望》，收入《面向新世纪的蒙古学：回顾与展望》（“北京大学蒙古学论丛”第一卷），民族出版社，2005年。
20.《漫议中国西部大开发与蒙古族的发展——兼评少数族群“去政治化”和民族“共治”》,《蒙古史研究》第八辑，内蒙古大学出版社，2005年。
21.《学长益友　为人师表》,《蒙古史研究》第八辑，内蒙古大学出版社，2005年。
22.《刍议郭道甫与蒙古民族问题》,《达斡尔族研究》第八辑，内蒙古大学出版社，2005年。
23.《读〈王建功回忆录〉有感》，收入《九十年间——王建功回忆录》，内蒙古人民出版社，2006年。
24.《内蒙古革命和建设的光辉典范》,《实践》2006年第8期。
25.《内蒙古大学建校初期的标风学风点滴记忆》，收入《珠光湖韵（续集）》，内蒙古大学出版社，2007年。
26.《乌兰夫在内蒙古实行民族区域自治的伟大实践》，载《蒙古史研究》第十辑，内蒙古大学出版社，2010年。
27.《试论内蒙古革命和建设中的民族特点地区特点——纪念乌兰夫同志诞辰100周年》，收入《乌兰夫同志诞辰100周年纪念文集》，内蒙古人民出版社，2010年。
28.《浅析成吉思汗灵榇西迁东归历史》，收入《成吉思汗陵西迁与东归》（下），内蒙古文化出版社，2010年。
29.《党的民族区域自治政策成功启示》，收入《凝聚力量　提高高校党建水平》，光明日报出版社，2011年。

报刊论文

1.《内蒙古地区党组织年表》，《内蒙古日报》1981年6月10日。
2.《“孤魂滩”事件记实》，《内蒙古日报》1981年10月15日。
3.《鄂尔多斯风暴的由来》，《内蒙古日报》1981年10月30日。
4.《红旗在暴风中飘扬》，《内蒙古日报》1981年11月16日。
5.《绥远特别支部》，《内蒙古日报》1981年12月21日。
6.《中共内蒙古特支、特委》，《内蒙古日报》1982年2月10日。

《蒙古秘史》卷三山川地名考释

希都日古
（内蒙古大学）

近年来《蒙古秘史》山川地名研究方兴未艾，目前国内外主要代表性成果有［蒙古］沙·沙格达尔、桑·丹丁苏荣著《〈蒙古秘史〉中的山水地名》（赛音宝音转写蒙古文本，内蒙古教育出版社，2010年），内蒙古呼伦贝尔学者孟松林著《成吉思汗与蒙古高原》（蒙古文，内蒙古文化出版社，2013年），莫喜格著《〈蒙古秘史〉山水地名考究》（内蒙古文化出版社，2017年）等。笔者在参考借鉴并充分吸收这些最新成果的基础上，结合国内外前辈学者多年来相关《蒙古秘史》的研究创获，不揣浅陋，对《蒙古秘史》卷三山川地名进行了简单考释。拙文错误和不当之处在所难免，敬请专家学者不吝赐教，并予以批评和指正。

1. 不兀剌客额儿

不兀剌客额儿，此地名见于《蒙古秘史》第105节、第109节、第152节，共出现3次。

［法］伯希和、韩百诗法文译注，尹磊译，魏曙光校《〈圣武亲征录〉——成吉思汗战纪》第281—282页说：

> ［7］在下文中有与之相关的不剌（Būra）这一形式。《秘史》（第105、109、152节）称此地为不兀剌客额儿（Bu'ura-kä'är），即“公骆驼草原”。在拉施都丁书中，有两处提到了与之对应的名称，但学者们的读法则各自不同：克拉普罗特读作“Nuker-kehreh”（《亚洲学报》，1833年5月，第453页），多桑读作“Toucar Kehré”和“Toucara”（Ⅰ，55，75）；哀德蛮读作“Bucker Gehreh”（《铁木真》，271，290）；贝勒津读作“Bokir-keger”和“Bokir-kegere”（译文，Ⅱ，111，137，316），此外，他还用Bokir-kä'ärä“蜿蜒的草原”这一蒙古语的语源来解释这个名称（同上引，Ⅱ，278）。但拉施都丁书中书的抄本（文本，Ⅱ，180，221；亦参见哀德蛮《铁木真》，587）实际上是作Būqra-kähär或Būqra-kähärä［看起来拉施都丁经常是用kähärä这一形式来指“草原”，这与现代蒙古语中的kä'ärä对应，而《秘史》中均写作客额儿（kä'är）；但同样也有可能，拉施都丁的kähärä这一形式结尾的-ä是不恰当地保存于文本的与格—位置格形式］，而buqra则是蒙古语

bu'ura的另一种转写形式，在突厥语中作buγra“公骆驼”。中国学者要么把不兀刺客额儿或捕兀剌（<Būra）川比定为哈剌果勒左边的支流博罗河；要么比定为恰克图以南汇入色楞格河的布拉（Bura或Būra）河（参见上文第269页）。博罗河应予以排除。客额儿的意思是“草原”而不是“河”。《秘史》中提到的“薛凉格河的不兀剌原野”为我们指出了其地理位置。《内府舆图》[参见那珂（1），89]在恰克图南边有一条布拉河，在恰克图东边有布拉喀伦。我认为这个词应该复原为Būra-Karun，Karun是一个满语词，指的是“边境哨卡”（？<蒙古语的qara'ul，通常的转写作“卡伦”），而不应猜测为是错误地保持了一个属格形式的*Būra-kār-ün（我忽略了《异域录》中给出的满文形式，因为我未能参考此书；这一著作的汉文本写作“博拉”，参见《蒙古游牧记》，7，37a以及上文，268）。就我所见，可能布拉喀伦中的*Būra，就如同布拉河一样，仍保留了不兀剌（Bu'ura>Būra）“川”的名称，而不兀剌客额儿本身，应于恰克图之东求之。①

[日]村上正二译注《〈蒙古秘史〉1——成吉思汗的故事》(日文)第190—191页，注释十，“不兀剌客额原”条说：

Bu'ura Ke'er<Buγura kegere，Ra.Būqra Keher.Buγura是指公骆驼，拉施特所说Būqra<<Buqrā是其突厥语的形式。关于这个原野的位置，那珂通世译注《成吉思汗实录》(日文本)有详细注释说：

《内府舆图》恰克图以东有布拉喀伦以南有布拉河，向西流入色楞格河。俄罗斯地图有布连河，不兀剌·客额儿就是在这个布拉河边的原野。那珂通世译注《成吉思汗实录》第89页，大日本图书株式会社，1907年；那珂通世译注《成吉思汗实录》，第76页，筑摩书房，1943年。②

余大钧译注《蒙古秘史》，第118页，注释一，有关“不兀剌草原”条说：

即不兀剌河畔草原。不兀剌，河名，清《内府舆图》作布拉河，为色楞格河支流。③

[澳大利亚]罗依果著《蒙古秘史，13世纪蒙古史诗编年史》(英文)第413页，《蒙古秘史》第105节的注释说：

buγura不兀剌，意为“公骆驼”。这片平原（大草原）的名字，实际上是一片河流旁的山谷，即来自于同名的河，也就是说，现在的不兀剌河buγura yin γool。该条河流入色楞格河，在恰克图kiyaγtu的南部。据伯希和所说，不兀剌客额儿（不兀剌平原）在恰克图的东部，但X.普尔赖则把它的地点定在了靠近阿勒坦布拉格Altanbulaγ镇和苏和巴托市的地方，即在恰克图的南部。④

[蒙古]沙·沙格达尔、桑·丹丁苏荣著，赛音宝音转写《〈蒙古秘史〉中的山水地名》(蒙古文)第49—50页，相关注释说：

① [法]伯希和、韩百诗法文译注，尹磊译，魏曙光校：《〈圣武亲征录〉——成吉思汗战纪》，上海古籍出版社，2022年，第281—282页。
② [日]村上正二译注：《〈蒙古秘史〉1——成吉思汗的故事》(日文)，东洋文库，东京，平凡社，1970年，第190—191页。
③ 余大钧译注：《蒙古秘史》，河北人民出版社，2001年，第118页。
④ [澳大利亚]罗依果：《蒙古秘史，13世纪蒙古史诗编年史》(英文)，莱顿—波士顿，2004年，第413页。

花赛·都嘎尔扎布：历史地图中将此地标示在斡儿洹河、薛凉格河流域以南斡儿洹河左边。我们认为不兀剌客额列这个地方，应该说离塔勒浑阿剌勒很近。由孛脱罕孛斡儿只前往不兀剌客额列地方，用水筏渡过乞剌固河时，该河可能就是现今楚库河的支流敏济河。这是由孛脱罕孛斡儿只前往不兀剌客额列地方的捷径。

因此，我们认为不兀剌客额列这个地方，在今苏和巴托市以南位于北纬50°18′、东经106°20′的辽阔的原野。

X.普尔赖认为不兀剌河在乌兰巴托市以北地方。

敖·苏和巴特尔：策·策棱巴拉达布等在其图中将不兀剌客额列标示在俄罗斯联邦境内乌兰乌德以南薛凉格河（色楞格河）的左边。据《蒙古秘史》第109节总译记载："自孛脱罕·孛斡儿只地面起程，至勤勒豁名字的河边拴筏子渡了，到不兀剌地面。"由此可见这个标示似乎正确。假若此说成立，不兀剌客额列应该位于北纬51°29′、东经107°09′。①

前揭同书第49—50页，又说："今天的不兀剌客额列或者不兀剌客额列河，离德·巴札尔固尔等地图中标示的地方往南有150公里的距离。巴拉吉尼玛著《蒙古史》三卷（2005年）一书中把不兀剌客额列认为就是苏和巴市附近的不兀剌客额列。"②

孟松林著《成吉思汗与蒙古高原》（蒙古文）第103页说：

不兀剌客额儿在蒙古国色楞格省苏和巴托苏木境内色楞格河南岸的原野，位于北纬50°18′、东经106°20′。③

莫喜格著《〈蒙古秘史〉山水地名考究》汉文部分，《蒙古秘史》卷三的山水地名，第20页，注释第32，相关"不兀剌·客额列"条说：

这里提到的不兀剌客额列，客额列是原野的意思。不兀剌客额列是兀都亦惕·篾儿乞惕部的脱黑脱阿的住地，位于现在的蒙古国色楞格省苏和巴特尔苏木境内的色楞格河南岸（北纬50°18′，东经106°20′），是萨彦岭森林与不兀剌草原的结合带，是地势平坦、水草丰美的自然草原。当年铁木真的一万雄师在这里击败脱黑脱阿，报了抢妻之仇。④

笔者按：一般认为《蒙古秘史》记载的不兀剌·客额儿地方，指在蒙古国色楞格河流域原篾儿乞惕部的驻牧地，也就是说，今蒙古国色楞格省色楞格河南岸一带草原。

2. 斡儿洹河（鄂尔浑河）

斡儿洹河（鄂尔浑河），这条河名见于《蒙古秘史》第105节、第115节、第195节，共出现3次。

［日］村上正二译注《〈蒙古秘史〉1——成吉思汗的故事》（日文）第191—192页，

① ［蒙古］沙·沙格达尔、桑·丹丁苏荣著，赛音宝音转写：《〈蒙古秘史〉中的山水地名》（蒙古文），内蒙古教育出版社，2010年，第44—45页。
② ［蒙古］沙·沙格达尔、桑·丹丁苏荣著，赛音宝音转写：《〈蒙古秘史〉中的山水地名》（蒙古文），第49—50页。
③ 孟松林：《成吉思汗与蒙古高原》（蒙古文），内蒙古文化出版社，2013年，第103页。
④ 莫喜格：《〈蒙古秘史〉山水地名考究》汉文部分，内蒙古文化出版社，2017年，第20页。

注释一三，“斡儿洹河”条说：

斡儿洹河，Orqon-Orxon，Ra.Ōrqān 据那珂通世译注《成吉思汗实录》的注释，斡儿洹河今鄂尔坤河，《旧唐书·回鹘传》作昆河、昆水，《元史·太宗纪》作斡儿寒，《元史·明宗纪》作斡耳罕，虞集《句容郡王世绩碑》（苏天爵《元文类》）又作斡观河。这条河发源于杭爱山脉，贯穿蒙古人民共和国的中央部分，流入色楞格河。全长960公里。途中与伊饶、哈剌、土剌三条支流汇合。这条河流域大部分地区在蒙古高原境内，土地极其肥沃，风光明媚，自古以来居住在蒙古高原的畏兀儿（维吾尔）、蒙古各游牧帝国，经常在这里建立并经营其首都。著名的鄂尔浑河一带的碑铭就立于此，其理由正在于此。①

冯承钧原编，陆峻岭增订《西域地名》（增订本）第71页说：

Orkhun：《新唐书·回鹘传》作昆河，贾耽《四夷路程》作嗢水，《元秘史》作斡儿洹河，《亲征录》及《元史·太宗本纪》作斡儿寒河，《明宗本纪》作斡耳罕水，《土土哈传》作斡欢河，《伯颜传》作斡鲁欢河，欧阳玄《高昌偰氏家传》作斡耳汗河。今鄂尔浑河，在外蒙古境内。”②《中国历史大辞典·辽夏金元史卷》第506页，陈得芝先生撰写“斡耳罕河”条说：“又译斡儿寒、斡鲁欢。元河流名。今蒙古人民共和国鄂尔浑河。”③

阿尔达扎布译注《新译集注〈蒙古秘史〉》第184页，注释12，“斡儿洹河”条说：

斡儿洹，水名，又见195节。ORQUN，属于蒙古领土的河名。参见《古突厥语辞典》第371页。斡耳罕河：又译斡儿寒、斡鲁欢。元代河流名，今蒙古国鄂尔浑河。参见《中国历史大辞典·辽夏金元史》第506页，陈得芝撰写辞条。斡儿罕：OPKAH见第115、195节。今名札鲁·鄂尔浑河，由札鲁·鄂尔浑右岸汇聚的另一条河叫赛尔河，也叫胡格欣·鄂尔浑河。按：俄文地理书上误将Opxon释为满语Opxo。参见普尔赖《〈蒙古秘史〉地名考》第21页。④

钟兴麒编著《西域地名考录》第970—971页，“斡儿洹”条说：

斡儿洹：河名。《蒙古秘史》斡儿洹河，《亲征录》斡儿寒河，《元史》有关经传作斡儿寒、斡耳罕、斡欢、斡鲁欢，欧阳玄《高昌偰氏家传》作斡耳汗，即蒙古国鄂尔浑河。⑤

［蒙古］沙·沙格达尔、桑·丹丁苏荣著，赛音宝音转写《〈蒙古秘史〉中的山水地名》（蒙古文）第45—46页，有关“鄂儿浑河”（鄂尔浑河）条的注释说：

这条河就是我们所熟悉的鄂尔浑河，鄂尔浑河分为扎鲁鄂尔浑河，赛尔或者库克申鄂尔浑河。这条河发源于杭爱山脉，往东北奔流至1 124公里，在苏和巴托市附近薛凉格（色棱格）河右边与之汇合合流。⑥

---

①［日］村上正二译注：《〈蒙古秘史〉1——成吉思汗的故事》（日文），第191—192页。
② 冯承钧原编，陆峻岭增订：《西域地名》（增订本），中华书局，1980年，第71页。
③《中国历史大辞典·辽夏金元史卷》，上海辞书出版社，1986年，第506页。
④ 阿尔达扎布译注：《新译集注〈蒙古秘史〉》，内蒙古大学出版社，2005年，第184页。
⑤ 钟兴麒编著：《西域地名考录》，国家图书馆出版社，2008年，第970—971页。
⑥［蒙古］沙·沙格达尔、桑·丹丁苏荣著，赛音宝音转写：《〈蒙古秘史〉中的山水地名》（蒙古文），第45—46页。

莫喜格著《〈蒙古秘史〉山水地名考究》汉文部分，《蒙古秘史》卷七的山水地名，第69页，注释第117，有关“鄂儿浑河”条说：

> 鄂尔浑河由源于杭爱山北麓的小河小溪汇集成主流。经过后杭爱省、布尔干省及色楞格省，途中与源于肯特山的土拉河汇合在一起，流入色楞格河，河长有1 124公里。①

笔者按：《蒙古秘史》记载的斡儿洹河，即今蒙古国境内的鄂尔浑河。这条河发源于蒙古国中部的杭爱山山脉东部向东北绵延的苏布尔干海尔汗山，奔流1 124公里，在色楞格河右边东经106°、北纬50°处地方汇合形成最大干流。流域面积132 835平方公里，这也占色楞格河在蒙古国境内部分流域面积的47%。上游左边与塔米尔河，右边与纳林河（又称库克新鄂尔浑河）汇合；在其下游的左边再同发源于肯特山的土拉河、哈拉噶河、伊鲁格河等河水汇合奔流。

库克新鄂尔浑河，又称作纳林河，发源于蒙古国中部的杭爱山脉的东部，奔流230公里，流经乌浑诺尔，在东经102°12′、北纬47°46′处地方流入鄂尔浑河。流域面积6 210平方公里。

3. 薛凉格河（色楞格河）

薛凉格河（色楞格河）的河名，分别见于《蒙古秘史》第105节、第109节、第110节、第115节、第144节、第152节、第162节、第177节、第219节、第219节，共出现10次。

[日]村上正二译注《〈蒙古秘史〉1——成吉思汗的故事》（日文），第192页，注释一四，“薛凉格河”条说：

> 薛凉格河Selengge Müren。据那珂通世《成吉思汗实录》（日文本）的注释，这条河就是现在的色楞格河。《旧唐书·回鹘传》作仙娥河。《元史·巴而术阿而忒的斤传》作薛灵水。耶律铸《双溪醉隐集》作锡兰河。欧阳玄《偰氏家族传》作偰辇杰河等等。这条河发源于杭爱山，与伊德尔河与德力格尔河汇合，在蒙古人民共和国北部由西向东奔流，在阿拉坦宝力格Altan bulaγ附近流入苏联境内北流直到注入贝加尔湖。作为蒙古国最大的一条大河，全长1 260公里。其水系非常多，左岸的最大支流是出自库苏古尔湖的额尔津河，而右岸的最大的支流则是前述鄂尔浑河。②

冯承钧原编，陆峻岭增订《西域地名》（增订本）第83页说：

> Selenga：《旧唐书·回纥传》娑陵水，《新唐书·地理志》仙娥河，《亲征录》薛良格河，王恽《玉堂嘉话》卷三薛良河今悉连哥，《元秘史》薛凉格河，《元史·巴而术阿而忒的斤传》薛灵哥河，今外蒙古之色楞格河，流向东北，注入贝加尔湖。③

[蒙古]沙·沙格达尔、桑·丹丁苏荣著，赛音宝音转写《〈蒙古秘史〉中的山水地名》（蒙古文）第47页，有关“薛凉格河”（色楞格河）的注释说：

---

① 莫喜格：《〈蒙古秘史〉山水地名考究》汉文部分，第69页。
② [日]村上正二译注：《〈蒙古秘史〉1——成吉思汗的故事》（日文），第192页。
③ 冯承钧原编，陆峻岭增订：《西域地名》（增订本），第83页。

薛凉格河（色楞格河），这是我们所熟悉的薛凉格河。薛凉格河的源头叫作伊得尔河。德勒格尔河、伊得尔河、布克赛河在位于北纬49°16′、东经100°41′处汇合开始称为薛凉格河。这条河在此处奔流593公里，与斡儿洹河（鄂尔浑河）合流。[①]

莫喜格著《〈蒙古秘史〉山水地名考究》汉文部分，《蒙古秘史》卷三的山水地名，第22页，注释第39，有关“色楞格河”条说：

色楞格河是蒙古国水域面积最大的一条大河。色楞格河由源于肯特山脉、杭爱山脉、库苏古尔山脉的小河小溪汇合成的大河，也是蒙古国境内支流最多的一条大河，即塔米尔河、匈奴河、德力格尔河、额金河、鄂尔浑河、土拉河等大河都汇入色楞格河，成为蒙古国最大、最宽、最长的一条河。色楞格河往北穿过蒙、俄两国边界，从东岸注入俄罗斯布里亚特共和国境内贝加尔湖。色楞格河全长992公里，在蒙古国境内的河长593公里。[②]

钟兴麒《西域地名考录》第792页，“色楞格”条说：

河名。蒙古国色楞格河。中国史籍多译作薛良格、薛灵哥。据《库伦志》：“色楞格河自三音诺颜部中末旗东北流入土谢图汗右翼左和硕亲王旗界，额赫河自唐努乌梁海库苏古尔泊东南流来会。又东流喀拉湖双尔河，布喀尔河自南入之，鄂博尔克伦河自北入之。东北流鄂尔坤河自南来会，又东北有一水，自西南来注之，又东北经恰克图西，入俄国境，注入贝加尔湖。”[③]

姚明辉撰《蒙古地志》卷一“河流·二、外蒙古之河流：色楞格河条”说：

色楞格河，行于外蒙古三音诺颜、土谢图汗二部，北入俄属西北里，流域广大，蒙古第一巨流也。其源有七，北源三，曰托尔和里克河，曰德勒格尔河，皆出乌梁海之唐努山脉东麓，曰布克绥河，出札萨克图汗部之唐努山脉东麓。托尔和里克河又二源，德勒格尔河又十源，布克绥河又五源。南源四，曰厄得勒河，曰齐老图河，曰乌里雅苏台河，曰阿济拉克河。厄得勒河又七源，齐老图河又三源，皆出三音诺颜部杭爱山脉东麓。南北七源会合于三音诺颜汗部右翼后旗北而东北流，始称色楞格河或仍称为齐老图河。又东北纳小水四，至中末旗东南，有哈绥河，自西南杭爱山并数小水合胡伊鲁河北流注之。又东北纳小水四而入土谢图汗部。有额赫河，自西北唐努山脉承库苏古尔泊南流注之，水势大盛。又东北，南纳小水三，北纳小水三，经右翼左旗北，右翼右末次旗南，中左翼末旗南，鄂尔坤河自南来会。自是水势益盛，流亦甚急，折向北流，经买卖城商埠西而北入俄属后贝加尔州，下游汇于贝加尔湖，为叶尼塞河上源。此河环流连山之间，长至数千里，阔凡四五十丈，两岸皆丛柳樱榆，水清且深，土人引以为灌溉，上流载三千二百六十余尺之高地，下流地势渐低而河底益深，颇擅输挽之利，惟轮船不能驶行。若至上流，河心恒有沙洲，帆樯难达。所纳大川，以鄂尔坤河、额赫河为最。哈绥河、齐老图次之。其自会合鄂尔坤河以北，或以鄂尔坤名之。盖二

---

① ［蒙古］沙·沙格达尔、桑·丹丁苏荣，赛音宝音转写：《〈蒙古秘史〉中的山水地名》（蒙古文），第47页。

② 莫喜格：《〈蒙古秘史〉山水地名考究》汉文部分，第22页。

③ 钟兴麒编著：《西域地名考录》，第792页。

河源流，长阔相若，故既合以下，两名并称也。鄂尔坤河源三，皆出三音诺颜部杭爱山脉东麓，当右翼左末旗之北，一曰姑洛河，一曰阿木勒稽乌林塔河，一曰朱勒尔吉乌里雅苏台河，三源合而东北，始有鄂尔坤名。经中前旗北，入土谢图汗部，经西库伦西，折而西北，又经土谢图汗旗西，西受集尔玛吉河，又北塔米尔河自西南来会。塔米尔河，亦巨川也，发源于杭爱山脉之库库岭，东流经额鲁特前旗、中右翼末旗，会库尔里克河，与小水十余，行四百余里，鄂尔坤河既合塔米尔河，仍向西北，折而东北，又折而正北，又折而东北，经额鲁特前旗、左翼左末旗，左翼前旗西，右翼左后旗北，图拉河自南来会，水势大盛。又东北，哈拉哈河自东南来会，哈拉哈河，亦巨川也，源出肯特山脉之西支，当库伦西，流经右翼左末旗、右翼右末旗，行四百余里，会通克勒等河。鄂尔坤河又东北，经右翼左旗东，至中左翼末旗东北，与色楞格河会。此河流行土谢图汗、三音诺颜（汗）二部之间，凡千六百余里，长与色楞格河相埒，所受川流以图拉为最大，塔米尔、哈拉次之，其他小川，多不胜纪，水清而浅，舟楫不通。①

笔者按：《蒙古秘史》记载的薛凉格河，即今蒙古国、俄罗斯境内的色楞格河。早在20世纪30年代韩儒林《突厥文〈苾伽可汗碑〉译释》一文的考释部分指出："[13]娑陵水Sälängä：今图作色楞格河。回纥未盛时在突厥之北（突厥中心为於都斤山）。《唐书》（《旧唐书》——引者）卷二百十七上《回纥传》谓其'居娑陵水上'，娑陵水即碑文之Sälängä。回纥磨延啜碑，即在此水流域之谷发见（现——引者）。同书卷四十三上《地理志》关内道回纥州中有仙萼州，仙萼应为娑陵之异译，盖以水为州名也。同卷贾耽所记入四夷之路，又作仙娥河。"②

蒙古国著名学者博·仁钦在其《蒙古语书面语语法》（蒙古文）一书中指出："蒙古山川地名中有一个称作色楞格的水名，起初称作德力格尔江，从某段突兀地称作色楞格，直到末流仍称作色楞格，这也不是意外的机缘。从历史的角度来看，有其原因的：原来蒙古姓氏部族居住，一直称作德力格尔江，古代那时与蒙古人做主的乡土毗邻的有哈木尼干部落、突厥姓氏部族居住，因而给命名为'巴延诺尔'的叫作'Байкөл'的湖泊存在的证据一直留存至今，蒙古姓氏部族后来在那个哈木尼干部族、突厥姓氏部族的地方当家做主，流经哈木尼干地方境内的德力格尔江，留下色楞格或铁木尔图这个哈木尼干语名字，古代突厥姓氏部族的'Байкөл'称谓，在蒙古人的口音中变成了贝加尔湖。"③"还有那个叫作色楞格江的色勒sele是指意为铁的哈木尼干语。因在其后面接下的词尾enge与我们的-та、-тай、-тэ、-тэй同义词尾，因此色楞格这个名，在古代哈木尼干语中成为了'特木尔台'（汉译则其意为有铁——引者）之名，这就成为色楞格河一带曾经存在过哈木尼干部族的证据，语言的各种证据，如今在色楞格河一带哈木尼干人早已消失的情况下，用古代墓葬之类证实哈木尼干墓葬是何种

① 姚明辉：《蒙古志》卷一，内蒙古地方文献参考资料，内蒙古文化遗产丛书影印清光绪三十三年刊本，2009年，第43—44页。

② 韩儒林：《突厥文〈苾伽可汗碑〉译释》，《禹贡》半月刊第六卷第六期，1936年；后收入《韩儒林文集》，江苏古籍出版社，1985年。

③［蒙古］博·仁钦《蒙古语书面语语法》（蒙古文），第三册"形态学研究"，内蒙古人民出版社，2020年，第24页。

样子时，同其他断定处的墓葬以及从中出土的骨骼、器物等对照识别时便成为重要参照。”①由此可见，色楞格一词，古代哈木尼干语称作“铁木尔图”，译成汉语意为有铁。

除此以外，钟焓著《重释内亚史——以研究方法论的检视为中心》一书的第四章“乌瑞夫人北亚民族学研究的贡献与启示”部分，谈到拉施特《史集》记载的蒙古人的祖先熔铁出山的故事时说：“乌瑞夫人和村上正二一致重视《史集》中一兀良哈人声称自己对于当初蒙古人冶铁出山一事颇有助益的记载，并认为后来为蒙古人所遵循的新年冶铁礼仪其实也是袭自兀良哈人。如果这一推论符合实际，那么岂非是说蒙古人直到入居不儿罕山一带才从当地的原住民那里学到有关冶铁的知识与礼仪？而此前蒙古人的祖先在额尔古纳河右岸的山谷中‘冶铁出山’的传说就完全丧失了最基本的前提条件？欲解除这些疑虑，就需要考察蒙古高原及其附近铁矿资源的实际分布状况，目前的证据显示从额尔古纳河的右岸一直到大兴安岭山脉确实不见铁矿分布，距离额尔古纳河最近的铁矿资源在其左岸靠近今博尔朔夫山的地方。更为集中的铁矿资源则蕴藏在贝加尔湖东—南方向的南西伯利亚以及毗邻的色楞格河与鄂尔浑河的交汇处，此外在杭爱山一带也有天然铁矿，但明显不及上述地点丰富。故此前语言学家用满—通古斯语的‘铁’（sele）来解释古突厥文碑铭中就已出现的仙娥水 / 色楞格河（Sëlëŋë）就显得颇有道理，虽然以后这里的通古斯人渐渐被蒙古人所同化。再考虑到不儿罕山的兀良哈人正是从北方铁矿丰富的南西伯利亚森林地带南迁过来而新抵达的鄂嫩河源一带却相对缺少铁矿分布，因此可以认为兀良哈人将其在南西伯利亚始居地就早已掌握的冶铁技术教授给新迁到草原区域的蒙古人的观点当距史实不远。故《史集》中关于蒙古祖先冶铁出山的生动记载反而相对晚出，是其西迁入草原接触到铁矿冶炼知识之后方才形成的全新传说。”②

总而言之，发源于蒙古国中部杭爱山脉的色楞格河，向北流入位于今属于独联体俄罗斯联邦的东西伯利亚高原南部，即俄罗斯联邦成员国布里亚特的伊尔库茨克州境内的世界最深最大的淡水湖——贝加尔湖。伊德尔河、德力格尔河这两条河水汇流之后，称作色楞格河。一般认为，伊德尔河是色楞格河的上源源头。色楞格河全长992公里，在蒙古国境内长度593公里，宽度为50米～200米。色楞格河整个流域面积447 000平方公里，其中282 000平方公里的流域面积在蒙古国境内。伊德尔河发源于蒙古国中部的杭爱山脉的中央部位2 700米高处向西北奔流。伊德尔河奔腾绵延452公里之后，与德力格尔河汇合，二水合流成为色楞格河。伊德尔河的流域面积为24 555平方公里。

4. 塔勒浑阿剌勒

此地名见于《蒙古秘史》第105节。

阿尔达扎布译注《新译集注〈蒙古秘史〉》第184页，注释第13，“塔勒浑阿剌勒”条的注释说：

> 塔勒浑阿剌勒，地名行；答勒浑、阿剌勒地名行。塔勒浑阿剌勒，经度

① ［蒙古］博·仁钦《蒙古语书面语语法》（蒙古文），第三册“形态学研究”，第108—109页。
② 钟焓：《重释内亚史——以研究方法论的检视为中心》，社会科学文献出版社，2017年，第281—282页。

106°，纬度50°，为鄂尔浑河和色楞格二河的汇合处，今已更名为察干·阿剌勒。参见普尔赖《〈蒙古秘史〉地名考》第25页。[①]

［蒙古］沙·沙格达尔、桑·丹丁苏荣著，赛音宝音转写《〈蒙古秘史〉中的山水地名》（蒙古文）第48页，相关"塔勒浑阿剌勒"的注释说：

塔勒浑阿剌勒，此地名见于《蒙古秘史》第105节："'歹亦只黑赤歹亦儿兀孙额朵额斡儿洹、薛凉格豁牙仑塔勒浑阿剌剌备者'，总译：札木合说，我也听得帖木真安答的妻被人掳了。……歹亦儿兀孙在斡儿洹、薛凉格河两间塔勒浑阿剌勒的地面里有。"

X.普尔赖认为此地在斡儿洹河、薛凉格河流域河畔位于北纬50°、东经106°处，现今叫作察干阿剌勒。

花赛·都嘎尔扎布：历史地图将塔勒浑阿剌勒标示在斡儿洹河、薛凉格河流域河畔。

屠寄：斡儿洹、薛凉格河两间"布鲁克"山即塔勒浑阿剌勒。

德·巴札尔固尔在其地图中将塔勒浑阿剌勒标示在斡儿洹河、薛凉格河流域河畔北纬50°15′、东经106°10′处。

敖·苏和巴特尔：将该地标示在斡儿洹河、薛凉格河流域河畔上边。策·策棱巴拉达布也标示在那里。看来，塔勒浑阿剌勒在斡儿洹河、薛凉格河流域河畔一带是正确的。[②]

孟松林《成吉思汗与蒙古高原》（蒙古文）第96页说：

塔勒浑阿剌勒在蒙古国色楞格河与鄂尔浑河汇合处环水的半岛形地方。位于北纬50°、东经106°。[③]

莫喜格著《〈蒙古秘史〉山水地名考究》汉文部分，《蒙古秘史》卷三的山水地名，第20—21页，注释第33，有关"塔勒浑阿勒剌"条说：

阿勒剌是岛的意思。塔勒浑阿勒剌是兀洼思·篾儿乞惕部的歹亦儿兀孙的住地。位于现在的蒙古国色楞格省苏和巴特尔苏木境内的色楞格河与鄂尔浑河汇合处的半岛。北纬50°、东经106°。札木合两万大军在这里击败兀洼思·篾儿乞惕。[④]

笔者这里赞同X.普尔赖、德·巴札尔固尔、孟松林等蒙中两国学者的见解，认为塔勒浑阿剌勒在斡儿洹（鄂尔浑）河、薛凉格（色楞格）河流域河畔，位于北纬50°15′、东经106°10′一带地方。

5. 合剌只客额列

合剌只客额列，这个地名仅见于《蒙古秘史》第105节1次。

［日］村上正二译注《〈蒙古秘史〉1——成吉思汗的故事》（日文）第192页，注释一六，"合剌只客额列"条说：

---

① 阿尔达扎布译注：《新译集注〈蒙古秘史〉》，第184页。
② ［蒙古］沙·沙格达尔、桑·丹丁苏荣著，赛音宝音转写：《〈蒙古秘史〉中的山水地名》（蒙古文），第48页。
③ 孟松林：《成吉思汗与蒙古高原》（蒙古文），第96页。
④ 莫喜格：《〈蒙古秘史〉山水地名考究》汉文部分，第20—21页。

Qaraǰi Ke'er. qaraǰi-qaraǰa相关字典说冬天期间河水不冬之处《科瓦列夫斯基字典》(《蒙俄法语辞典》) 第836b页；莱辛《蒙古语——英语词典》第935b页。不过，伯希和不以为然，主张此处不如取意qaračin-qaraǰin的意思，qara qumiz，也就是说，意为酿造精制蒸馏的马奶酒的人。大概这个原野在色楞格河附近。伯希和与韩百诗《〈圣武亲征录〉译注》(Histoire des Campagnes de Gengis-Khan)，莱敦，1951年，第279—280页。①

［蒙古］沙·沙格达尔、桑·丹丁苏荣著，赛音宝音转写《〈蒙古秘史〉中的山水地名》(蒙古文) 第48—49页，有关“合剌只客额列”的注释说：

“札木合呜诂列论……合阿台答儿马剌额朵额合剌只客额列备者”，《蒙古秘史》第105节总译：“合阿台答儿马剌在合剌只客额儿地面里有。”X.普尔赖认为合剌只客额列此地在薛凉格、勤勒豁两条河之间靠左边一带地方。敖·苏和巴特尔：合剌只客额列此地在今达尔汗市以南在哈拉噶附近一带。由此看来，所谓合剌只客额列此地是横跨薛凉格（色棱格河）、斡儿洹河（鄂尔浑河）、勤勒豁河、不兀剌客额列等处，是一个面积比较大的地方。②

莫喜格著《〈蒙古秘史〉山水地名考究》汉文部分，《蒙古秘史》卷三的山水地名，第21页，注释第34，有关“合剌只客额列”条说：

合剌只客额列：这里是合阿惕·篾儿乞惕部合阿台答儿马剌的住地。位于现在的蒙古国色楞格省境内的色楞格河北岸。克列惕王罕及其弟弟札合敢不的两万大军在这里击败合阿惕·篾儿乞惕。③

笔者认同蒙古国沙·沙格达尔、桑·丹丁苏荣二位学者的观点，也就是说，“合剌只客额列”此地是横跨薛凉格（色楞格）河、斡儿洹（鄂尔浑）河、勤勒豁河、不兀剌客额列等处，是一个面积比较大的草原。

6. 勤勒豁河

勤勒豁河此名，分别见于《蒙古秘史》第105节、第109节、第195节，共出现3次。

［法］伯希和、韩百诗法文译注，尹磊译，魏曙光校《〈圣武亲征录〉——成吉思汗战纪》第283—284页说：

札木合制定了作战计划，他将三支部队会合以对蔑儿乞人开展行动的地方，定在鄂嫩河源头处的孛脱罕孛斡儿只［Botoqan Bo'orǰi，格鲁塞《蒙古帝国史》，432中的“Botoqan bo'ordǰid”是对表示属格-位置格的词尾-da错误地点断所造成的，Botoqan的意思是“幼驼”，格鲁塞前引书中巴鲁克先生给出的所谓“baghourdjid”的解释“牧场”是不存在的（我们只有解释为“厨师”的ba'urči，ba'určin，参见《通报》，1930，26—27)，此外这里在语音上也是不能接受的；boorǰi的意思是“第二代的奴隶”，但也解释不通］。成吉思汗和王汗，从克鲁伦

① ［日］村上正二译注：《〈蒙古秘史〉1——成吉思汗的故事》(日文)，第192页。
② ［蒙古］沙·沙格达尔、桑·丹丁苏荣著，赛音宝音转写：《〈蒙古秘史〉中的山水地名》(蒙古文)，第48—49页。
③ 莫喜格：《〈蒙古秘史〉山水地名考究》汉文部分，第21页。

河上游出发，先在乞沐合豁罗罕（Kimurqa-qorqan，第107；第88、第122节乞沐儿合豁罗罕Kimurqa-qoroqan）阿因勒合剌合纳（Ayil-Qaraqana）会合，从那里他们又去了孛脱罕孛斡只。Ayir（>突厥语、俄语的aul）的意思是“村庄”，qaraqana是西伯利亚刺槐的名称，这个地点仍然未知。Qoroqan的意思是“小溪”。这里我们有了一处坐标。事实上这肯定就是鄂嫩河上游右岸的那条小支流，它仍以“Kimourha”之名出现在唐维尔的东部内亚地图第7页中；在现代的汉文地图中颚化为齐母尔喀（或“哈”，Cimurqa）；在《水道提纲》和《蒙古游牧记》，9，10b中被称为呼玛拉堪［*Qumarqan，*Ḫumarqan，波波夫《蒙古游牧记》，396转写为“Khumargan”，参见那珂（1），66］。这种比定中的重要之处在于，确定了成吉思汗和王汗是从克鲁伦河流域，经过了鄂嫩河的这个地点，前去攻击蔑儿乞人。也就是说，他们的行军没有取道于肯特山南的土拉河流域、哈剌果勒和鄂尔浑河，而是取道山北，自鄂嫩河向西北去。札木合的计划包括，自鄂嫩河上游以筏子（sal）渡过勤勒豁河（Kilqo，第105、109节），出其不意地去不兀剌草原袭击脱黑脱阿。勤勒豁河（mürän）就是我们地图中的“Kilok”（德文拼写作“Chilok”），它是色楞格河右岸的一条重要的支流，在《水道提纲》中叫作启儿活，在现代地图上叫作乞勒豁，也就是Kilḫo［那珂（1）90；格鲁塞《蒙古帝国史》，70和格鲁塞等的《总体史·中世纪史》X，第一部分，282，但要考虑到这两部著作所附的勘误表］。这表明了一种向北方进行的大迂回，而且这种迂回很难予以解释，因为接下来为了到达恰克图地区以及鄂尔浑和色楞格两河交汇之处，联军需要再次渡过勤勒豁河，而为了避免两次渡过勤勒豁河，就必须总是待在河的南边。这种明显的反常现象，可能是为了使联军自北出其不意袭击蔑儿乞人，并切断他们向色楞格河下游和贝加尔湖东面的巴儿忽真河谷的退路。总之，很明显的是，远征的路线，大体上看都是在肯特山之北，这就排除了学者们有关哈剌果勒的假设，此外正如我们所见的那样，《亲征录》也并没有提到哈剌果勒。①

［日］村上正二译注《〈蒙古秘史〉1——成吉思汗的故事》（日文），第194页，注二五，有关“勤儿豁豁罗罕（小河）”条说：

勤儿豁河。Kilqu Гoroqan这条河相当于《水道提纲》作乞儿活，现代地图的启勒豁河，现在的俄罗斯地图作Xilok河。这条小河是流入色楞格河下游右边的一条较大的支流。据伯希和考证铁木真、札木合、王罕的联军的进击路线，其结论大致如下：

当时铁木真、王罕驻扎在克鲁伦河流域，为了讨伐篾儿乞惕部而向斡难河流域移动。那时，他们并未越过肯特山脉以南，渡过土剌河与鄂尔浑河，却经过其北侧由斡难河西北方向前进。可是，这次讨伐战的主导者，指挥全体军队行动的札木合的计划，决定袭击在帖篾延客额列驻扎的敌人的主力脱黑脱阿的阵营。为此，他用木筏渡过勤儿豁河。这是意味向北方大迂回作战的措施，那么联军不可能两次渡过勤儿豁河。如果此说成立，那为什么决定从北方袭击篾儿乞惕部，而

① ［法］伯希和、韩百诗法文译注，尹磊译，魏曙光校：《〈圣武亲征录〉——成吉思汗战纪》，第283—284页。

败走的篾儿乞惕部逃向巴儿忽真脱窟木地方，很难想象事先就有实施断绝其退路的深谋远略的作战计划。不过，哪怕在那种情况下，那样作战也是存在疏忽漏洞，因此脱黑脱阿等人巧妙地逃向巴儿忽真·脱窟木地方。参见［法］伯希和与韩百诗法文译注《〈圣武亲征录〉译注》(Histoire des Campagnes de Gengis-Khan)，莱敦，1951年，第280—281页。①

［蒙古］策·达木丁苏隆编译，谢再善译《蒙古秘史》第46页，注释二，有关“勤勒豁河”条说：

勤勒豁河即今蒙古人民共和国的齐兰河，源出肯特山。②

［蒙古］沙·沙格达尔、桑·丹丁苏荣著，赛音宝音转写《〈蒙古秘史〉中的山水地名》(蒙古文)第49—50页，相关“勤勒豁河”的注释说：

花赛·都嘎尔扎布：在前苏联赤塔市(东西伯利亚城市，赤塔州首府——引者)西边附近往西流并汇入薛凉格河(色楞格河)的此条河就是勤勒豁河，而且至今还称勤勒豁河。也就是说，在俄罗斯联邦独联体国家境内由不兀剌客额列以南流入薛凉格河(色楞格河)的河流。

敖·苏和巴特尔：勤勒豁河是现今楚库河。在过去曾经有过大小勤勒豁河。因此，《蒙古秘史》记载的用筏子渡过的勤勒豁河就是楚库河。这是推测为了袭击篾儿乞惕部的脱黑脱阿别乞走了迂回曲折的道路。也许这个推测是符合事实。③

孟松林《成吉思汗与蒙古高原》(蒙古文)第102页说：

勤勒豁(赤吉)河，在俄罗斯联邦所属布里亚特共和国境内离蒙古国的色楞格河附近地方。这条河发源于肯特山背面山角，汇入色楞格河最终流入贝加尔湖。勤勒豁河以水量大，水流湍急著称。④

莫喜格著《〈蒙古秘史〉山水地名考究》汉文部分，《蒙古秘史》卷三的山水地名，第22页，注释第38，有关“勤勒豁河”条说：

这里提到的勤勒豁河，位于俄罗斯的布利雅特共和国境内，源于雅布洛诺夫山脉南麓，顺着蒙古国色楞格省北部边境线折向北流入布利雅特共和国境内的色楞格河。铁木真的联军乘小筏渡过的河不是勤勒豁河的主流而是勤勒豁河的一条支流，名为门扎河。门扎河源于肯特山西麓，折向北方，沿着蒙古国色楞格省北部边境线，流入到布利雅特共和国境内，再折向西北，到达乌尔汉山南侧注入勤勒豁河。我认为《蒙古秘史》里把勤勒豁河的支流门扎河当作勤勒豁河，是当时地理考察方面不可避免出现的差错，或者当时也许还没有出现“门扎河”这个河名，而是通称为“勤勒豁河”。⑤

笔者赞同以上诸位学者提出的一些看法，认为《蒙古秘史》所说勤勒豁河是色楞格河上游一条支流。

---

① ［日］村上正二译注：《〈蒙古秘史〉1——成吉思汗的故事》(日文)，第195页。
② ［蒙古］策·达木丁苏隆编译，谢再善译：《蒙古秘史》，青海人民出版社，2014年，第46页。
③ ［蒙古］沙·沙格达尔、桑·丹丁苏荣著，赛音宝音转写：《〈蒙古秘史〉中的山水地名》(蒙古文)，第49—50页。
④ 孟松林：《成吉思汗与蒙古高原》(蒙古文)，第102页。
⑤ 莫喜格：《〈蒙古秘史〉山水地名考究》汉文部分，第22页。

7. 孛脱罕·孛斡儿只

孛脱罕·孛斡儿只，此河名分别见于《蒙古秘史》第106节、第106节、第108节、第109节，共出现4次。

［日］村上正二译注《〈蒙古秘史〉1——成吉思汗的故事》（日文）第193页，注二〇，“孛脱罕孛斡儿只”条说：

Botoqan Bo'orǰi孛脱罕指的是驼羔的意思。孛斡儿只一词，据伯希和研究，即第二代奴隶。不过这里其意不合适。[①]

［蒙古］沙·沙格达尔、桑·丹丁苏荣著，赛音宝音转写《〈蒙古秘史〉中的山水地名》（蒙古文），第51—52页，相关“孛脱罕·孛斡儿只”的注释说：

X.普尔赖认为孛脱罕·孛斡儿只此地位于北纬50°、东经101°附近处，在俄罗斯境内流入敏济河。孛脱罕·孛斡儿只就是斡难河附近的孛脱罕豁罗罕。

花赛·都嘎尔扎布则认为在俄罗斯境内的斡难河以南叫作沙哈特温都尔地方发源，往西奔流并向北拐弯，汇入斡难河的一条称为孛脱罕·孛斡儿只河。

罗藏丹津《黄金史》（蒙古文）记载，斡难河之源头有孛脱罕·孛斡儿只。

德·巴札尔固尔认为在俄罗斯联邦独联体国家境内位于北纬49°54′、东经109°45′处地方的流入敏济河的河流是《蒙古秘史》记载的孛脱罕·孛斡儿只河。策·策棱巴拉达布与此持有一致的见解。

我们认为既然《蒙古秘史》记载说，孛脱罕·孛斡儿只是斡难河之源头，所以不能把敏济河的支流即今天的孛脱罕河视为当时的孛脱罕·孛斡儿只。据拉施特《史集》记述，当时有由不峏罕·合勒敦山发源的诸多条河流存在。沙·那楚克道尔吉先生在其《成吉思汗》（乌兰巴托，1971年）一书中说：“拉施特又叙述了发源于不峏罕合勒敦山的诸河流。具体说，不峏罕合勒敦山的正南边即克鲁伦河流过，由东边斡难河、大东北有乞拉克图（有些学者认为可能是敏济河），由北边楚库，由大西北边勤勒豁、由中西南边哈拉噶，由中东南有孛脱罕——孛斡儿只的河，由大西南有土拉河发源。”在此处又写道，孛脱罕·孛斡儿只从中东南方向发源。而目前从不峏罕·合勒敦山的中东南方向发源的斡难河之源头只有一条河，即敦达·德勒孙河。这条河发源于位于北纬43°06′、东经109°20′处地方，往北流30公里，汇入斡难河。我们认为这条河就是《蒙古秘史》记载的孛脱罕·孛斡儿只河。[②]

莫喜格著《〈蒙古秘史〉山水地名考究》汉文部分，《蒙古秘史》卷三的山水地名，第21页，注释第35，相关注释“孛脱罕·孛斡儿只”条说：

这里提到的“孛脱罕·孛斡儿只”指的是蒙古国肯特省巴图希雷特苏木以北一百多公里处的斡难河上游的河谷。[③]

---

① ［日］村上正二译注：《〈蒙古秘史〉1——成吉思汗的故事》（日文），第193页。
② ［蒙古］沙·沙格达尔、桑·丹丁苏荣著，赛音宝音转写：《〈蒙古秘史〉中的山水地名》（蒙古文），第51—52页。
③ 莫喜格：《〈蒙古秘史〉山水地名考究》汉文部分，第21页。

笔者这里认同蒙古国考古学家X.普尔赖和地理学家德·巴札尔固尔二位学者的见解，即孛脱罕·孛斡儿只这条河位于北纬50°、东经101°一带地方，这条河最终在俄罗斯境内流入敏济河。

8. 塔纳豁罗罕（小河）

塔纳豁罗罕（小河），此名在《蒙古秘史》第107节，仅出现一次。

［日］村上正二译注《〈蒙古秘史〉1——成吉思汗的故事》（日文），第194页，注二一，有关“塔纳豁罗罕（小河）”条说：

> 塔纳Tana Гoroqan。塔纳是波斯语的dāna，也就是说，来自于“大真珠”这个词语的一个词。据那珂通世译注《成吉思汗实录》（日文本），与《内府舆图》的特纳河相同，指的是流入克鲁伦河上游的小河。前揭那珂通世译注《成吉思汗实录》（日文本）第92页，大日本图书株式会社，1907年；那珂通世译注《成吉思汗实录》（日文本）第79页，筑摩书房，1943年。①

［蒙古］沙·沙格达尔、桑·丹丁苏荣著，赛音宝音转写《〈蒙古秘史〉中的山水地名》（蒙古文）第52—53页，相关“塔纳豁罗罕”条注释说：

> X.普尔赖认为塔纳豁罗罕（小河）在不峏罕合勒敦山附近。罗藏丹津《黄金史》（蒙古文）记载时将塔纳豁罗罕（小河）写成塔斯豁罗哈。
>
> 德·巴札尔固尔在其出版的地图中将塔纳豁罗罕（小河）标示在克鲁伦河右边德尔勒济河发源地，位于北纬48°30′、东经108°30′处。策·策棱巴拉达布又将其标示在那里附近地方。
>
> 伊·散达格道尔吉认为克鲁伦河左边支流特尼衮河就是《蒙古秘史》提到的塔纳豁罗罕（小河）。敦达浩鲁噶图河在特尼衮河以北10公里左右流入克鲁伦河。把这条河也可以视为塔纳豁罗罕（小河）。②

孟松林《成吉思汗与蒙古高原》（蒙古文），第93页说：

> 塔纳豁罗罕，现在称为特尼滚（特农）河。这条小溪水在蒙古国孟衮木里图苏木境内。其水源发源于不峏罕·合勒敦（不儿罕·合勒敦）南边山角，向西流淌注入克鲁伦河。成吉思汗这里召集乞颜部。③

莫喜格著《〈蒙古秘史〉山水地名考究》汉文部分，《蒙古秘史》卷三，第21页，注释第36，有关“塔纳豁儿豁（溪水）”条说：

> 克列惕部王罕接到札木合的通知后，速带两万兵马，直奔克鲁伦河不儿吉额儿吉时，铁木真早就从不儿吉·额儿吉出发，逆着统格黎克溪一带集结自己的兵马。这里提到的“塔纳豁儿豁”，现在的特农河，位于蒙古国中央省蒙根莫里特苏木境内，源于不儿罕合勒敦山南麓，流入克鲁伦河。④

笔者这里赞同以上诸位学者的看法，认为《蒙古秘史》记载的“塔纳豁罗罕”就

① ［日］村上正二译注：《〈蒙古秘史〉1——成吉思汗的故事》（日文），第194页。

② ［蒙古］沙·沙格达尔、桑·丹丁苏荣著，赛音宝音转写：《〈蒙古秘史〉中的山水地名》（蒙古文），第52—53页。

③ 孟松林：《成吉思汗与蒙古高原》（蒙古文），第93页。

④ 莫喜格：《〈蒙古秘史〉山水地名考究》汉文部分，第21页。

是今天蒙古国境内的特尼滚（一译特农）河。

9. 阿因勒合剌合纳地面

阿因勒合剌合纳地面，此名分别见于《蒙古秘史》第107节、第122节、第122节，共出现3次。

［日］村上正二译注《〈蒙古秘史〉1——成吉思汗的故事》（日文）第194—195页，注释二四，"阿因勒合剌合纳"条说：

阿因勒合剌合纳Ayil Qaraγana，地名，其位置不详。这个词语的意思Qaraγana是西伯利亚种的伪刺槐树，蒙古语"阿因勒"Ayil是村落的意思，也就是说，长着伪刺槐树的村落的意思。[①]

［蒙古］沙·沙格达尔、桑·丹丁苏荣著，赛音宝音转写《〈蒙古秘史〉中的山水地名》（蒙古文）第53—54页，有关"阿因勒合剌合纳地面"的注释说：

齐纳尔济胡：阿因勒合剌合纳地面在乞沐儿合河附近地方。(《〈蒙古秘史〉山水地名汇注》,《内蒙古地名》，蒙古文版，1992年——引者）

X.普尔赖认为阿因勒合剌合纳地面在斡难河左边。

德·巴札尔固尔将阿因勒合剌合纳地面标示在敏济河支流上，在下游两条库米尔河之间在国境之外地方。

敖·苏和巴特尔、伊·散达格道尔吉、策·策棱巴拉达布等则将其地标示在现今胡拉哈河的支流乞沐儿合豁罗罕（吉尔哈朗图河）附近地方。

额·阿巴尔米德：在胡拉哈河的河水中有红色的锦鸡儿（蒙古语"合剌合纳"，汉译叫做锦鸡儿）、马锦鸡儿、骆驼锦鸡儿等三种锦鸡儿混合生长的灌木丛多的地方。把此地视为阿因勒合剌合纳地面，但是可惜没有指出具体地望。

伊·散达格道尔吉将此地当作阿因勒合剌合纳地面，在叫做色仍格山。我们与此持一致意见。

敖·苏和巴特尔则认为阿因勒合剌合纳地面在南德力格尔苏木的三个吉尔噶朗图河流域地区。[②]

莫喜格著《〈蒙古秘史〉山水地名考究》汉文部分，《蒙古秘史》卷三，第21页，注释第37，有关"阿亦勒合剌合纳"条说：

当王罕和他弟弟札合敢不各率领一万兵马在乞沐儿合河岸阿亦勒合剌合纳一带集结时，铁木真也带着自己的一万兵前来与他们会合。关于阿亦勒合剌合纳，孟松林先生经实地勘察后写到：在蒙古国肯特省南德力格尔苏木境内有个叫作"阿日布拉格、阿日哈尔嘎纳塔拉"的地方，吉尔噶朗图河从这片草原中心穿过。在这条河北岸800米处，有3 000年前蒙古高原先人所立的"鹿形石碑"。在铁木真联合王罕、札木合出兵抢回孛儿帖前，铁木真和王罕以及札合敢不的队伍就在这里集结，并从这里出发到斡难河源头的孛脱罕孛斡只峡谷与札木合的兵马会合。

笔者赞同我国内蒙古呼伦贝尔学院教授孟松林先生主张的《蒙古秘史》记载的

① ［日］村上正二译注：《〈蒙古秘史〉1——成吉思汗的故事》（日文），第194—195页。

② ［蒙古］沙·沙格达尔、桑·丹丁苏荣著，赛音宝音转写：《〈蒙古秘史〉中的山水地名》（蒙古文），第53—54页。

"阿因勒合剌合纳地面"，在蒙古国肯特省南德力格尔苏木境内阿日哈尔嘎纳塔拉地方。

10. 诃阔儿秃主不儿

诃阔儿秃主不儿，此地名在《蒙古秘史》第115节仅见1次。

［日］村上正二译注《〈蒙古秘史〉1——成吉思汗的故事》（日文），第211页，注释二五，有关"诃阔儿秃主不儿"条说：

> 诃阔儿秃主不儿 Hökörtü ǰubur. Ökörtü-hükertü，即"诃阔儿秃"之意是"有公牛"。"主不儿"则前面已指出，意为有牛的原野。①

［蒙古］沙·沙格达尔、桑·丹丁苏荣著，赛音宝音转写《〈蒙古秘史〉中的山水地名》（蒙古文）第54—55页，有关"诃阔儿秃主不儿"的注释说：

> X.普尔赖认为在巴噶肯特山（小肯特山）位于北纬50°、东经113°附近噶楚拉图山口之间的地方。罗藏丹津《黄金史》（蒙古文）记载，诃阔儿秃主不儿森林，意思是诃阔儿秃主不儿地方的树林子。
>
> 《蒙古秘史》的有些版本也有记载诃阔儿秃主不儿森林。
>
> 齐纳尔济胡：应该说，此地叫作诃阔儿秃主不儿。主布儿指森林。文献古籍中所谓主不儿是指低矮的森林。因此，此处可能是生长着低矮的森林的地方。（《〈蒙古秘史〉山水地名汇注》，《内蒙古地名》蒙古文版，1992年——引者）
>
> 德·巴札尔固尔从现今东边视线往东测量将诃阔儿秃主不儿标示在塔尔纳河附近地方。据《蒙古秘史》记载，诃阔儿秃主不儿或诃阔儿秃森林，应当在不峏罕·合勒敦山的噶楚拉图、乌里雅图苏布其特两个山口之间小肯特山一带。而敖·苏和巴特尔则认为特尔勒吉河的支流扎干河就是诃阔儿秃主不儿地方。②

莫喜格著《〈蒙古秘史〉山水地名考究》汉文部分，《蒙古秘史》卷三的山水地名，第23页，注释第40，有关"诃阔儿秃主不儿"条说：

> 这里提到的"诃阔儿秃主不儿"，位于肯特山脉特尔勒吉山西北面的山川。山谷中奔流着源于肯特山脉特尔勒吉山中的扎安河，顺着特尔勒吉山谷汇入土拉河。这座特尔勒吉山距乌兰巴托市偏东北80公里，是乌兰巴托市著名的旅游圣地。③

笔者认为蒙古国地理学家德·巴札尔固尔和敖·苏和巴特尔二位学者的看法可取，特别是本人依从前者的见解，即《蒙古秘史》记载的"诃阔儿秃主不儿"地方，在不峏罕·合勒敦山（一译作不儿罕·哈勒坦山）的噶楚拉图、乌里雅图苏布其特两个山口之间小肯特山一带这个说法。

11. 合察兀剌秃速卜赤惕（噶楚拉图苏布其特）

合察兀剌秃速卜赤惕（噶楚拉图苏布其特），此地名仅见于《蒙古秘史》第115节，出现1次。

［日］村上正二译注《〈蒙古秘史〉1——成吉思汗的故事》（日文）第211页，注释

① ［日］村上正二译注：《〈蒙古秘史〉1——成吉思汗的故事》（日文），第211页。
② ［蒙古］沙·沙格达尔、桑·丹丁苏荣著，赛音宝音转写：《〈蒙古秘史〉中的山水地名》（蒙古文），第54—55页。
③ 莫喜格：《〈蒙古秘史〉山水地名考究》汉文部分，第23页。

二六，“合察兀剌秃速卜赤惕”条说：

> 合察兀剌秃速卜赤惕Qača’uratu Subčid. qača’ura<qača’γura是针枞松树的意思。Subčid是大体上subči<suγubči的复数形式，suγubai的suγu是由腋窝下之意引伸而来，似乎指的是两座山之间细长的土地。例如说，aγula-yin suγu就是明显有那种意思。[①]

［蒙古］沙·沙格达尔、桑·丹丁苏荣著，赛音宝音转写《〈蒙古秘史〉中的山水地名》（蒙古文）第55—56页，有关“合察兀剌秃速卜赤惕”的注释说：

> X.普尔赖认为噶楚拉图苏布其特的“苏布”是口子的意思，“其特”是表示复数，意思是众多口子的意思。古代蒙古人把山口叫作“阿玛萨尔”“苏布”等等。合察兀剌秃速卜赤惕（噶楚拉图苏布其特），其地望位于北纬47°、东经107°。此地可能是指现今噶楚拉图的“阿玛”，即噶楚拉图山口或噶楚拉图山嘴。
>
> 德·巴札尔固尔则认为噶楚拉图苏布其特就是现今噶楚拉图。此地在乌兰巴托市的东边位于北纬43°00′、东经107°15′附近一带地方。[②]

笔者依从蒙古国考古学之父X.普尔赖和地理学家德·巴札尔固尔提出的看法，见于《蒙古秘史》第115节的“噶楚拉图苏布其特地方”就是现今噶楚拉图，此地在蒙古国乌兰巴托市的东边，位于北纬43°00′、东经107°15′附近一带地方。

12. 忽里牙秃·速卜赤惕（乌里雅图苏布其特）

此地名仅见于《蒙古秘史》第115节，只出现1次。

［日］村上正二译注《〈蒙古秘史〉1——成吉思汗的故事》（日文）第211页，注释二七，“忽里牙秃·速卜赤惕”条说：

> Huliyasatu Subčid.huliyasun>uliyasun是白杨树的意思。因此，有“白杨树的溪道”或者“杣道”的意思。[③]

［蒙古］沙·沙格达尔、桑·丹丁苏荣著，赛音宝音转写《〈蒙古秘史〉中的山水地名》（蒙古文），第56页，有关“忽里牙秃速卜赤惕”的注释说：

> X.普尔赖认为乌里雅图苏布其特是指现今乌里雅苏台山口。乌里雅图苏布其特，其地望位于北纬47°、东经107°。都噶尔扎布说，在历史地图中将乌里雅图苏布其特标示在乌兰巴托市以北哈拉噶河以东以同名出现。德·巴札尔固尔认为乌里雅图苏布其特就是现今乌里雅苏台山口，将其标在乌兰巴托市以东北纬48°05′。敖·苏和巴特尔也将其标示在那里及附近一带地方。由此可见，乌里雅图苏布其特确实是现今乌兰巴托市的乌里雅苏台山口。还有有些研究者认为乌里雅苏台山自古以来野兽成群，猎物丰富，豺狼很多，因此人们以野狼嚎叫声音叫作有“乌里雅图”的名称。[④]

莫喜格著《〈蒙古秘史〉山水地名考究》汉文部分，《蒙古秘史》卷三的山水地名，

---

① ［日］村上正二译注：《〈蒙古秘史〉1——成吉思汗的故事》（日文），第211页。

② ［蒙古］沙·沙格达尔、桑·丹丁苏荣著，赛音宝音转写：《〈蒙古秘史〉中的山水地名》（蒙古文），第55—56页。

③ ［日］村上正二译注：《〈蒙古秘史〉1——成吉思汗的故事》（日文），第211页。

④ ［蒙古］沙·沙格达尔、桑·丹丁苏荣著，赛音宝音转写：《〈蒙古秘史〉中的山水地名》（蒙古文），第56页。

第23页，注释第42，有关“忽里牙秃速卜赤惕”条说：

速卜赤惕是古代蒙古语“神仙”的意思。合察兀剌秃、忽里牙秃，两座山名，位于乌兰巴托市正北约40公里，它与特尔勒吉山形成相互对应的两座奇特的神仙般的自然景观，作为蒙古国自然保护区，吸引无数游客观光。①

笔者这里完全同意蒙古国学者X.普尔赖和德·巴札尔固尔等提出的见解，认为《蒙古秘史》第115节记载的“乌里雅图苏布其特”地方，就是现今蒙古国乌里雅苏台山口，在乌兰巴托市以东北纬48°05′。

13. 忽勒答合儿崑（忽答合儿崖子）

忽勒答合儿崑（忽答合儿崖子），此地名在《蒙古秘史》第117节中只出现1次。

［蒙古］沙·沙格达尔、桑·丹丁苏荣著，赛音宝音转写《〈蒙古秘史〉中的山水地名》（蒙古文），第57—58页，有关“忽勒答合儿崑”的注释说：

齐纳尔济胡：忽答合儿崖子在今斡难河河谷地带。（《〈蒙古秘史〉山水地名汇注》，《内蒙古地名》，蒙古文版，1992年——引者）

沙·噶丹巴认为“崑”一词的汉译意思是指“隘口”“山坡”“陡峭”“悬崖峭壁”等等学者们以多种形式复原。凡是一切悬崖陡峭山隘都叫作“汗”，或许将所谓畏吾体蒙古文原文“忽勒答合儿崑”以14世纪的蒙古文抄写错误也未可知。

罗藏丹津《黄金史》（蒙古文）写到：“……于豁儿豁纳黑主不儿地面伊客列（双座）崑之阳，在罽松树下……”由此可见，在这里有彼此相近的两座山。

伊·散达格道尔吉把忽勒答合儿崑标示在现今胡拉哈河的支流，乌格里格齐河中部大约位于北纬48°03′、东经110°12′附近一带地方。

此地离胡拉哈河河谷有4公里的距离。在今胡拉哈河河谷有到东经109°10′一带有一片无森林的辽阔平原绵延。距今800年前在那里曾经有过森林的事实，我们无法否定。而乌格里格齐河河谷有林林。但是《蒙古秘史》记载的忽勒答合儿崑，也许在较伊·散达格道尔吉所标示可能稍微以西地方。

所谓“罽松树”未必是有大片森林的地方，而把这种树叫作“伊都干树”，即巫婆树。这种树可以说附近无其他树，只是一棵树。正因为这种独自生长的一棵树有四面八方的阳光照射，所以枝繁叶茂，根深蒂固。

敖·苏和巴特尔把今宾德尔山视为忽勒答合儿崑。这一看法与伊·散达格道尔吉的见解基本吻合。我们觉得此说甚是。②

莫喜格著《〈蒙古秘史〉山水地名考究》汉文部分，《蒙古秘史》卷三的山水地名，第23页，注释第43，有关“忽勒答合儿昆讷”条说：

这里提到的“忽勒答合儿昆讷”的“忽勒答合儿”就是“缺一块，缺口”的意思。“昆讷”就是悬崖的意思。那么，“豁儿豁纳黑主不儿的忽勒答合儿昆讷”，就是位于穿过豁儿豁纳黑原野的斡难河边缺口的悬崖。③

① 莫喜格：《〈蒙古秘史〉山水地名考究》汉文部分，第23页。
② ［蒙古］沙·沙格达尔、桑·丹丁苏荣著，赛音宝音转写：《〈蒙古秘史〉中的山水地名》（蒙古文），第57—58页。
③ 莫喜格：《〈蒙古秘史〉山水地名考究》汉文部分，第23页。

综上所述，相比之下，笔者这里觉得我国内蒙古呼伦贝尔市蒙古族学者莫喜格先生提出的见解较为合理，即豁儿豁纳黑・主不儿的忽勒答合儿昆讷，就是位于穿过豁儿豁纳黑原野的斡难河边的缺口的悬崖。此说甚是，可以依从。

总而言之，在《蒙古秘史》卷三中出现了不兀剌客额儿、斡儿洹（鄂尔浑）河、薛凉格（色楞格）河等重要山川地名。《秘史》记载的不兀剌客额儿地方，一般指在色楞格河流域原篾儿乞惕部的驻牧地，今蒙古国色楞格省境内色楞格河南岸一带草原。众所周知，《秘史》记载的斡儿洹（鄂尔浑）河、薛凉格（色楞格）河，即今蒙古国的鄂尔浑河和色楞格河。这两条河流域一带地方，在历史上自古以来就是蒙古及北方游牧民族赖以生存和发展壮大的重要摇篮。

刘整降蒙过程考述

翟　禹
（内蒙古社会科学院历史研究所）

宋元之际是中国历史上的大变动时期，元朝发兵大举南下灭宋，随即迎来了一个空前的大一统时代。在这个剧变的时代，有大批南宋士人和将领投附元朝。南宋的中朝大夫、封疆大吏“降走恐后”甚至为敌前驱，成为南宋最终为元朝所灭的重要原因。[①]南宋晚期，驻守在宋元前线的军事将领在宋元战争的过程中，有相当一部分人先后降附蒙元。他们或迫于无奈、为求自保，或主动归降；有的在战争早期就已归降，有的是在南宋行将灭亡之际才行倒戈之举。典型的南宋降将主要有杨大渊、刘整、吕文焕、陈奕、昝万寿、范文虎、夏贵等等，均是在南宋末期占据非常重要位置的军事将领。在为数众多的降将群体中，有一个非常典型的人物——刘整。他是宋元之际知名的将领，原本为金人，后由金入宋，在南宋从军长达几十年。后由于遭到权臣贾似道等人的排挤，于中统二年（1261年，宋景定二年）反宋降蒙。刘整归附以后屡立战功，至元四年（1267年，宋咸淳三年），刘整觐见忽必烈，提出“宜先从事襄阳”的平宋方略，并教练水军、大造战船，取得襄樊之战的胜利。后在驻守淮西时去世。刘整是降将中的佼佼者，他反宋降蒙以后，在川蜀、襄樊和江淮等战场上立功颇多，对元朝平宋、实现全国大一统发挥了关键作用。笔者曾经对刘整的病卒时间及其家族和部属等事迹进行考察，[②]本文重点关注刘整反宋降蒙的过程，尤其是刘黑马、刘元振父子对刘整的接收、共抗宋军以及善后处置等问题。

1261年（蒙古中统二年，宋景定二年）夏季六、七月间，刘整率领泸州军民投附

---

① 陈得芝：《元代江南之地主阶级》，见陈得芝《蒙元史研究丛稿》，人民出版社，2005年，第395页。

② 《刘整病卒时间及原因探讨——宋元之际降将研究之一》，《内蒙古社会科学》2016年第2期；《刘整若干史实探讨——宋元之际降将研究之二》，《辽宁工程技术大学学报》2016年第4期；《刘整的若干部属事迹——宋元之际降将研究之三》，见全荣、云广主编《朔方论丛》第七辑，内蒙古大学出版社，2019年；翟禹：《元代刘整家族事迹考论——以〈刘垓神道碑〉为中心》，见刘迎胜主编《元史及民族与边疆研究集刊》第四十辑，上海古籍出版社，2020年。

蒙古，[①]此事震动了南宋朝野，对于宋蒙在四川地区的战争局势影响深远，也是宋元关系史上的一件大事，日本学者衣川强先生对刘整降附蒙古的过程作过考证，[②]但因为撰写时间较早，未曾利用新近出土的碑刻资料，同时对于降附过程亦未详细论述。刘黑马、刘元振父子是接收刘整的主要官员，近年出土的刘黑马家族墓有二人的墓志铭文，为进一步解读有关问题提供了第一手资料。樊波《陕西出土蒙元墓志中的宋蒙泸州之战》[③]一文利用《刘元振墓志》《冯时泰墓志铭》[④]等资料，对1261年刘整降蒙和1277年泸州之战的记载进行了研究，考订了一些史事的细节。李举纲、樊波《〈元史·刘元振传〉与新见〈刘元振墓志铭〉比事》[⑤]一文通过对《元史·刘元振传》和新出土的《刘元振墓志铭》所载史实进行一一对比，对其中涉及的刘整反宋降蒙事件的全过程进行了考订，并认为《刘元振墓志铭》极有可能是《元史·刘元振传》的史源。但是，这篇文章的局限在于仅仅是通过《刘元振墓志铭》和《刘元振传》两份材料之间进行了文本对比，基本上未对文本所蕴含的史实展开分析。陕西省考古研究院对发掘的刘黑马家族墓地进行了系统整理，有关刘黑马、刘元振的墓志铭及相关情况，都收录在陕西省考古研究院编著的《元代刘黑马家族墓发掘报告》[⑥]之中，整理者制作了墓志铭拓

---

① 《元史》卷一六一《刘整传》，中华书局，1976年，第3786页。《世祖本纪》载："（中统二年）六月庚申，宋泸州安抚使刘整举城降，以整行夔府路中书省兼安抚使，佩虎符。"（第71页）《宋史·理宗本纪》（中华书局，1981年新1版）载刘整降附时间为"景定二年秋七月甲子"，即蒙古中统二年（辛酉年）七月初四，公历为1261年8月1日。

② 衣川强：《刘整的叛乱》，收入《日本中青年学者论中国史·宋元明清卷》，上海古籍出版社，1995年。日文原文《刘整の叛乱》，载《刘子健博士颂寿纪念宋史研究论集》，同朋舍，1989年。

③ 载《四川文物》2015年第6期。

④ 《大元故奉议大夫耀州知州冯公墓志铭》（简称《冯时泰墓志铭》），收录在西安碑林博物馆编、赵力光主编《西安碑林博物馆新藏墓志汇编》，线装书局，2007年，第997—999页。冯时泰卒葬时间为元至元十八年（1281年）二月十九日卒，二十四日葬，墓志铭文共33行，满行36字，楷书。志石长65厘米，宽59厘米，1981年入藏西安碑林博物馆。有关《冯时泰墓志铭》的专文研究可见：杜文《元耀州知州〈冯时泰墓志铭〉考释》，《碑林集刊》第1辑，陕西人民美术出版社，2005年，第65—69页；杨洁《再读〈元耀州知州冯时泰墓志铭〉》，《碑林集刊》第16辑，三秦出版社，2010年，第62—68页。

⑤ 载李治安主编：《〈元史论丛〉特辑——庆祝蔡美彪教授九十华诞元史论文集》，中国社会科学出版社，2019年。

⑥ 陕西省考古研究院编著：《元代刘黑马家族墓发掘报告》，文物出版社，2018年。

《大朝故宣差都总管万户成都路经略使刘公墓志铭》（以下简称《刘黑马墓志铭》，见《发掘报告》第25—26页）。关于《刘黑马墓志铭》的规格和出土情况，《发掘报告》（第24页）写道："墓志石。1合。置于墓室前室中部，墓室封门内。出土时志盖翻倒向上放置于志石旁。墓志青石质。志盖盝顶，底边长76.5、宽74.0、厚13厘米，顶面原应有6字，2行，行3字，皆已被凿毁，字迹不辨。四刹阴线刻卷云四神纹，分别为右青龙、左白虎、下朱雀、上玄武。志石长方形，长69.5、宽65.5、厚18.5厘米，雕凿较粗糙，志石面阴刻楷书31行，行满36字，共计888字。志石面略有残损。从墓志盖四刹的形制纹饰判断，是取用唐代墓志石做为材料改制而成（图二〇、二一）。"

《大元故成都路经略使怀远大将军行军副万户刘公墓志铭》（以下简称《刘元振墓志铭》，见《发掘报告》，第68页）。关于《刘元振墓志铭》的规格和出土情况，《发掘报告》写道："刘元振墓志。1方。标本M16 ∶ 149，出土时立置于墓室砖封门外。墓志青石质。双面刻字，志盖合一，其篆书题盖面向墓道。志石近方形，高93.2、宽92.9、厚14.6厘米。盖面减地平雕，四周出框，框宽10.5、中心题盖部分高49.1、宽49.2厘米，其上阴刻篆书四行、行四字：'大元怀远大将军成都经略使刘公墓铭'；志文面阴刻隶书39行，满行39字，共计1 418字。该志石边缘略有残损，四边阴线刻忍冬纹，线条舒卷流畅，为唐代早期墓志边饰所使用的唐草纹饰典型，其上又使用阴线刻有十二开光，每边三个，开光中刻有十二生肖纹，线条较为粗糙，为唐代中晚期墓志常用纹饰。由此可知，刘元振墓志石是使用了一方唐代墓志作为石料，经过二次改刻而成。《刘元振墓志铭》是由王磐撰，廉希宪书丹，可谓出自名家之大手笔。处理刘整降附事件，是刘元振的传记、墓志铭中的核心事件，记载篇幅最多，两份材料的内容基本一致，同出一源，刘元振去世于至元十二年七月二十九日（公历1275年8月22日），同年十一月六日下葬，则墓志铭定成文于当年，这一年距离处理刘整叛乱仅过去十四年，是目前所知的记载刘整叛乱最早的史料。"

片，并对铭文作了整理和分析，本文在考察刘整反宋降蒙过程时使用了这两方墓志铭。

一、力排众议：刘氏父子决定接收刘整降附

刘黑马的父亲刘伯林归降蒙古甚早，地位较高，受到重用。其后人刘黑马、刘元振均出仕，在当时的大蒙古国内拥有一定的地位。刘黑马跟随蒙古几任大汗南征北战，尤其是在灭金战争中功勋卓著。后跟从宪宗蒙哥至六盘山，处理陕西川蜀军政事务：

> 丁巳（1257年），入觐，请立成都以图全蜀，帝从之。成都既立，就命管领新旧军民小大诸务，赐号也可秃立。①

宪宗蒙哥汗征川蜀的先锋为刘元振、纽璘。刘元振是刘黑马的儿子，跟随其父亲驻守川蜀，《元史·刘元振传》载："宪宗伐宋，驻跸钓鱼山，以元振与纽璘为先锋。"②可见，刘黑马、刘元振父子很早就成为蒙古统治者的得力干将。③《刘元振墓志铭》载："中统改元，诏命忠惠公充成都经略使，公正受都总管万户，皆佩金虎符。"④"忠惠公"即刘黑马，⑤"公"即刘元振。《刘元振传》载："中统元年，世祖即位，廉希宪、商挺奏以为成都经略使总管万户。"⑥

忽必烈于1260年三月在开平府即汗位，当时廉希宪为陕西宣抚使。四月，忽必烈任命八春、廉希宪和商挺为陕西四川等路宣抚使，赵良弼参议司事。五月，设立十路宣抚司，并任命廉希宪为京兆等路宣抚使，这其中包含了四川成都等路。八月，正式设立秦蜀行中书省，以京兆等路宣抚使廉希宪为中书省右丞，行省事。可知，刘黑马父子被任命为成都路经略使应当是在廉希宪、商挺宣抚陕西四川之后，因此时间最早在四月，最晚至八月。此外，《世祖本纪一》"中统元年六月"中有"诛乞带不花于东川，明里火者于西川"。《刘黑马传》载："中统元年，廉希宪、商挺宣抚川、陕，时密里火者握重兵，居成都，希宪与挺虑其为编，以黑马有胆智，使乘驿矫诏竟诛之。"《本纪》"明里火者"即《刘黑马传》中的"密里火者"（Malik Khwaja），是阿里不哥的支持者，忽必烈为清后患，暗命廉希宪、商挺伺机将其除掉，廉希宪、商挺遂指使刘黑马在成都将其铲除。而除掉驻守在成都的密里火者以

---

① 《元史》卷一四九《刘黑马传》，第3517页。

② 《元史》卷一四九《刘元振传》，第3518页。

③ 《刘黑马墓志铭》载：刘黑马家族"本耶律德光之后。金朝改耶律为移剌，又改移剌为刘姓，失其家谱，难考其详"。可见，刘黑马及其祖先很可能是契丹人。李举纲先生认为，墓志中记载刘黑马为契丹皇族后裔可能是一种家族在特定历史阶段面临具体境遇的需求，以及诠释血统高贵的优越感与地位显赫的合理性（李举纲：《西安南郊新出土〈刘黑马墓志〉考述》，《考古与文物》2015年第4期）。柳煦《元代汉人世侯刘黑马家族研究》（暨南大学硕士学位论文，2020年）在论述这个问题的时候查到了一份方志资料，即乾隆年间所刊《宣化府志》卷十八"职官"中见有："宣德路管军万户，刘黑马，契丹人，太宗时授。"（学生书局，1969年影印清乾隆八年修廿二年订补重刊本）同时柳煦《元代汉人世侯刘黑马家族研究》一文对刘黑马家族作为契丹人的可能性进行了一系列推测研究。可见，刘黑马家族为契丹人的可能性是很大的，这从其后世在元朝的崇高地位也能够证明。不过在成吉思汗时代，契丹人已经被蒙古统治者视为广义的"汉人"之一种。

④ 《刘元振墓志铭》，第68页。

⑤ 《刘元振墓志铭》："考讳嶷，河北陕西等路都总管万户、成都路经略使，谥忠惠。"（第68页）《元史》卷一四九《刘黑马传》："累赠太傅，封秦国公，谥忠惠。"（第3518页）

⑥ 《元史》卷一四九《刘元振传》，第3518页。

后，不论当时刘黑马父子身在何处，至少在中统元年六月，父子二人应当接替了密里火者驻守成都。刘氏父子的墓志铭均未明载二人最早进入川蜀的时间，只在《刘元振墓志铭》中记述了1258年，宪宗蒙哥驻跸钓鱼山，刘元振当时与纽璘一同“自泸江南渡，入为先锋，摧坚陷阵，所向克捷”，但在战后“会有旨，振旅乃还。”或许其返“还”的地方恰恰就是成都。总之，刘氏父子在跟随蒙古大汗进驻川蜀作战之后，就一直在川蜀一带活动，直至中统元年四月（或六月）至八月间，被任命为成都路经略使和都总管万户。

考察刘黑马父子任职时间，则可以明晰刘整与刘氏父子的接触时间上限，即在中统元年四月至八月。因为只有在刘黑马父子任职成都路以后，才有可能驻扎在成都，刘整也才有可能在赴成都求援的时候与刘氏父子接洽。因此，《刘黑马墓志铭》将刘整归附之事置于中统元年刘黑马受命成都路经略使与中统二年十二月刘黑马去世之前，[①]这是符合正史所载刘整降附时间的。那么，刘整是何时与刘氏父子接洽的呢？我们先来考察接洽的过程。

《刘元振墓志铭》在叙述完刘黑马、刘元振被任命为成都路经略使、都总管万户之后，紧接着就开始叙述刘整之事：

> 中统改元，诏命忠惠公充成都经略使，公正受都总管万户，皆佩金虎符。宋泸南安抚使刘整密遣人送款，将举泸南以降。[②]

墓志铭的叙事模式与《刘元振传》基本相同。可见，与刘整所派遣的使者接洽是刘氏父子刚刚上任、驻守成都以后遇到的首件大事。《刘黑马墓志铭》对刘黑马获知泸州被围、刘整求救之事用美化的笔法一笔带过：“宋将赛存孝者，闻公之仁，引兵来归。”[③]墓志铭文均以墓主人的事迹为核心，故将刘整的降附之举归结为刘黑马之“仁”，刘黑马确实也在这件事上发挥了很大的作用。[④]当时，刘黑马当即决定派遣元振去泸州与其接应，但是其麾下诸将却提出质疑，《刘元振传》：

> 刘整无故而降，不可信也。[⑤]

《刘元振墓志铭》记载稍详：

> 刘整受宋厚恩，位安抚使，当颛面之托，非有朝夕之急，无故送款，何可轻

① 关于刘黑马去世的时间，《刘黑马墓志铭》记载：“中统二年（1261年）冬十二月二十一日以疾薨，享年六十有三。”《元史》卷一四九《刘黑马传》载：“（中统）三年，命兼成都路军民经略使。……遂卒，年六十三。”墓志铭系当时人记当时事，且铭文所载去世时间非常详细，是撰文者骆天骧根据刘黑马夫人贾氏所提供的《刘黑马行状》所写，其去世时间定不会有错，故应当以墓志铭所载为准，去世时间为“中统二年（1261年）冬十二月二十一日”。此外，《墓志铭》载刘黑马担任成都路经略使的时间是“中统元年”，可见《元史·刘黑马传》所记载事迹在时间编排上出现了颠倒和错讹。

② 《刘元振墓志铭》，第68页。

③ 《刘黑马墓志铭》，第26页。

④ 《刘黑马墓志铭》载刘黑马自从进入川蜀，对川蜀的治理和管控，效果显著，归附之人很多，而其中刘整的降附就是在其任上最显赫的政绩之一，因此《刘黑马墓志铭》赞颂了他的政绩：“公自入蜀，摩抚凋残，恩涵泽濡，阖境苏息，斯不亦勇者之仁乎？关河响动，怀赴如归，宋将赛存孝者，闻公之仁，引兵来归。”（《刘黑马墓志铭》，第25页）就在泸州被俞兴率兵围攻的时候，刘黑马此时已经重病在身，但是还在“亲督转输不辍”（《刘黑马传》，第3518页），下属们都纷纷劝阻刘黑马，他说：“国事方急，以此死，无憾。”（《刘黑马传》，第3518页）刘黑马去世的时间是中统二年十二月二十一日，年六十三岁，这一点《墓志铭》和《传》记载一致，但《墓志铭》记载去世日期更加详细，当无异议。

⑤ 《元史》卷一四九《刘元振传》，第3518页。

信？万一差池，悔无及矣。[①]

刘黑马麾下诸将的反应再正常不过。以常理揆之，如此事起突然，对尚处于敌对状态的蒙宋双方都是令人难以置信的。中统二年是多事之秋，一是南宋刚刚经历了宪宗蒙哥发动的大规模南征，给其造成巨大创伤和震动，而蒙哥在四川战场上的突然去世，又是这次征宋战争的转折点，其去世地点合州位于刘整驻守的泸州并不遥远；二是忽必烈返回北方，刚刚于中统元年三月即皇帝位，开启与在漠北同时即位的阿里不哥争夺帝位的战争，大蒙古国内部面临着分裂和动荡的危局。忽必烈设立十路宣抚司，加强了对北方汉地的控制，既要利用汉地的人力、物力和财力以供应战争需要，又要安排亲信文臣武将与支持阿里不哥的势力对抗。在这个关键时期，驻守南宋川蜀军事重地的刘整突然率重兵主动前来降附，着实令人难以置信。但是刘元振却对刘整给予了足够的信任：

宋权臣当国，赏罚无章，有功者往往以计除之，是以将士离心；且整本非南人，而居泸南重地，事势与李全何异，整此举无可疑者。[②]

《刘元振墓志铭》记载与《刘元振传》基本相同：

公独曰：诸君之虑过矣。宋朝权臣当国，赏罚无章，诸将有功者，畏其跋扈难制，往往以计除之。整本非江南人，为将粗有声名，今居泸南重地，事势正如李全、张惠。此其送款，无可疑者。[③]

对比发现两份文献基本相同，仅个别字词稍有差异，应当具有渊源关系。元振列出的理由，一是认为南宋政局存在问题，即排挤有功之人，失去人心；二是作为不是南人的刘整，在南宋为将必然会不受重视，就像李全和张惠一样。李全为李璮父亲，其反宋降蒙的事迹广为人知。[④]而在《刘元振传》中被删掉的“张惠”，应当是金朝的

---

① 《刘元振墓志铭》，第68页。

② 《元史》卷一四九《刘元振传》，第3518页。

③ 《刘元振墓志铭》，第68页。

④ 《元史》卷二〇六《叛臣·李璮传》，第4591页：“太祖十六年（1221年），全叛宋，举山东州郡归附，太师、国王孛鲁承制拜全山东淮南楚州行省，而以其兄福为副元帅。太宗三年（1231年），全攻宋扬州，败死。璮遂袭为益都行省，仍得专制其地。”关于李全降蒙时间，《元史》校勘记曰：“太祖十六年，全叛宋，举山东州郡归附。殿本考证云：‘按，传误。以是年宋安抚使张琳来降为李全事。全之降在元太祖二十一年围益都以后。’本书卷一一九木华黎传附孛鲁传与宋史卷四七七李全传确载李全之降在太祖二十二年四月，传作‘十六年’，误。”《宋史》卷四七六《叛臣中·李全传（上）》和卷四七七《叛臣下·李全传（下）》是记载李全事迹最为详细的资料，其中李全叛宋降蒙过程的内容写道：“（宝庆三年）时全在围一年，食牛马及人且尽，将自食其军。初军民数十万，至是余数千矣。四月辛亥，全欲归于大元，惧众异议，乃焚香南向再拜，欲自经，而使郑衍德、田四救之，曰：‘譬如为衣，有身，愁无袖耶？今北归蒙古，未必非福。’全从之，乃约降大元。大元兵入青州，承制授全山东行省。”（第13836页）李全去世以后，其子李璮袭职继续在山东领兵镇守，虽表面上听命于蒙古，但暗地里却与南宋贸易往来。中统元年，忽必烈与阿里不哥展开争夺帝位的战争，为稳住李璮，加封其为江淮大都督，时李璮已有反意，但尚按兵未动，直至中统三年才公开谋反。故在中统元年，远在川蜀的刘黑马父子尚还能够以李璮父亲李全降附蒙古的事迹来与刘整的降附之举进行对比。李全、李璮父子的一生充满传奇色彩，父子两代人先后由金入宋、由宋入蒙，后来李璮又反蒙降宋，终被忽必烈平定。父子二人被《宋史》《元史》分别列入“叛臣列传”之中，这在中国历史上似乎是绝无仅有的。而刘整的经历亦是由金入宋又入蒙古（元）的过程，与李全父子极为相似，这也难怪世人能够将两人联系在一起。有关李全、李璮父子研究的重要成果有：赵俪生《宋金元之际山东、淮海地区中的红袄忠义军》，《文史哲》1954年第22期；李春圃、何林陶《关于李全的评价问题》，《历史教学》1955年第6期；周良霄《李璮之乱与元初政治》，《元史及北方民族史研究集刊》第四期，1980年。较晚近的成果有：姜锡东《宋金蒙之际山东杨、李系红袄军领导人及其分化考论》，《中国史研究》2015年第1期；曹文瀚《红袄军李全集团成员构成研究》，《宋史研究论丛》2019年第2期。

张惠，人称“赛张飞”[①]，此人与李全的事迹重合度较高，在前人研究李全事迹的时候多有涉及，但《刘元振墓志铭》中亦出现此人名字，至今尚未引起学界注意。刘元振在叙述中把刘整与李全、张惠相比的时候，《刘元振传》删去了“张惠”，而《刘元振墓志铭》予以保留。随后刘元振准备前往泸州与刘整接洽，但刘黑马亦存有戒心，临行前劝诫道：

刘整，宋之名将，泸乃蜀之冲要，今整遽以泸降，情伪不可知，汝无为一身虑，事成则为国家之利，不成则当效死，乃其分也。[②]

《刘元振墓志铭》中未载这段话，而这段话的前后内容行文，《刘元振传》和《刘元振墓志铭》的内容基本一致。如若单单少了这段话，可能隐含着以下几个内容：一是《刘元振墓志铭》作者有意删掉了这段话，但删掉的原因是否可能是对刘氏父子不利？二是《刘元振传》晚于《刘元振墓志铭》，因此这段话是《刘元振传》后来补入，是为表彰传主刘氏父子的勇气和胆识，亦是凸显作为父亲的刘黑马对其子的关心和担忧。因为选择相信刘整并前往接收，必然要冒很大的风险。当然，明初修《元史》的过程很短，多数传记应当是抄录元代资料，似无可能在修刘元振这类人物传记时特别留心，这段话也可能传记所据元代某底本资料中已有。以上均为推断，有待进一步考查。

二、刘整与刘元振在泸州共抗宋军

传、墓志铭对刘元振与刘整在泸州会合的场景记载详细，内容也大体一致。《刘元振墓志铭》：

遂奉命率甲卒二千直抵泸州，遣使与整相闻。整即开壁出迎，交拜马前，握手道诚款，笑语如旧知。明日，整请燕从者于城中，公释戎服，与整联辔而入。燕酣，以白金六千两、男女五百人为献。公即以金分赐将士，一钱不入己；男女择取幼者四人，余悉各还其家。[③]

《刘元振传》：

元振至泸，整开门出迎，元振弃众而先下马，与整相见，示以不疑。明日，请入城，元振释戎服，从数骑，与整联辔而入，饮燕至醉，整心服焉。献金六千

---

① “赛张飞”张惠，与李全均为山东义军领袖，早年归宋，后又降金。关于其事迹，可见《宋史》卷四〇三《贾涉传》：“惠，金骁将，所谓‘赛张飞’者，既归宋，金人杀其妻，所部花帽军，有纪律，它军不及也。惠率诸军出战，自辰至酉，金人大败，答哥溺死，陷失太半，细军丧者几二千。”（中华书局，1985年新1版，第12209页）《宋史》卷四七六《李全传（上）》：“惠号‘赛张飞’，燕侠士也。”（第13818页）1226年，张惠等人转而叛宋入金：“（正大）三年十一月己巳，宋忠义军夏全自楚州来归，楚州王义深、张惠、范成进以城降，封四人为郡王。”（《金史》卷一七《哀宗本纪上》，中华书局，1975年，第378页）李全也有离宋之心，但不久转而投蒙古。《金史》卷一一四《白华传》载：“盱眙、楚州，王义深、张惠、范成进相继以城降。诏改楚州为平淮府，以全为金源郡王、平淮府都总管，张惠临淄郡王，义深东平郡王，成进胶西郡王。”（第2504页）因此，张惠与李全恰在宋、金、蒙古三方势力之间游走，故《刘元振墓志铭》中提到刘整在“泸南重地”的局势与李全、张惠有些相像。

②《元史》卷一四九《刘元振传》，第3518页。

③《刘元振墓志铭》，第68页。

两、男女五百人，元振以金分赐将士，而归还其男女。[①]

这两段文字内容基本一致，行文也大体相似，稍有差别之处如下：一是《刘元振墓志铭》记载了刘元振率领二千士兵赶赴泸州，而《刘元振传》未载。由于刘元振所率兵力过少，导致后来泸州被围的时候，城内兵力严重不足，刘元振不得不派人潜出城外，向成都传递消息请求支援。二是综合这两段的记载可知，二人会见之后的当天，刘元振并未入城。第二天，刘元振带领部分将士入泸州城，参加刘整为其安排的宴会。在宴会期间酒至半酣之时，刘整献上了"白金六千两"和"男女五百人"。关于"男女五百人"，《刘元振墓志铭》载刘元振择取了四人，其余遣还归家，《刘元振传》只笼统地说全部遣还。《刘元振传》之所以去掉"男女择取幼者四人"之语，也是为了尽可能完美地保留住刘元振的形象。

刘元振来到泸州城与刘整会合之后，经过了宴饮、贡物等降附的"环节"，刘整已基本取得刘元振的信任，而刘元振的姿态也让刘整有了信心。就在这时，南宋方面开始对泸州城进行军事攻击：

《刘元振传》曰：

宋泸州主帅俞兴，率兵围泸州，昼夜急攻，自正月至五月，城几陷。[②]

《刘元振墓志铭》曰：

宋制置使俞兴、都统制老水张者，将兵五万、战舰三千余艘围泸城，昼夜急攻，百道并进，自正月至五月，城几陷者屡矣。[③]

《刘元振传》所述内容与《刘元振墓志铭》基本一致，但是总体经过了简化，略去了大量细节信息。例如，围攻泸州城的南宋将领只提了俞兴，略去"都统制老水张"；围攻泸州城的军队数量、军种和规模，略去了五万士兵和三千余艘战舰；围攻泸州城的军事进攻方式略去了"百道并进"；更有甚者，泸州城在被围攻之下，"城几陷"的情况是"屡矣"，但《传》将"屡矣"删掉。此外，部分内容还有所改动，主要是率军围攻泸州城的南宋将领俞兴，《刘元振传》载为"泸州主帅"，《刘元振墓志铭》载为"制置使"。俞兴被任命为制置使，时间是在中统二年四月。[④]如果进攻泸州城的时间是中统元年正月至五月，则此期间俞兴尚未担任"制置使"，可能是"制置副使"。《宋史》载："冬十月丁丑，以俞兴为四川制置副使、知嘉定府兼成都安抚副使。"[⑤]可见，俞兴在1260年之前，一直任职"知嘉定府"，未在泸州。当然，《刘元振墓志铭》记述不一定十分严谨，事后追述的时候表述不准确也是有可能的。所谓"老水张"，指的是张桂，因为他曾长期驻守四川老鼠隘，号称"老鼠张桂"。《宋史全文》载，中统二年六月戊申（十八日），南宋理宗说："泸南刘整之变，宜急措置。"贾似道忙回复道："昨日已即调遣，且趣吕文德、俞兴等任责讨之。"[⑥]可见，南宋朝廷正式下令讨伐刘整是

① 《元史》卷一四九《刘元振传》，第3518—3519页。
② 《元史》卷一四九《刘元振传》，第3519页。
③ 《刘元振墓志铭》，第68页。
④ 《宋史》卷四五《理宗本纪五》："（中统元年）夏四月乙未，以……俞兴保康军承宣使、四川安抚制置使。"（第877页）《宋史全文》在"中统元年四月"未载俞兴任四川安抚制置使之事。
⑤ 《宋史》卷四四《理宗本纪四》，第863页。
⑥ 佚名撰：《宋史全文》卷三六《宋理宗六》，中华书局，2016年汪圣铎点校本，第2903页。

在六月，实际上俞兴等人已在此之前就开始围攻泸州。[①]

俞兴和张桂对泸州城的围攻时间持续较长，《刘元振墓志铭》和《刘元振传》都记载为“自正月至五月”，致使泸州城多次面临陷落的危险。根据前文所述刘整派人向成都求救的时间，是在中统元年四月至八月刘氏父子受任为成都路经略使之后，随后历经商议、赴泸州城、进城接洽、宴请等事，在这个时间之后泸州城开始被围攻。以此推之，所谓“自正月至五月”这个时间当是在中统二年（1261年）。在泸州城被围直至解围前后的情形，《刘元振墓志铭》与《刘元振传》均有记载。《刘元振墓志铭》：

> 左右或劝公：“事势危迫，宜有变通，且刘整本非吾人，今与俱死，何益？不若突围而去。”公曰：“人以诚款归我，我来应接，是已受其降矣，岂可以小有艰阻，辄为改图？”食将尽，乃杀所乘马以犒将士，募善水者赍蜡书索援兵于成都，主帅昔力觧令侍郎张威将兵三千赴援，夜举三烽与城中相应。犁明，公与整分道而出，直冲宋壁，与援军内外合势，宋军腹背受敌。斩老水张于阵前，俞兴遁还，自相蹈藉，弃甲山积，遂以刘整迁泸州归。初，城围未解，公虑整手下将校艰危之际，或生反侧，乃擅造金银符二十余，择有功者与之，僚佐谏止，以为不可，公曰：“春秋之义：大夫出疆，有可以利国家、安社稷者，则专之。若以为罪，吾自当之，必不以累诸君也。”及此，自陈其事。朝廷嘉其知权，不以为罪，仍赐锦衣一袭、黄金五十两、白金一千两，诸将赐与亦各有差。[②]

《刘元振传》：

> 左右劝元振曰：“事势如此，宜思变通，整本非吾人，与俱死，无益也。”元振曰：“人以诚归我，既受其降，岂可以急而弃之。且泸之得失，关国家利害，吾有死而已。”食将尽，杀所乘马犒将士，募善游者赍蜡书至成都求援，又权造金银牌，分赏有功。未几，援兵至，元振与整出城合击兴兵，大败之，斩其都统一人，兴退走。捷闻，且自陈擅造金银牌罪，帝嘉其通于权变，赐锦衣一袭、白金五百两。入朝，又赐黄金五十两、弓矢、鞍辔。[③]

刘元振坚持与刘整一同坚守城池，不听从随从诸将撤退的意见。他说：“泸之得失，关国家利害。”这句话不见于《刘元振墓志铭》。《元史》乃是为了凸显刘元振的“政治觉悟”，站在国家立场去考虑招降刘整。《刘整传》记载：“俞兴攻泸州，整出宝器分士卒，激使战，战数十合，败之。”[④]有关这条信息均未见于《刘元振墓志铭》和《刘元振传》。关于刘元振在围城期间擅造金银牌的事迹，《传》有两点，一是未说明擅造金银牌符的目的，而《刘元振墓志铭》讲明了缘由，是因为由于泸州城被围攻之际，很容易造成原本打算跟从刘整的将士又心生悔意，于是制造了20余幅金银牌，奖给有功之人以资鼓励和收买人心；二是在事后蒙古统治者对刘元振的奖励，《刘元振传》称“锦衣一袭、白金五百两。入朝，又赐黄金五十两、弓矢、鞍辔”，而《刘元振墓志铭》

---

① 《宋史》卷四五《理宗本纪五》“中统二年七月”条记载：“秋七月甲子，蜀帅俞兴等奏守泸州刘整率所部兵北降，由兴构隙致变也。至是，兴移檄讨整。”（第877页）两份史料记载稍有差异，《宋史全文》为六月，《宋史》为七月。

② 《刘元振墓志铭》，第68页。

③ 《元史》卷一四九《刘元振传》，第3519页。

④ 《元史》卷一六一《刘整传》，第3786页。

称“锦衣一袭、黄金五十两、白金一千两”，无论是数额还是种类，都有所不同。“锦衣一袭”记载相同，此无异议。“黄金五十两”，数额一致，但赏赐时间不同，《刘元振传》载为入朝以后，《刘元振墓志铭》未明言；至于“白金”，《刘元振传》载为“五百两”，而《刘元振墓志铭》载为“一千两”，相差一倍，但《刘元振墓志铭》还有一句“诸将赐与亦各有差”，说明不仅仅对刘元振实行了赏赐，对其麾下部将也进行了赏赐，那么是否有可能《刘元振墓志铭》少记载的“五百两”白金是分赐给麾下诸将的呢？

三、蒙古派军救援泸州

《刘元振墓志铭》中关于主帅昔力解派军赴援一事，《元代刘黑马家族墓发掘报告》整理者句读为“主帅昔力解令、侍郎张威、将兵三千赴援”[①]，有误，应该是“主帅昔力解令侍郎张威将兵三千赴援”。按，“昔力解”即为《元史》中所载之“失里答”。失里答其人，学界尚未有人予以关注。中统二年冬十月，“宋兵攻泸州，刘整击败之。诏赏整银五千两、币帛二千匹。失里答、刘元振守御有功，各赏银五百两，将士银万两、币帛千匹”[②]。此处所称之“失里答”就是《墓志铭》中的“昔力解”。《世祖本纪》将泸州解围的时间记载在十月份，而根据《冯时泰墓志铭》的记载，最迟在八月份或七月份，成都主将失里答所派遣的援兵就已经到达泸州城，与城内的刘整、刘元振里应外合，击败宋军，解围泸州城。失里答在此后不久就已去世：“探马赤，秃立不带人。从诸王没赤征蜀，后以兵从塔海绀卜、火鲁赤、纽璘诸大帅。岁戊午，纽璘攻涪州，还至马湖江，宋兵连舰绝江不得进，探马赤率精兵二千击之，夺其舟以济。又于横江、嘉定、宣化三县造浮桥，以达成都，纽璘以为能，命将千人，从万户昔力答略地碉门、黎、雅、土蕃。昔力答死，行院帖赤以探马赤为万户，领其军。中统四年，授蒙古汉军万户。”[③]文中的“昔力答”即为失里答（昔力解）。失里答所派遣的援兵将领张威，原本也是南宋降将：“（宪宗八年）十二月壬午，都元帅纽璘攻简州，以宋降将张威率众为先锋。”[④]张威驻守成都，受失里答、纽璘等管辖，如在中统元年五月，“诏谕成都路侍郎张威安抚元、忠、绵、资、邛、彭等州”[⑤]。

《刘元振墓志铭》所传递的信息要多于《刘元振传》，最关键的是在谈到刘整与刘元振向外求救和成都主帅昔力解（失里答）派兵救援之事，这就需要利用另一通墓志铭资料来对此事予以考订，即《冯时泰墓志铭》。有关这一段的详情，此墓志铭记载道：

> （中统）二年夏六月，宋泸州安抚使刘整遣使持书诣西台请降，章上未报，行省商公议欲先人尝其信否，就为抚谕，而难其选。参佐赵公以公才干，乃举应之。同列以远方重地惜其行，公曰：“国之大事，愿请一往，虽死无恨。”秋七月至成

① 陕西省考古研究院编著：《元代刘黑马家族墓发掘报告》，第68页。
② 《元史》卷四《世祖本纪一》，第75页。
③ 《元史》卷一三二《探马赤传》，第3211页。
④ 《元史》卷三《宪宗本纪》，第52页。宪宗八年十二月戊午，公元纪年为1259年1月2日。
⑤ 《元史》卷四《世祖本纪一》，第66页。

都，宋俞兴围泸甚急，整遣使从间道来求援，主将谩不之省，方饮酒为娱，公适在坐，为之明陈利害，廓宣忠义，遂欲与整使俱行。于是主将惶惧，即日以兵南下。八月，公至神臂山，围已释矣。①

上述这一段是墓志铭中有关刘整降附之事的主要记述。根据墓志铭的记载，冯时泰在中统元年（1260年）。经过陕西等路宣抚司的推荐，担任“规措军储转运副使”，是在陕西四川一带负责转运军队粮草储备的官员。冯时泰为何能够得以参与宣谕处置刘整降附之事呢？从墓志铭文来看，是受到当时任参佐的赵公（即赵良弼）举荐，得以受此重任。②后来冯时泰圆满地完成了善后处理刘整降附之事以后，赵良弼也因为知人善任而受到陕西四川行省的奖赏。③

冯时泰赴泸州处置此事的记载，不见于刘黑马父子的传记和墓志铭，也不见于其他文献。七月，冯时泰从关中来到成都，却看到成都的主将对此毫不关心，还饮酒为乐。冯时泰向其陈说利害，还要与刘整所派来的使者一同返回泸州救援。经过劝说，终于促使成都统帅昔力解（失里答）派遣将领张威作为援兵赴泸解围。

《宋史·理宗本纪》是在“中统二年秋七月甲子”记载“蜀帅俞兴奏守泸州刘整率所部兵北降，由兴构隙致变也。至是，兴移檄讨整”④。可见，南宋方面是在中统二年七月才收到俞兴上报的消息。《冯时泰墓志铭》称刘整遣使向西台请降的时间是“中统二年夏六月”，后面称在“秋七月”冯时泰到达成都的时候，正是俞兴围攻泸州最危急关头。恰在此时，被围困在泸州城内的刘整和刘元振“募善游者赍蜡书至成都求援”，成都主将昔力解（失里答）派兵赴泸州救援。前述俞兴围攻泸州自“正月至五月”是在中统二年，围困时间已将近半年。等到八月份冯时泰到达泸州神臂山的时候，先期到达泸州城的成都援兵已经与泸州城内的守军在刘整和刘元振的带领下里应外合，打败了俞兴、张桂率领的南宋军队，泸州城自此解围。刘整派人与蒙古及时取得联系是一个非常明智的举动。因为这样他很可能会获得与蒙古约定共同行动、内外夹攻的机会，从而既能够让自己率军全身而退，还可以借此为蒙古军攻占川蜀尤其是泸州等地部分州县作为“见面礼”，以表达投附诚意。

在这里涉及一件刘整在泸州现场的事情，诸文献记载虽详略有别，但大体不出《钱塘遗事》所载之场面：

北军压境，整集官吏喻以故曰：“为南者立东庑，为北者立西庑。”官吏皆西立，惟户曹东立，杀之，与西立者二十八人归北。⑤

刘整把麾下官吏召集到大堂之内，让大家自行选择站在“东庑”和“西庑”，前者是“为南”，即不接受降蒙，后者是“为北”，即接受降蒙。结果，只有户曹一人站到东庑，其他二十八人都跟从刘整降蒙，于是户曹被杀。这个故事发生的背景是“北

① 《冯时泰墓志铭》，第998页。
② 赵良弼，本为女真人，《元史》卷一五九有传。“（世祖忽必烈）既即位，立陕西四川宣抚司，复以廉希宪、商挺为使、副，良弼为参议。”（第2744页）赵良弼跟从廉希宪、商挺宣抚陕西四川以后，立即与刘黑马等人一同除掉了乞台不花和迷立火者（《刘黑马传》写作“密里火者”）。
③ 《冯时泰墓志铭》：“行喜，劳之甚厚，亦赏赵公为知人。”
④ 《宋史》卷四五《理宗本纪五》，第877页。
⑤ 王瑞来校笺：《钱塘遗事校笺考原》卷四《刘整北叛》，中华书局，2016年，第122页。

军压境”。刘整在中统元年决定降附蒙古时，起初并未有南宋军队进攻，蒙古方面也尚不知情，因此不可能发生在刚刚决定降附的时候。而南宋文献中往往称蒙古军为“北军”，因此出现“北军压境”情形的时间只可能是中统二年七月至八月，也就是成都主将昔力解（失里答）派遣的援军来到泸州城下，与被围困在城内的刘整和刘元振里应外合，共同反攻围城的俞兴、张桂率领的南宋军队。此时，刘整与刘元振应当做好了背水一战、孤注一掷的准备，整合纠集城内的军队杀出重围，最终取得成功。

南宋遗民所作《昭忠录》中在叙述南宋将领张桂、金文德率领宋军围攻泸州城事迹时，曾有“乞纽怜济师”[①]的字样，即刘整向“纽怜”寻求援兵，此“纽怜”显然是蒙古将领纽璘。《刘元振墓志铭》未提及“纽璘”，只提到成都统帅昔力解（失里答）。而与《昭忠录》相合的记载见于《元史·纽璘传》：中统元年（1260年），忽必烈即汗位的时候，纽璘入朝接受赏赐。随后，纽璘“遣梁载立招降黎、雅、雕门、严州、偏林关诸蛮，得汉、番二万余户。未几，诏速哥分西川兵及陕西诸军属纽璘，镇秦、巩、唐兀之地”[②]。这是《纽璘传》记载的纽璘在中统初年事迹，随后《传》曰：“三年，宋将刘整以泸州降，吕文焕围之，诏以兵往援，文焕败走，遂徙泸州民于成都、潼川。”[③]这段记载存在显然的谬误，首先是时间错误，“中统三年”应为“二年”；其次是围剿刘整的南宋统帅错误，应当是吕文德而非吕文焕。但是，将刘整降附之后所带出来的泸州民户迁徙于成都、潼川之举，则是纽璘为之。中统二年八月刘整、刘元振击退南宋军，但到了当年年底吕文德把“收复泸州”的消息上报南宋朝廷，[④]因此在中统二年八月至年底这段时间，泸州是被刘整及蒙古方面所控制的。而在中统三年的时候，由纽璘等蒙古将领负责将泸州民户迁徙至成都、潼川等地予以安置。《刘恩传》记载刘恩受命招谕刘整：“宋刘整将兵守泸州，中统三年都元帅纽璘遣恩谕整降，以功易赐金符。”[⑤]这段记载是刘恩个人传记，所谓“中统三年”纽璘派遣刘恩赴泸州招谕刘整投降，其中“诏谕投降”显然不准确。从《刘恩传》可知，刘恩原为“洺之洺水人，后徙威州”，洺水、威州均属河北，可见刘恩原本就是金统治区的北方人，其父亲刘辛归附蒙古，开始为蒙古效命，后跟随军队进入川蜀行军作战。中统年间，刘恩作为纽璘的部下，三年受命赴泸州之事，应当是刘整降附之后，纽璘与刘整取得联系往来沟通等事，而刘恩充当了使者，故此举受到了嘉奖。

如此，就符合了这条史料所叙述的史实，即在中统三年纽璘处置了刘整所带离的泸州民户，所谓“宋将刘整以泸州降，吕文焕围之，诏以兵往援，文焕败走，遂徙泸州民于成都、潼川”一段话所描述的是中统二年至三年期间的史事，采用了模糊处理的办法。这里面涉及的一个问题就是，《元史·纽璘传》与《昭忠录》所载救援泸州的

① 佚名撰：《昭忠录》“张桂（都统）、金文德（都统）”条，墨海金壶丛书本。

② 《元史》卷一二九《纽璘传》，第3145页。卷一三一《速哥传》载：“中统二年，赐银符，命隶纽璘军。”（第3182页）

③ 《元史》卷一二九《纽璘传》，第3145页。

④ 《宋史》卷四五《理宗本纪五》，第878页：“（中统二年）冬十月癸巳，吕文德言已复泸州外堡，拟即对江垒石为城，以示持久之计，从之”；第880页：“（中统三年）春正月……复泸州，改为江安军，吕文德进开府仪同三司。”

⑤ 《元史》卷一六六《刘恩传》，第3896页。

蒙古将领是纽璘，而《刘元振墓志铭》载为成都主将昔力解（失里答）。前者未提及失里答，后者未提及纽璘，而《冯时泰墓志铭》则未提主将姓名，只说“主将谩之不省，方饮酒为娱”，之后经过冯时泰的陈说利害，方才派兵南下。由此可知，《昭忠录》与《纽璘传》的史源似乎有所关联，但由于《刘元振墓志铭》为至元年间撰制，可信度极高，因此仍应以《墓志铭》为准。

此外，《纽璘传》还记载有另外一件耐人寻味的事情：“（中统）四年，（纽璘）为刘整所谮，征至上都，验问无状，诏释之。还至昌平，卒。”[①]刘整刚刚投附蒙古就诬告纽璘，诬告的具体内容不可知，为此纽璘还被忽必烈召回上都审问。通观《纽璘传》这段文字，其之所以如此处理，是为了表现纽璘的“品德”，即要表达这样一个逻辑：纽璘在刘整降附蒙古却遭受南宋军队围攻之际，率军救援并击退宋军，救了刘整，还帮助其把泸州民户妥善安置。但是，刘整却恩将仇报，诬告纽璘。《传》文均有美化传主的倾向，这一点虽属正常，但如果我们把《冯时泰墓志铭》中那位“谩之不省，方饮酒为娱”的成都主将联系起来思考的话，刘整在投降以后立即诬告陷害纽璘这件事就有了合理性。我们暂时可作这样的一个假设：

刘整在泸州被围困的艰难时刻，派人向成都主将求救，但是成都主将起初是不相信的，这一点在刘黑马、刘元振父子的相关记载中已非常清楚，而且救援也持不积极、不关心的态度，虽然最终派出了援兵，但是刘整事后通过某种途径得知了当时的情况，因此怀恨在心，遂作出了诬告陷害之举。如果这个逻辑被证实，那么当时负责这件事的成都主将就是纽璘，或者当时失里答、纽璘均在成都，与冯时泰等人一同商议此事。至于成都主将“谩之不省，方饮酒为娱”的原因，则很可能源于1258年宋蒙云顶山之战。当时纽璘和刘整各为其主，二人在战争中互有胜负，是作为敌对的将领发生交往，而两年之后的1261年，刘整却要向其昔日的对手求救，纽璘作出“谩之不省”的姿态就很合理了。

那么，所有关于刘整反宋降蒙的各个时间节点的问题就都得到了合理的解释，我们再将这个过程综述如下：

刘整在中统元年八月以前决定投附蒙古以后，首先派人向成都的蒙古方面求救，刘氏父子决定去泸州招降，中统元年下半年来到泸州城，却在中统二年正月开始遭到南宋俞兴等率军围困直至五月，刘整与刘元振派人拿着蜡书渡水偷出泸州城去成都求救，同时又派人到陕西四川行省驻地[②]求救，陕西四川行省商挺等人派遣冯时泰于七

① 《元史》卷一二九《纽璘传》，第3145页。

② 陕西四川行省收到刘整请降的消息，有两种可能，一是刘整既派遣使者来到成都求救，又同时派使者去陕西行省求救，二是刘整只派遣使者到了成都，成都方面又派遣使者赴陕西行省上报。此外，求救使者可能去的是陕西四川行省驻地京兆路（今陕西西安），也有可能只到了利州东路兴元府（今陕西汉中）。《冯时泰墓志铭》中有“比还长安，须发尽白”一语，讲到冯时泰去泸州处理刘整降附之事，之后返回长安，而最初冯时泰是受到陕西四川行省商挺、赵良弼等的指派和推荐，才先赴成都，后至泸州。因此，通过“还”字可推测冯时泰很可能当初就是从京兆路（长安）出发的。此外，《冯时泰墓志铭》中记载的“二年夏六月，宋泸州安抚使刘整遣使持书诣西台请降”一语说明“西台”（初名秦蜀行省，后改陕西四川行中书省）是通过刘整所派遣的使者持书前来才得知此事，后边又称冯时泰“秋七月至成都，宋俞兴围泸甚急，整遣使从间道来求援”，由于成都主将漠不关心，不想出兵，冯时泰对其晓以利害以后，“遂欲与整使俱行”离开成都，可见刘整所派遣的使者既有到达成都的，也有到达“西台”（实为“陕西四川行中书省”）的。

月份到达成都，主将昔力解（失里答）决定出兵救援。八月份，冯时泰到达神臂山，泸州城已解围。因此，以《宋史》《元史》为主的各类文献均写作“中统二年”（“景定二年”）的六月至七月间，实际上这是刘整派遣使者持书信赴成都或陕西行省求救的时间，也就是说只有在这个时候，蒙古方面才知道刘整在泸州起事，准备请降。

四、善后处置

中统二年八月，泸州城解围。《刘元振墓志铭》只简略地记载刘元振“遂以刘整迁泸州归”[①]。《冯时泰墓志铭》对善后事宜记载如下：

> 公径入泸城，示以不疑，宣言圣上宽仁、宰辅贤良，效顺投明乃其时也。整其吏民军士喜而罗拜，但恨归命之晚耳。将归，整令僚吏索良家子女贶公，公为书责之，意谓保城而降，本欲安民，今反夺人童稚以代公等馈赐之勤，是诚何心哉！翌日，签厅官四十三人，皆进士老儒，感公之义伏拜庭下，以谢不敏，公惟留诗一钜轴而已。比还长安，须发尽白。行喜，劳之甚厚，亦赏赵公为知人。[②]

冯时泰进入泸州城以后，迅速采取了宣谕、抚慰等一系列工作，《冯时泰墓志铭》所说城内吏民军士均“喜而罗拜，但恨归命之晚耳”显然是溢美之词。不过，冯时泰廉洁奉公，坚决不收取刘整为其奉献的“良家子女”，厚待了受降的“进士老儒”。蒙古在与金朝、南宋作战攻城略地、俘掠人口的时候，经常导致儒士颠沛流离，但是仕蒙的儒家士人官员往往非常注意保护这些儒士，给其衣食物资，以维系儒家文化的续统。

作为直接处置此事的陕西四川行省官员商挺，在善后处置方面也采取了一些有利的稳定人心、稳固统治的举措。首要的就是处理刘整所带来的降人：“宋泸州将刘整囚我降人数百，乃来归，将谕诛之，公尽释囚之。”[③]亦见《元史·商挺传》：“宋将刘整以泸州降，系前降宋者数百人来归，军吏请诛以戒，挺尽奏而释之。”[④]刘整降元的时候，带来了这一批“系前降宋者”数百人，这些人应当是原本归属蒙古，后投降南宋，这次又被刘整带回蒙古。在时任陕西四川行省右丞的廉希宪事迹中，亦有与此相关的记载。《平章廉文正公》引“清河元公撰神道碑”：“泸州降将刘整囚我叛人数百，军吏请诛以戒，王曰：‘力屈而降，岂其心哉！’奏而免之。道整入觐，手书宰臣，使整有所观感，恩浃其心，当得死力。”[⑤]同一件事，在商挺和廉希宪的个人传记中，均将其功劳归于传主（商挺“墓碑”，廉希宪“神道碑”），当时廉希宪与商挺确实同署陕西四川行省，应当是共同处理刘整降附之事。墓碑与神道碑为凸显传主，将业绩归于己，是当时撰写名人传记的文人典型“曲笔”和“谀墓”现象。

刘元振成功地处理了这件当时震动宋元双方朝野的大事，这成为其一生最大的功

---

① 《刘元振墓志铭》，第68页。
② 《冯时泰墓志铭》，第998页。
③ （元）苏天爵辑撰，姚景安点校：《元朝名臣事略》，中华书局，1996年，第221页。
④ 《元史》卷一五九《商挺传》，第3740页。
⑤ 《元朝名臣事略》，第132页。

绩，忽必烈对其赏赐有加。泸州解围的时间是中统二年八月，结束之后刘元振“遂以刘整迁泸州归”[①],即刘整跟从刘元振返回成都或京兆复命。由于刘黑马在此之前即已身患重病，中统二年十二月去世。刘元振在八月之后应当迅速返回了成都，以照看病榻中的父亲。刘黑马去世后，刘元振“居丧哀毁”，后被起复袭职任成都经略使。[②]《刘元振墓志铭》末尾骈语中有三分之一的篇幅都在总结和赞颂刘元振处理此事的功勋：

> 敌将危疑，送款来归。众议盈庭，莫决是非。公心昭晰，照物明彻。一语既开，群言皆折。群言皆折，泸南遂平。拓土千里，奄有蛮荆。[③]

从刘元振的《墓志铭》《传》所记录的事迹及其措置刘整降蒙在其中所占比例来看，这件事对刘元振个人的影响非常深远。这一方面说明刘元振成功处理此事对于个人、国家的双重政治意义，另一方面也说明这件事本身就是一个不容易处理的事情，在这个过程中我们看到了很多不确定和危险因素，以刘氏父子为代表的主张接收的官员要冒着失败的风险，失败不仅仅意味着丢官受罚，还可能会赔上性命。刘黑马家族有许多人都在川蜀长期戍守，为元朝进一步占据川蜀、稳定局势做出了显著的贡献。刘元振的弟弟刘元礼后来成为潼川路副都元帅，另一个弟弟刘元济担任成都路总管，正所谓“昆弟三人参攒四川,共掌军民之政,荣耀冠一时”[④]。至元十一年（南宋咸淳十年，1274年），刘元振又兼任潼川南路招讨副使，[⑤]第二年在成都因病去世，享年51岁。刘整曾经长期驻守的川蜀尤其是泸州、潼川等地，刘元振兄弟始终在此驻守，为元朝立下功劳。元朝对川蜀之地的控制和平定，刘整与刘元振功不可没。从这个意义上来说，他们为元朝实现全国大一统做出了自己的贡献，顺应了历史潮流。

刘整降附之后由纽璘负责接收:“仍谕都元帅纽璘等使存恤其民。”[⑥]《世祖本纪》又载:“八月甲寅，命刘整招怀夔府、嘉定等处民户。……仍檄宋边将还北人之留南者。”[⑦]此时刘整所率领的泸州军民已基本摆脱南宋的包围,控制住了局面,从而开始下一步工作。这时他受命招抚原四川统治区的民户，同时蒙古统治者也在以官方身份向南宋边将发布檄文，要求把留在南宋统治区的“北人”还回来。同年冬十月辛卯，陕西四川行省上言:“军务急速，若待奏报，恐失事机。”于是朝廷下诏命陕西四川行省“与都元帅纽璘会议行之”[⑧]。直至同年十月,蒙古对在接收和救援刘整的诸将进行论功行赏:“诏赏整银五千两、币帛二千匹。失里答、刘元振守御有功，各赏银五百两，将士银万两、币帛千匹。”[⑨]

此外,《元史・刘整传》称刘整“累迁潼川十五军州安抚使，知泸州军州事”，“籍泸州十五郡、户三十万入附”，所谓“十五军州”或“十五郡”的来历，源自两宋时期泸州地区的建置变迁。在《刘元振墓志铭》中还有“泸南安抚使刘整”“今居泸南

---

① 《刘元振墓志铭》，第68页。
② 《元史》卷一四九《刘元振传》载为“成都军民经略使”，第3519页。
③ 《刘元振墓志铭》，第68页。
④ 《刘元振墓志铭》，第68页。
⑤ 《刘元振墓志铭》，第68页。
⑥ 《元史》卷四《世祖本纪一》，第71页。
⑦ 《元史》卷四《世祖本纪一》，第74页。
⑧ 《元史》卷四《世祖本纪一》，第75页。
⑨ 《元史》卷四《世祖本纪一》，第75页。

重地”等称呼，《宋史全文》中亦有“泸南刘整之变”，所谓“泸南”的说法源自北宋。宋神宗为了提高泸州的地位，在泸州设置了泸南安抚司，统一管理泸州、叙州、长宁军三郡沿边少数民族地区的事务。泸南安抚司初置于北宋元丰三年（1080年）。之后经过多次撤并增置的变迁，直到北宋宣和二年（1120年），泸州守臣的职名全称就是“潼川府（梓州更名）、夔州兵马都钤辖、泸南沿边兵马都钤辖、泸南沿边安抚使”。泸州守臣兼任潼川府路安抚使，这是自元丰年间创置泸南沿边安抚司和政和年间泸州守臣兼带梓、夔路兵马都钤辖以来的必然结果，是泸州建置史上具有决定意义的转折。北宋乾道六年（1170年），泸州守臣梁玠升任为第一任潼川府路安抚使，自此以后，泸州管“领剑东（剑南东川，即梓州、潼川府路）一道十五州，权任益重”，这十五郡（或称十五军州）指的是梓州（今三台县潼川镇）、遂州（今遂宁市）、果州（今南充市北）、资州（今资中县重龙镇）、荣州（今荣县城关镇）、昌州（今大足县龙岗镇）、普州（今安岳县岳阳镇）、渠州（今渠县渠江镇）、合州（今重庆市合川）、叙州（今宜宾市）、泸州（今泸州市）、怀安军（今金堂县淮口镇）、广安军（今广安县浓洄镇）、富顺监（今富顺县富世镇）、长宁军（今长宁县长宁镇）。[①]通过梳理这十五军州可知，其中有部分军州在刘整降蒙之前均有较大变动，有的因为蒙古的进攻而迁治，如梓州（移治长宁山，宝祐六年失守）、遂州（端平三年移治蓬溪寨）、合州（淳祐三年移治钓鱼山）、渠州（宝祐三年迁治礼义城）；有的在此之前已归属蒙古，例如果州（宝祐六年失守）、资州（淳祐三年失守）、普州（淳祐元年失守，三年据险复治，宝祐以后废）、荣州（端平三年择地侨治，宝祐以后废）、怀安军（宝祐六年失守）、广安军（宝祐末年失守）。因此，当刘整叛乱之时，所谓“籍泸州十五郡、户三十万入附”的说法只是因其官职所在而作的笼统叙述，实际上当时的泸州安抚使所能够管辖的地域已经远远不到十五郡的规模。

对刘整归降的成功处置，实为有利于蒙古的大好事。一方面使得忽必烈在与阿里不哥争夺帝位的斗争中，赢得更多汉地的人力、物力、财力支持；另一方面，在宋元对峙格局中，为忽必烈下一步的平宋方略提供了有利条件，宋蒙在川蜀地区形成对峙局势，南宋无法再对蒙古采取更多更大规模的军事行动，使得忽必烈能够得以一心对付漠北战事。刘整在泸州解围以后，“复遣使以宋所赐金字牙符及佩印入献，请益屯兵、厚储积为图宋计”[②]。于是，刘整在蒙古（元朝）开启了新的军旅生涯。

---

① 陈世松、喻亨仁、赵永康编著：《宋元之际的泸州》（修订版），中国统一出版社，2015年，第7—11页。
② 《元史》卷一六一《刘整传》，第3786页。

[illegible] （dge sdengs）[illegible]（shab smad sgom gnas）[illegible]

[illegible]（1290—1364）[illegible]

[illegible]

[illegible]〔3〕[illegible]

[illegible] 18 [illegible]

[illegible] 2004 [illegible] 5.2 × 40.7cm [illegible]

ᠭᠤᠷᠪᠠ᠂ [illegible]

[illegible]

[illegible] 93 [illegible] 192 [illegible]

[illegible] 26 [illegible] 1322 [illegible] 33 [illegible]

[illegible] 200 [illegible]

[illegible] （tshal gong thang）[illegible]

[illegible]

noyon. aldas gemiyin ebeči arilγaqči emči. arban γazartui uduridxui de:dü γazarči. arban zügiyin burxad kige:d orčilong–giyin dalai getülküi onggočo. erdeni de:dü nomiyin yeke γarluγa.. ende dörbön šumnuši daruqči čerigiyin 《 erel sanaqsaγa:r xangγaqči ČindamaNi erde_ni. endöüreqsen nisva:nišiyin ebečini edege:qči em. el zel ügei [illegible]

[illegible] 〔7〕 [illegible]

[illegible] 《 rab 》·《 [illegible] 》·《 rin po chei 》·《 [illegible] 》··《 mdzod 》·《 [illegible] 》 [illegible] 《 [illegible] 》··《gsal byed 》·《 [illegible] 》··《 chos kyi 》·《 [illegible] 》··《byung 》·《 [illegible] 》··《 gnas 》·《 [illegible] 》··《 gsung 》·《 [illegible] 》·· chei mdzod 》 [illegible] 〔6〕 [illegible] 《 bde bar 》·《 [illegible] 》··《 gshegs pai 》·《 [illegible] 》··《 bstan pai 》·

[illegible] 《 bar gshegs pai bstan pai gsal byed chos kyi byung gnas gsung rab rin po [illegible] 》 [illegible] 〔5〕

[illegible] 4〕 [illegible] 《 bu ston chos 'byung sog sgad du gyur pa yin no 》··〔

[illegible]
amuγulang–giyin ČindamaNi–yi ötör olxu boltuγai.. 》〔8〕

buyani aoγa küčün–ye:r. ba bürin tonilxui mürtü sayitur orozi. barimi_yin arban mör tögüsken üyilede:ye paǰa yeke širgiülzi. erdemiyin dalai burxani xutuxi örüsči. eng olon dalai metü amitani tonilγoxu–mini boltuγai.. bindara čaγan amuγuulang–xi amitan edlekü boltuγai.. eyin üyiledüqsen buyani yekedalai–ber. yeke emgegiyin dalai nisvaniši dalai–be:r. onon süzüq–düni ündüsüni tara:_lang deblen. ürgülzi buyani kürönggü sayitur sačuzi. üre yeke kuličenggüi öüsken üyiledči. erdeni šazin kige:d eke buluqsadiyin tula eyitün yasaqtun.. üčü_ken oluqsan buyani buluqsan bui.. endöürel ügei u:xa biliq–tü merged. uyutun asaraxui sedkil sayitur öüskezi. eden–dü esergüčel ügei mungxa_raqsan–mini noyoud moxudugiyin tula. eši zarliq narin onoxoyin berke bulun. endel aldal el_deb olon öküyin tula. ayaγa takilmiq rab_'byam_za_ya_paNdida orčiulbai.. eke bičiq aldaši maši olun kiged. erten–e:če töüni ta:lal tögüs_kegüyin tula kige:d. arši–yin šazini giyigüülküi zula bolγun ali tögüs xubitan–du noniyin nidü bekilen xayiratu erdeni γurban beyeyin xutuq büte:qči. xaš metü uxa:_tu tayiši axai duraduqsan–du.. ariun süzüq–tü xotolo tögüsüqsen.. xaril ügei bodi sedkiliyin darbulγa bayiγoulun. xatouda sonosxu sedkikü bišilγaxui ongγuuču arban nom–tu šüte:n ariuna olun. ariya ǰongka_pa–yin šazin kige:d šazin bariqčin–du. angkidaxu ügei ariun süzüq–tu tüge:qči. naran metü uxa:tu küböün baqši–yin zoko:qson öüni.. aqlaq–e:če sayin üyile čuγulalan xura:qsan–ye:r. nayiman tümen nomiyin onisu unun. nayiman erketü–yin šazini naran metü giyigüü_lün. narin aγui yeke nom xamuq ontuγan nisva:niši–yin dayisu_ni γol–du üzen. olburi γurban beyeyin xutuq kereqlen. oγo:to sayin mör önidö šütün.. kelemür_či merged törözi. čaγa:n nom šazini delgeröülüqsen tuuzi.. olon γalabtu xoyor čuulγani xura:qsan–ye:r. nomluqsun.. čaq xubi xotolo tögüsküi čaq–tu. časutu oron–du nomiyin xa:n tüšimal noγoud kige:d. čaqlaši ügei amitani tusa yama:ru üyiledüqsen kige:d. manglai merged šazini yama:ru xura:qsan. maha külküni ilγal niqtada tanilduqsan γaqča satun. ariya ša:gya–moni–yin tuuzi kige:d.. mani baqši–yin šazin kige:d šazin bariqčin. maγad šazini tuuzi.. arban buyani mör üzüülüqči de:dü zula. ariun de:dü orun–du kürgeküi nidüb_či. amitani ese

[illegible]

1644 [illegible]
buyidar örlüq mečin ziliyin übüliyin söül sarayin xorin–du kürči irebei.》〔10〕[illegible]
[illegible]《 xa:ni xatun tayiši bizi–dü mou boluqsan–du . töüni tustu irö:l abun gege:ni
—1644 [illegible] 1642 [illegible] 1638 [illegible]〔9〕

[illegible]

2、[illegible]
1、[illegible]

01a01 namo（B://////）gürü manzu_gho_qa_ya

[illegible]

[illegible] 《gürü manzu_giu _ra》 [illegible] 《namo》 [illegible]
1 · B [illegible] A · B [illegible]

01a020 gerel−yin tour tegüs_ün arban ǰüg
01a019 qalaγun ǰali_tu〔B: tai〕 ǰaγun mingγan
01a018 üiledügküi. gkir ügei ǰarliγ−yin gerel
01a017 yosun eldeb−iyer busud−yin tusa
01a016 kötel_ün urγun singgeküi yabudal−yin
01a015 qaγačaγsan sibaγun−u aγuu mör_tü
01a014 qoyar tüidker−yin usu bariγči−ača
01a013 qubčasun−ača qaγačaγsan−iyar.
01a012 üyetü（B ://////）qurdun_a yabuqui〔 Ötögüsün〕baril bariqu−yin
01a011 muqurtu kürün} čaγlasi ügei irügel doluγan
01a010 −yin mön（B ://////）činar.{ γurban bey_e−yin
01a09 ber čoγ ǰibqulang badarangγui. erdini
01a08 boluγsan berke emgeniküi üile küličeküi
01a07 čiγulγan rasiyan idege_tü−eče
01a06 alimad sedkil egüskegsen buyan−u
01a05 ülegsen šaki_a arslan−dur mörgümüi::
01a04 nom−yin（B ://////）γarluγ_a〔B : γarxui〕kemekü. ilγun_tegüs_ün−e
01a03 üiledküi erdini sayin ǰarliγ−yin sang
01a02 širisayibar_oduγsan−i šasin−i todudqan

[illegible] A · B [illegible]

[illegible]

[illegible] A · B [illegible] B [illegible]

[illegible]〔15〕[illegible] A · B [illegible] B [illegible]

[illegible]《sku gsum mthar phyin rin chen rang bzhin dpag yas smon lam myur 'gro bdun ldan gzung 'dzin gos bral bas//》[illegible]

[illegible] B [illegible]

[illegible] A [illegible]

[illegible]

3 ·《yurban bey_e-yin muqurtu kürün》[illegible] A [illegible] B [illegible]《erdeni yin činar》[illegible]

17 [illegible]〔14〕[illegible]

[illegible]〔13〕[illegible] 1661 [illegible]〔12〕· [illegible]〔11〕[illegible]

2 · A [illegible] B [illegible] B [illegible]

[illegible] A [illegible]《namo》[illegible] B [illegible]《namo gürü manzu_gho_qa_ya》[illegible]

ᠬᠠᠷᠢᠴᠠᠭᠤᠯᠤᠯᠲᠠ ᠶᠢᠨ ᠬᠤᠪᠢ ᠳᠤ ᠲᠤᠰᠬᠠᠢᠯᠠᠨ ᠰᠢᠯᠭᠠᠭᠰᠠᠨ ᠭᠡᠵᠦ ᠪᠣᠳᠤᠬᠤ ᠶᠢᠨ ᠤᠴᠢᠷᠲᠠᠢ ᠪᠣᠢ ::
ᠶᠢ《ᠵᠠᠯᠢᠲᠤ ᠬᠡᠯᠡᠯᠲᠡᠢ ᠭᠡᠷ ᠦᠨ ᠡᠵᠡᠨ ᠡᠮᠡᠭᠲᠡᠢ》ᠭᠡᠵᠦ ᠣᠷᠴᠢᠭᠤᠯᠵᠤ ᠪᠣᠯᠬᠤ ᠪᠢᠯᠡ B ᠬᠡᠪᠯᠡᠯ ᠳᠦ《jali_tai》ᠭᠡᠳᠡᠭ ᠶᠢᠨ ᠣᠷᠤᠨ᠎ᠠ ᠳᠤ ᠲᠣᠬᠢᠷᠠᠭᠤᠯᠬᠤ ᠳᠤ ᠬᠠᠮᠤᠭ ᠤᠨ ᠲᠣᠬᠢᠷᠠᠮᠵᠲᠠᠢ ᠦᠭᠡ

5、A ᠬᠡᠪᠯᠡᠯ ᠳᠦ《jali_tu》ᠭᠡᠵᠦ ᠂ B ᠬᠡᠪᠯᠡᠯ ᠳᠦ《jali_tai》ᠭᠡᠵᠦ ᠪᠢᠴᠢᠭᠰᠡᠨ ᠪᠠᠢᠨ᠎ᠠ ::《jali_tu/tai》ᠭᠡᠳᠡᠭ ᠨᠢ ᠮᠣᠩᠭᠣᠯ ᠤᠨ《ᠵᠠᠯᠢ ᠲᠠᠢ ᠬᠡᠯᠡᠯᠲᠡ ᠶᠢᠨ ᠣᠶᠢᠷ》ᠰᠠᠨᠠᠭ᠎ᠠ ᠲᠠᠢ ᠦᠭᠡ ᠪᠣᠯᠤᠨ᠎ᠠ ::ᠦᠭᠡ ᠶᠢᠨ ᠪᠦᠲᠦᠴᠡ ᠳᠦ ᠨᠢ ᠬᠠᠮᠢᠶ᠎ᠠ ᠦᠭᠡᠢ ᠬᠡᠯᠡᠯᠲᠡ ᠶᠢᠨ ᠪᠠᠶᠠᠯᠢᠭ ᠪᠣᠢ ::
ᠲᠣᠭᠠᠨ ᠤ ᠲᠣᠭᠠᠴᠠᠭ᠎ᠠ ᠲᠠᠢ ᠶᠢᠨ《ᠬᠣᠲᠣᠭᠤᠨ ᠬᠡᠪᠯᠡᠯ》ᠭᠡᠵᠦ ᠪᠢᠴᠢᠭᠰᠡᠨ :: ᠡᠨᠡ ᠬᠡᠯᠡ ᠶᠢ ᠲᠣᠭᠠᠨ ᠤ ᠲᠣᠭᠠᠴᠠᠭ᠎ᠠ ᠲᠠᠢ ᠪᠣᠯᠭᠠᠭᠰᠠᠨ ᠪᠣᠯᠪᠠᠰᠤ《ᠬᠡᠪᠯᠡᠯ》ᠭᠡᠳᠡᠭ ᠨᠢ ᠲᠣᠭᠠᠨ ᠤ《ᠬᠡᠪᠯᠡᠯ ᠦᠨ》ᠭᠡᠵᠦ

B ᠬᠡᠪᠯᠡᠯ ᠳᠦ《tögüsün》ᠭᠡᠵᠦ ᠪᠢᠴᠢᠭᠰᠡᠨ A ᠬᠡᠪᠯᠡᠯ ᠳᠤᠷ ᠲᠡᠭᠦᠰ ᠪᠠᠢᠬᠤ ᠪᠣᠯᠤᠨ᠎ᠠ ::《tögüsün》ᠭᠡᠵᠦ ᠪᠢᠴᠢᠭᠰᠡᠨ ᠨᠢ ᠮᠣᠩᠭᠣᠯ ᠤᠨ《ᠬᠣᠲᠣᠭᠤᠨ ᠰᠤᠷᠲᠠᠭᠤᠯ ᠵᠢᠷᠤᠭᠠᠨ》ᠭᠡᠵᠦ ᠪᠢᠴᠢᠭᠰᠡᠨ ᠪᠣᠢ ::
ᠬᠡᠷᠪᠡ ᠬᠡᠯᠡᠪᠡᠯ ᠪᠢᠴᠢᠭ ᠪᠢᠴᠢᠭᠡᠴᠢ ᠶᠢᠨ ᠪᠢᠴᠢᠭᠰᠡᠨ ᠦᠭᠡ ᠪᠣᠯᠵᠤ ᠪᠣᠯᠤᠨ᠎ᠠ ::
ᠬᠣᠶᠠᠷ ᠳᠤ ᠬᠡᠪᠯᠡᠯ ᠲᠣᠭᠠᠨ ᠤ ᠲᠣᠭ᠎ᠠ ᠶᠢᠨ ᠪᠢᠴᠢᠭ᠌ ᠳᠦ ᠪᠠᠢᠳᠠᠭ《ᠲᠣᠭᠲᠠᠭᠠᠯ》ᠭᠡᠵᠦ ᠪᠢᠴᠢᠭᠰᠡᠨ ᠪᠣᠯᠪᠠᠰᠤ ᠶᠢ ᠬᠡᠪᠯᠡᠭᠰᠡᠨ ᠪᠣᠯᠤᠨ᠎ᠠ :: ᠬᠡᠷᠪᠡ ᠬᠡᠪᠯᠡᠬᠦ ᠶᠢᠨ ᠪᠣᠯ B ᠬᠡᠪᠯᠡᠯ ᠬᠡᠯᠡᠨ ᠦ ᠰᠢᠨᠵᠢᠯᠡᠬᠦ ᠰᠤᠷᠲᠠᠯ ᠢ ᠲᠣᠭᠠᠨ
《ᠲᠣᠭᠲᠠᠭᠠᠯ》ᠤᠨ ᠪᠢᠴᠢᠭᠯᠡᠯ ᠪᠣᠯᠤᠨ ᠵᠠᠷᠢᠮ ᠰᠠᠶᠢᠨ ᠲᠣᠭᠠᠨ ᠪᠣᠯᠪᠠᠰᠤ ᠨᠢ ᠬᠡᠯᠡᠨ ᠰᠢᠨᠵᠢᠯᠡᠭᠰᠡᠨ ᠵᠠᠷᠢᠮ ᠬᠡᠷᠪᠡ ᠬᠡᠪᠯᠡᠯ ᠦᠨ ᠲᠣᠭᠲᠠᠭᠠᠯᠲᠠ ᠲᠠᠢ ᠪᠣᠢ :: ᠬᠡᠷᠪᠡ ᠬᠡᠷᠪᠡ ᠶᠢᠨ ᠬᠡᠯᠡᠨ ᠦ ᠰᠢᠨᠵᠢᠯᠡᠬᠦ ᠰᠤᠷᠲᠠᠯ ᠪᠠᠷ ᠬᠡᠪᠯᠡᠯ ᠬᠡᠷᠪᠡ
ᠶᠢᠨ ᠪᠠᠢ ᠬᠡᠯᠡᠨ ᠦ ᠰᠢᠨᠵᠢᠯᠡᠯ ᠪᠣᠯᠤᠨ ᠵᠠᠷᠢᠮ ᠶᠢᠨ《ᠲᠣᠭᠲᠠᠭᠠᠯ》ᠭᠡᠳᠡᠭ ᠪᠢᠴᠢᠭᠯᠡᠭᠰᠡᠨ ᠪᠠᠷ ᠪᠢᠴᠢᠭᠯᠡᠭᠰᠡᠨ ᠤ ᠰᠢᠨᠵᠢᠯᠡᠬᠦ ᠶᠢᠨ ᠲᠣᠭᠠ ᠲᠣᠭᠲᠠᠭ᠎ᠠ ᠳᠤ ᠲᠣᠭᠠᠨ ᠶᠢᠨ ᠲᠣᠭᠲᠠᠭᠠᠭᠰᠠᠨ ᠬᠡᠷᠪᠡ ᠲᠣᠭᠲᠠᠭ᠎ᠠ ᠪᠠᠢᠭᠠ ᠪᠠᠷ ᠬᠡᠯᠡᠨ ᠦ ᠪᠣᠯᠤᠨ

4、B ᠬᠡᠪᠯᠡᠯ ᠳᠦ《üyetü》ᠭᠡᠵᠦ ᠲᠡᠮᠳᠡᠭᠯᠡᠭᠰᠡᠨ ᠪᠣᠯᠤᠨ᠎ᠠ :: ᠲᠡᠭᠦᠨ ᠢ ᠭᠡᠪᠡᠴᠦ A ᠬᠡᠪᠯᠡᠯ ᠦᠨ ᠬᠠᠷᠢᠴᠠᠭᠤᠯᠤᠯᠲᠠ ᠳᠤ ᠭᠠᠷᠴᠠᠭ ᠤᠨ ᠲᠣᠭᠠᠨ ᠲᠡᠮᠳᠡᠭ ᠲᠡᠭᠦᠨ ᠰᠢᠯᠭᠠᠬᠤ ᠲᠣᠬᠢᠨ ᠢ ᠨᠢ ᠮᠣᠩᠭᠣᠯ
ᠬᠡᠪᠯᠡᠭᠰᠡᠨ《ᠵᠢᠷᠤᠭ》ᠭᠡᠳᠡᠭ ᠰᠢᠨᠵᠢᠯᠡᠯ ᠶᠢ ᠬᠡᠯᠡᠨ ᠲᠣᠭᠠᠨ ᠳᠤ ᠰᠠᠨᠠᠭ᠎ᠠ ᠪᠢᠴᠢᠭᠯᠡᠬᠦ ᠬᠡᠯᠡᠯᠲᠡ ᠭᠡᠷ ᠪᠢᠴᠢᠭᠰᠡᠨ ᠤ ᠬᠡᠯᠡᠨ ᠦ ᠰᠢᠨᠵᠢᠯᠡᠯ ᠭᠡᠵᠦ ᠲᠣᠭᠠᠨ ᠰᠠᠨᠠᠭ᠎ᠠ ::
ᠪᠢᠴᠢᠭᠯᠡᠯ ᠲᠣᠭᠲᠠᠭᠠᠬᠤ ᠬᠡᠪᠯᠡᠭᠰᠡᠨ ᠦ《ᠲᠣᠭᠠᠨ ᠵᠢᠷᠤᠭ》ᠭᠡᠳᠡᠭ ᠲᠡᠮᠳᠡᠭᠯᠡᠭᠰᠡᠨ ᠪᠣᠯᠤᠨ :: ᠬᠡᠷᠪᠡ A ᠬᠡᠪᠯᠡᠯ ᠬᠡᠷ ᠲᠡᠮᠳᠡᠭᠯᠡᠭᠰᠡᠨ ᠪᠢᠴᠢᠭᠯᠡᠯ ᠪᠢᠯᠡ :: B ᠬᠡᠪᠯᠡᠯ ᠰᠠᠨᠠᠭ ᠬᠡᠯᠡᠨ ᠦ ᠲᠣᠭᠠᠨ ᠬᠡᠪᠯᠡᠭᠰᠡᠨ ᠪᠢᠴᠢᠭᠰᠡᠨ
ᠪᠣᠯᠤᠨ᠎ᠠ ::《rang bzhin》ᠭᠡᠵᠦ ᠲᠣᠭᠲᠠᠭᠠᠭᠰᠠᠨ ᠬᠡᠯᠡᠨ ᠦ ᠪᠠᠢ《ᠲᠡᠮᠳᠡᠭ》ᠭᠡᠳᠡᠭ ᠲᠡᠮᠳᠡᠭᠯᠡᠭᠰᠡᠨ ᠶᠢ ᠪᠠᠢ ᠰᠠᠨᠠᠭᠳᠠᠭᠰᠠᠨ :: ᠬᠡᠯᠡᠨ ᠦ ᠲᠣᠭᠠᠴᠠᠭᠠᠨ ᠲᠣᠭᠠᠨ ᠶᠢ ᠲᠣᠭᠲᠠᠭᠠᠭᠰᠠᠨ ᠬᠡᠯᠡᠨ ᠦ《ᠲᠣᠭᠠᠨ ᠵᠢᠷᠤᠭ》
ᠲᠡᠮᠳᠡᠭ ᠤᠨ 16 ᠳᠤᠭᠠᠷ ᠬᠤᠤᠳᠠᠰᠤ ᠨᠤ ᠬᠡᠰᠡᠭ ᠲᠣᠭᠠᠨ ᠤ《ᠲᠣᠭᠲᠠᠭᠠᠯᠲᠠ》、ᠮᠥᠨ ᠰᠠᠨᠠᠭᠳᠠᠭᠰᠠᠨ ᠬᠡᠰᠡᠭ ᠦᠨ ᠲᠡᠮᠳᠡᠭ ᠤᠨ 10 ᠳᠤᠭᠠᠷ ᠬᠤᠤᠳᠠᠰᠤ ᠨᠤ ᠬᠡᠰᠡᠭ ᠦᠨ《ᠬᠡᠯᠡᠨ ᠲᠣᠭᠠ》ᠭᠡᠳᠡᠭ ᠬᠡᠯᠡ ᠬᠡᠯᠡ ᠲᠡᠮᠳᠡᠭᠯᠡᠭᠰᠡᠨ
ᠲᠣᠭᠠᠨ ᠦᠵᠡᠭᠰᠡᠨ ᠳᠤ ᠲᠣᠭᠠᠨ》ᠤ ᠲᠡᠮᠳᠡᠭ ᠲᠡᠭᠦᠨ ᠳᠤ ᠲᠡᠮᠳᠡᠭ ᠤᠨ 14 ᠳᠤᠭᠠᠷ ᠬᠤᠤᠳᠠᠰᠤ ᠨᠤ ᠬᠡᠰᠡᠭ、ᠮᠥᠨ ᠰᠠᠨᠠᠭᠳᠠᠭᠰᠠᠨ ᠬᠡᠰᠡᠭ ᠦᠨ ᠲᠡᠮᠳᠡᠭ ᠤᠨ 5 ᠳᠤᠭᠠᠷ ᠬᠤᠤᠳᠠᠰᠤ ᠨᠤ ᠬᠡᠰᠡᠭ、ᠮᠥᠨ ᠳᠤᠭᠠᠷ ᠳᠤ

ᠬᠡᠪᠯᠡᠭᠰᠡᠨ ᠬᠡᠯᠡ ᠶᠢᠨ《ᠲᠣᠭᠠᠨ ᠵᠢᠷᠤᠭ》ᠭᠡᠵᠦ《rang bzhin/》（རང་བཞིན ）ᠭᠡᠳᠡᠭ ᠪᠢᠴᠢᠭᠰᠡᠨ ᠪᠣᠢ :: ᠲᠣᠭᠠᠨ ᠬᠡᠯᠡᠨ ᠦ ᠲᠣᠭᠲᠠᠭᠠᠭᠰᠠᠨ ᠪᠠᠢᠭᠰᠠᠨ ᠲᠣᠭᠠᠨ ᠪᠢᠴᠢᠭ ᠪᠠᠢ ᠲᠡᠮᠳᠡᠭᠯᠡᠭᠰᠡᠨ ᠬᠡᠯᠡᠪᠡᠯ ::《ᠵᠢᠷᠤᠭ》ᠭᠡᠵᠦ ᠬᠡᠯᠡᠨ ᠦ《ᠵᠢᠷᠤᠭ》ᠭᠡᠳᠡᠭ ᠮᠠᠭᠠᠳ ::
ᠬᠡᠪᠯᠡᠯ ᠢ A ᠬᠡᠪᠯᠡᠯ ᠦᠨ ᠰᠣᠶᠣᠯ ᠲᠠᠢ ᠬᠠᠷᠢᠴᠠᠭᠤᠯᠤᠯᠲᠠ ᠶᠢᠨ ᠲᠣᠭᠠᠨ ᠰᠢᠨᠵᠢᠯᠡᠯ ᠲᠡᠮᠳᠡᠭᠯᠡᠭᠰᠡᠨ ᠪᠣᠯᠤᠨ ᠪᠢᠴᠢᠭ ᠲᠣᠭᠠᠨ ᠵᠢᠷᠤᠭ :: ᠬᠡᠯᠡᠨ ᠦ ᠲᠣᠭᠲᠠᠭᠰᠠᠨ B ᠬᠡᠪᠯᠡᠯ ᠪᠠᠢ A ᠬᠡᠪᠯᠡᠯ ᠳᠦ ᠰᠢᠨᠵᠢᠯᠡᠭᠰᠡᠨ《ᠲᠣᠭᠠᠨ
ᠪᠢᠴᠢᠭᠯᠡᠭᠰᠡᠨ ᠪᠣᠯᠤᠨ《ᠬᠡᠯᠡᠨ ᠦ ᠵᠢᠷᠤᠭ》ᠭᠡᠵᠦ ᠬᠡᠪᠯᠡᠭᠰᠡᠨ ᠬᠡᠯᠡᠨ ᠦ ᠲᠣᠭᠠᠨ ᠳᠤ ᠰᠠᠨᠠᠭᠰᠠᠨ ᠲᠣᠭᠲᠠᠭᠠᠭᠰᠠᠨ ᠰᠣᠶᠣᠯ ᠶᠢ ᠬᠡᠪᠯᠡᠭᠰᠡᠨ ᠪᠣᠯᠤᠨ᠎ᠠ :: ᠡᠨᠡ ᠬᠡᠪᠯᠡᠯ ᠬᠡᠷ ᠬᠡᠷᠪᠡ ᠶᠢ ᠬᠡᠯᠡᠭᠰᠡᠨ ᠲᠡᠮᠳᠡᠭᠯᠡᠭᠰᠡᠨ ᠲᠣᠭᠠᠨ ᠪᠣᠯ B
A ᠬᠡᠪᠯᠡᠯ ᠳᠤᠷ ᠲᠣᠭᠲᠠᠭᠠᠭᠰᠠᠨ ᠪᠣᠯᠤᠨ《ᠬᠡᠯᠡᠨ ᠦ ᠲᠣᠭᠠᠨ ᠵᠢᠷᠤᠭ》ᠭᠡᠵᠦ ᠬᠡᠪᠯᠡᠭᠰᠡᠨ ᠢ ᠮᠥᠨ ᠶᠢ ᠬᠡᠪᠯᠡᠭᠰᠡᠨ ᠪᠣᠯᠤᠨ ᠶᠢᠨ B ᠬᠡᠪᠯᠡᠯ ᠲᠣᠭᠲᠠᠭᠠᠭᠰᠠᠨ ᠲᠡᠮᠳᠡᠭᠯᠡᠭᠰᠡᠨ ᠳᠤ ᠰᠠᠨᠠᠭ᠎ᠠ ᠶᠢ ᠲᠡᠮᠳᠡᠭ
ᠰᠣᠶᠣᠯ ᠬᠡᠪᠯᠡᠯ ᠦᠨ ᠬᠣᠶᠠᠷ ᠢ ᠬᠣᠭᠣᠷᠤᠨᠳᠤ ᠲᠡᠮᠳᠡᠭᠯᠡᠭᠰᠡᠨ ᠪᠣᠯᠤᠨ ᠭᠡᠵᠦ ᠮᠠᠭᠠᠳᠯᠠᠭᠰᠠᠨ ᠪᠠᠢ ᠬᠠᠷᠢᠴᠠᠭ᠎ᠠ ᠶᠢᠨ ᠬᠠᠮᠢᠶ᠎ᠠ :: ᠰᠠᠨᠠᠭᠳᠠᠭᠰᠠᠨ ᠬᠠᠷᠢᠴᠠᠭ᠎ᠠ ᠶᠢᠨ A、B ᠰᠣᠶᠣᠯ ᠬᠡᠪᠯᠡᠯ ᠬᠣᠶᠠᠷ ᠬᠣᠭᠣᠷᠤᠨᠳᠤ ᠪᠣᠯᠵᠤ ᠲᠡᠮᠳᠡᠭᠯᠡᠭᠰᠡᠨ ᠪᠠᠢᠨ᠎ᠠ ::

ᠡᠮᠦᠨ᠎ᠡ ᠲᠠᠯ᠎ᠠ ᠪᠠᠢᠭᠠᠯ 1648 ᠣᠨ ᠳᠤ ᠵᠠᠶ᠎ᠠ ᠪᠠᠨᠳᠢᠳᠠ ᠶᠢᠨ ᠲᠣᠳᠣ ᠦᠰᠦᠭ ᠢ ᠵᠣᠬᠢᠶᠠᠭᠰᠠᠨ ᠤ ᠳᠠᠷᠠᠭᠠ ᠣᠷᠴᠢᠭᠤᠯᠤᠭᠰᠠᠨ ᠳᠤ ᠲᠣᠳᠣ ᠪᠢᠴᠢᠭ ᠦᠨ ᠬᠡᠪ ᠤᠨ ᠣᠷᠣᠯᠠᠭᠰᠠᠨ ᠪᠠᠢᠳᠠᠯ ᠢ ᠪᠠᠷᠢᠮᠲᠠᠯᠠᠬᠤ ᠳᠤ ᠲᠣᠳᠣᠷᠬᠠᠢ ᠦᠭᠡᠢ ᠪᠣᠯᠤᠨ᠎ᠠ᠃ ᠡᠨᠡ ᠬᠤᠪᠢ ᠳᠤ ᠮᠣᠩᠭᠣᠯ ᠪᠢᠴᠢᠭ ᠦᠨ ᠪᠢᠴᠢᠭᠯᠡᠯ ᠦᠨ ᠬᠡᠪ ᠢ ᠲᠣᠳᠣ ᠪᠢᠴᠢᠭ ᠲᠤ ᠬᠡᠷᠡᠭᠯᠡᠭᠰᠡᠨ ᠪᠠᠢᠳᠠᠯ ᠨᠢ ᠲᠣᠳᠣᠷᠬᠠᠢ ᠪᠠᠢᠨ᠎ᠠ᠃ A · B ᠬᠣᠶᠠᠷ ᠬᠡᠪ ᠦᠨ ᠳᠤᠮᠳᠠᠬᠢ ᠵᠦᠢᠯ ᠦᠨ ᠬᠡᠰᠡᠭ ᠢ ᠬᠠᠷᠢᠴᠠᠭᠤᠯᠪᠠᠯ᠂ B ᠬᠡᠪ ᠦᠨ ᠪᠢᠴᠢᠭᠯᠡᠯ ᠨᠢ ᠬᠠᠭᠤᠴᠢᠨ ᠮᠣᠩᠭᠣᠯ ᠪᠢᠴᠢᠭ ᠦᠨ ᠬᠡᠪ ᠲᠦ ᠣᠢᠷ᠎ᠠ ᠪᠠᠢᠨ᠎ᠠ᠃ ᠲᠡᠭᠦᠨ ᠦ ᠲᠣᠳᠣ ᠪᠢᠴᠢᠭ ᠦᠨ ᠬᠡᠪ ᠦᠨ ᠣᠨᠴᠠᠯᠢᠭ ᠢ ᠲᠣᠳᠣᠷᠬᠠᠢᠯᠠᠬᠤ ᠳᠤ ᠴᠢᠬᠤᠯᠠ ᠠᠴᠢ ᠬᠣᠯᠪᠣᠭᠳᠠᠯ ᠲᠠᠢ ᠪᠢᠯᠡ᠃

ᠡᠳᠡᠭᠡᠷ ᠬᠣᠶᠠᠷ ᠬᠡᠪ ᠦᠨ ᠬᠣᠭᠣᠷᠣᠨᠳᠣᠬᠢ ᠯᠠᠪᠯᠠᠬᠤ ᠦᠭᠡᠨ ᠦ ᠵᠦᠢᠯ ᠢ ᠬᠠᠷᠢᠴᠠᠭᠤᠯᠵᠤ ᠦᠵᠡᠪᠡᠯ᠂ ᠲᠣᠳᠣ ᠦᠰᠦᠭ ᠦᠨ ᠪᠢᠴᠢᠭᠯᠡᠯ ᠦᠨ ᠳᠦᠷᠢᠮ ᠢ ᠮᠣᠩᠭᠣᠯ ᠪᠢᠴᠢᠭ ᠦᠨ ᠪᠢᠴᠢᠭᠯᠡᠯ ᠲᠡᠢ ᠬᠠᠷᠢᠴᠠᠭᠤᠯᠤᠨ ᠦᠵᠡᠬᠦ ᠳᠦ ᠬᠡᠷᠡᠭᠲᠡᠢ ᠪᠣᠯᠤᠨ᠎ᠠ᠃ 〔16〕 ᠲᠡᠭᠦᠨ ᠦ ᠲᠣᠳᠣᠷᠬᠠᠢᠯᠠᠯ ᠢ ᠲᠣᠳᠣ ᠪᠢᠴᠢᠭ ᠦᠨ ᠬᠡᠪ ᠦᠨ ᠣᠨᠴᠠᠯᠢᠭ ᠲᠡᠢ ᠬᠠᠷᠢᠴᠠᠭᠤᠯᠪᠠᠯ᠂ ᠲᠥᠪᠡᠳ ᠬᠡᠯᠡ ᠡᠴᠡ ᠮᠣᠩᠭᠣᠯ ᠬᠡᠯᠡᠨ ᠳᠤ ᠣᠷᠴᠢᠭᠤᠯᠤᠭᠰᠠᠨ ᠨᠣᠮ ᠤᠳ ᠤᠨ ᠦᠭᠡ ᠬᠡᠯᠡᠯᠭᠡ ᠶᠢ ᠲᠣᠳᠣ ᠪᠢᠴᠢᠭ ᠲᠦ ᠬᠡᠷᠡᠭᠯᠡᠭᠰᠡᠨ ᠪᠠᠢᠳᠠᠯ ᠨᠢ ᠲᠣᠳᠣᠷᠬᠠᠢ ᠪᠣᠯᠤᠨ᠎ᠠ᠃ ᠮᠣᠩᠭᠣᠯ ᠪᠢᠴᠢᠭ ᠦᠨ 《ᠪᠤᠳᠤᠨ ᠤ ᠨᠣᠮ ᠤᠨ ᠲᠡᠦᠬᠡ》 ᠶᠢᠨ ᠣᠷᠴᠢᠭᠤᠯᠭ᠎ᠠ ᠶᠢ ᠲᠣᠳᠣ ᠪᠢᠴᠢᠭ ᠲᠦ ᠬᠠᠭᠤᠯᠤᠨ ᠪᠢᠴᠢᠭᠰᠡᠨ ᠪᠣᠯᠤᠨ᠎ᠠ᠃ ᠲᠣᠳᠣ ᠪᠢᠴᠢᠭ ᠦᠨ ᠬᠡᠪ ᠦᠨ ᠨᠣᠮ ᠤᠨ ᠦᠭᠡ ᠬᠡᠯᠡᠯᠭᠡ ᠶᠢᠨ ᠣᠷᠴᠢᠭᠤᠯᠭ᠎ᠠ ᠨᠢ ᠮᠣᠩᠭᠣᠯ ᠪᠢᠴᠢᠭ ᠦᠨ ᠬᠡᠪ ᠲᠦ ᠲᠣᠬᠢᠷᠠᠵᠤ ᠪᠠᠢᠬᠤ ᠨᠢ ᠲᠣᠳᠣᠷᠬᠠᠢ ᠪᠠᠢᠨ᠎ᠠ᠃

ᠲᠣᠳᠣ ᠪᠢᠴᠢᠭ ᠦᠨ ᠬᠡᠪ ᠦᠨ ᠡᠬᠢ ᠰᠤᠷᠪᠤᠯᠵᠢ ᠶᠢ ᠪᠠᠷᠢᠮᠲᠠᠯᠠᠪᠠᠯ᠂ ᠡᠳᠡᠭᠡᠷ ᠨᠢ ᠮᠣᠩᠭᠣᠯ ᠪᠢᠴᠢᠭ ᠦᠨ ᠬᠡᠪ ᠡᠴᠡ ᠬᠠᠭᠤᠯᠤᠭᠰᠠᠨ ᠪᠣᠯᠤᠨ᠎ᠠ᠃ 17-19 ᠵᠠᠭᠤᠨ ᠤ ᠲᠣᠳᠣ ᠪᠢᠴᠢᠭ ᠦᠨ ᠨᠣᠮ ᠤᠳ ᠤᠨ ᠣᠷᠴᠢᠭᠤᠯᠭ᠎ᠠ ᠶᠢᠨ ᠳᠣᠲᠣᠷᠠ ᠲᠥᠪᠡᠳ ᠪᠢᠴᠢᠭ ᠡᠴᠡ ᠰᠢᠭᠤᠳ ᠣᠷᠴᠢᠭᠤᠯᠤᠭᠰᠠᠨ ᠨᠢ ᠴᠥᠭᠡᠨ ᠪᠠᠢᠨ᠎ᠠ᠃ ᠲᠥᠪᠡᠳ ᠬᠡᠯᠡ ᠡᠴᠡ ᠮᠣᠩᠭᠣᠯ ᠬᠡᠯᠡᠨ ᠳᠤ ᠣᠷᠴᠢᠭᠤᠯᠤᠭᠰᠠᠨ ᠨᠣᠮ ᠢ ᠲᠣᠳᠣ ᠪᠢᠴᠢᠭ ᠲᠦ ᠬᠠᠭᠤᠯᠤᠨ ᠪᠢᠴᠢᠭᠰᠡᠨ᠂ ᠣᠢᠷᠠᠳ ᠮᠣᠩᠭᠣᠯᠴᠤᠳ ᠤᠨ ᠳᠤᠮᠳᠠ ᠳᠡᠯᠭᠡᠷᠡᠭᠦᠯᠦᠭᠰᠡᠨ ᠪᠣᠯᠤᠨ᠎ᠠ᠃ 1717—1720 ᠣᠨ ᠤ ᠬᠣᠭᠣᠷᠣᠨᠳᠣ ᠮᠣᠩᠭᠣᠯ ᠪᠢᠴᠢᠭ ᠦᠨ《

[illegible]

[illegible]

[illegible] 《[illegible]》 [illegible] ᠪᠤᠳᠤᠨ ᠴᠣᠶᠢᠵᠢᠩ [illegible] ::〔17〕 [illegible]

[illegible] :: ᠳ᠋᠂ ᠲ᠋᠂ [illegible] ::

[illegible] 《[illegible]》 [illegible] ::

[illegible] 《[illegible]》 [illegible] ::

[illegible] 《[illegible]》 [illegible] ::

[illegible]

〔1〕[illegible] · bu ston chos 'byung sog sgad du gyur pa yin no · 11 × 41.5cm · 319 [illegible] ::

〔2〕Х.Лувсанбалдан《ТОД ҮСЭГ, ТҮҮНИЙ ДУРСГАЛУУД》улаанбаатар 1975, pp.125-145，279-282 .

〔3〕乌力吉：《近年发现的〈布顿佛教史〉蒙文译本评价》，《佛教文史》2004 年第 5 期，第 31—34 页。

〔4〕[illegible] · bu ston chos 'byung sog sgad du gyur pa yin no · 11 × 41.5cm · 319 [illegible] ::

〔5〕Х.Лувсанбалдан《ТОД ҮСЭГ, ТҮҮНИЙ ДУРСГАЛУУД》улаанбаатар 1975. p. 279 .

〔6〕rin chen grub/ bde gshegs pa'i bstan pa'i gsal byed chos kyi 'byung gnas gsung rab rin po che'i mdzod/ par ma/ khyon bsdoms shog ngos/[244] bod kyi nang bstan dpe tshogs lte gnas/ BDRC W3CN22284，p.3.

〔7〕[illegible] · bu ston chos 'byung sog sgad du gyur pa yin no · 11 × 41.5cm · 319 [illegible] :: 1a ::

〔8〕[illegible] · bu ston chos 'byung sog sgad du gyur pa yin no · 11 × 41.5cm · 319 [illegible] :: 318a-319a ::

〔9〕[illegible] 《[illegible]》 · [illegible] · 2011 [illegible] · p.121-123 ::

〔10〕Ш.Сэцэн, Н.сүхбаатар:《ЗАЯ БАНДИДА НАМХАЙЖАМЦ СУДАЛЫН ЭШ ХЭРЭГЛЭГДЭХҮҮН》，улаанбаатар.2018，p.16.

〔11〕[illegible] · bu ston chos 'byung sog sgad du gyur pa yin no · 11 × 41.5cm · 319 [illegible] :: 318a-318a ::

〔12〕Ш.Сэцэн, Н.сүхбаатар:《ЗАЯ БАНДИДА НАМХАЙЖАМЦ СУДАЛЫН ЭШ ХЭРЭГЛЭГДЭХҮҮН》，улаанбаатар.2018，p.20.

〔13〕Ш.Сэцэн, Н.сүхбаатар:《ЗАЯ БАНДИДА НАМХАЙЖАМЦ СУДАЛЫН ЭШ ХЭРЭГЛЭГДЭХҮҮН》，улаанбаатар.2018，p.34.

〔14〕《[illegible]》 · [illegible] · 14 × 50cm · 120 [illegible] ::

〔15〕rin chen grub/ bde gshegs bstan pa'i gsal byed chos kyi 'byung gnas/ bris ma/ khyon bsdoms shog ngos/[244] bod kyi nang bstan dpe tshogs lte gnas/ BDRC W3CN22975: 1a01-1a02.P9.

〔16〕[illegible] 《[illegible]》 · [illegible] · 2019 [illegible] · p.41-93 ::

〔17〕乌力吉：《近年发现的〈布顿佛教史〉蒙文译本评价》，《佛教文史》2004 年第 5 期。

土默特部俺答汗（1507—1582）与达隆寺寺主公哥扎石坚灿（1575—1635）*

范德康　滕华睿　著
（哈佛大学、哥伦比亚大学）
哈　达　格格其　译
（中国人民大学）

译者按：原文为著名藏学家哈佛大学范德康（Leonard W.J. van der Kuijp）与哥伦比亚大学滕华睿（Gray Tuttle）为纪念印第安纳大学著名藏学家史伯岭（Elliot Sperling）荣休而作的论文。①

元明时期，藏传佛教萨迦、噶举、宁玛、格鲁等四大教派先后传入蒙古。对于这一段历史，汉文和蒙古文史料记载都十分少见，而藏文有着无穷无尽的材料等着我们发掘。对此，西方的藏学家们做出了很大的贡献，他们通过深入浅出地研究藏文材料，考证了一些藏传佛教僧侣和蒙古贵族之间的互动关系，推动了蒙藏关系史研究。我们计划在未来翻译更多的相关研究成果。

该文涉及的话题主要是俺答汗与达隆噶举派上师公哥扎石的会晤。值得注意的是，俺答汗在会见格鲁派法王三世达赖喇嘛之后，不久就会见了达隆噶举派的公哥扎石。该发现颠覆了蒙古传统佛教史学家一贯以来的叙事模式，即俺答汗和三世达赖喇嘛会晤之前，蒙古佛教处于衰落的“黑暗”时期，且俺答汗和三世达赖喇嘛的会晤开启了“藏传佛教在蒙古第二次弘传”等。并且作者还发现，从五世达赖喇嘛开始，相关的格鲁派文献中刻意抹去了达隆噶举派与蒙古来往的细节。由此看来，蒙古史学家们对蒙

* 谨以此文庆祝我们的同仁史伯岭荣休，以及他对扑朔迷离的西藏人民的历史研究方面做出的贡献。本文是对他著名的研究成果——《16世纪末到17世纪初的蒙藏关系》（见本书第62页注释④）所作的补充和扩展，希望他能在未来继续保持我们对此的共同热忱。

该译文为国家社科基金冷门绝学研究专项学术团队项目“明代西域多语种文本与国内民族交流史研究”（21VJXT017）阶段性成果。原文亦载于《蒙古学问题与争论》（*Quaestiones Mongolorum Disputatae*）第18期，国际蒙古文化协会，东京，2022年，第50—74页。——译者注

① 英文原文详见Leonard W. J. van der Kuijp & Gray Tuttle, “Altan qaγan of the Tümed Mongols and the sTag lung Abbot Kun dga' bkra shis rgyal mtshan”, *Trails of the Tibetan Tradition: Papers for Elliot Sperling, Revue d'Etudes Tibétaines* 31, Roberto Vitali ed., 2015, pp.461-482.——译者注

古佛教历史叙事的构建很可能是受到了格鲁派史学传统的影响。总之，这篇论文不仅展示了不为人所知的蒙古佛教历史，还为今后的研究提出了诸多新问题。

原文中所涉藏文人名，汉译对写时多以《明实录》①为准。英文原文中的细节问题已由作者订正，汉译文亦经二位作者审读。因译者水平有限，难免出现纰漏，请各位方家不吝赐正。

本文介绍了有关俺答汗与达隆寺寺主公哥扎石会晤的两部新史料。此次会晤与众所周知的俺答汗与三世达赖喇嘛锁南加错的会晤同时发生，俺答汗授予了后者“达赖喇嘛”称号。其中，第一部史料是多罗那他于1601年为他的上师公哥扎石所著的传记；另一部是达隆寺法座继承人阿旺南坚（Ngag dbang rnam rgyal, 1571—1626）于1609年所造的传记。这些传记中详细叙述了土默特部俺答汗于1576年邀请公哥扎石的始末。

该叙述始于一位出生在卫藏边界卡热（Kha rag）地区的藏人——著名的多罗那他，②其完整的法名为公哥宁卜扎石坚灿（Kun dga’ snying po bkra shis rgyal mtshan, 1575—1635）。③他在其著作《七系付法传》④中，记录了自印度上师传承下来的教法遗产。这一经典的著作涉及相继传入西藏文化圈的印度和尼泊尔等地七大重要传承相关

① 《明实录藏族史料》，西藏人民出版社，1982年。——译者注

② 另外，在多罗那他的一次观想经历中似乎是一位神秘的印度班智达光明怙主（Jvālanātha）赐予他“多罗那他”这个称号；见于他未标明成书时间的《详略密传》，《觉囊·多罗那他文集对勘本》，2/45卷，《先哲遗书》第44册，百慈藏文古籍研究室编，中国藏学出版社，2008年，第268页(*Gsang ba'i rnam thar cung zad rgyas pa, Jo nang rje btsun tā ra nā tha'i gsung 'bum dpe bsdur ma*, vol. 2/45, Mes po'i shul bzhag, vol. 44, ed. Dpal brtsegs bod yig dpe rnying zhib 'jug khang, Beijing, Krung go'i bod rig pa dpe skrun khang, 2008, 268)。1590年代初，他收到了南印度国王波罗婆多（Palabhadra）的梵文信件，地址似乎是多罗古汝（Tāra guru）；详见《游方僧多罗那他自述传：无作任运自宣说之详录》（上卷），《至尊多罗那他文集对勘本》，1/45卷，《先哲遗书》第43册，第107页(*Rgyal khams pa tā ra nā thas bdag nyid kyi rnam thar nges par brjod pa'i deb gter shin tu zhib mo ma bcos lhug pa'i rtogs brjod [stod cha], Jo nang rje btsun tā ra nā tha'i gsung 'bum dpe bsdur ma* vol. 1/45, Mes po'i shul bzhag, vol. 43, 107)。

③ 多罗那他去世的时间需进一步核实，确切的去世时间可能是“木阴猪年黑月第二十八天”，见于阿旺洛珠扎巴（1920—1975）：《觉囊派教法史》，赞拉·阿旺楚臣、佘万志整理，中国藏学出版社，1992年，第59页[Ngag dbang blo gros grags pa (1920–1975), *Jo nang chos 'byung zla ba'i sgron me*, ed. Btsan lha Ngag dbang tshul khrims and She Wanzhi eds., Beijing: Krung go'i bod kyi shes rig dpe skrun khang, 1992, 59].另外，有待查证的是(Re sa Dkon mchog rgya mtsho, “Jo nang kun mkhyen tā ra nā tha'i rtogs brjod nyung ngu”, *Bod ljongs nang bstan* 1, 1998, 33)。该日期相当于1635年5月15日。本文中的日期推算均以迪特·舒（D. Schuh）给出的表格为依据，详见《西藏历算历史研究》，《德国东方学写本目录》续编第16册，威斯巴登：弗朗兹斯坦纳出版社，1973年。(*Untersuchungen zur Geschichte der tibetischen Kalenderrechnung*, Verzeichnis der Orientalischen Handschriften in Deutschland, Supplement Band 16, Wiesbaden: Franz Steiner Verlag, 1973).

④ 详见于《七系付法传：稀有妙宝之根本言教》，《觉囊·多罗那他文集对勘本》，33/45卷，《先哲遗书》75卷，370页之后(*Bka' babs bdun ldan gyi brgyud pa'i rnam thar ngo mtshar rmad du byung ba rin po che'i khungs lta bu'i gtam, Jo nang rje btsun tā ra nā tha'i gsung 'bum dpe bsdur ma* vol. 33/45, Mes po'i shul bzhag, vol.75, 370 ff)。另见D·滕普曼编译：《七系付法传》，达兰撒拉：西藏著作与档案图书馆，1983年，第75页之后(D. Templeman, ed. and tr., *The Seven Instruction Lineages. Bka' babs bdun ldan*, Dharamsala: Library of Tibetan Works and Archives, 1983, 75 ff)。详见多罗那他未标明日期的最新版**Vajrasu-marga*的译注本，作者为*Māhasukhavajra和*Śāntigupta）。其余见于《七系付法之教授：金刚妙道》([Bka' babs bdun dang ldan pa'i man ngag gi gzhung]*Rdo rje lam bzang po*)，收录于《觉囊·多罗那他文集对勘本》，20/45卷，《先哲遗书》62卷，第217—229页。同样地，多罗那他多部年代不明的著作和笔记，被他弟子也失加错（Ye shes rgya mtsho）以六种传承继承下来；见于《六系付法引导：圣地成就者口诀》(*Bka' babs drug ldan gyi khrid yig 'phags yul grub pa'i zhal lung*)，《觉囊·多罗那他文集对勘本》，39/45卷，《先哲遗书》第81册，第102—178页。

的密教传说与教义。他于1599年，“将近25岁”时在南坚劳丹（Rnam rgyal rab brtan）完成该著作。此时，藏传佛教觉囊派极具天赋的多罗那他正在成长为一名著名且多产的学者。南坚劳丹有寂静处（dben sa）或道场（chos rdzong）等多种名称，位于达隆境内，即达隆噶举派的母寺。早在1573年，达隆寺第十六任寺主公哥扎石坚灿（Kun dga' bkra shis rgyal mtshan，下文将简称为公哥扎石）致力于扩建达隆寺，而南坚劳丹是该宏伟计划的一部分。为了实现该计划，他雇用了很多藏地和尼泊尔的艺术家和工匠，该工程持续了很长时间，直到1590年代末依然在修建。

可以肯定的是，来自南印度的佛陀笈多（Buddhaguptanātha, 1520？—1600？），以及来自印度次大陆的寂圣（Nirvāṇaśrī）、具足金刚（Purṇavajra）等诸多到访者为多罗那他的《七系付法传》[①]提供了灵感和信息。他们在多罗那他处时，将一些不为人知的印度次大陆传说讲述给多罗那他，从而给多罗那他的研究提供了很多信息。这些信息对于多罗那他的著作有很大的启发，包括令多罗那他声名远播的，成书于1609年的著名的印度佛教历史。1590年代末，多罗那他在闭关的大菩提寺（Byang chub chen po）接见了云游的瑜伽士佛陀笈多。显然，佛陀笈多极为简朴。多罗那他强调，佛陀笈多不愿与当地贵族一同居住。[②]多罗那他并未透露年迈的上师居住的时间，但他记载道，佛陀笈多确实给予了他很多开示和灌顶。最后，佛陀笈多在西藏南部吉隆（Skyid grong）停留三个月后，向加德满都河谷出发，开始了朝圣之路，随后又去了印度次大陆本部。多罗那他在其上师传记末尾记载道：“我听说他目前生活在提婆科多（Devikoṭa）附近。”说明他的上师当时还健在。大概六年后，多罗那他在1596年10月遇到来自印度东部的瑜伽士寂圣。他们大概共处了一个半月，期间寂圣补充了佛陀笈多早期讲述的一些不清楚或不完整的历史和教义的细节。[③]多罗那他还说道，他的到访“产生了极大的利益”（shin tu thogs che bar byung）。

---

① 接下来的大部分内容，见于多罗那他自传的第一部分，该部分一直写到1604年，见《游方僧多罗那他自述传：无作任运自宣说之详录》（上卷），第124—133页（*Rgyal khams pa tā ra nā thas bdag nyid kyi rnam thar nges par brjod pa'i deb gter shin tu zhib mo ma bcos lhug pa'i rtogs brjod [stod cha]*, 124-133）。最后，有关多罗那他与各个印度游方僧的关系见于洛桑·莎帝：《14世纪到17世纪印度班智达在西藏的活动》，载《西藏，过去与现在：西藏研究（一），国际藏学学会论文集（2000年）：西藏研究：国际藏学学会第九届学术研讨会论文集》，H·布雷泽等编，布里尔：莱顿，2010年，第136—140页（Lobsang Shastri, “Activities of Indian Paṇḍitas in Tibet from the 14th to the 17th Century”, *Tibet, Past and Present: Tibetan Studies I. PIATS 2010: Tibetan Studies: Proceedings of the Ninth Seminar of the International Association for Tibetan Studies*, ed. H. Bleezer et al., Brill: Leiden, 2000, 136-140）；还有D·天普曼：《“南部边疆”：多罗那他对印度的认知》，《西藏学刊（己丑年）》，第34—35册，R·比塔利编，2009—2010年，第231—242页（D. Templeman, “South of the Border': Tāranātha's Perceptions of India”, *The Tibet Journal, [The Earth Ox Papers]* XXXIV-XXXV［2009-10］ed. R. Vitali, 231-242）。有关佛陀笈多，见D·天普曼：《佛陀笈多：印度晚期的成就者在西藏》，《西藏研究》，H·克雷斯尔等编，第2册，维也纳：奥地利科学院出版社，1997年，第955—965页（D. Templeman, Buddhaguptanātha: A Late Indian Siddha in Tibet, *Tibetan Studies*, ed. H. Krasser et al., vol. II, Wien: Verlag der Österreichischen Akademie der Wissenschaften, 1997, 955-965）。

② 见于多罗那他1601年撰写的佛陀笈多传记，《大成就者至尊佛陀笈多口诀：自证无垢染清净记文》（*Grub chen buddha gupta'i rnam thar rje btsun nyid kyi zhal lung las gzhan du rang rtog dri mas ma sbags pa'i yi ge yang dag pa*），《觉囊·多罗那他文集对勘本》，34/45卷，《先哲遗书》76卷，第119页之后。另见《游方僧多罗那他自述传：无作任运自宣说之详录》（上卷），第72—74页。

③ 多罗那他还在佛陀笈多传记里提到，他们在这一领域里被称为是道友（mched grogs），见《大成就者至尊佛陀笈多传：唯依至尊口传无自分别垢染之清净记文》，第123页（*Grub chen buddha gupta'i rnam thar rje btsun nyid kyi zhal lung las gzhan du rang rtog dri mas ma sbags pa'i yi ge yang dag pa*, 123）。

随后，又有孟加拉的二位班智达全乐（Gang ba kun dga'，又名Purṇānanda）与Byams pa kun dga'（或有Prayamānanda, Pryamānanda等误写）[①]到访。他们的讨论涉及了诸多话题，其中当然包括宗教。多罗那他高兴地说道，他们见到多罗那他的学识如此地渊博，十分欢喜，并以班智达（Paṇḍita）称呼他。1598年，他们在大菩提寺（Byang chub chen po）再次遇见，"不分昼夜"地交谈了十天左右，多罗那他写道：

> de dag grub mtha' nang par 'dug kyang pha mes kyi chos rig la yang zhen che bar 'dug cing phyi rol pa'i lha gcig gnyis bsten gyin 'dug pas dbang chos sogs ni ma zhus / rig pa'i gnas thams cad la shin tu mkhas par 'dug pas dogs gcod mang du bgyis shing bstan bcos than thun 'dra bsgyur /bha ra ta dang rā ma ya na la sogs pa'i lo rgyus kyang mang du thos /
>
> 虽然他们信奉内道的教义［佛教］，但是他们跟他们祖先所信奉的吠陀教很有渊源。由于他们依止独特的二位外道的［非佛教］神，我并没有向他们祈求灌顶和开示。他们还懂得所有的知识领域，最终替我解除了许多疑虑，而且帮助我完成了一些小册子的翻译。我还听到了《摩诃婆罗多》（［*Mahā*］*bharata*）和《罗摩衍那》（*Rāmayaṇa*）等诸多史诗（lo rgyus）。

从上述二位班智达处听说一些史诗相关的故事后，多罗那他对这些史诗的主角有了更形象的了解。例如，哈努曼（Hanuman）是猴子，如同多罗那他闭关的大山般高大，怖军（Bhīma）亦是如此。哈努曼自然是《罗摩衍那》的主角，因移动大山被人们所熟知。而摩诃婆罗多家族的怖军是般度（Paṇḍava）五兄弟之第二位，以神力和英勇善战著称。

1597年[②]中叶，印度西部人具足金刚来到了多罗那他居住的桑顶（Bsam sdings）。上年，江泽城堡（Rgyal mkhar rtse）的统治者（他的名字似乎叫南哈伦竹，Nam mkha' lhun grub）和他的夫人将桑顶的一处冥想地（sgrub sde）供养为多罗那他的属地。当时，多罗那他也在桑顶的住所，正好向具足金刚询问了许多问题，但是并未说明具体内容。多罗那他在自传里写道，完成《七系付法传》前夕，带领他进入佛门并授予比丘戒的尊敬的上师、"阿阇黎"——公哥扎石，将帕木竹·朵儿只坚卜（Phag mo gru Rdo rje rgyal po, 1110—1170）未完成的文集以及至尊类乌齐（Rje Ri bo che）的大部分著作传授给他。至尊类乌齐当为1276年在康区类乌齐建立达隆寺的桑者本·扎巴班（Sangs rgyas dbon Grags pa dpal, 1251—1296）。[③]之后，年轻的多罗那他去往南坚劳丹，并在这里见到了一位被他简称为"Sprul pa'i sku"或者"化身"（Re-

---

① "Pryamānanda"这个读法是在达旦彭措林寺（Rtag bstan phun tshogs gling）木刻版自传中发现的；见于《文集》，第1卷，列城：南杰与才旺达汝，1982年，第137页(Collected Works, vol. 1, Leh: C. Namgyal and Tsewang Taru, 1982, 137)。其实不管用什么梵文词汇翻译藏文"byams pa kun dga"都毫无意义。事实上，"Pryama/ā"是个构拟出来的词，而多罗那他最初的名字可能是*Priyānanda。藏文"byams pa"用来翻译多个梵文词汇，其中最常见的是"maitri"。

② 受具足金刚的鼓舞，他在1597年斋戒（sa ga, vaiśakha）月的第八到第十天，即4月24（或25）至26（或27）日撰写了密教本尊胜乐金刚的赞颂；见《胜乐赞》(*Bde mchog bstod chen*)，《觉囊·多罗那他文集对勘本》，17/45卷，《先哲遗书》59卷，第1—30页。

③《游方僧多罗那他自述传：无作任运自宣说之详录》（上卷），第161—162页。

embodiment）的人，这个人似乎是伟大的艺术家曼唐巴·罗藏加错（Sman thang pa Blo bzang rgya mtsho）。①

多罗那他是达隆的常客。据我们现有的知识，他在该地区或在附近完成了多部重要的研究著作。例如，他在南坚劳丹时，于1597年②5月25或26日（或者6月24或25日）完成了长达两卷的，他独具风格的密教本尊胜乐金刚③偈颂体释论，并在《七系付法传》（*Bka'babs bdun ldan gyi bla ma brgyud pa'i rnam thar*）完成之后，立即确定了它的题目。确实，达隆寺和公哥扎石对多罗那他乃至多罗那他的前一世觉囊公哥著绰（Kun dga' grol mchog, 1507—1566）、公哥扎石的上师——前任觉囊寺寺主觉囊·公哥班藏卜（Jo nang Kun dga' dpal bzang po, 1513—1595）、千巴伦竹（Byams pa lhun grub）等人也有重要影响，而这些人只是其中的一小部分。公哥著绰也是达隆寺的常客，他于1542年曾经向十五任寺主南坚扎石（Rnam rgyal bkra shis, 1524—1563）授予具足戒，即担任了他的"授戒师"。另外还为他的继承者公哥扎石提供诸多指导，并且在公哥扎石1543年受居士戒和沙弥戒时担任过"阿阇梨"。确实有很多证据能表明公哥扎石对觉囊派教义有着特殊的兴趣，他的一些想法对多罗那他思想的发展有着至关重要的作用。的确，1582年8月12日或24日，七岁的多罗那他在由公哥著绰建立的觉囊寺附近绰隆江泽（Chos lung Byang rtse）求学时，公哥扎石授予了他沙弥戒。这也是多罗那他来到此地的目的。他们师徒二人二十三年的友谊由此开始。

多罗那他二十六岁时，在公哥扎石去世前的四年，即1605年5月19日，撰写了上师的生平，④以此来表达他对上师崇高的敬意。我们在研究传记中的一些叙述时发现，多罗那他撰写的传记比公哥扎石的继承者——达隆寺第十七任寺主阿旺南坚（1571—1626）撰写的传记更加深刻且详细，后者为阿旺南坚于1609年撰写达隆寺历史⑤时所作。目前，尚未有证据表明阿旺南坚曾经借鉴过多罗那他撰写的公哥扎石传记，这也能解释为何该二部传记的很多细节有所出入。毋庸置疑的是，这些传记本身就需要深入研究，但此内容显然不在本文的讨论范围内。本文中我们将重点关注他们对1576年土默特蒙古俺答汗⑥邀请公哥扎石事件的叙述。因此，我们将广为人知的俺答汗与锁

① 有关几位名叫竺古·曼唐巴（Sprul sku Sman thang pa）的画家，见于D·P·杰克逊：《西藏绘画史》，维也纳：奥地利社会科学院出版社，1996年，索引443(D.P. Jackson, *A History of Tibetan Painting*, Wien: Verlag der Österreichischen Akademie der Wissenschaften 1996, index, 443)。

② 见于《胜乐赞自解脱利乐之海》（上下卷）(*Bde mchog bstod chen gyi rang 'grel phan bde'i rgya mtsho [Stod/Smad cha]*),《觉囊·多罗那他文集对勘本》，17—18/45卷，《先哲遗书》59—60卷，第268页。该赞颂是在第17/45［59］卷中发现的，是该著作的序言部分，第1—30页。

③ 该文本的题跋表明他是在阴阳合历（luni-solar）5月（jyaiṣṭha, snron）的第十天完成，而自传则称在阴阳合历的第4个月，即斋戒月的第十天完成。有关后者，见《游方僧多罗那他自述传：无作任运自宣说之详录》（上卷），第128页。

④ 详见《吉祥上师传怯烈加错详传》(*Dpal ldan bla ma'i rnam thar 'phrin las rgya mtsho rnam par rgyas pa*),《觉囊·多罗那他文集对勘本》，38/45卷，《先哲遗书》80卷，第72—149页。

⑤ 详见《达隆教史》，塔林·强巴次仁编，《雪域文库》第22册，西藏藏文古籍出版社，1992年，第531—555页(*Stag lung chos 'byung*, ed. Thar gling Byams pa tshe ring, Gangs can rig mdzod 22, Lhasa: Bod ljongs bod yig dpe rnying dpe skrun khang, 1992, 531—555)。值得注意的是，在公哥扎石的诸弟子中阿旺南坚最先记载的是多罗那他，并将他称为圣妙怙主之化身（'Jam mgon Mchog gi sprul pa'i sku），即公哥宁卜（Kun dga' snying po），这说明多罗那他在这个时候已经是一个著名的学者了，这就是圣妙怙主（'Jam mgon）这个词的含义。

⑥ 我们根据俺答汗的生平（见本书第62页注释②）将他命名为"Qaγan"，而不是"Qan"。本篇论文中使用的藏文史料对这个蒙古文借词的表达方式是"Khan, Khān, Gan"，比起"Qan"，"Khān"更能对应"Qaγan"。

南加错（1543—1588）会晤作为切入点。后者被同时代的人称为“至高的化身”（sprul sku）、“哲蚌寺遍知化身”，或简化的“哲蚌寺化身”。此次会晤中，锁南加错被授予达赖喇嘛头衔，标志着达赖喇嘛制度的开端。该制度在五世达赖喇嘛阿旺·罗藏加错（1617—1682）时期得以巩固和完善。

有关此次会晤的藏文史料通常为五世达赖喇嘛于1646[①]年撰写的锁南加错的传记。该传记中包含了他的很多主观因素，并且使用了一些已经丢失或现今读者尚未发现的史料。例如：[②]

1. 竺古·真哈巴·班丹罗竹藏卜（Sprul sku ’Phreng kha ba Dpal ldan blo gros bzang po）所著《祈请本尊之王之恒河传记》（*Rnam thar lha’i rgyal po zhus pa’i skal ldan shing rta*），成书于1570年之前。[③]

2. 竺古·真哈巴·班丹罗竹藏卜的偈颂体传记，成书于锁南加错十五岁（或十四岁）之前。

3. 锁南也失旺卜（Bsod nams ye shes dbang po, 1556—1592）根据锁南加错在安多和康区的游历撰写的诗体和散体游记（lam yig）。

4. 卡热·译师·班竹尔加错（Mkhar nag Lo tsā ba Dpal ’byor rgya mtsho）撰写的锁南加错全传。

5. 竺康·劳江巴·格列伦竹（Gzhu khang Rab ’byams pa Dge legs lhun grub）《开启信心之传记》（*Rnam thar dad pa’i go ’byed*）。

在上述著作中，现存的只有卡热·译师所造的有关格鲁派的不完整的编年史写本，其中包含了锁南加错简略的传记，但是该传记并未提供锁南加错到达俺答汗营地之前的准备工作和会晤过程的细节，[④]在当时的情形下，可能没有必要说明他们之前的转世。我们在四川省康区的阿坝县发现了一个叫卡热（Mkhar nag）的地方，该译师（lo tsā ba）很可能来自这个地方。五世达赖喇嘛在锁南加错传记中补充道，他所利用的几部史料中的叙事（lo tshigs）确实有出入。他主要采取了真哈巴（Phreng kha ba）的观

① 详见阿旺罗藏加错：《至尊遍知锁南加错传：成就海之大车》，多兰吉：扎西多杰，1982，第1—217页；色拉寺佛教典籍整理编辑室编，第11卷，北京：中国藏学出版社，2009年，第1—160页(*Rje btsun thams cad mkhyen pa bsod nams rgya mtsho’i rnam thar dngos grub rgya mtsho’i shing rta*, Dolanji: Tashi Dorje, 1982, 1–217［= ed. Ser gtsug nang bstan dpe rnying ’tshol bsdu phyogs sgrig khang, vol. 11, Beijing: Krung go’i bod rig dpe skrun khang, 2009, 1-160］)。另见于Z·阿哈默德：《十七世纪的汉藏关系》，《罗马东方学丛书》第40辑，罗马：意大利远东与中东研究所，1970年，第86—98页。(Z. Ahmad, “Sino-Tibetan Relations in the Seventeenth Century,” *Serie Orientale Roma XL*, Rome: Istituto Italiano per il Medio ed Estremo Oriente, 1970, 86–98)，尤其是以下论文中的分析，见佐藤长：《三世达赖喇嘛与俺答汗的会见》，《东洋史研究》第42卷，1983年，第79—109页(Satō Hisashi, “isansedai darairama to arutanhan no kaishū no tame ni,” *Tōyōshi kenkyū* 42, 1983, 79–109)。

② 见于五世达赖喇嘛：《至尊遍知锁南加错传：成就海之大车》，第216—217页；另见色拉寺佛教典籍整理编辑室编，第160页。

③ 竺古·真哈巴·班丹罗竹藏卜隶属于哲蚌寺，他称该寺为“观自在菩萨的净土（zhing khams）”。他是后来被追认为二世达赖喇嘛的根敦加错（Dge ’dun rgya mtsho, 1475—1542）与著名艺术家曼喇·端竹（Sman bla Don grub）的弟子。他至少写了两篇有关度量的短文、藏文字母偈颂和工巧明相关的著作《工巧明论：显密明镜》（*Bzo rig pa’i bstan bcos mdo rgyud gsal ba’i me long*）。上述著作已出版为一本书，详见《善逝身语之造像度量如意宝》，列城：T·索南与D·L扎西岗，1985，第49—56、56—58、58—60、61—83页(*Bde bar gshegs pa’i sku gzugs kyi tshad kyi rab tu byed pa yid bzhin nor bu*［Leh: T. Sonam and D.L. Tashigang, 1985］, 49–56, 56–58, 58–60, 61–83)。

④ 见于他的著作《甘丹教法史：如意宝树智者喜宴》，TBRC编号：W18611, 33b–35b。(*Dga’ ldan chos ’byung dpag bsam sdong po mkhas pa dgyes byed*, tbrc.org, no. W18611, 33b–35b)。

点，还利用了管敦·班朱伦竹（'Khon ston Dpal 'byor lhun grub, 1561—1637），①赏哈译师·江班多儿只（Zhang mkhar Lo tsā ba 'Jam dpal rdo rje）等上师的口述信息。

五世达赖喇嘛在著作中，1571年初称“俺答汗”为“al than rgyal po”或“al than chos kyi rgyal po”，后者预见了俺答汗“改宗”佛教。同年，年迈的汗在阿兴喇嘛（'Dzo dge［= Mdzod dge］A seng bla ma）的影响下开始信仰佛教。我们还不知道该喇嘛的身份，但是佐格（Mdzod dge）位于今安多地区南部②阿坝县北。同年，俺答汗与明朝第一次达成了具有重要意义的和平协议。之后在1574年，俺答汗派遣使团邀请锁南加错，锁南加错考虑前往，但并未给出具体的行程安排。该使团中唯一被提及姓名的使者是位叫那葛泽卜（na ga tse bo）的大臣（blon po）。③该使者在其他史料中均未出现，以至于我们无法讨论。1577年阴阳合历（luni solar）11月的某一天，锁南加错离开了在哲蚌寺的住处甘丹颇章，路经当雄（'Dam gzhung）地区时见到了霍尔蒙古（Hor-Mongol）首领（dpon）噶玛巴拉（Karma dpal）。他们于1558年，即在二十年前在该地会见过一次。④毫无疑问，噶玛巴的名字是由噶玛噶举派高僧授予的。略为惊喜的是，噶玛巴拉出现在四世坚擦（Rgyal tshab）扎巴端竹（Grags pa don grub, 1547—1613）和九世噶玛巴旺秀多儿只（Dbang phyug rdo rje, 1556—1601或1603）⑤的传记中。之后，锁南加错继续悠然自得地旅行，到达了俺答汗的营地。二人最终在1578年6月19日会见，此后的历史便广为人知了。

实际上，无论锁南加错有多大的天赋和魅力，均未在他本人的笔下体现出来。他的著作很少，一共只有一卷。而且他热衷于编写简短的修习引导，⑥似乎并未留下与俺

① 对该人物的简要研究，见J·I·卡贝松：《贡敦·班朱尔的一生和生平》，《西藏学刊（己丑年）》（2009—2010），第34—35册，R·比塔利编，2010年，第209—230页［J. I. Cabezón, “The Life and Lives of 'Khon ston dpal 'byor lhun grub”, *The Tibet Journal* (*The Earth Ox Papers*) XXXIV-XXXV (2009-2010), R. Vitali, ed., 209-230］。

② 相关段落见于K·库玛·伯伦兹，《*Erdeni tunumal neretü sudur*：土默特部俺答汗传记：16世纪蒙古政教关系史研究》，《亚洲研究》，第142册，威斯巴登：哈拉斯索维兹，2001年，第116—117、266—267页，注释314［K. Kollmar-Paulenz, *Erdeni tunumal neretü sudur. Die Biographie des Altan qaγan der Tümed-Mongolen: Ein Beitrag zur Geschichte der religionspolitischen Beziehungen zwischen der Mongolei und Tibet im ausgehenden 16. Jahrhundert*, Asiatische forschungen, band 142 (Wiesbaden: Harrassowitz, 2001), 116-117, 266-267, n. 314］。另外见于J·艾沃斯克：《明澈宝经》，莱顿：布里尔，2003年，第129—130页，注释204(J. Elverskog, *The Jewel Translucent Sūtra*［Leiden: Brill, 2003］, 129-130, n. 204)。有关佐格与阿兴喇嘛，见于拉姆阿旺金巴：《若尔盖热当巴地方简志》，民族出版社，2007年，第80页［Lha mo'i ngag dbang sbyin pa, Mdzod dge gling dkar stod kyi bzhag sdom pa'i lo rgyus srid zhi'i legs tshogs 'phel tshul bkra shis sgo mang 'byed pa'i rin chen gser gyi lde mig (Beijing: Mi rigs dpe skrun khang, 2007), 80］。

③ 色拉寺佛教典籍整理编辑室编，第129页中误认为“na gtso bo”，这个人并未在《俺答汗传》中出现，见上文注释20。

④ 有关该地区和西部蒙古（Hor stod）领袖，见史伯岭《16世纪末和17世纪初止贡巴与蒙古之关系相关文献札记》，《藏学研究：第五届国际藏学学会学术研讨会论文集》，第2辑，井原照莲与山口瑞凤编，成田：成田山新胜寺，1992年，第741页之后［Notes on References to 'Bri gung pa-Mongol Contact in the Late Sixteenth and Early Seventeenth Centuries, *Tibetan Studies: Proceedings of the 5th Seminar of the International Association for Tibetan Studies*, vol.2, Ihara Shōren and Yamaguchi Zuihō, eds., (Narita: Naritasan Shinshoji, 1992), 741 ff］。

⑤ 详见例如司徒·班禅绰吉迥乃、班译师切旺公加：《极品水晶宝鬘：实修噶玛冈仓大宝传承详传》，第2册，新德里，1972年，第123、158、178页［*Si tu Paṇ chen Chos kyi 'byung gnas and 'Be Lo tsā ba Tshe dbang kun khyab, Sgrub brgyud karma kaṃ tshang brgyud pa rin po che'i rnam par thar pa rab byams nor bu zla ba chu shel gyi phreng ba* (*History of the Karma Bka' brgyud pa Sect*), vol. 2, New Delhi, 1972, 123, 158, 178］。噶玛巴居住于拉萨东北部的当阔齐（'Dam Ko khyim）和卡坡郭（Dkar po sgo）地区。

⑥ 见于锁南加错：《文集》，色拉寺佛教典籍整理编辑室编，中国藏学出版社，2010年(*Gsung 'bum, ed.* Ser gtsug nang bstan dpe rnying 'tshol bsdu phyogs sgrig khang, Beijing: Krung go'i bod rig dpe skrun khang, 2010)。

答汗会晤的记载，但他的全集中确实包含了二部与该事件些许相关的著作。第一部是对加列·绰泽·绰藏怯烈（Rgya le Chos mdzad Chos bzang 'phrin las）简要的宗教开示。该著作是他在前往蒙古（Sog yul）的途中，在热振寺撰写的。另一本是锁南加错于1582年10月4日在昌都[①]强巴林寺时为俺答汗所作的偈颂体讣告。俺答汗于1582年1月13日过世，这份讣告稍晚于俺答汗去世的时间。最终，锁南加错开始无拘无束地游历于康区、安多和如今的内蒙古等地。虽然他曾因卫藏的政治局势和格鲁派被围困等情形而考虑回藏，但始终未回。锁南加错卫藏的上师卜哈巴·麦提端竹（Bod mkhar ba Maitri don grub, 1526—1587）[②]将自己上师擦千·罗撒加错（Tshar chen Blo gsal rgya mtsho, 1502—1566）制定的萨迦派蔡（Tshar）系传规"道果法"（lam 'bras）教戒传授给锁南加错。麦彭·绰吉加错（Mi pham chos kyi rgya mtsho）在1596年撰写的卜哈巴传记中记载：1586年到1587年初，波卡巴做了很多与俺答汗和锁南加错相关的祥瑞的、预知的梦。[③]

1587年末，锁南加错受喀喇沁蒙古（Khar chin，蒙古文：Qaračin）王的邀请，在现今仍存遗址的元朝夏都上都（Shang to）与其会晤。锁南加错于1588年4月22日，即黑月（*caitra）26日在遥远的内蒙古圆寂。我们从参加此次葬礼的九世噶玛巴传记中得知：他的葬礼于1589年在哲蚌寺举行。[④]

公哥扎石和锁南加错虽属同一个圈子，但是他们并没有太多的交集。的确，在五世达赖喇嘛所撰锁南加错传记中达隆派寺寺主只出现过一次。我们在成书于1582年年初的文本中发现，锁南加错早期在甘丹寺时，公哥扎石就曾拜访过他。[⑤]达隆寺寺主有些沮丧且不知所措，他遇到了不顺心的事，导致他的出行也不是很顺利。但是锁南加错公然赞扬了他和他的达隆派，扭转了局面并"为他的事业打开了一扇门"（'phrin las kyi sgo phye bas）。这样看来，在某一段时间，公哥扎石遇到了难题，而锁南加错利用自己在当地的影响安抚了他。下文中将讨论传记和非传记性材料中有关此次特殊会晤的记载。如下文所见，公哥扎石在安多旅行的相关叙事中记录了此次会晤。

锁南加错繁忙的旅程折射出当时的宗教、政治和经济情况。除了修建于15世纪和16世纪的格鲁派寺院，他还到访过很多他所谓的先驱八思巴·罗竹坚灿（'Phags

① 见于锁南加错：《文集》，第353—354、363—364页。后者见于五世达赖喇嘛：《至尊遍知锁南加错传：成就海之大车》，第202—203页；色拉寺佛教典籍整理编辑室编，第149—150页。有关俺答汗的逝世，有以下记载："他凭直觉清楚地知道，俺答汗已经过世……"（al than rgyal po 'jig rten pha rol tu gshegs pa mngon par mkhyen pas gzigs te /…）

② 五世达赖喇嘛：《至尊遍知锁南加错传：成就海之大车》，169页；另见于色拉寺佛教典籍整理编辑室编，第123页。

③《信喜狂暴——至尊金刚持麦哲顿珠吉祥幢传记：道果讲记》，第4卷，德拉敦：萨迦中心，1983—1885年，第107—109页（*Rje btsun rdo rje 'chang chen po mai tri don grub rgyal mtshan dpal bzang po'i rnam par thar pa dad pa'i spu long rab tu g.yo ba, Lam 'bras slob bshad*, vol. 4, Dehra Dun: Sakya Centre, 1983-1985, 107-109）。卜哈巴被五世达赖喇嘛提到过二次，见于《至尊遍知锁南加错传：成就海之大车》，第197、208页；另见于色拉寺佛教典籍整理编辑室编，第145、154页。卜哈巴于1579年初首次出现，我们发现他和阿兴喇嘛等人曾试图说服锁南加错回到卫藏。

④ 司徒·班禅绰吉迥乃、班泽师切旺公加：《极品水晶宝鬘：实修噶玛冈仓大宝传承详传》，第2卷，第201页。

⑤ 见于五世达赖喇嘛：《至尊遍知锁南加错传：成就海之大车》，第203页；另见于色拉寺佛教典籍整理编辑室编，第150页。我们认为该二部文献中均误写为"sngar ldan chos 'khor gling"，实际上"sngar ldan"并没有具体的意思。

pa Blo gros rgyal mtshan, 1235—1280）和江千·绰吉·释迦也失（Byams chen Chos rje Shākya ye shes, 1354—1436）停留过的地方。[①]事实上，通过观察四世噶玛巴乳必朵儿只（Rol pa'i rdo rje, 1340—1383）在1360年年初前往遥远的元朝宫廷的路线，可以注意到大部分地方是他的前世第三世噶玛巴让迥朵儿只（Rang byung rdo rje, 1284—1339）曾经停留、教书或者建立宗教关系的地方。[②]

五世达赖喇嘛利用二部史料来论证他的观点，即八思巴、释迦也失和锁南加错之间有着某种精神上的联系。第一部材料声称是由被追认为一世达赖喇嘛的智者根敦竹巴（Dge 'dun grub pa, 1391—1474）撰写，五世达赖喇嘛曾经在“一些”（'ga' zhig tu）有关格敦朱巴生平的不明确的研究著作中见到过。[③]另一部史料为五世达赖喇嘛根据竺古·真哈巴（Sprul sku 'Phreng kha ba）所撰写的内容重构的锁南加错简传。上述有关根敦竹巴的一些“不明确的研究”引用了许多“早期的、可靠的文献”（sngon yig tshang khungs ma mang po）。该文献记载，八思巴面见忽必烈汗的时候曾经说过，他们的关系在未来会以“名字中带有‘金’字的汗”和“名字中带有‘水’字的僧人”的会晤延续。正如俺答汗名字中的蒙古语“altan”和锁南加错名字中的藏语“rgya mtsho”。在第二部史料中，五世达赖喇嘛记载竺古[④]·真哈巴曾提道：

> ... rje btsun sa skya pa chen po'i rnam 'phrul du bshad cing zhal gyis kyang bzhes pa yin par 'dug /'phags pa rin po che ni glang ri thang pa dang se ston ri pa sogs kyi sku'i skye ba dang /sku tshe phyi ma thams cad mkhyen pa bsod nams rgyal mtshan se ra byams chen chos rje sogs su 'khrungs pa'i rim pa 'dug ...
>
> ……记载［？锁南加错］是伟大的法王萨思迦巴——萨钦·公哥宁卜（1092—1158）的化身（rnam 'phrul），似乎他自己也承认了这一点。尊贵的八思巴是郎列唐巴·朵儿只僧吉（Glang ri thang pa Rdo rje seng ge, 1054—1123）和司敦·列巴（Se ston Ri pa）等人的转世（sku'i skye ba），而之后的转世（sku tshe phyi ma）为众所周知的锁南坚灿（1312—1375）、色拉·江千·绰吉（Se ra Byams chen Chos rje）等转世（'khrungs）继承人。

---

① 至于八思巴所住的地方，见于石滨裕美子（Ishihama Yumiko）和福田洋（Fukuda Yoichi）对八思巴著作题跋的展示，详见《藏传佛教宗义研究》，第4册，《土观宗派源流中的蒙古佛教史》，《西藏研究》，第11辑，东洋文库，1986年，第52—72页（*A Study of the Grub mthaḥ of Tibetan Buddhism, vol. 4, On the Chapter on the History of Mongolian Buddhism of Thuḥu bkwan's Grub mthaḥ*, Studia Tibetica, No. 11, Tokyo: The Toyo Bunko, 1986, 52–72)。有关江千绰吉传记的研究，包括他经过的地方和从永乐皇帝（1402—1414）宫廷返回的路线，见于拉巴平措：《大慈法王释迦也失》，中国藏学出版社，2012年。

② 例如，他们走过的路线，包括他们早期的转世之一二世噶玛巴·噶玛拔希（1204/6—1283）所作游历中国时的路线都在他们的传记中有所描述。擦巴·公哥朵儿只（Tshal pa Kun dga' rdo rje , 1309—1364）的《红史》就是一个例子，详见东嘎洛桑赤烈校注：《红史》，民族出版社，1981年，87页之后(*Deb ther dmar po*, ed. dung dkar Blo bzang 'phrin las, Beijing: Mi rigs dpe skrun khang, 1981, 87 ff)。

③ 我们未能在沈卫荣对一世达赖喇嘛生平所做的优秀作品中找到相关信息，详见《一世达赖喇嘛根敦珠巴班桑波（1391—1474）生平和历史意义：格鲁派和达赖喇嘛制度史的研究》，《华裔学志丛书》，第49种，圣奥古斯丁：华裔学志社，2002年［*Leben und historische Bedeutung des ersten Dalai Lama dGe 'dun grub pa dpal bzang po (1391-1474). Ein Beitrag zur Geschichte der dGe lugs pa-Schule und der Institution der Dalai Lamas*, Monumenta Serica Monograph Series XLIX, Sankt Augustin: Institut Monumenta Serica, 2002］。

④ 见于五世达赖喇嘛：《至尊遍知锁南加错传：成就海之大车》，第175—176页；另见于色拉寺佛教典籍整理编辑室编，第150页。汉译见于《一世—四世达赖喇嘛传》，陈庆英、马连龙译，中国藏学出版社，2006年，第224—225页。

他继续说道，以上记载表面上看起来可能确实有一些问题，例如萨钦、商·卓巴管卜（Zhang 'Gro ba'i mgon po, 1121—1193）和那达·囊喇·你麻斡节（Mnga bdag Nyang ral Nyi ma 'od zer, 1124—1192）等人在同一时期出现，而不是接连出现的转世。幸运的是，我们在一部经文里得到了答案。佛陀在《华严经》[①]中开示，如同月亮的倒影同时映现在不同的水池里，同一时期的多个转世也可以只有一个来源，观自在菩萨就是一个例子！

相比之下，最初记载俺答汗与锁南加错会晤的缘起和会晤本身的主要蒙古文文献——偈颂体《俺答汗传》列出了1574年被派去邀请锁南加错的四位使者，其中包括某位达隆囊锁[②]（Stag lung nang so）。达隆囊锁说的可能是卫藏方言，也有可能跟达隆寺有着某种联系，虽然我们不能排除"达隆"是安多地区某一地名的可能性，但是也没有必要将其与卫藏寺院联系起来。阿旺南坚在达隆派长篇的历史著作中并未提及该官职，考证囊锁一词的释义与其相关的职能实属不易。"囊锁"是蒙古人占领西藏的时候，作为一种制度出现的。根据伯戴克（L. Petech）的说法："囊锁"是由蒙古人指派的、萨迦寺代理政权高层的官员职位。[③]晚近，仁青卓玛（Rin chen sgrol ma）考察了"囊锁"在安多地区被使用为高级官员头衔的情况，称其范围不限于安多地区，但并未提及具体头衔。我们还了解到，"囊锁"还可以表示一个地方，又或者是一个人可以到达的官方机构。[④]虽然文本表明，使团"马不停蹄地"赶路，但我们发现他们在路上有充裕的时间参与并协助恰卜恰寺（Chab cha，蒙古文：Čabčiyal）[⑤]的建造。他们到达以后，再次"马不停蹄地、毫无延误地"赶路，应当在1575年到达卫藏。他们为什么如此着急？他们在十个月以后才见到西藏僧人，并未像我们在叙述中见到的那样迅速地赶路。使团到达后，得到锁南加错的应允，并于1576年5月回到俺答汗营地。于是，俺答汗和他的亲属为这次会晤做了准备，并于同年11月派出包括达隆囊锁的使团去往西藏。使团于1577年6月到达西藏，七个月的时间似乎过于漫长，因此我们有理由怀疑该记载的真实性，后来他们商定了有关会晤的最终日程。之后他们便在仰华寺进行了这一著名的、众所周知的、历史性的会晤。根据《俺答汗传》，他们曾在仰华寺再次

---

① 范德康特此感谢他的学生艾恩·麦科马克（Ian MacCormack）给他提供了有关《华严经》的论文，见于《中华大藏经·甘珠尔对勘本》，中国藏学研究中心《大藏经》对勘局编，第35卷，北京：中国藏学出版社，2006年，第822页(Bka' 'gyur, ed. *Krung go'i bod rig pa zhib 'jug lte gnas kyi bka' bstan dpe sdur khang*, vol. 35, Beijing: Krung go'i bod rig pa dpe skrun khang, 2006, 822)。

② 见于库玛·伯伦兹，《*Erdeni tunumal neretü sudur:* 土默特部俺答汗传记：16世纪蒙古政教关系史研究》，第279—281页，另外见于艾沃斯克：《明澈宝经》，第139—140页，艾沃斯克误读为"1575"，库玛·伯伦兹曾讨论过这一问题。

③《卫藏和蒙古：西藏历史上的元和萨迦时代》，罗马东方学丛书，第65册，罗马：意大利远东和中东研究所，1990年，第132页(*Central Tibet and the Mongols: the Yüan Sa-Skya Period of Tibetan History*, Serie Orientale Roma, vol. LXV, Rome: Instituto Italiano per il Medio ed Estremo Oriente, 1990, 132)。

④ 见于仁青卓玛的论文《安多囊锁官职的渊源》，《青海民族大学学报》2011年第1期，第35—49页。（"Lo rgyus dang 'brel nas mdo smad nang so'i skor rags tsam gleng ba", Mtsho sngon mi rigs slob chen rig deb 1, 2011, 35-49）。囊锁被认为是官僚机构或办事处的例子见第四世红帽法王绰扎也失（Chos grags ye shes', 1453—1524）于1517年所造的 (*Dpal ldan bla ma dam pa gzhon nu dpal gyi rnam par thar pa yon tan rin po che'i mchog tu rgyas pa'i ljon pa*, Collected Works, ed. Yangs pa can dgon ris med dpe rnying myur skyob khang, vol. 1, Beijing: Krung go'i bod rig pa dpe skrun khang, 2009)。

⑤ 该寺显然是1591年的被明朝的汉人所烧毁的大乘法轮州（Theg chen chos 'khor gling），见库玛·伯伦兹，《*Erdeni tunumal neretü sudur:* 土默特部俺答汗传记：16世纪蒙古政教关系史研究》，第280页，注释401。

会晤，时间可能是在1579年。我们还得知锁南加错离开的时候，向蒙古统治者推荐曼殊室利·呼图克图（Mañjuśrī Qutuγtu）作为他的代表人。[①]五世达赖喇嘛于1579年初，在他的前世传记中隐晦地提到，曼殊室利·呼图克图是二世东阔尔·云丹加错（Yon tan rgya mtsho, 1556—1587），而云丹加错出生在日喀则附近。我们可以从最近出版的一系列有关历代云丹加错转世的简传中得知，锁南加错曾在大乘转轮寺（即仰华寺——译者）（Theg chen chos 'khor gling）授予他具足戒。锁南加错离开理塘[②]的时候，告知云丹加错将作为他的代表留在蒙古地区。锁南加错让云丹加错作为他的代表的做法，一方面是因为授予过他戒律，另一方面可以说明锁南加错和俺答汗之间的特殊关系。

初看之时，可能注意不到这二种叙述中列出来的使臣是不同的。但是，多罗那他和阿旺南坚所造《公哥扎石传记》显示出了一些细节。这些细节反映了五世达赖喇嘛叙述公哥扎石时利用的史料十分有趣。[③]引人关注且令人费解的是，现存的蒙古文《俺答汗传记》的作者和五世达赖喇嘛所作的锁南加错传记对蒙古统治者邀请公哥扎石的事件只字未提，更未提及他们见面的实际情况和他在该地区的旅行。但是，我们上面提及的段落是个意外。即便如此，公哥扎石传记中的相关细节能让我们进一步了解卫藏地区的高僧的确与鄂尔多斯、土默特蒙古有所联系。首先，该传记记载了俺答汗的使团于1576年到达达隆，甚至还提供了达隆囊锁的名字扎巴斡节（Grags pa 'od zer）。此外，有关公哥扎石二次游历安多的叙述中，很多细节是其他史料并未提及的。该叙事中出现的一些安多地区的地名和人名表明了卫藏和蒙古人之间的接触很可能是由当时安多的某一族群的藏传佛教团体传达的。下文中我们将简单地归纳并讨论公哥扎石传记中的相关段落，以期填补16世纪后期蒙藏佛教关系研究中的一些缺憾，为该研究领域做出一点贡献。

如前所述，根据二部公哥扎石传记，1576年标志着俺答汗的使臣与卫藏达隆寺之间的第一次接触。这很有可能意味着该使团于1576年年末第二次去往哲蚌寺的途中到访过达隆。在这一年，该使团和所谓的扎斡巴（Grags 'od pa），即扎巴俄色，向公哥扎石献上了金、银、丝绸、棉服、茶叶、马匹、骡子和骆驼等“不可思议”的供养。此扎巴斡节被称为“供养丝绸箭的使臣”（mda' dar 'bul dpon），格雷克（B. Gerke）提出“mda' dar”是一个重要的吉祥符号。[④]在安多，“供养丝绸箭的使臣”实际上是个与礼仪有关的官员头衔，该官员负责邀请和接待重要人士。换句话说，他跟西藏的

---

① 见于库玛·伯伦兹：《*Erdeni tunumal neretü sudur:* 土默特部俺答汗传记：16世纪蒙古政教关系史研究》，第310—311页，另外见于艾沃斯克：《明澈宝经》，第170—171页。

② 分别见于佚名《东谷尔协仲降贝央历辈传记琉璃明镜》，《历辈东谷人物传》，吉美桑珠编，北京：中国藏学出版社，2005年，155—156页(*Stong 'khor zhabs drung 'jam pa'i dbyangs rim byon gyi 'khrungs rabs rnam thar baiḍū rya'i me long, Stong 'khor zla ba rgyal mtshan sku phreng rim byon gyi rnam*, 'Jigs med bsam grub, ed., Beijing: Krung go bod rig pa'i dpe skrun khang, 2005, 155-156)；五世达赖喇嘛：《至尊遍知锁南加错传：成就海之大车》，第197页；另见于色拉寺佛教典籍整理编辑室编，第146页。

③ 下文中将以多罗那他《吉祥上师传：怯烈加错详传》（第110—121页）与阿旺南坚《达隆教史》（第544—546页）为依据。《吉祥上师传：怯烈加错详传》（第132—136页）与《达隆教史》（第549—551页）中详细记载了公哥扎石于1589—1593年在安多地区的第二次旅行的情况。本文将提到一部分，暂不展开讨论。

④ 详见《长寿与死亡：印度大吉岭山藏人的寿命观念与长寿修法》，莱顿：布里尔，2012年，第265—266页(*Long Lives and Untimely Deaths: Life-Span Concepts and Longevity Practices among Tibetan in the Darjeeling Hills, India*, Leiden: Brill, 2012, 265-266)。

“mgron gnyer/dpon”（接待大臣——译者）相似。很显然，公哥扎石同意了会见俺答汗，但偏偏他身体不适，直到蒙古历（*hor*-Mongol month）的第四个月才得以离开西藏。此即是说，大约在1578年4月中旬（当不晚于这个时间）。临行时，按照传统和习俗，他向拉萨大昭寺觉沃佛祈祷并请求加持。不管怎么样，公哥扎石都不会紧随几个月前离开卫藏去往安多的锁南加错出发。不得不好奇的是，如果他当时立即出发并赶在锁南加错之前到达俺答汗的营地将会发生什么！多罗那他写道，公哥扎石出发的时候，显现了花雨和彩虹，护送的蒙古人都大为惊讶。虽然护送规模不如锁南加错的大，但是他在途中受到了蒙古人的热情礼遇。

据阿旺南坚记载，公哥扎石和他的随从在当拉（sdang la）用法术（rdzu 'phrul gyi bkod pa）渡过了长江（'Bri chu）。这一渡口不知从何查起，多罗那他也未提及渡河的具体位置。公哥扎石在止（'bri）地的茶卡（tshwa kha）受到了蒙古人的邀请，随后接见了蒙古的汗（rgyal po）——被阿旺南坚记载为阿拜（A rbal，蒙古文：Abai）的官员。[①]他们会晤的地点是察干乌苏（蒙古文：Čaγan usu），藏文为“Dkar chu”，意为“白水”。茶卡的位置略北于茶卡湖，位于青海湖西南。公哥扎石和阿拜相处得很愉快，从而成为了亲密的福田与施主（mchod yon）。锁南加错在农历（*caitra），即1578年4月8日至5月6日之前的某一天见到了阿拜诺颜（no yon蒙古文：noyan）。阿拜为到访他营帐的西藏高僧[②]献上了许多礼物。多罗那他著作的二种校订版都包含该短语，即意思不明确的“swog yul du phebs tsam nyid nas dwangs /”，这里的“dwangs”不是动词。如果我们读成“drangs”，可以将其解释为类似于“他什么时候被带去或护送至蒙古”，阿旺南坚的叙事中并未提及这一句。其后，公哥扎石在“Dbu'i tshwa”[③]湖边停留时，接见了迎接他到俺答汗营帐的护送队。接下来，他到达阿拜家族生活的地方，受到了热情的招待并且得到了“超乎想象的供养”。对于此，阿旺南坚的叙述略为详细，他记载公哥扎石去往阿拜营帐（ru thog）的所在地——蔡玛（Mtshal dmar）。之后，于1589年在茶齐（Chal phyi）会见了阿拜的夫人（a rbal dpon mo）。这一地点显然在巴彦郎玛（ba yan rlang ma）地区的黄河源头附近，位于玉树县的扎陵湖（skya rengs）和鄂陵湖（sngon rengs）[④]之间。阿拜和他的一位儿子（rgyal bu）均患有疾病，公哥扎

① 史料里不同的记载为“A rbal”、“A sbal”、甚至“A dpal”。我们可以在二手资料里能看到有关他的一些记载，详见史伯岭：《西藏佛教：感知与想象：明朝时期的汉藏边界》，M·凯普斯顿编：《西藏与中国之间的佛教》，波士顿：威士顿出版社，2009年，第179页，注释50（E. Sperling, “Tibetan Buddhism, Perceived and Imagined, along the Ming-Era Sino-Tibetan Frontier,” *Buddhism between Tibet and China*, M. Kapstein, ed., Boston: Wisdom Publications, 2009, 179, n.50）。该文章中提出他是俺答汗的侄子青·把都尔（Čing Batur）的侄子。锁朵巴·罗著坚灿（Sog bzlog pa Blo gros rgyal mtshan, 1552—1624）在著作中多次提及阿拜。见于《回遮蒙古之历史》，《文集》，第2卷，新德里，1975年，第243—244页（*Sog bzlog bgyis tshul gyi lo rgyus, Collected Writings*, vol. II, New Delhi, 1975, 243-244）。这部著作也证明了在16世纪下半叶和17世纪10年代在西藏的蒙古人（Tibetan-Hor）和蒙古人（Sog po）之间的互动。

② 见于五世达赖喇嘛：《至尊遍知锁南加错传：成就海之大车》，第187页；另见于色拉寺佛教典籍整理编辑室编，第138页。这一次，由著力兔台吉（Jo rog thu tha'i ji，蒙古文：J̌oriγtu Taiǰi）和青·把都儿（Ching Bā dur，蒙古文：Čing Bātur/Baγatur）带领的三百骑兵到访了锁南加错。

③ 阿旺南坚《达隆教史》第545页中，该湖的名称稍有不同，即“Dwa'u tshwa”湖，其中“tshwa”指“盐”，而“dwa'u'i（或dbu'i）”明显不是藏语。

④ 这两个湖位于青海湖西南边的黄河源，详见王尧：《黄河源上两大湖——扎陵、鄂陵名称位置考实》，《社会战线》1979年第3期，第163—168页。

石治好了阿拜儿子很严重的、不明确的疾病（bro tshabs chen po）。[1]但是阿旺南坚对后者相关细节的记载略有不同。他说阿拜和他的随从到茶齐[2]问候了公哥扎石：

kho de gong srog rlung gi nad drag pos thebs te sman dpyad rim gro gang gis kyang ma phan par yod pa bya ba khrus dang rjes gnang kha yar gnang ba tsam gyis gsos/

汗患有严重的心疾（srog rlung），会晤之前感到心慌。药物或者仪式均无效，但是经过沐浴和加持得以痊愈。

之后公哥扎石向位于青海湖（Gu gu no'i mtsho/Khri shog rgyal mo mtsho）边的俺答汗营地出发。他到达时出现了诸多祥瑞的迹象和征兆，而这些都是俺答汗之前梦到过的。公哥扎石向他的听众显现了神通并传授了佛教基础知识。阿旺南坚补充道，公哥扎石给俺答汗种下了菩提（byang chub）的种子，作为回报俺答汗也供养了无数个供品。此时，位于青海湖东南边的瓦须（Wa shul）人卜加达（'Bum skyabs dar）也邀请了公哥扎石并向他表示了敬意。[3]他邀请的目的似乎是因为他的领主陷入了困境，公哥扎石的到来替他们解决了一场争端（'khrugs pa bsdums pa）。之后于1579年，公哥扎石应一对福田与施主即鄂尔多斯[4]（Or rus pa/Or dhus，蒙古文：Ordos）丙兔（Be thu/Bed thu）汗[5]和"伟大的壤塘之子（或弟子）"[6]噶玛喇嘛的邀请，从北方出发走向玛沁山（Rma chen spom）冰川（gangs kyi mgul）。他用法术翻越了从未有人走过的地区，但是最终并未会见丙兔汗与噶玛喇嘛。更为重要的是，俺答汗在他途中的楚弥邻木（Chu mig ring mo）接见了他。多罗那他在这一时期的叙述中称俺答汗为"法王"（chos kyi rgyal po）。该称谓是锁南加错授予俺答汗的，所以有可能体现出了多罗那他对他们早期会晤的认同。

与锁南加错相同，公哥扎石也被授予了名号，即"达隆钦波如来"（De bzhin gshegs pa［*Tathāgata］Stag lung pa chen po），还有官印('ja 'sa ka'o ming)（'ja 'sa 是蒙古文ǰasaγ，ka'o ming可能是汉文的诰命）和另一枚85两（srang）银质官印（tham

① 多罗那他：《吉祥上师传：赤烈加错详传》，第134页。

② 阿旺南坚：《达隆教史》，第550页，未提及阿拜的夫人。

③ 瓦须部位于莽剌川（mang ra）地区，据说俺答汗九子之一真相居住在此处。亨利·斯瑞思：《北虏风俗：萧大亨所记载的北方奴仆之风俗与谱系表》，《华裔学志》1945年第10期，注释182，30a (H. Serruys, "Pei-lou fong-sou: Les coutumes des esclaves septentrionaux de Siao Ta-heng suivi des Tables genealogiques," *Monumenta Serica* 10, 1945, 182 n. 30a)。有关该地区的详细研究，见益希桑不：《芒拉部落志》，香港：天马图书有限公司，2001年(Bla nag pa Ye shes bzang po, *Mang ra'i lo rgyus*, Hong Kong: Tianma tushu youxian gongsi, 2001)，该书第283页包含了简短的蒙藏双语词汇表。

④ "or dhus"这个读法在阿旺南坚的《达隆教史》，第545页。

⑤ 毫无疑问他就是丙兔（Bingtu，？—1588），以下二部文献中其名字的写法为"Bin du"，《至尊遍知锁南加错传：成就海之大车》，第194页；色拉寺佛教典籍整理编辑室编，第143页。史伯岭暂且推断"Be thu rgyal po chin rgyal"是某位汗，详见史伯岭：《西藏佛教：感知与想象：明朝时期的汉藏边界，西藏与中国之间的佛教》，第179页，注释50。九世噶玛巴传记载，1588年初，阿拜和丙兔送了噶玛巴很多礼物和类似于敕令的"金字书信"（gser yig），详见司徒班禅司徒·班禅绰吉迥乃、班译师策旺公加：《极品水晶宝鬘：实修噶玛冈仓大宝传承详传》，第2卷，第196页。

⑥ 该壤塘巴很有可能是著名的二世壤塘·绰吉·坚巴僧吉（'Dzam thang Chos rje II Rgyal ba seng ge,1509—1580），他分别与明朝，蒙古首领阿拜、丙兔等保持着施供关系。见于阿旺洛追扎巴：《觉囊派教法史》，赞拉·阿旺楚臣、佘万志整理，中国藏学出版社，1992年，第127页(Ngag dbang blo gros grags pa, *Jo nang chos 'byung ba'i sgron me*, Btsan lha Ngag dbang tshul khrims and She Wanzhi eds., Beijing: Krung go'i bod kyi shes rig dpe skrun khang, 1992, 127)。上述记载还被史伯岭引用过，详见史伯岭：《西藏佛教：感知与想象：明朝时期的汉藏边界》，第165页。

ka，蒙古文：tamγ-a），相当于数千两银子。此银印与刻有“达赖喇嘛金刚”的金印成了有意思的对比。[①]“如来”（De bzhin gshegs pa）名号无疑是效仿了1407年永乐皇帝（1403—1424）赐给五世噶玛巴的“如来”（De bzhin gshegs pa, 1384—1415）名号。五世噶玛巴受沙弥戒时的法名是法吉祥贤（Dharma shrī bhadra［*Chos dpal bzang po］），他受具足戒之后亦未更换法名。

这一次，锁南加错和他的诸弟子也邀请公哥扎石到他们的营帐，该营帐是他们被盛情迎接的地方。这次重要会晤之后，公哥扎石继续赶路到达了一个名为新达隆坡（stag lung la gsar）的地方，据说该地位于青海附近的宗喀地区，我们将在下文中详细地讨论该地区。公哥扎石在该地区被三位当地领袖接待，根据我们所看到的文献来看，他们的名字有待进一步观察：

多罗那他：	Zi ling nang so	Drangs ti lnga mchod pa
阿旺南坚：	Zi na nang so	Bra ti nang so

两部文献中相同的记载：明朝驻西宁（Zi ling［Xining］）[②]的官员（mi dpon）。

我们想提出一种可能性，即部分或所有的当地领袖不是汉人或藏人，而是土人，下文中我们将详细说明原因。为了简单起见，我们将这些非汉人或非藏人族群按他们现代的名称称为“土族”，这也符合他们族源的多样性，主要为蒙古人和沙陀突厥人（Shato Turk），也有一部分汉人和藏人，亦能将他们区分于达延汗重组下的六万户蒙古。自12世纪以来，这一地区经历了数十年的战争。元朝时期，随着毁坏的地貌逐渐恢复，土族迁到了该地区。在大多数情况下，这些土族默认了明朝的主权，明朝也允许他们自治，不干涉他们的税务和内部事务。明朝对该地区的控制始于承认他们的地方领袖，在西宁大规模地部署驻防军队，并且以汉地农民殖民该地区的尝试在明末以失败告终。1573年到1620年，据明朝在该地的人口普查，仅有440个民户，2 560个官户和军户。这些数字反映了一个事实，即这个地区仅仅是一个军事前哨，其驻军较之明初减少了三分之二。[③]

因此，明朝并未让汉地官员管理该地区，而是频繁地向当地领袖授予权利，一般来说，会向当地土官授予明朝军事官衔。我们目前能从藏文中辨认的唯一一个明朝军事头衔是隶属于另一个明朝官员“rgya’i mi don”的“mchan chang”，这个词可能是明朝的“千长”，即“千夫长”。此外，康国泰（Louis M. Schram）指出，在20世纪，土族仍然使用“千长”这一词，它是指一个村庄最高军事指挥官。尽管这些头衔往往只是虚衔，但从地方官员的角度来看，他们的权力得到了明朝官方的肯定和支持，所以他们也是明朝在当地的代表。事实上，据当地资料显示，自明初，土族的统治家族始终对其属民保持着长期的统治，直至清朝基本没有中断。[④]因此，这些似乎是自认为明朝官员的地方领袖，在16世纪很有可能参与了发生在他们领土上的西藏、鄂尔多斯

① 俺答汗授予公哥扎石的头衔与礼物见于五世达赖喇嘛：《至尊遍知锁南加错传：成就海之大车》，第188、192—193页；另见于色拉寺佛教典籍整理编辑室编，第138—139、142页。

② 多罗那他：《吉祥上师传钦烈嘉措详传》，第110—121页；阿旺南坚：《达隆教史》，第545—546页。

③ 见康国泰：《甘藏边界的土族（第一部分）：族源、历史与社会组织》，第34页。

④ 见康国泰：《甘藏边界的土族（第一部分）：族源、历史与社会组织》，第11、17、22、50、51、129页；康国泰：《甘藏边界的土族（第二部分）：宗教生活》，第34、35页；亨利·斯律思：《北虏风俗：萧大亨所记载的北方奴仆的风俗与谱系表》，第255、256页。

以及土默特之间的交涉。因此，我们有理由怀疑，“rgya 'i mi don” 指的是该官员的种族出身，还是授予他权利的国家？

除了世俗和军事权力，明朝还承认“囊锁”等宗教人物在当地的权威。囊锁制度起源于元代，当时囊锁被指派为萨迦政权的官员。[①]然而，到了明代，这一职位发生了变化。明初，西宁地区的十八位喇嘛被授予了囊锁官衔和土地。囊锁的职务为“选定带部落投服的喇嘛领袖和他们继承问题”。[②] “Zi na nang so”（有时候是Ji na nang so）头衔出现在五世达赖喇嘛撰写的三世达赖喇嘛传记和康国泰所著《甘肃土族》（*The Monguors of Kansu*）一书中。1578年，在护送锁南加错会见俺答汗的众多使节中，有一队由泽那国师（Zi na gu shri）率领的百人骑兵。其他使节通常隶属于鄂尔多斯或土默特等不同的蒙古万户，但是泽纳固什很可能来自明朝。[③]此外，我们认为“Rgya nag na”这种表述反映了属地管理的开端，而不是种族管理。康国泰似乎认为泽那（Zi na，他称他们为Sina）是居住在西宁以北60里的土族，他们于1380年向明朝投降。另外，据当地的中国地名志记载，该群体中的喇嘛曾被授予“国师”（蒙古文：güüširi）名号，三世达赖喇嘛传中也有相关记载。康国泰还讨论了他们1723年与清朝发生的冲突后留下来的“泽那囊锁”，《达隆教史》（*Stag lung chos 'byung*）能证明该头衔自明末就开始使用。[④]然而，该称呼的起源似乎可以追溯到蒙古帝国时期萨迦派在这一地区的影响。第一位泽那大臣（Zi na dpon po）是泽那格西（Zi na dge bshes），他通过效力于蒙古薛禅可汗（忽必烈）和八思巴获得权力。后来，泽那囊锁成为塔尔寺六族（Sku 'bum tsho drug）的主导大臣，并与寺院一同管理这些地区。泽那大臣领袖的封号和印章均受自历代达赖喇嘛[⑤]和明清政府。

至于札替（Bra ti）囊锁，这个头衔似乎暗示着西宁以北的大通河（'Ju lag）地区统治者的属地。据贺兰山蒙古地区的传说，1706年，六世达赖喇嘛在从拉萨被清朝军队押解途中幸免于难，后到达了安多东北部华锐（Dpa' ris）地区，受到了管理“嘉戎六部（tsho）十三座禅院（sgom sde）”的扎提囊锁和止贡（Bri 'gung）囊锁的迎接。[⑥]17世纪初期，藏传佛教初传至该地区，扎提地区的领袖一直扶持藏传佛教。其中扎提葛巴囊锁·失劳扎（Bra sti sgar ba nang so shes rab grags）[⑦]曾提议向卫藏求

---

① 伯戴克：《卫藏和蒙古：西藏历史上的元朝和萨迦时代》，第132页。

② 康国泰：《甘藏边界的土族（第二部分）：宗教生活》，第18页。

③ 五世达赖喇嘛：《至尊遍知锁南加错传：成就海之大车》，第187页，第6行。

④ 康国泰：《甘藏边界的土族（第二部分）：宗教生活》，第18页。

⑤ 见霍仓吉美：《安多历史之广说·第三卷》，印度达兰撒拉：西藏著作与档案图书馆，2009年，第516—548页(Hor gtsang 'jigs med, *Mdo smad lo rgyus chen mo las sde tsho'i skor glegs bam gsum pa [The third volume of The Greater History of Amdo]*, Dharamsala, India: Library of Tibetan Works & Archives. 2009)。

⑥ 参见M·阿里斯，《伏藏与秘密人生：贝玛岭巴（1450—1521）与六世达赖喇嘛（1683—1706）研究》，西姆拉-德里：印度高等研究所莫提拉·邦那西德斯出版社，1988年，第203页(*Hidden Treasures and Secret Lives: A Study of Pemalingpa [1450–1521] and the Sixth Dalai Lama [1683–1706]*, Simla-Delhi: Indian Institute of Advanced Study-Motilal Banarsidass, 1988, 203)。

⑦ 详见土官·洛桑绰吉尼玛（Thu'u bkwan Blo bzang chos kyi nyi ma, 1737—1802）撰写于1775年的有关佑宁寺的研究《佑宁寺目录》，1775年，第6页(*Dgon lung dkar chag*, 1775, p.6)。见于其第二版，土官·洛桑绰吉尼玛：《佑宁寺志》，西宁：青海民族出版社，1988年(Thu'u bkwan Blo bzang chos kyi nyi ma, *Chos sde chen po dgon lung byams pa gling gi dkar chag*, Xining: Mtsho sngon mi rigs dpe skrun khang, 1988)。另一位姓名中包含地名的扎底显仲·丹巴沃色（Bra ti Zhabs drung Bstan pa 'od zer）于1679年在华锐（Dpa' ris）或在天祝县建立了吉祥沟格丕山静修院（Bkra shis lung ri bo dge 'phel ri khrod），但在民国时期（1911—1949年），可能由于来自其他族群的压力，该部落离开了该地区。《天祝藏传佛教寺院概况》，第209页。

助，建立重要的土族寺院佑宁（Dgon lung）寺。其实，该领袖可能就是迎请达隆高僧的人。

而《达隆教史》（*Stag lung chos 'byung*）并未提供公哥扎石和当地领袖互动的更多细节。如上文所述，俺答汗的蒙古文传记中提到了另外一位囊锁，即在锁南加错与俺答汗会晤时发挥了重要作用的“达隆囊锁”。有关这位达隆囊锁，我们想探究与他最相关的地名“Stag lung la gsar”，即新达隆坡。《达隆教史》中明确指出该地在青海附近的宗喀（Tsong kha）地区。鉴于泽那囊锁和西宁官员之间的联系，我们可以进一步将它定位在西宁东北部的某一地方。该地名很有可能体现了明朝将该地的管辖权授予了达隆囊锁，如同其他地区的囊锁。无论如何，该地显然是达隆上师施主的所在地。公哥扎石前后二次（1579—1580年，1590—1591年）到访安多时，达隆上师的施主都是在新达隆坡接见了他。若是明朝认可了达隆囊锁在该地区的权利，那他自然居住在这一带，这也能解释俺答汗在1573年突袭青海时如何与达隆派联络的。

虽然没有更多的证据能说明达隆派一直在安多地区活动，但公哥扎石确实到访过几个地方。可以肯定的是，元朝灭亡后，这些地方仍保留着活跃的藏传佛教团体。公哥扎石在华锐访问了一个“从前的”僧团（sngar gyi grwa rgyun）。虽然《达隆教史》中并未具体说明这个寺院的起源，但公哥扎石的确参观了由萨迦派建立的一些寺院。他还参观了萨迦班智达受阔端（贵由汗的弟弟，因与萨迦派的关系而闻名）宫廷的邀请，在凉州（Lå ju）四隅建立的四大寺院。[①]除了这些寺院，该文献还提到了来自噶玛殿的贡品。

其他二位与卫藏著名的喇嘛会见的人物都被称为汉地官员（rgya'i mi dpon）或来自汉地的官员。其中一位有趣的人物是管理十三万户的官员甘州都统（Gan ju du thang），他与公哥扎石和锁南加错均有关系。令人困惑的是，只有在清朝时期，旗总管才被称为都统。据我们所知，这一制度并未在该地区实行。这个完整的头衔是在五世达赖喇嘛叙述其先驱时出现的。他还说，都统（du thang）释放了其管辖内的大约100名囚犯，而这些囚犯在锁南加错的带领下出家。达隆寺寺主对该都统的描写非常简短，对他的名字拼写是“Kå chu dus thang”，并称其为明朝官员。因该都统在达隆寺寺主在游历时出现，我们可以推断该都统大概在上师曾路过的华锐至凉州之间的地带。另一位明朝官员“Gu yeng tsong chi da'i ching”在公哥扎石第二次访问安多地区时出现。他的名字为“Daiqing”（藏文：Da'i ching），我们或许可以认为他是服务于明朝的蒙古人。而他的官衔“Zongqi”（藏文：tsong chi）是军事指挥官。虽然五世达赖喇嘛撰写的锁南加错传记也经常提到明朝官员，但从未提及能够说明这些问题的人名以及

① 阿旺南坚：《达隆教史》，1992年，第546页，见于《凉州佛寺志》(bhi kshu ma sho wa ti si rya, *Dkar chag rnam dag me long*)，旺谦端智翻译并发表在《中国藏学》1988年第4期，第109—116页；旺谦端智、蒋增礼：《萨班与凉州四大佛寺》，《西藏研究会讯》，1993年，第9—13页；玛尼夏仲：《凉州四大胜迹目录引路明灯》，1884年，收录于《凉州四部史暨天祝寺志》，1988年，藏文原文附有汉译(Ma ni Zhabs drung, *Lan jus sde bzi'i rten rnams kyi dkar chag dang lam yig rab gsal sgron me*, 1884, *Lan jus sde bzi sogs kyi dkar chag phyogs bsgrigs*, 1988)；宿白：《武威蒙元时期的藏传佛教遗迹》，《藏传佛教寺院考古》，北京：文物出版社，1996年，第275—291页；樊保良、水天长：《阔端与萨班凉州会谈》，甘肃人民出版社，1997年；才让：《萨迦派在安多藏区的传播概述》，《藏学研究论丛》（第五辑），西藏人民出版社，1993年，第56—71页。

官衔。

综上所述，公哥扎石的传记揭示了一些明朝官员曾经积极参与藏传佛教事务，并且表明了藏传佛教方面，尤其是达隆派僧侣可能与明朝官员有一些（可能是长期的）联系。此外，传记中提供的一些细节使我们能够将明朝官员与土族领袖联系起来。但是，为什么五世达赖喇嘛的叙述中省去了这些细节？更重要的是，在五世达赖喇嘛的叙述中并未提及达隆派在西藏和蒙古佛教关系中所扮演的角色。为什么与这些事件相关的格鲁派基础材料刻意地忽略了达隆囊锁的角色？

在格鲁派掌权之前，达隆派与格鲁派的关系虽然不太友好，但至少不是敌对的。以下几点可以证明这一点。第一，1558年锁南加错接见了达隆寺前任寺主；[①]第二，四世达赖喇嘛的寺院被藏巴汗攻击时，格鲁派请求达隆派出面调解。[②]格鲁派主导地位确立之后，达隆派的角色似乎从格鲁派的叙述中消失。

附录：三世达赖喇嘛锁南加错的行程（1578年冬—1588年）

以下行程表以五世达赖喇嘛对三世达赖喇嘛生平的叙述为根据，[③]列出了1578年6月19日三世达赖喇嘛与俺答汗首次历史性会晤之后三世达赖喇嘛路过的地方和会见的人物名称。

1578年（冬），在丙兔汗（Bin du，蒙古文：Bingtü tayiji，？—1588，俺答汗之子）邀请下向鄂尔多斯出发。在鄂尔多斯建造了圆满利他寺（Phun tshogs gzhan phan sde）。又应当地[④]管理“十三万户”的明朝官员（rgya’i mi dpon）（Gan cu du thang，甘州都统）之邀，前往该地后返回大乘法轮寺（Theg chen chos ’khor gling）。

1579年，与来自明朝的宁夏王会见。向理塘出发，并在途中见到了阿拜诺颜。万历皇帝（1572—1620年在位）向他的财政官员给予了封号，派遣绰吉·尊竹藏卜（Chos rje Brtson ’grus bzang po）为Hang nge的圆尊胜他寺（Phun tshogs rnam rgyal gling）。

1580年会见丽江土司（’Jang sa tham）。于农历五月二十日，开始建立并开光圣教大慈诸方尊胜寺（Thub bstan byams chen phyogs thams cad rnam par rgyal ba’i sde）。农历十一月，去往芒康（Dmar[=Smar]khams）。

1581年，在昌都地区民众的邀请下会见吉中喇旺·绰吉坚灿（Rje drung Lha dbang chos kyi rgyal mtshan）。在绰吉·隆列巴（Chos rje Lung rigs pa）的邀请下到达甘丹寺（Dga’ ldan chos ’khor ling）。

1582年，在岭塘度母寺（Gling thang Sgron ma）停留，詹塘（Dran thang）民众供养了他。

① 见史伯岭：《16世纪末和17世纪止贡巴与蒙古之间的关系相关文献札记》，1992年，第747页。
② 大卫·施耐格、黎吉生：《西藏文化史》，波士顿、伦敦：香巴拉，1995年，第193页。
③ 见于五世达赖喇嘛：《至尊遍知锁南加错传：成就海之大车》，第194—210页；色拉寺佛教典籍整理编辑室编，第143—157页。另见《一世—四世达赖喇嘛传》，陈庆英、马连龙译，中国藏学出版社，2006年，第238—248页。
④ 智观巴·贡却乎丹巴绕吉著，吴均、毛继组、马世林译：《安多政教史》，甘肃民族出版社，1989年，第143页。

1583年，去往塔尔寺（Sku ’bum）并在该地建立新的讲经院（bshad grwa）。随后继续赶路到达夏琼寺（Bya khyung brag）、丹斗山（Ri bo Dan tig）与弘化寺（Mdzo mo mkhar）等释迦也失曾经停留过的地方。

1584年，在八思巴居住过的临洮（’Phags pa Shing kun），随后到达宗喀（Tsong kha）和巴列（Pag ras）等地，再到青海。在青海，他被官方授予大转轮王（’Kho lo che）称号。他会见达延诺颜（蒙古文：Dayan）后，前往鄂尔多斯部首领彻辰·洪台吉（蒙古文：Sečen Huangtaizi）所在地（sde thog）。

1585年，在鄂尔多斯建立了一座新的寺院平措达吉寺（Phun tshogs dar rgyas gling），并组成一个新的宗教团体。又应四十部蒙古白帐之主——济农（蒙古文：Jinong）之邀，再次建立了新的寺院，组成了一个宗教团体。之后，济农把王位传给其子，自己出了家。

1586年，应俺答汗长子都隆（Du ring）汗邀请，在阔阔和屯（Mtsho sngon po，蒙古文：Kökeqota）（今呼和浩特——译者）会见了来自察哈尔（蒙古文：Čaqar）的那木大·洪台吉（Na mo tai hong thai ji，蒙古文：Namudai Huangtaizi）。我们怀疑他可能是俺答汗之孙那木大·彻辰汗（Namudai sečen qaγan）。

1587年，去往左翼土默特蒙古，并主持了都隆汗的葬礼。会见了喀尔喀朵儿只（khar kha rdo rje）汗、乌隆（U reng）汗、楚库儿（Jo ’khor）诺颜。居住在白塔的俺答汗的近亲邀请了他。随后喀喇沁汗邀请他去上都，他于1588年4月22日在上都圆寂。

参考文献：

Tibetan Sources

Ma ni Zhabs drung, *Lan jus sde bzi'i rten rnams kyi dkar chag dang lam yig rab gsal sgron me*, 1884, described in: *Lan jus sde bzhi sogs kyi dkar chag phyogs bsgrigs* (*Liang zhou si bu shi ji tian zhu si zhi*). Lanzhou: Kan su'u mi rigs dpe skrun khang. 1988.

Ngag dbang blo bzang rgya mtsho. *Bsod nams rgya mtsho'i rnam thar dngos grub rgya mtsho'i shing rta*. Tashi dorjee: Dolanji, H.P. 1982.

Ngag dbang rnam rgyal, *Stag lung chos 'byung ngo mtshar rgya mtsho*. Gangs can rig mdzod, vol 22, Lhasa: Bod ljong bod yig dpe rnying dpe skrun khang. 1992.

Hor gtsang 'jigs med, *Mdo smad lo rgyus chen mo las sde tsho'i skor glegs bam gsum pa* [*The third volume of The Greater History of Amdo*], Dharamsala, India: Library of Tibetan Works & Archives. 2009.

Thu'u bkwan Blo bzang chos kyi nyi ma. *Chos sde chen po dgon lung byams pa gling gidkar chag*. Xining: Mtsho sngon mi rigs dpe skrun khang. 1988 [1775].

Wangqian Duanzhi and Jiang Zengli, "Saban yu Liangzhou si da fo si," *Xizang yanjiu huixun* (*Newsletter on Tibetan Studies*). 1993: 9–13.

Yon tan rgya mtsho. *Yul mdo smad kyi ljongs su thub bstan rin po che ji ltar dar ba'i tshul gsal bar brjod pa Deb ther rgya mtsho: a history of the spread of Buddhism in Amdo*.

Delhi: A lags 'Jam dbyangs and Wa shul Skal bzang Bstan pa, 1974.

藏文文献（汉译）

玛尼协仲：《兰州四大胜迹目录于引路明灯》收录于《凉州四部史暨天祝寺志》，甘肃民族出版社，1988年。

阿旺罗藏加错：《锁南加错传：成就海之大车》，扎西多杰：喜马偕尔邦多兰吉，1982。

阿旺南坚：《达隆教史：稀有之海》，《雪域文库》，第22册，西藏藏文古籍出版社，1992年。

霍仓吉美：《安多历史之广说·第三卷》，印度达兰撒拉：西藏著作与档案图书馆，2009年。

土观洛桑却吉尼玛：《郭隆强巴大寺目录》，青海民族出版社，1988年（原版为1775年版）。

旺谦端智、蒋增礼：《萨班与凉州四大佛寺》，《西藏研究会讯》，1993年，第9—13页。

云丹加错：《佛教于安多传播的历史》，德里：阿拉蒋扬与瓦须格桑丹巴，1974年。

Non-Tibetan Sources

Ahmad, Zahiruddin, "Sino-Tibetan Relations in the Seventeenth Century," *Serie Orientale Roma* XL, Rome; Istituto Italiano per il Medio ed Estremo Oriente, 1970.

Aris, Michael. *Hidden Treasures and Secret Lives: The Sixth Dalai Lama (1683–1706)*. London; New York: Kegan Paul, 1989.

Bhi kshu ma sho wa ti si rya's *Dkar chag rnam dag me long*, translated into Chinese by Wangqian Duanzhi in *Zhongguo zangxue*, 1988, no. 4: 109–116.

Cairang, "Sajia pai zai Anduo Zangqu de chuanbo gaishu," *Zangxue yanjiu luncong*, vol 5. Lhasa: Xizang renmin chubanshe, 1993: 56–71.

Fan Baoling and Shui Tianchang, *Kuoduan yu Saban Liangzhou huitan*, Lanzhou: Gansu renmin chubanshe, 1997.

Jackson, D.P. *A History of Tibetan Painting.* Wien: Verlag der Österreichischen Akademie der Wissenschaften, 1996.

Petech, Luciano. *Central Tibet and the Mongols: the Yüan Sa-Skya period of Tibetan history,* Rome: Istituto Italiano per il Medio ed Estremo Oriente, 1990.

Richardson, Hugh. "The Karma-pa Sect: A Historiographical Note." *Journal of the Royal Asiatic Society.* (October 1958): 139–164; (April 1959): 1–18.

Rock, Joseph. *The Amnye Ma-chhen range and adjacent regions; a monographic study*. Serie Orientale roma, vol. xii, Rome: Istituto Italiano per il Medio ed Estremo Oriente, 1956.

Serruys, Henry. "Pei-lou fong-sou: Les coutumes des esclaves septentrionaux de Siao Ta-heng suivi des Tables genealogiques," *Monumenta Serica* 10 (1945): 117–208.

Serruys, Henry. "The Mongols of Kansu during the Ming." *Mélanges Chinois et bouddhiques* 10 (1955): 215–346.

Serruys, Henry. "Early Lamaism in Mongolia." *Oriens Extremus* 10 (October 1963) 1963: 181–216.

Schram, Louis M. J. *The Monguors of the Kansu-Tibetan Frontier: Part I. Their Origin, History, and Social Organization*. Philadelphia: American Philosophical Society, 1954.

Schram, Louis M. J. *The Monguors of the Kansu-Tibetan Frontier: Part II. Their Religious Life*. Philadelphia: American Philosophical Society, 1957.

Schram, Louis M. J. *The Monguors of the Kansu-Tibetan Frontier: Part III. Records of the Monguor Clans. History of the Monguors in Huangchung and the Chronicles of the Lu Family*. Philadelphia: American Philosophical Society, 1961.

Snellgrove, David and Hugh Richardson. *A Cultural History of Tibet*. Boston & London: Shambhala, 1995.

Sperling, Elliot. "Notes on References to 'Bri-gung-pa — Mongol Contact in the Late Sixteenth and Early Seventeenth Centuries." In *Monograph series of Naritasan Institute for Buddhist Studies. Occasional papers; 2*, edited by Ihara Shōren and Yamaguchi Zuihō . Narita: Naritasan Shinshoji, 1992.

Su Bai, "[The Yuan Dynasty's Remains of the Tibetan Buddhism in the Region of Wuwei (= Liangzhou), Gansu] (in Chinese)," *Zangchuan fojiao siyuan kaogu* [*Archaeological Studies on Monasteries of the Tibetan Buddhism* (sic)], Beijing: Cultural Relics Publishing House, 1996: 275–291.

非藏文文献（汉译）

阿哈默德·查希尔丁：《十七世纪的汉藏关系》，《罗马东方学丛书》，第40辑，罗马：意大利远东与中东研究所，1970年。

迈克尔·阿里斯：《伏藏与秘密人生：六世达赖喇嘛（1683—1706）》，伦敦、纽约：凯根保罗出版社，1989年。

旺谦端智：《凉州佛寺志》，《中国藏学》1988年第4期，第109—116页。

才让：《萨迦派在安多藏区的传播》，《藏学研究论丛》（第五辑），西藏人民出版社，1993年，第56—71页。

樊保良、水天长：《阔端与萨班凉州会谈》，甘肃人民出版社，1997年。

杰克逊D·P：《西藏绘画史》，维也纳：奥地利社会科学院出版社，1996年。

伯戴克：《卫藏和蒙古：西藏历史上的元朝和萨迦时代》，罗马：意大利远东和中东研究所，1990年。

黎吉生：《噶玛巴派：历史编纂纪要》，《皇家亚洲社会杂志》，1958年10月，第139—164页；1959年4月，第1—18页。

约瑟夫·洛克：《阿玛尼卿地区和毗邻区域：专题研究》，《罗马东方学丛书》，第12辑。罗马：意大利远东和中东研究所，1956年。

亨利·斯瑞思：《北虏风俗：萧大亨所记载的北方奴仆的风俗与谱系表》，《华裔学志》1945年第10期，第117—208页。

亨利・斯瑞思：《明朝时期的甘肃蒙古人》,《中国和佛教集刊》1955年第10期，第215—346页。

亨利・斯瑞思：《蒙古早期的喇嘛教》,《远东学刊》第10期，1963年10月，第181—216页。

康国泰：《甘藏边界的土族（第一部分）：族源、历史与社会组织》，费城：美国哲学学会，1954年。

康国泰：《甘藏边界的土族（第二部分）：宗教生活》，费城：美国哲学学会，1957年。

康国泰：《甘藏边界的土族（第三部分）：土族的家谱：湟中土族与鲁家家族史》，费城：美国哲学学会，1961年。

大卫・施耐格、黎吉生：《西藏文化史》，波士顿与伦敦：香巴拉，1995年。

史伯岭：《16世纪末和17世纪初止贡巴与蒙古之间的关系相关文献札记》，成田山佛教研究所专刊，井原照莲与山口瑞凤主编，成田：成田山新胜寺，1992年。

宿白：《武威蒙元时期的藏传佛教遗迹》,《藏传佛教寺院考古》，文物出版社，1996年，第275—291页。

作为实物的俺答汗彩轴：来历、保存状态与写本学描述*

Natalia Yampolskaya & Liubov Kriakina 著
（俄罗斯科学院东方文献研究所）
张 闳 译
（中国人民大学）

俄罗斯科学院东方文献研究所藏有一份非比寻常的汉蒙合璧文献，其时代可追溯至晚明时期。这是一幅插图卷轴，其中包含一份1580年俺答汗呈递给万历皇帝的岁贡表文。此贡表为双语合璧，蒙古文系从汉文翻译而来。卷轴长逾9米，其中最主要的部分是反映朝贡人由归化城（蒙古文：Kökeqota）至紫禁城这段行程的画作。

该文献在国际学术界广为人知，贡表的文本部分已经得到了多次刊布和注释。但画作部分仅在1895年出版过一次，尺寸小，质量差，且关于卷轴的材质特点方面，迄今尚未得到详细讨论。无论如何，贡表文本与巨幅画作的结合，都使它成为一份独一无二的文献，因为我们尚未发现其他具有类似内容和布局的卷轴。这项研究旨在解决迄今为止一直被忽视的这个方面，同时对卷轴的构造和保存状态进行描述。本研究过程中所做的观察将提供新的数据，这或许可以为重新思考该文献的来源及历史提供依据。在研究本身开始之前，首先回顾卷轴的来历，并对贡表文本进行学术史梳理。

来历与研究现状

该卷轴于1937 年成为东方文献研究所（时称东方研究所）藏品的一部分。它以*Mongolica Nova*藏品之名，被列入收藏目录，位于排架号 M. Nova. 483之下（排架号后改为Mong. Fol. 6）。该收藏开始形成于1926年，来源多样，包括入藏研究所但未及

* 本译文为国家社科基金冷门绝学研究专项学术团队项目“明代西域多语种文本与国内民族交流史研究”（21VJXT017）阶段性成果。原文题目为“The Painted Scroll of Altan Khan as a Material Object: Provenance, State of Preservation, Codicological Description”，刊登于乌云毕力格主编：《蒙古学问题与争论》第18期，东京，2022年，第1—20页。原文中所附插图从略。

陈列的新获材料（因此得名）与手稿。我们有理由假设，该卷轴在被登记在册之前，已在研究所收藏了数年时间。此前，它一直由俄罗斯学者阿列克谢·波兹德涅耶夫（Aleksey Pozdneev, 1851—1920）拥有。众所周知的是，在20世纪20年代（具体日期尚未确定）该学者去世后，其私人收藏已归入研究所（时称亚洲博物馆）。①

该卷轴是波兹德涅耶夫在1893年访问北京期间获得的，两年后他发表了一篇文章，叙述了购买该文献的原委。②1893 年 1 月，他得知雍和宫一位土默特喇嘛拥有一份晚明时期蒙古文文献，并表示愿意出售，次日此卷轴即落入该学者之手。该喇嘛称，其家族收藏此件艺术品已逾200年之久，是其曾祖父当时（17 世纪）在北京购买的，那时明朝时期的大量文献被新建立的清朝所忽视，在民间广泛流通。波兹德涅耶夫推测，该卷轴因被认作蒙古可汗同中原王朝关系的象征物，而为那位喇嘛的家族所珍重。③

除了获得该卷轴的故事外，波兹德涅耶夫在1895年发表的文章还提到了卷轴的外观和构造（将在下文详细讨论）、文本的翻译以及对该画作的解释。其文本和画作的黑白照片公布在附录中。

19世纪末，欧洲学术界对明代官僚机构的某些领域缺乏足够了解，因此波兹德涅耶夫关于该文件来历的一些假设具有误导性。波兹德涅耶夫强调，蒙古文本只是中文的逐字翻译：几近三分之一的文字只是简单地运用蒙古文进行转录。根据波兹德涅耶夫的说法，其余文字则是复制在某些汉蒙词典中给出的第一个含义，而未改变其词汇形式，这导致了“蒙古语单词排列混乱，没有任何连贯性”。④这令波兹德涅耶夫相信该贡表最初是用汉文书写的，后来被翻译成蒙古文。他解释了这一观点，认为该文本作者或为一位在俺答汗宫廷担任顾问的明朝逃兵，或为一位长期居住在中原的蒙古人——换而言之，该人知晓汉文，但文化水平不高。波兹德涅耶夫阐述了这一论点，并推测即使在俺答汗的宫廷中，也没有一个识字之人可以用蒙古语写出连贯的文字，由此得出该文献揭示了 16 世纪蒙古人文学活动衰败的结论。自元朝灭亡（1368年）直至16世纪中叶，这一期间因文献资料的缺乏，而被称为蒙古文化的“黑暗时代”。今天，这一概念被认为是有争议的。⑤

---

① 关于该收藏请见：Сазыкин А.Г. Каталог монгольских рукописей и ксилографов Института востоковедения Академии Наук СССР. Том I. Ответственный редактор Д. Кара. М.: «Наука» ГРВЛ, 1988. pp. 13, 15–16.

② Новооткрытый памятникъ монгольской письменности времен династіи Минъ // Восточныя замѣтки. Сборник статей и изслѣдованій профессоровъ и преподавателей Императорскаго С.-Петербургскаго университета. Санктпетербургъ: Типографія Императорской Академіи Наукъ, 1895. pp.367–386.

③ 同上，p. 374.

④ 同上，pp. 376–377，386. 明洪武年间，翰林院曾编纂汉蒙词典，并将其作为礼物献给皇帝朱元璋。波兹德涅耶夫比较了该贡表文本和汉蒙词典摘编本，发现贡表中所有词汇使用的形式，均与词典摘编本里的一致，认为译者机械地使用这个词典，替换他在其中能找到的词汇，并转录他找不到的词汇。波兹德涅耶夫所指的词典，应该是《北虏译语》，又称《鞑靼语》，一部16世纪末17世纪初编纂的汉蒙词汇汇编（编纂日期见：Рыкин П. О. О времени и месте составления Китайско-монгольского словаря Дада юй/Бэйлу июй// Acta Linguistica Petropolitana. Труды института лингвистических исследований, vol. IX, no. 3, 2013, pp. 189–217）。波兹德涅耶夫在其《蒙古文学讲座》中公布了该词典，参见：Позднеев, А. М. Лекции по истории монгольской литературы, читанные в 1897/98 акад. году / Зап. и изд. Г. В. Подставиным, Г. Ц. Цыбиковым. Т. 3. Владивосток: Типолитогр. при Вост. Ин-те, 1908. pp. 8–39.

⑤ 请参见：Serruys, H. Early Lamaism in Mongolia // Oriens Extremus. Vol. 10, No. 2 (1963). pp.181–216; Dumas, D. The Mongols and Buddhism in 1368–1578: Facts — Stereotypes — Prejudices // Ural-Altaische Jahrbücher. 2005. 19. pp. 167–221.

1895年的公布出版，使学者得以浏览贡表文本全貌。而对于这幅画作来说，却未必如此。受图片的质量及尺寸所限，学者仅能对画作的布局有一个整体印象，细节部分却难以窥见。正因如此，随后几年出现的学术成果全部是针对文本部分的。

1896年，法国汉学家沙畹（Edouard Chavannes, 1865—1918）撰写了一篇评论，总结了波兹德涅耶夫的文章，并将贡表全文翻译成法语。[①]在他的评论中，沙畹强调了向公众公布这份罕见文献的重要性，并表示坚定不移地支持波兹德涅耶夫的主要观点。

该文献在蒙古语言和文字史上很快得到了定位，作为前古典时期为数不多的幸存文献中的最后一部，出现在一些关于蒙古语语法的选集和著作中。1907年，德国东方学家贝托德·劳费尔（Berthold Laufer, 1874—1934）在其《蒙古文学速写》中对波兹德涅耶夫的工作进行了简要概括，指出这是明代蒙古文字的罕见样本。[②]俄罗斯学者包里斯·弗拉基米尔佐夫（Boris Vladimirtsov, 1884—1931）在其《蒙古书面语比较语法》（最初发表于1929年）中，将“俺答汗贡表”列为中期蒙古文献，但未做进一步说明。他仅依据波兹德涅耶夫的论文，便认定该贡表是原始文献的副本或草稿无疑。[③]1945 年，“贡表”出现在法国东方学家韩百诗（Louis Hambis, 1906—1978）的《蒙古书面语语法》附录中，被列于老蒙古文经典范本名单的最后，但未加任何说明。[④]1959 年，日本历史学家和田清（1890—1963）在一本关于蒙古历史的论文集中重印了该图像。[⑤]1965 年，匈牙利学者李盖提（Lajos Ligeti, 1902—1987）在《前古典时代蒙古文学选集》中发表了这封贡表的蒙古文转写，但未注释或翻译。[⑥]1983年，中国学者道布将俺答汗贡表收录在另一部蒙古文献选集中。[⑦]此次包含一段简短的前言（基于波兹德涅耶夫的论文）、一份重印的图像以及一个誊写版本。在这个誊写版本中，作者依照原始的手写蒙古文文本进行了重新摹写，以便从左到右阅读，以现代蒙古文字体录入贡表文字，并逐字解释了汉蒙文本之间的相关性。2005年，蒙古国学者占琪布（Yo. Janchiv）在其关于前古典时代蒙古文字的著作中，为俺答汗贡表撰写了一小段文字。[⑧]在亚洲博物馆（东方文献研究所）成立200周年的纪念册中，简要回顾

① Chavannes, Éd. A. Pozdnéief. — Sur un monument nouvellement découvert de la littérature mongole au temps de la dynastie Ming // Journal Asiatique, Vol. 7, pp.173-179.

② 贝托德·劳费尔的成果最初用德文发表，名为*Skizze der mongolischen Literatur* // Revue orientate, Vol. VIII, 1907, pp.165-261. 我们参考的是俄文译本：Лауфер, Б. Очерк монгольской литературы. Пер. В. А. Казакевича; Под ред. и с предисл. Б. Я. Владимирцова. Ленинград, 1927, pp. 10-11.

③ Владимирцов Б. Я. Сравнительная грамматика монгольского письменного языка и халхаского наречия. Введение и фонетика. Издание 2-е. Москва, 1989, p. 37.

④ Hambis, L. Grammairedelalanguemongoleécrite. Première partie. Paris, 1945, p. 92.

⑤ Wada, Sei 和田清. Tōashi kenkyū Mōkohen东亚史研究蒙古篇［Studies on the History of Far East (Mongolia)］. Tokyo: Tōyō bunko, 1959, Plates 3-6.

⑥ Ligeti, L. Preklasszikus emlékek 2. XIII-XVI. szazad és a XVII. szazad eleje. Budapest, 1965, pp. 86-90.

⑦ 道布整理、转写、注释，巴·巴根校：《回鹘式蒙古文文献汇编》，民族出版社，1983年，第477—500页（Uyiγurǰin mongγol üsüg-ün durasγaltu bičig-üd. Dobu emkedgeǰü odo-yin mongγol üsüg-iyer baγulγan tayilburi kibe. B. Baγan-a kinaba. Ündüsüten-ü keblel-ün quriy-a, 1983, pp. 477-500）。

⑧ 占琪布：《前古典蒙古语文献》，2005年，乌兰巴托，第37页（Жанчив, Ё. Сонгодог монгол бичгийн өмнөх үеийн дурсгалууд, Улаанбаатар, 2005, p. 37）。

了该卷轴的来历及内容，并将其称之为蒙古文收藏的珍品之一。[①]

所有研究过该贡表文本的学者都同意波兹德涅耶夫提出的观点：该文献很难被视为蒙古语言和文学的原始样本，因为其中的蒙古语微乎其微。比利时东方学家司律思（Henry Serruys, 1911—1983）是唯一解释了俺答汗贡表背后现象的人。1967年，他发表了一篇有关明朝时期中原和蒙古朝贡关系的深入历史研究，运用整个章节对朝贡表文现象进行了探讨。在专门介绍俺答汗的部分中，司律思对1580年书写的贡表进行了完整翻译，并附有详细注释。在这项基础研究的框架内，俺答汗贡表最终被置于历史语境中，其来源和功能得到了明确解释。尽管该研究工作无疑是自波兹德涅耶夫最初出版以来关于该主题的最重要的一部，但它似乎鲜为人知，其他研究该卷轴的学者也未提及。下面，我们总结了司律思研究中对我们的写本学研究至关重要的要点。

在明朝时期，贡表是一种伴随朝贡行为而产生的文献。[②]这些贡表是朝贡者写给皇帝的，并随使团一起发出。贡表以朝贡者的母语书写而成，并加盖印章。中原礼制规定了一种仪式，包括藩属统治者在行政中枢将贡表移交给使团。精致的外观在这里显得尤为重要：贡表需用黄色织物包裹并放置在特殊的匣中。使团到达边境时，贡表和贡品经由明朝政府的代表进行检查。在俺答汗时代，每年都有一名翻译被派往边境完成这项任务。[③]但官方文本的书面翻译却是在首都进行的。自1407年起，外藩文书及贡表的翻译均由翰林院辖下的特殊机构四夷馆负责。司律思指出，尽管有通晓双语的蒙古人在为明朝服务，但随着时间的推移，四夷馆中蒙古馆的翻译工作大多由汉人处理。[④]在大多数情况下，这些翻译是遵循着严格范式的概要，仅简述藩属统治者的名字和原始贡表的主旨。这些经过提炼后的版本，随后被机械地译回原语言，严格依照汉语的语言习惯，却无视目标语言的语法规则。该流程意在形成符合礼制的文本。与原始贡表不同，译文概要没有加盖藩属统治者的印章，却要在天坛举行的朝贡仪式上使用。作为仪式的一部分，贡表由使节交给官员，官员将贡表放在朱红色台阶上的一张特殊的桌子上。这张桌子随后被抬进亭子里，在那里宣读贡表的汉文译本给皇帝听。然而，记录此典礼的史料中并未明确说明其中是否使用了原始贡表。[⑤]

原始蒙古文贡表现已不存，但在“韃靼馆来文”中保存了八份重新翻译的文本。[⑥]这些文本来自更早的时期（15—16世纪前期），它们篇幅短小，且陈词滥调。然而，

① Сизова А. А. Fol. 6. Иллюстрированная грамота-свиток Алтан-хана Тумэтского // Азиатский Музей — Институт восточных рукописей РАН: путеводитель / Ответственный редактор И. Ф. Попова. М.: Изд-во восточной литературы, 2018, С. 323–324.

② 此后我们参考塞瑞斯的研究，他在其专著中辟专章讨论了明蒙外交使团使用的贡表这一现象，参见司律思：《明蒙关系史（卷二）：朝贡制度和外交使团（1400—1600）》，Mélanges chinois et bouddhiques, Vol. XIV. Bruxelles, 1967, pp. 443–475.

③ 同上，pp. 449–450.

④ 同上，pp. 447.

⑤ 根据司律思的说法，一份波斯使团的报告表明原件也在仪式上进行展示，并很可能送还使团。然而，在俺答汗时代，还没有任何描述此部分程序的史料。有关仪式的详细介绍，请参见：同上，pp. 476–481.

⑥ 这些文献由李盖提公布，参见李盖提：Documents sino-ouigours du bureau des traducteurs // Acta Orientalia Academiae Scientiarum Hungaricae, Vol. 20, No. 3 (1967), pp. 253–306. Ligeti, L. Documents sino-ouigours du bureau des traducteurs // Acta Orientalia Academiae Scientiarum Hungaricae, Vol. 21, No. 1 (1968), pp.45–108. 司律思将其中三份文献译为英文，参见司律思：《明蒙关系史（卷二）：朝贡制度和外交使团（1400—1600）》，Mélanges chinois et bouddhiques, Vol. XIV. Bruxelles, 1967, pp. 454–455.

另一份可追溯到俺答汗统治时期的文献表明，这种固定的模式并非一成不变：这是一封 1571 年的贡表，已译为汉文。根据塞瑞斯的说法，这封贡表不是在北京翻译的，而是在边界入境点翻译的。司律思介绍了贡表的篇幅和细节内容：该文本未经简化提炼，但汉文翻译的风格表明它曾被编辑以符合礼制的要求。目前还没有证据表明这封贡表被翻译回蒙古文。①

1580年8月17日的俺答汗贡表，在四夷馆被译为汉文，后又译回蒙古文，但没有删改为标准模式。司律思的研究解释了翻译质量不佳（这是四译馆的典型做法）的原因，并推断无论是在风格上还是内容上，都与原始的蒙古文贡表有很大不同。

迄今为止，没有任何一位研究该卷轴的学者评论过其形制或探讨过这幅画作的起源。且尚无其他以独立文献形式存在的贡表遗留，对于其形制和装裱的表述更是未知，这导致没有任何参照物与这份贡表进行比对。这使得录有俺答汗贡表的卷轴独一无二，其真实性的问题仍然悬而未决。

写本学描述：材质、结构与保存状态

该文献为中国传统横幅手卷，尺寸为36厘米 × 942.7厘米（高度不等，在36厘米～36.6厘米之间），由纸和多种丝绸制成，背面是厚抛光纸。从右向左展开，它从一段空白丝绸开始，传统上称为“天”（具有保护功能），然后依次为文字、画作和另一段空白丝绸“地”。卷轴的所有部分均由竖条白色丝绸分隔，无边框。两种语言文字都是从右向左阅读的（蒙古语从属于汉语），但沿此方向展开画作，即从紫禁城檐顶一路向西直至蒙古地面，恰与文字所描述事件的顺序相反。卷轴的任何部分都没有贴签或印章。

胶层的粘连方式显示，卷轴从“地”开始，其后每一层的边缘都顺次覆盖前一层，直至“天”层。

“天”（全长191.5厘米）由三部分组成。首先是一块41.5厘米的乳白色真丝斜纹织物，带有花卉装饰（程式化的花朵和叶子，图案区域为8.5厘米）。其后是140厘米的无图案黄色丝绸，以及一条10厘米的竖条白色丝绸，将其与文本部分分隔开来。带黄色丝绸的纸平均厚度为0.28厘米，带白色丝绸的纸平均厚度为0.25毫米。

在背面，“天”处前20.5厘米部分覆盖着装饰斜纹织物——卷轴的封面。该图案由四种类型的彩章组成，中间有一朵花，周围环绕着鸟、龟和蝴蝶（图案区域为17.3厘米）。虽然颜色已经变淡，但仍可以与未经上漆的乳白色丝绸为参照，识别出靛蓝、绿色和棕色。封面上既没有贴签，也没有任何人经手的痕迹。

卷端被固定在一根木轴上，横截面为半圆形。在木轴的中间，卷轴的内侧，有一个金属紧固件——一个V形钩，在卷轴卷起时起到固定细绳的作用（细绳已丢失）。

卷轴上有先前保护的痕迹，时间约在波兹德涅耶夫收藏前后（具体时间、地点缺

① 全文翻译见：《明蒙关系史（卷二）：朝贡制度和外交使团（1400—1600）》，Mélanges chinois et bouddhiques, Vol. XIV. Bruxelles, 1967, pp.455–461；注释见：《明蒙关系史（卷二）：朝贡制度和外交使团（1400—1600）》，Mélanges chinois et bouddhiques, Vol. XIV. Bruxelles, 1967, pp.464–465.

失）。作为先前保护修复（推测为20世纪）的结果，在卷轴的两侧，沿着“天”的下边缘，在固定丝绸的衬纸上有一些保护补丁，由旧的未压光的云母涂层纸构成。封面区域有一大块污渍，是与胶水接触造成的。沿着卷轴的上下边缘有连续的水平污渍，一直到“天”的末端（污渍未在文本部分蔓延）。黄色丝绸上点缀着金色的斑点。其表面有明显磨损，下缘有深黄色污渍，间隔约19厘米。这些污渍表明，卷轴曾因受到湿气影响而被卷起。污渍仅在“天”部分出现，文本和画作部分却看不到，这表明“天”部分受到损坏时是与卷轴的其余部分分开的。

沿着卷轴的两个边缘，都有因旧保护补丁而导致的小而重的垂直折痕。与“地”和文本部分相比，“天”部分中纸和绢的垂直和水平折痕都更为明显，尤其是在黄色丝绸背面的纸上。卷端的白色丝绸上，有黄褐色相间的污渍，来历不明；白色丝绸的中心分布着大小不一的污渍（较小的污渍面积1.0厘米 ×2.5厘米，较大的污渍面积2.5厘米 ×3.5厘米），靠近木轴的部分有竖状污渍（4.0厘米 ×0.3厘米）。沿上边缘处有一大块因旧的保护补丁导致的淡黄色污渍（13.0厘米 ×6.0厘米），该补丁沿着与装饰丝绸封面相交的纹路，加剧了衬纸的撕裂。

在2021年开展保护之前，卷轴被分成两部分：“天”（含封面和木轴）和主体部分——文本、画作和“地”。波兹德涅耶夫没有提到此处的撕裂，故卷轴有可能在他得到后遭到损坏。

封面上下边缘严重损坏，2021年对该部分进行修复。沿着下边缘的方向，白色丝绸遭到严重损坏，并伴有裂痕，可以看到使用云母涂层纸进行的早期保护。封面（装饰丝绸）上有明显的抽丝现象，部分布料错置在中间。木轴附近可以看到蜡液残留，形成大小不一的污渍（最大直径1.2厘米）。

卷轴的上下边缘镶有7毫米宽的白绸带。其中，沿下边缘的装饰绸带几乎完全丢失，沿上边缘的装饰绸带部分丢失（封面上边缘处完全错位）。

文本由墨色毛笔字书写。波兹德涅耶夫其文章中称蒙古文字是由菖蒲书写的。管状痕迹确实是前古典时期菖蒲手稿的特点，但仔细观察笔迹后不难发现，这里虽然模仿了古代蒙古文字的风格，但汉字和蒙古文字的确均使用了毛笔。文字写在厚重而光滑的纸上。它的总长度为169厘米，由两部分胶合在一起（长85.5厘米和83.5厘米）。从其质地可以看出，该纸是在平纹织物上模压而成的。纸张为淡黄色调，点缀金色斑点，并衬有衬纸（五张不同尺寸的纸张）。该部分纸张厚度范围为0.25毫米～0.34毫米不等。

纸张上充斥着黑色和紫色的污渍，主要集中在卷轴的上下边缘，推测是生物原因导致的。与旧图像相比，该卷轴在1895年拍摄时局部存在的污点，之后明显扩大。文本开头的一块大污渍（4.2厘米 ×3.8厘米）在1895年就已经存在，但之后在它旁边出现了另一个颜色相似但形状不同的污渍（5.5厘米 ×2.0厘米），类似于涂抹的墨渍。这些污渍没有出现在纸张的背面，但在相应的地方可以看到其他淡黄色的污渍。这些深色污渍可能是与湿气接触造成的，在卷轴的不同部分组装在一起之前，促成这些污渍形成和扩散的生物过程就开始了。

文字与画作部分，以一条9.5厘米宽的竖条白绸隔开。

画作部分长度约454厘米，薄丝绸处衬有灰棕色厚纸，并带有多个较厚的浅棕色丝绸质地的保护补丁。画作部分的损坏包括丝纤维裂解、多处的撕裂、强烈折痕导致的漆层脱落、丝绸的撕裂和变形。旧保护痕迹表明，画作在波兹德涅耶夫获得之前至少经历了两次修复：一些旧的保护补丁位于画作的丝绸下方，另一些补丁则被置于油漆层上方，以掩盖丝绸上的裂痕。只有重新衬纸时，才能将补丁置于损坏的丝绸下，对此可以有两种解释。更为可行的解释是，丝绸最初是没有内衬的，且在当时已遭到损坏。其表面的漆层脱落，并伴有褪色甚至失色的现象。当丝绸在没有内衬的情况下储存时，漆层的脱落自然在所难免。另一种可能的解释是丝绸最初是有内衬的，只是后来被替换掉了。但此版本可能性不大，因为并未发现旧内衬的痕迹。无论以上哪种情况，显而易见的是，这幅画作在成为卷轴的一部分之前就已经遭到损坏了。

彩绘丝绸原有一层衬纸，后来又以厚纸作衬垫，这构成了现在所见到的卷轴的基础。然而和文本、“天”“地”部分相同的背纸相比，画作部分厚背纸的颜色和形质有明显不同：画作部分的背纸磨损程度更深，且有更深的黄色阴影和深蓝色污渍（靛蓝或其他颜料）。这一观察表明，尽管卷轴所有部分的衬纸几乎相同，但卷轴的各个部分，包括其内衬，都是在卷轴组装之前制作完成的。衬纸的相似性是可以理解的：有一个统一的造纸传统，所有卷轴放在一起后，衬纸也经过了同样的处理（抛光）。

画作部分的纸和丝绸的厚度范围在0.31毫米～0.35毫米之间。纵观画作表面，有丝绸衬纸同卷轴背纸分离的现象。以及在一些情况下，甚至在背纸上也会出现丝绸织物的严重折痕。卷轴的其他部分均没有如此重的折痕。画作前端折痕强度最高，表明这部分最接近卷轴。目前仅在画作的部分发现了损坏，而这一部分位于卷轴的中部。这表明，折痕是在整个卷轴组装之前的某个时间形成的，之后又导致了其他部分折痕的出现。

在画作部分的末端，卷轴背面的下边缘处有一块源自欧洲的破旧蓝纸制成的保护补丁，用来遮盖一处严重的折痕。这个补丁是先前保护的痕迹，大概不迟于20世纪40年代（这种纸在后期没有使用过）。

“地”与“天”部分均由相同的丝绸组成——带有花卉装饰的乳白色斜纹丝绸和带有金色斑点的黄色丝绸。一条10厘米宽的竖直白绸带将其与画作隔开。黄绸至卷轴的长度为108.7厘米。另一段19.2厘米长的丝绸缠绕并粘连在卷轴上。支撑卷轴末端的滚筒直径为1.5厘米，由多层卷纸制成。它的两端均含有圆形的白玉装饰旋钮，厚度5.0厘米，直径1.7厘米。卷轴的总长度为36.4厘米。

波兹德涅耶夫的描述和图像

1895年出版的图像允许我们对于卷轴的保存状况有一个总体的评价。然而，观察仅限于文字和画作部分，因为图像并没有复制“天”“地”部分的素绸。且图像是单色且小尺寸的，这更加影响判断。尽管如此，丝绸和画纸上的裂缝和折痕仍然非常明显。严重折痕处丝绸的衬纸和卷轴的衬纸之分离同样清晰可见。从图像中还可以看到，旧保护补丁上彩绘丝绸及补丁边缘同衬纸的分离。

以下是波兹德涅耶夫关于卷轴结构及形制的完整说明：

从外观来看，俺答汗贡表堪称宏幅巨制，其长为13阿尔辛[①]又3维肖克[②]（9.37米），宽为0.5阿尔辛（35.56厘米）。卷轴由八张厚实光滑的藏纸粘连而成，其内部由各种各色的丝织物修补。观其全貌，卷轴可以分为四个部分。第一部分即卷轴的封皮，由两块粘连在一起的丝织物组成：第一块为9.5维肖克（42.22厘米）长的绣有白色花朵图案的白色丝绸（一种现代的库缎或法国丝绸demassé），其后为2.5维肖克（11.11厘米）长的黄色丝绸。第二部分长2阿尔辛又8维肖克（1.77米），包含贡表的正文，显然文字是用蘸有墨水的芦苇笔（ᠬᠠᠯᠠᠮ）直接书写在藏纸上的。正文部分除间有洒金外，无任何其他遮挡痕迹。第三部分长6阿尔辛又6维肖克长（4.53米），描绘了俺答汗的使团进贡的旅程，这段行程从归化城附近的行政中枢出发，直至西部鄂尔多斯边界，最终到达北京。这幅画是用最优质的薄纱（纱——一种特殊的纱织品）精心绘画而成。不过，令人遗憾的是，随着时间的推移，它严重褪色而变成了橙色。最后，第四部分长1阿尔辛又11维肖克（1.20米），是一块粘在纸上的完全空白的黄色软绸，在这里显然是用作纸张的余边，亦或是与卷轴首部的封面形成对称。[③]

此外，波兹德涅耶夫在文章中描述了这幅画作的保存状况。他指出，许多用金色汉字书写的建筑物和聚落的名称已经褪色，在他获得卷轴时已无法读取。[④]可以肯定地说，2021年记录的损坏在波兹德涅耶夫获得该文献时就已经存在，并且在过去的130年中，卷轴的状态没有太大变化。唯一可见的区别是，在1895年拍摄照片后，卷轴中源自生物的深色污渍的数量有所增加。

微观研究

保护程序涉及对卷轴材质的微观研究：卷轴的衬纸，画作部分的衬纸（同卷轴其他部分的衬纸比较），文本部分的纸张和夹层，画作的丝绸（含漆层），竖条上用的白黄丝绸，“天”“地”部分，封面的装饰丝绸，画作背面旧保护补丁的蓝色纸张。该项研究依托Levenhuk Rainbow 2L Plus生物显微镜得以进行。

背纸。背纸的纤维看起来牢固且完整，没有外力损坏的迹象。纸上附着胶水，大概率是植物性的（面粉或淀粉糊）。卷轴不同部分的衬纸之间未发现明显差异：画作部分的背纸与其他部分的背纸外观相同。但却仅在画作的内衬纸上发现有多种颜色和来源的污渍：推测是墨水污渍、靛蓝污渍，抑或是油渍。蓝色污渍表明，画作部分的衬纸与一些不稳定的颜料接触，在其表面留下了痕迹。蓝色污渍很可能是靛蓝，这是

① 阿尔辛为旧俄罗斯长度单位，等于0.7112米。

② 维肖克为旧俄罗斯长度单位，等于4.445厘米。

③ Новооткрытый памятникъ монгольской письменности времен династіи Минъ // Восточныя замѣтки. Сборник статей и изслѣдованій профессоровъ и преподавателей Императорскаго С.-Петербургскаго университета. Санктпетербургъ: Типографія Императорской Академіи Наукъ, 1895, pp. 374–375.

④ Ibid., p. 382.

一种均匀分布在纸纤维中的植物颜料，与矿物涂料不同。

文本部分的纸张。纸张上附着胶水，使其具有更强的耐用性，且该层比衬纸层要厚一些。油墨中烟灰颜料的浓度不是很高，其覆盖的纤维表面明显磨损。纸上的斑点是纯金。

画作的丝绸。着色丝绸的结构呈双线编织，当两根纬线非常靠近时，仿佛形成了一条单线。经线宽度各不相同。漆层由典型的中国传统颜料组成，以天然植物和矿物颜料为基础，包含靛蓝、藤黄、蓝铜矿、孔雀石、朱砂和黄金。白色涂料很可能基于天然颜料，例如贝壳或白垩。照片展现了丝线间漆层的脱落、纤维的严重磨损和撕裂。

白色丝绸是一种结构紧密的斜纹织物，损坏程度微乎其微。

黄色丝绸是一种结构致密的平纹织物，没有明显的损坏痕迹。

封面的装饰丝绸是斜纹织物，经和纬的纤维粗细明显不同。丝绸用植物颜料进行染色：藤黄、茜草（茜草）、靛蓝等。显微镜显示丝绸曾受到外力破坏：撕裂的纤维。

旧保护补丁的蓝纸。纤维经原液染色，可能含有植物色素（靛蓝）。根据纤维的特性、长度以及排列线的情况来看，这种纸应该是在欧洲或俄罗斯生产的：这是18—19世纪的典型用纸。

保护程序

保护程序旨在稳定卷轴的保存状态，改善其存储条件并制作整个文件的摄影图像。2015年进行了初步保护工作，包括加固衬有纸张的丝绸以及稳固撕裂处。卷轴末端的几处纸张和丝绸的撕裂，用日本保护纸在背面予以加固，包括文本末端导致纸张撕裂的严重垂直折痕。

2021年，卷轴两侧的纸张和丝绸的表面均用不同柔性的聚氨酯海绵进行了清洁。丝绸与画作部分内衬纸的分离，以及装饰带与卷轴上下边缘的分离，都以小麦淀粉糊加固。被用来替代遗失的边缘缎带碎片的丝绸，也由茶叶浸染，以与原始颜色相匹配，并衬上薄薄的保护纸。卷轴背面缺失的纸张予以填补，以便将绸带置于其上。丝绸被利刃切成1厘米宽的竖条。分裂“天”与卷轴主体的裂痕也被与卷轴衬纸相匹配的日本保护纸加固了。为方便拍摄，导致严重变形的折痕在使用科技织物的机械压力机中进行了平滑处理。

卷轴有多处重折痕，而小直径的滚轴加剧了这种情况，因此决定制作一个直径更大的特殊保护滚轴。保护滚轴的设计方式是将原始滚轴放置其中，从而可以平稳地卷起卷轴。为保护漆层和文本的中间层，卷轴的相应部分垫有纯棉制成的薄保护纸，有助于防止剥落和磨损。保护盒设计为双底盒，由无酸纸板制成，并覆盖乙烯基纸。保护滚轴放置在箱内特殊的支架上，以避免卷轴与箱体发生任何接触。

观察和结论

卷轴的构造，以及不同部分的保存状况，清楚地表明我们今天所见到的布局已非原貌，而是在某一历史时期进行的重新组装。

画作并非卷轴中损坏最严重的部分。严重的折痕表明它们在卷轴组装之前便已形成，因为其他部分并没有类似的折痕。彩绸和其薄衬纸之间的丝质补丁表明，在这幅画作成为卷轴的一部分之前，其丝绸已经被撕裂了。另一方面，文本部分的纸张状况非常好，几乎没有可见的损坏。“天”“地”的丝绸和纸张也保存完好，即使这些部分卷轴自然地暴露在外。

无论是在旧图像中观察还是在现代条件下进行仔细核对，该文献的两个主要部分——文本和画作——在保存状态上的差异，都令人震惊，这让我们重新回到了这封贡表的起源和功能。这两部分一定是不同的来源，但它们的内容是紧密相连的：画作阐述了文本，这也使得它的价值要次于贡表。然而，它也仅就内容而言是次要的，因为贡表内容的副本可以在以后的某个时间点再次制作。

这幅画作是该文献中最神秘的部分，因为没有其他附有插图的贡表可以与之比较。它由谁创制，又用于何处均是未知。根据我们对朝贡流程的了解，画作很可能是蒙古人书写的原始贡表的一部分，后随使团一同被带至北京。俺答汗及其配偶的肖像在整个画面中占有重要地位，他们被描绘成佛教统治者，这对蒙古人来说十分重要（但对汉人并非如此）。画作可能是作为原始贡表的补充而创作，其功能不仅是作为精美的装饰，也是为了彰显蒙古统治者及其土地。同时，画作上的所有题记都是用汉文书写的，中国风也很明显，这表明创作这幅画的艺术家属于中国的传统。

这封贡表的正文是四夷馆的译本，但副本的日期和来源不详。一个小细节表明，文本部分很可能与覆盖“天”和“地”的黄色丝绸起源相同：这些部分用斑点金装饰。

第一种可能的情况是：画作与俺答汗的原始贡表一同被带往北京，经过重组后成为译本的一部分，用于天坛祭典。与这一说法相矛盾的主要证据是彩绘丝绸的折痕和撕裂：画作不太可能在抵达首都时就已经达到如此糟糕的状态。

另一种可能是，卷轴在朝贡后被重新组装，当时它已经损坏并被丢弃，因为对新朝廷毫无用处。重新组装可以由该文献的新所有者（例如将卷轴卖给波兹德涅耶夫的喇嘛的祖先）实施。文本部分也可以用一个新的副本替换，而这幅难以复制的画作被重新衬里，并在严重损坏的地方用丝绸修补。

这两种说法绝不是唯一可能的版本，但此时我们建议将它们视为最合理的解释。我们期待该卷轴的高质量影印本的出版，同时也希望这种手稿学的描述能够成为该主题新研究的垫脚石。

参考文献：

Владимирцов Б. Я. Сравнительная грамматика монгольского письменного языка и халхаского наречия. Введение и фонетика. Издание 2-е. Москва, 1989.

Жанчив, Ё. Сонгодог монгол бичгийн өмнөх үеийн дурсгалууд, Улаанбаатар, 2005.

Лауфер Б. Очерк монгольской литературы. Пер. В. А. Казакевича; Под ред. и с предисл. Б. Я. Владимирцова. Ленинград, 1927, pp. 10–11.

Позднеев А. М. Новооткрытый памятникъ монгольской письменности времен династiи Минъ // Восточныя замѣтки. Сборник статей и изслѣдованiй профессоровъ и преподавателей Императорскаго С.-Петербургскаго университета. Санктпетербургъ: Типографiя Императорской Академiи Наукъ, 1895, pp.367–386.

Позднеев А. М. Лекции по истории монгольской литературы, читанные в 1897/98 акад. году / Зап. и изд. Г. В. Подставиным, Г. Ц. Цыбиковым. Т. 3. Владивосток: Типолитогр. при Вост. Ин-те, 1908.

Рыкин П. О. О времени и месте составления Китайско-монгольского словаря Дада юй / Бэйлу июй // Acta Linguistica Petropolitana. Труды института лингвистических исследований, vol. IX, no. 3, 2013, pp.189–217.

Сазыкин А. Г. Каталог монгольских рукописей и ксилографов Института востоковедения Академии Наук СССР. Том I. Ответственный редактор Д. Кара. М.: «Наука» ГРВЛ, 1988.

Сизова А. А. Fol. 6. Иллюстрированная грамота-свиток Алтан-хана Тумэтского // Азиатский Музей — Институт восточных рукописей РАН: путеводитель / Ответственный редактор И. Ф. Попова. М.: Изд-во восточной литературы, 2018. С. 323–324.

Dumas, D. The Mongols and Buddhism in 1368–1578: Facts — Stereotypes — Prejudices // Ural-Altaische Jahrbücher. 2005. 19. pp.167–221.

Chavannes, Éd. A. Pozdnéief. — Sur un monument nouvellement découvert de la littérature mongole au temps de la dynastie Ming // Journal Asiatique, Vol. 7. pp.173–179.

Hambis, L. Grammaire de la langue mongole écrite. Première partie. Paris, 1945.

Ligeti, L. Preklasszikus emlékek 2. XIII–XVI. szazad és a XVII. szazad eleje. Budapest, 1965.

Serruys, H. The Tribute System and Diplomatic Missions (1400–1600). Sino-Mongol Relations During the Ming, Vol. II. Mélanges chinois et bouddhiques, Vol. XIV. Bruxelles, 1967.

Serruys, H. Early Lamaism in Mongolia // Oriens Extremus. Vol. 10, No. 2 (1963). pp.181–216.

Uyiγurǰin mongγol üsüg-ün durasγaltu bičig-üd. Dobu emkedgeǰü odo-yin mongγol üsüg-iyer baγulγan tayilburi kibe. B. Baγan-a kinaba. Ündüsüten-ü keblel-ün quriy-a, 1983.

Wada, Sei 和田清. Tōashi kenkyū Mōkohen 东亚史研究蒙古篇［Studies on the History of Far East (Mongolia)］. Tokyo: Tōyō bunko, 1959.

17世纪20年代爱新国征董夔史事考辨

额 震
（中国人民大学）

内容提要：“征董夔”是指天命七年前及天聪二年爱新国对蒙古董夔部发动的兼并战争，但文献对两次“征董夔”战事的记载是繁杂且混乱的。本文结合多语种史籍的相关记载，对两次“征董夔”战役的具体细节及战场地理方位进行考证。董夔部与朵颜卫兀良哈人有密切的联系，爱新国征董夔战争的性质是在无法直接打击蒙古察哈尔万户的情况下对附属的蒙古部落发起的掠夺战争。

关键词：爱新国；蒙古董夔部；朵颜卫

明清嬗代的历史参与者不仅有新兴的满洲政权和日渐衰弱的明朝政府，还有元明易代之际退往草原的“大蒙古国”政权。对于蓬勃进取的爱新国[①]来说，如何吸收蒙古政权的政治遗产是亟需面对的考验。17世纪20年代正是满蒙关系嬗变的重要时期，蒙古董夔部就是在这样的历史背景下登上历史舞台。研究17世纪20年代爱新国对蒙古董夔部发动的两次战争，有助于深入理解处于历史剧变中的蒙古社会以及满蒙关系的演变发展。

学术界早已关注到“征董夔”的相关问题，并将满蒙文史料中记载的“征董夔”比勘为天聪二年（1628年）九月征察哈尔之役。达力扎布认为李保文整理的《17世纪蒙古文文书档案》出现的蒙古文“tünggei-yi abqu”（取东揆）是指天聪二年九月后金组织满洲和归附蒙古各部军队对察哈尔部进行的远征，这次远征在满文史籍中称为“征东揆”；这次出征因科尔沁部土谢图汗等首领未能按时派兵来会，没有达成攻击察哈尔的战略目的，仅仅进军至大兴安岭就返回了。[②]乌云毕力格也持相同论断，认为

① “爱新国”系指1616年至1635年由建州女真人建立的政权。1616年努尔哈赤称汗，建立“Aisin gurun”（金国），1636年皇太极改元崇德，改国号“daicing gurun”建立清朝。为与12世纪女真人建立的“金朝”相区别，史学界一般称此政权为后金，在《旧满洲档》中满洲人称其国号为“Aisin gurun”（金国）。根据“名从主人”的原则，可称1616—1635年的女真人政权为“爱新国”。相关概念见乌云毕力格：《喀喇沁万户研究》，内蒙古人民出版社，2005年，第1页注释1。

② 详见达力扎布：《蒙古文档案研究——有关东土默特部档案译释》，收入氏著《明清蒙古史论稿》，民族出版社，2003年，第377—379页。

第一次远征察哈尔在蒙古文文书中称为“tüngkei-yi abqu”（取栋奎），在满文档案中称为“tunggui-de cooha genehe”（进兵栋奎），并指出“栋奎”系大兴安岭以南之地名。[①]特木尔巴根亦持类似论断，认为征“童黑”发生在天聪二年（1628年），“童黑”是大兴安岭以南的地名。[②]上述结论的得出，主要依据《旧满洲档》及《满文老档》记载，天聪二年九月爱新国第一次远征察哈尔发生过两场主要战役，第一场是九月二十日进攻席尔噶（sirga）、锡伯图（sibetu）、英（yeng）、汤图（tangtu）四路，俱克之；第二场是在次日拣选精骑追击败兵到大兴安岭而还。[③]因此，董夔之役发生地应在大兴安岭以南的某处。

然而，根据清代多语种合璧碑刻资料，董夔一词的含义可能不是地名，而是一个蒙古部落的名字。据顺治八年（1651年）满蒙汉三体《和格诰封碑》[④]记载：

和格诰封碑（清顺治八年）	
汉　文	征剿蒙古加鲁特、东魁、插哈儿、敖勒多思等国屡败其兵，招抚其国。
满　文	Monggo-i jarud dungkui cahar ordos-i jergi gurun-be dailara de babe de cooha be gidaha gurun be dahabuha.
蒙古文	Mongɣol-un ǰaraɣud düngküi čaqar ordos dedeger ulus-i dayilaqui-dur čerig-üd-i daruɣad ulus-i inu oroɣulba.

《和格诰封碑》中追述和格（又称豪格）功绩时提及他率军征讨蒙古之东魁等国（部），并且将东魁（即董夔）与察哈尔、扎鲁特、鄂尔多斯等蒙古部落并列，即暗示董夔应是当时存在的某一支蒙古部落的名字。

历史上爱新国发动过两次对蒙古董夔部的征伐战争。《旧满洲档》及《满文老档》等满文史籍中将天聪二年九月皇太极第一次亲征察哈尔之役称为“征董夔”。但清代遗留的传记资料显示，天命末年也曾对董夔部进行征伐。满文、蒙古文、汉文文献中对“征董夔”的记载均是零散和片面的，只有将多语种文献的记载综合比较，才可以探明17世纪初爱新国征伐董夔部事件的细节及背后隐藏的历史事实。

满文文献中对“征董夔”的记载主要集中在《旧满洲档》以及清初名人碑传，如《和格诰封碑》《索尼诰封碑》；在《清朝前期理藩院满蒙文题本》中追述蒙古贵族功绩时也会提及“征董夔”事件。蒙古文文献记载则具有更高的史料价值，比如第一历史档案馆李保文整理的《十七世纪初蒙古文文书档案》中有四件文书提及董夔，这些文书全部是17世纪初的遗留性史料，具有极高的史料价值。汉文文献中关于“征董夔”的记载数量最多，主要集中在《八旗满洲氏族通谱》《八旗通志（初集）》以及《清国

① 乌云毕力格：《喀喇沁万户研究》，内蒙古人民出版社，2005年，第132页。

② 特木尔巴根：《嫩科尔沁部与清初五朝四帝关系史研究》，社会科学文献出版社，2020年，第109页下注释1，第143页。

③《旧满洲档译注（清太宗朝一）》，台北故宫博物院，1977年，第219—220页。中国第一历史档案馆、中国社会科学院历史研究所译：《满文老档》，中华书局，1990年，第909—910页。

④《和格诰封碑》原碑位于北京市朝阳区广渠门外架松，拓片见北京图书馆金石组编：《北京图书馆藏中国历代石刻拓本汇编》（第61辑），中州古籍出版社，1989年，第42页。

史》里清初功臣的传记之中，《清实录》中也有天聪二年九月第一次远征察哈尔的相关记载，从史源角度来看无疑是继承了《旧满洲档》的相关内容。这些传记的记载是琐碎且不全面的，而且经过后世史官“多次加工”的，必须谨慎使用才不至于偏离历史事实。

从史料性质的角度，史料可以分为两种：一是遗留性史料，它是不以记载历史为目的，未经过后世史官加工，无意间提供相对可靠的历史信息的史料；二是记述性史料，这种史料虽然叙事完整清晰，内在逻辑鲜明，但掺杂了后世史官的意识形态因素，因此史料价值有所降低，使用时需要十分谨慎。[①]在“征董夔”问题中，遗留性史料主要指《十七世纪初蒙古文文书档案》以及《清朝前期理藩院满蒙文题本》；记述性史料中碑刻文献和《旧满洲档》的史料价值较高，而传记类文献则经过了多次的加工，降低了史料价值。值得注意的是《旧满洲档》虽然是依据原始档案编纂的编年体史书，但是它却是流传至今的关于清朝入关前历史的最原始史料，保留了原始档册的特点，史官的润饰较少，更接近遗留性史料。而《清朝前期理藩院满蒙文题本》则形成较晚，关于征董夔的史事多为后世追述，适合用于补充。受限于董夔史料的不足，任何一种史料都无法摈弃。只有将各种史料综合比较和研究，方能进一步还原蒙古董夔部及两次“征董夔”之战的真相。

关于多语种文献中“董夔”的写法：满文史籍中既有写作“tunggui”[②]者亦有写作“dungkui”[③]者，本文采取顺治八年（1651年）《和格诰封碑》及康熙八年（1669年）满汉合璧《索尼诰封碑》中满文写法写作“dungkui”。李保文在《十七世纪蒙古文文书档案》一书中蒙古文转写作“tüngkei”[④]，本文参考《和格诰封碑》的满文、汉文写法转写作“düngkei”。而汉文史籍中作“东魁”“董夔”“栋奎”“东揆”者皆有，其中“董夔”使用率最高，康熙八年的满汉合璧《索尼诰封碑》及《八旗满洲氏族通谱》[⑤]《八旗通志（初集）》[⑥]中皆作“董夔”，故本文采用“董夔”之名。

一、天命年间爱新国对董夔部的征伐活动

除了天聪二年（1628年）九月的“征董夔”战役，清朝功臣传记中显示天命年间爱新国也发动了对董夔部的战争，关于这次战役的发生时间因史料阙如无法进行考证，但似乎发生在天命七年（1622年）之前。参与天命年间征董夔战事的均为八旗满洲勋贵，未见此次战役有蒙古部落参与。天命年间征董夔之战的大致时间是天命七年以前。

---

① 关于“史料二分法”见乌云毕力格：《喀喇沁万户研究》，内蒙古人民出版社，2005年，第2—4页。另见乌云毕力格：《五色四藩：多语文本中的内亚民族史研究》绪论部分，上海古籍出版社，2017年，第7—9页。

② 《旧满洲档》：台北故宫博物院，1969年影印本，第4872—4873页。

③ 如《和格诰封碑》，见《北京图书馆藏中国历代石刻拓本汇编》（第61辑），第42页。又如《索尼诰封碑》，此碑原本位于北京市海淀区北太平庄索家坟，现被移往中国石刻艺术博物馆收藏，拓片见《北京图书馆藏中国历代石刻拓本汇编》（第62辑），第94—95页。

④ 李保文：《17世纪蒙古文文书档案：1600—1650》，内蒙古少年儿童出版社，1997年，第91—92页。

⑤ 以下简称《通谱》。

⑥ 以下简称《通志》。

《通志·图赖传》[①]将此次战役记于天命十一年（1626年）之前，而《通志·索尼传》[②]则将此事系于天命七年（1622年）之前，两相比较，此役应发生在天命七年以前。

天命年间从征蒙古董夔部功臣表

姓　名	族　属	旗分/氏族	功　　绩	史料来源
索尼	满洲	正黄旗/赫舍里	招降一寨，攻克一寨	《索尼诰封碑》《通志》[③]
图赖	满洲	正黄旗/瓜尔佳	三次击败董夔部进攻	《通志》[④]《通谱》[⑤]
达尔汗	满洲	正蓝旗/郭络罗	擒古穆楚赫尔父子并三塔布囊父子	《通志》[⑥]
谭泰	满洲	正黄旗/舒穆禄	招降一寨，攻克一寨	《通志》[⑦]《通谱》[⑧]
吴拜	满洲	正白旗/瓜尔佳	多有俘获	《通谱》[⑨]

从初征董夔的功臣旗分来看，正黄旗、正蓝旗、正白旗皆有参与，其中正黄旗立功者最多。根据《通志·图赖传》记载："征董夔时，八旗各遣一大臣前往，图赖与焉。"[⑩]这次出征董夔部，八旗满洲应该都派遣大臣领兵出征，只是参战者或许因为未立较大功勋，不见于历史记载。初征董夔功臣中，达尔汗功勋卓著，他擒获古穆楚赫尔父子并杜喀尔、代青、多尔济三塔布囊父子。[⑪]索尼与谭泰则攻克了蒙古兵的据点。[⑫]

对于此次战役的细节，满汉合璧《索尼诰封碑》记载最为详细：

满文：dungkui de cooha genehe mudan sucungga inenggi（中间有两字无法识读）gaiha coha be hiya-sai emgi gidaha. Dube be amcanafi olji olan ambula baha. Jai ienggi alin de monggoso juwe bade šancilaha be totai emgi genefi emu bade šancilaha niyalma be dahabuha. Emu bade šancilaha niyalma daharakū ofi afame gaiha.

汉文：又征董夔时，先一日敌兵列阵以待，尔即同众虾[⑬]袭尾追随，俘获甚众。次日蒙古两据山巅，尔同谭太招抚一处，仍有一处未服，攻而取之。[⑭]

此次征董夔之役，蒙古军列阵以待，但被满洲军队击败，退据山巅，互为犄角之势。索尼与谭泰率军招降一处，另一处不降者则攻取之。《通志》和《通谱》的编纂者

① （清）鄂尔泰：《八旗通志（初集）》卷一四八《名臣传略八》，东北师范大学出版社，1985年，第3794—3796页。
② （清）鄂尔泰：《八旗通志（初集）》卷一四七《名臣传略七》，第3784页。
③ （清）鄂尔泰：《八旗通志（初集）》卷一四七《名臣传略七》，第3784页。
④ （清）鄂尔泰：《八旗通志（初集）》卷一四八《名臣传略八》，第3794—3796页。
⑤ （清）弘昼等编：《八旗满洲氏族通谱》卷一，辽海出版社，2002年，第32页。
⑥ （清）鄂尔泰：《八旗通志（初集）》卷一六五《名臣传略二十五》，第4084页。
⑦ （清）鄂尔泰：《八旗通志（初集）》卷一四六《名臣传略六》，第3776页。
⑧ （清）弘昼等编：《八旗满洲氏族通谱》卷六，第116页。
⑨ （清）弘昼等编：《八旗满洲氏族通谱》卷四，第86页。
⑩ （清）鄂尔泰：《八旗通志（初集）》卷一四八《名臣传略八》，第3794—3796页。
⑪ 其事详见（清）鄂尔泰：《八旗通志（初集）》卷一六五《名臣传略二十五》，第4084页。
⑫ 详见下文《索尼诰封碑》。
⑬ 虾（hiya），蒙古语侍卫之意。
⑭ 此处划线三字无法识读，据该碑满文部分及《八旗通志·索尼传》补。

明显参考了《索尼诰封碑》，只是将蒙古兵两据山巅改为有蒙古兵来援，树立二寨。①

天命年间征董夔无疑是一场小规模的战役，参与者只是满洲八旗的军队，未见蒙古部落协同参与。战役过程也不复杂，董夔部凭两山据守，索尼与谭泰率领八旗军队攻克一处，招降一处。战果也不大，仅仅是俘获了几名首领，掳掠了一些人畜。这次征伐的董夔部，或许是辽西锦州边外的一支附属于察哈尔的小部落，具体论证详见后文。天命年间征董夔可以看作爱新国对驻牧辽西的蒙古部落的一次试探性进攻。

二、天聪二年爱新国对董夔部的征伐活动

天聪二年（1628年）九月，皇太极亲率大军会同归附的蒙古各部西征察哈尔，发动远征的决议与喀喇沁部提供的林丹汗根基动摇的情报以及喀喇沁部首领的怂恿有关。皇太极命归附他的蒙古各部共同出征，但积极响应的只有喀喇沁部，及扎鲁特、兀鲁特部的少数首领，而爱新国的传统盟友科尔沁部则对此次出征态度消极，仅满珠习礼和巴敦率军参战。最后这次远征并没有达成袭击林丹汗的目的，而是转变为对未臣服爱新国的董夔部的掠夺之战，次年，林丹汗又卷土重来袭扰东土默特部游牧地，皇太极打击察哈尔部的战略目的并没有实现。或许是出于掩饰此次失败的察哈尔远征的目的，清代文献中只称此次出征为征董夔。

（一）天聪二年九月征察哈尔与天聪年间征董夔

为何清代多语种文献中提到的征董夔之役可以和天聪二年（1628年）九月出征察哈尔一役勘同？从希福巴克什的经历中就可以得到答案。先看《旧满洲档》关于天聪二年九月征察哈尔一役的描述：

> [juwan nadan de] korcin de elcin genehe hife(baksi)isinjifi alame korcin-i (geren) beise jiderakū. tusiyetu han hatan baturu manjusiri ceni coohe be gaifi juraka jihe seme musei cooha de acanjirakū. ce encu sucumbi. cucuha manggi jai acanjiki sembi sehe(seme wesimbuhe)manggi, (han ambula jili banjifi)hife(be)geli amasi unggime tusiyetu efu be urunakū seme hendufi unggihe.
>
> ［九月十七日］出使科尔沁的使者希福（巴克什）抵达，报告说："科尔沁诸王不来，土谢图汗、哈坦巴图鲁、满珠习礼他们率兵出发，不与我兵会合，他们自己去袭击别处，说是袭击后，再来与我兵会合。"（如此上奏。）汗大怒，又派希福返回，派他告诉［土谢图汗］："土谢图汗必须来会。"②

再看《通志·希福传》记载：

> 先是大军征董夔时奉使在科尔沁国，欲趋寻大营复命。科尔沁汗土谢图额驸及查萨克杜棱止之曰："尔止四人，安能逾敌而往。倘有罪谴，吾当受之。"答曰：

---

① （清）鄂尔泰：《八旗通志（初集）》卷一四七《名臣传略七》，第3784页。

② 《旧满洲档译注（清太宗朝一）》中原文涂抹之处以下划线"____"表示，原文增订部分以圆括号"( )"表示，从之，笔者所补充部分以方括号"[ ]"表示，凡《旧满洲档》引文皆如此处理。《旧满洲档》，台北故宫博物院，1969年影印本，第2840—2841页。转写及译注参考《旧满洲档译注（清太宗朝一）》，台北故宫博物院，1977年，第95、220页。

"君命安得辞，死则死耳，事不可违也。"遂冒重围而行，两夜方达大营。其夜即令率健士八人往调科尔沁兵。复行四昼夜，至一小屯遇敌二十五家，斩其壮丁三十余人。径达科尔沁调兵来会。[1]

二者记载是相似的，征董夔时希福奉使科尔沁部，将科尔沁诸王不愿随征的消息告知皇太极，皇太极又让他返回科尔沁部调兵，令土谢图汗必须率兵来会。只是《通志·希福传》作者增加了若干细节，使希福的形象变得更加饱满。《旧满洲档》称此役为征察哈尔，《通志·希福传》称此役为征董夔，但希福的经历是固定不变的，那么天聪二年第一次征察哈尔和天聪二年征董夔应是同一战役。

（二）天聪二年九月征董夔战役的进程

前文已经证实，天聪二年征察哈尔与天聪二年征董夔是同一次战役。我们需要对此次战役的背景有所了解才能够理解此役中皇太极的战略意图以及随征的蒙古各部落的不同表现。

天聪元年（1627年）十月林丹汗开始西征，首当其冲的就是喀喇沁部，击败喀喇沁部后，林丹汗继续西进，攻占归化城，而被击败的喀喇沁与土默特部联合起来对抗林丹汗，于是爆发了著名的"赵城之战"。关于所谓的"赵城之战"，乌云毕力格进行了深入的研究，根据《十七世纪蒙古文文书档案》所收录的蒙古文信件，喀喇沁部对皇太极宣称"赵城之战"中喀喇沁与土默特联军打败了林丹汗，还有更多的蒙古部落加入对抗林丹汗的队伍。然而同书中收录的科尔沁土谢图汗奥巴给皇太极的信件却给出了完全相反的解释，是喀喇沁和土默特被林丹汗击败，这才是"赵城之战"的真相，其后喀喇沁的汗与洪台吉逃入喀喇沁塔布囊的营地，继续从事反林丹汗的事业。[2]

喀喇沁部被林丹汗击破后，于"赵城之战"中又被打败，喀喇沁汗及洪台吉只能寄希望于爱新国的势力，于是他们编造了"赵城之战"胜利的虚假情报，诱使皇太极出兵替他们复仇，而皇太极信以为真，开始着手与喀喇沁结盟，并联合喀喇沁、科尔沁部一同征伐察哈尔。但是爱新国与喀喇沁结盟并非一帆风顺，爱新国派遣的使者常被察哈尔的岭南属部多罗特和阿喇克绰特截获，因此爱新国发动两次"敖木林"战役击败多罗特和阿喇克绰特部，保障其与喀喇沁部的联系。[3]天聪二年（1628年）八月爱新国与喀喇沁部正式结盟，九月爱新国就联合喀喇沁及科尔沁部发动了第一次远征察哈尔战役也就是本文聚焦的天聪二年征董夔之战。

从上述背景不难看出，皇太极明显是相信了喀喇沁部的虚假情报，认为一举击败林丹汗的机会已经到来，因此才迫不及待地率领满洲军队会同结盟或归附的蒙古部落亲征察哈尔。而知悉"赵城之战"真相的科尔沁部却消极对待这次远征，使皇太极的计划落空，本为征服察哈尔而发动的战争转化为对董夔部的劫掠之战。

在获知了天聪二年征董夔之役的背景后，首先来看爱新国的进军路线。据《旧满洲档》记载：

(sure han-i jai aniya suwayan muduri aniya sure han monggoi cahar gurun be

① （清）鄂尔泰：《八旗通志（初集）》卷一四七《名臣七》，第3782页。

② 详见乌云毕力格：《喀喇沁万户研究》，第67—77页。

③ 乌云毕力格：《喀喇沁万户研究》，第78—84页。

dailambi seme amargi wargi dahaha tulergi monggo-i)korcin(i beise karacin-i tabunang) karcin aohan naiman(i beise) kalka ba bai monggo de cahara be dailambi amba cooha de hūdun aššambi seme cooha acara babe boljofi elcin takūraha. ice jakun de aohan naiman-i beise cooha gajime durbi de acanjiha. (i beise be meni meni harangga cooha be gajime be boljohon i bade acanjime)jio seme takūraha. han i beye geren beise ambasa amba cooha be gaifi uyun biyai (ice)ninggun de wasihūn juraka. ice jakūn de durbi gebungge bade isinnaha manggi, aohan-i jinong(secen jorktu)naiman-i darhan hūng baturu meni meni cooha be gaifi acanjiha. (amba cooha)ice uyun de (lioyang de isinaha manggi), kalkai beise cooha gajime fe liooyang de (meni meni cooha be gajime) acanjiha. juwan juwe de korcin(i cooha)be boljohon corogol gebungge bade isinjiha ing iliha. juwan ilan de jarut-i kabahai beile cooha gajime acanjiha. tere yamji karacin de takūraha elcin isinjiha isinjibi alame karacin-i han-i beye buyan nahai jui biraci hūng taiji gūsin ninggun tabunang geren cooha be gaifi juraka seme alaha.

（淑勒汗的第二年戊辰，淑勒汗为征讨蒙古的察哈尔国，乃遣人命西北境外投降的蒙古）科尔沁（诸王、喀喇沁的塔布囊）、喀喇沁、敖汉、奈曼的（诸王）、喀尔喀各地之蒙古征伐察哈尔，大军迅速行动，因此派使者去军队预定会合的地方。[派遣使者命令]初八日，敖汉、奈曼诸王带兵前往都尔鼻之地会合。（的诸王各自率兵到约会之地来会。）汗则与诸王、诸大臣，亲率大军于九月初六日向西出发。初八日，来到名为都尔鼻的地方后，敖汉的济农（色臣卓礼克图）、奈曼的达尔汉洪巴图鲁，各率其兵来会。初九日，（大兵抵达辽阳后，）喀尔喀诸王率兵至旧辽阳（率各自的兵来会）。十二日，驻营于与科尔沁约定的名为绰洛郭勒之地。十三日，扎鲁特的喀巴海贝勒率兵来会。那晚，派去喀喇沁的使者回来了。使者报告说：喀喇沁的汗亲率布彦那海之子弼拉什洪台吉，及三十六塔布囊和众兵丁启程前来了。①

从《旧满洲档》记载来看，皇太极做出出征的决定后，派遣使者召集结盟或归附的蒙古部落，这些部落包括科尔沁、喀喇沁、原为察哈尔岭南鄂托克的敖汉和奈曼以及内喀尔喀五部。都尔鼻（durbi）地在辽宁省西北部的养息牧河流域，根据《天命天聪年间蒙古文档案》，都尔鼻（durbi）常被称作养息牧之都尔鼻，可知其地望在养息牧河流域。②绰洛郭勒（corogol）疑为嫩江支流绰尔河，总之应是靠近嫩科尔沁游牧地的地方。但造成文本理解困难的是“(amba cooha)Ice uyun de (lioyang de isinaha manggi), kalkai beise cooha gajime fe liooyang de (meni meni cooha be gajime)acanjiha. 初九日，（大兵抵达辽阳后，）喀尔喀诸王率兵至旧辽阳（率各自的兵来会）”一句。九月初六日大军出发的方向是向西，初八日抵达养息牧河流域，初九日怎么可能又出现在盛京以南的辽阳城，因此括号内史官后来增补的内容是不符合逻辑的，到达辽阳城的应该是内喀尔喀部的诸首领们。十二日大军到达与科尔沁约定的绰洛郭勒（corogol）

① 《旧满洲档》，第2839—2840页。转写及译注参考《旧满洲档译注（清太宗朝一）》，第94—95、219—220页。
② 李保文：《天命天聪年间蒙古文档案译编（中）》，《历史档案》2001年第4期，第3—9页。

之地，次日得知喀喇沁部首领已经启程率兵来会。从出征的方向来看，皇太极并没有径直向西进攻林丹汗，而是向西北方向进发，途经养息牧河之都尔鼻，直到绰洛郭勒（corogol）等待科尔沁部首领率兵来会。

关于科尔沁部的反应以及喀喇沁部的响应，据《旧满洲档》：

tofohon de caharaci haha hehe gūsin funceme niyalma ukame jihe.

juwan nadan de karacin-i han(lasihib)buyan nahai jui biraci hūng taiji wandan uijeng maji tabunang genggel hiya beile buya taijisa tabunang se meni meni cooha be gajime (acanjime)jifi han de hengkileme acara(de) tere jidere de suje ulin temen morin ambula gajiha (jafaha)bihe. (han)gaihakū gemu bederebuhe. acaha doroi ihan honin wafi(han acanjiha coohai beise de)amba sarin sarilaha. korcin de elcin genehe hife(baksi)isinjifi alame korcin-i (geren)beise jiderakū. tusiyetu han hatan baturu manjusiri ceni coohe be gaifi juraka jihe seme musei cooha de acanjirakū. ce encu sucumbi. sucuha manggi jai acanjiki sembi sehe(seme wesimbuhe)manggi, (han ambula jili banjifi)hife(be)geli amasi unggime tusiyetu efu be urunakū seme hendufi unggihe. juwan jakūn de karacin-iujulaha amban subudi de dureng geren tabunang se be gaifi cooha gajime jifi han de hengkileme acara (de)tere jidere de suje ulin morin loosa gajiha (ambula jafaha)bihe. gaihakū gemu bederebuhe. acaha doroi sarin sarilafi juwe jergi acanjiha karacin-i jujulaha ambasa de uksin šangnaha.

十五日，自察哈尔逃来三十余男女。

十七日，喀喇沁的汗拉斯喀布、布彦那海的儿子弼拉什洪台吉、万丹卫征、马济塔布囊、耿格尔恰贝勒、小台吉们、塔布囊等人，各自率兵来会。叩见汗时，他来时带来（献上）绸缎、财物、骆驼、马匹等许多东西，汗皆不接受归还了他，汗杀牛马为会见礼，设大酒宴，招待来会见的军中诸王。出使科尔沁的使者希福（巴克什）抵达，报告说："科尔沁诸王不来，土谢图汗、哈坦巴图鲁、满珠习礼他们率兵出发，不与我兵会合，他们自己去袭击别处，说是袭击后，再来与我兵会合。"（如此上奏。）汗大怒，又派希福返回，派他告诉［土谢图汗］："土谢图汗必须来会！"十八日，喀喇沁的为首的大臣苏布地杜棱，与众塔布囊等率兵来叩见汗，他来时带来（献上）许多绸缎、财物、马匹、骡子等物。汗不取皆还之。设酒宴招待，作为会见之礼，赏二度来会的喀喇沁为首大臣以盔甲。①

前引《旧满洲档》提到九月十三日晚派往喀喇沁之使者来报，喀喇沁之汗、洪台吉、大小台吉、塔布囊已启程来会。十七日喀喇沁汗、洪台吉等人率军抵达。《通志·花色传》追述其伯祖吴巴立灿锦功绩时提道：

其伯祖吴巴立灿锦原系喀喇沁布彦贝勒之人。布彦贝勒欲来投诚，曾遣为使。遂从征董夔，不违指使，率喀喇沁人至约会之地。寻引布彦贝勒子璧喇玺台吉及部属输诚来归。②

---

①《旧满洲档》，第2840—2841页。转写及译注参考《旧满洲档译注（清太宗朝一）》，第95、219—220页。

②（清）鄂尔泰：《八旗通志（初集）》卷二一六《勋臣十六》，第4953页。

吴巴立灿锦是喀喇沁部与爱新国之间沟通的使者，他在天聪二年（1628年）八月代表喀喇沁部与爱新国举行盟誓，也正是他引导喀喇沁军队来到约定之地与皇太极大军会合。①

科尔沁诸台吉决定不来与皇太极相会，科尔沁的土谢图汗、哈坦巴图鲁和满珠习礼虽派兵出发，但并没有与爱新国军队统一行动，而是先行劫掠，掠毕来会。这一行为使皇太极十分恼怒，揆诸历史背景可知，科尔沁首领其实知道“赵城之战”的真相，对于草率攻打林丹汗没有信心，因此持消极观望态度。九月十八日又有喀喇沁大塔布囊苏布地率兵来会。根据乌云毕力格的研究，苏布地与喀喇沁汗、洪台吉素来不和，喀喇沁为察哈尔军队击败后，苏布地选择逃入明边躲避，因此征董夔之役，苏布地并未和喀喇沁其他贵族一同来会，而是单独前来。②相对而言，此次征董夔之役，蒙古各部中喀喇沁响应最为积极，这一方面是由于此次出征乃喀喇沁首倡，并故意散布错误情报给皇太极；另一方面是因为喀喇沁部首领急于向察哈尔复仇。

战事的进展，《旧满洲档》亦有记载：

> juwan uyun de dulifi orin-i cimari feksifi sirga sibetu yeng tangtu duin golo be gemu gaiha. orin emu de sain morin-i cooha silifi burlaha gurun be baime hinggan dabagan de isitala genefi olji ulha be ambula daliha. iselehe(niyalma)be waha iselehekū dahaha(niyalma)be ujifi boigon araha.
>
> 十九日连夜至二十日早晨，驰击，将席尔噶、锡伯图、英、汤图四路皆攻取。二十一日，选精骑，去搜寻败走之人，直至兴安岭，驱集了许多俘虏和家畜，杀死抵抗者，恩养不抵抗者，编为户口。③

在喀喇沁部首领加入后，大军直指席尔噶（sirga）、锡伯图（sibetu）、英（yeng）、汤图（tangtu）四路，击败了据守此处的蒙古人，第二天追击败兵到大兴安岭而还，俘虏了大量牲畜及人口。关于上述地名以及其与董夔部的联系，详见下文。

此次战役的战果，据《清国史·弼喇什传》：

> 太宗文皇帝天聪二年二月，弼喇什从其父贝勒布延恳请归附。八月，上统大军往征察哈尔，召蒙古诸部各领所属人众以从。于是驻营绰啰郭勒，弼喇什随其汗拉斯喀布率部众来朝，供财币驼马，上悉却之，赐宴并赐甲胄，遂从上击败察哈尔部众于锡尔哈锡伯图地，俘获甚众。复随贝勒岳讬往征栋奎，与参领萨木什喀、佐领布彦、护军校博尔辉等奋勇力战，追斩蒙古拜斯噶勒、扎穆等百余人，寻率所部人户之在喀喇沁者来归，隶蒙古镶红旗。④

当然所谓八月往征察哈尔是错误的，这一点从《旧满洲档》的记载可知，实际的出征日期是九月六日。参考《旧满洲档》记载，弼喇什随岳托征董夔（栋奎）似乎对应的是二十一日选精兵追杀败兵至大兴安岭一事。

《通志·萨木什喀传》记载：

---

① 乌云毕力格：《喀喇沁万户研究》，第87—88页。

② 乌云毕力格：《喀喇沁万户研究》，第75—78页。

③《旧满洲档》，第2841—2842页。转写及译注参考《旧满洲档译注（清太宗朝一）》，第95—96、220页。

④ 清国史馆：《清国史》卷七五四《弼喇什传》，嘉业堂抄本，第15649—15650页。

征董夔时，萨木什喀仅率十二人追敌至山下，杀其拜思噶尔辖、札穆吴巴什等百余人，获火炮五十三，俘获人口、马、牛、羊千计。[①]

弼喇什率领喀喇沁军队与爱新国将领萨木什喀、布彦、护军校博尔辉等人并肩作战，斩杀两名首领，杀伤百余人，缴获五十三门火炮，大量牲畜及人口。掳获物数量的记载十分详细，应是实情。上述缴获就应该是天聪二年（1628年）九月皇太极远征的主要收获。

《通志·布彦塔布囊传》记载：

布彦塔布囊，满洲正黄旗人，原籍蒙古，同昂坤都棱来归，授牛录章京世职。初从大兵征董夔，为岳讬贝勒引路前进。[②]

布彦塔布囊系昂坤杜棱属下，与其一并投附爱新国，被授予牛录章京世职，而牛录章京后改称佐领，那么《清国史·弼喇什传》提到的佐领布彦其实就是布彦塔布囊。布彦作为向导，跟随岳托率领的军队追击董夔部败兵直到大兴安岭。值得注意的是，喀喇沁汗、洪台吉与皇太极军队主力一起行动，有所斩获；而喀喇沁部另一位主要首领大塔布囊苏布地似乎是率本部军队单独作战，甚至未能击败实力并不强大的董夔部众。

据乾隆二十六年（1761年）四月十七日《管理理藩院事务大学士傅恒等题科尔沁和硕卓哩克图亲王扎木巴勒扎木素病故请准其子承袭本》[③]追述其家族祖先的功绩：

满文：tungkui de cooha genehe de deo manjusiri non-i korcin beise gemu bedereci sini deo manjusiri dain-i dulimba be baime acanjiha. karcin-i subudi afame mutehekū tanggū niyalma de sini deo orin gucu be gaifi afame gaiha.

蒙古文：tüngküi-dür čerig morilaγsan-dur naqun-i qorčin-u noyad bögödeger ǰaγur-a ača qariǰu bögetele degüü-činü manǰusiri daisun ulus-i taγulǰu nadur neilen irelüge. qaračin-u subudi-yin qadqulduǰu küčün ese kürügsen ǰaγun kümün-dür degüü-činü manǰusiri qorin nököd-iyen abču qadquldun abuluγ-a.

汉译：大军征董夔时，嫩科尔沁（naqun-i qorčin）诸诺彦皆于中途返回，唯尔弟满珠习礼穿越敌国（daisun ulus）来会，率二十亲随击败喀喇沁之苏布地未克之一百人。

看来喀喇沁大塔布囊苏布地未能击败董夔部众，反而是科尔沁的满珠习礼以寡敌众，击败了这部分敌军。所以，此次战役苏布地几乎没有立下什么功勋，但是，他率领所属的喀喇沁部众与皇太极汇合一事，对于皇太极拉拢喀喇沁部来说却是具有重大意义的。

此次战役的结果，见《旧满洲档》：

orin juwe de korcin-i konggor beilei jui badun taiji han-i meye manjusiri taiji

① （清）鄂尔泰：《八旗通志（初集）》卷一五二《名臣十二》，第3859页。
② （清）鄂尔泰：《八旗通志（初集）》卷二〇三《勋臣三》，第4706页。
③ 中国第一历史档案馆、中国人民大学国学院西域所整理：《清朝前期理藩院满蒙文题本》第八册，《管理理藩院事务大学士傅恒等题科尔沁和硕卓哩克图亲王扎木巴勒扎木素病故请准其子承袭本》，内蒙古人民出版社，2010年，第487—495页。

acanjiha. korcin-i ujulaha ejen tusiyetu(efu cahar gurun-i jecen-i udu boo be sucufi han de amba cooha de acanjihakū ini harangga cooha be gaifi ini cisui amasi bedereme genehe. han-i meye korcin-i manjusiri taiji konggor beilei jui badun taiji ceni harangga cooha be gaifi cahar gurun be sucufi baha olji be gajime orin juwe de han-i cooha de acanjiha. han saisafi)han jihekū manjusiri badun be jihe seme manjusiri de darhan hūng baturu badun de darhan joriktu seme gebu buhe. baha olji be suje ulin morin temen ihan honin ambula šangnaha. baha olji be (hafan cooha de)hūsun tucike gung bodome šangnaha. han-i uksun-i niyalma de cooha de genehe tehe be ilgahakū neigen emte ihan buhe(amba cooha amasi bedereme jime).

二十二日，科尔沁的孔果尔贝勒之子巴敦台吉，汗之妹夫满珠习礼台吉来会见。科尔沁的领主土谢图汗（额驸，去攻打察哈尔国边境的数家，不与汗来会合，率属下兵擅自回去了。汗的妹夫满珠习礼台吉、孔果尔贝勒之子巴敦台吉率属下兵攻打察哈尔国，带来所获俘虏，于二十二日与汗的大军相会，汗嘉许之）没来，但满珠习礼、巴敦来了，赐满珠习礼“达尔汗洪巴图鲁”之号，赐巴敦“达尔汗卓里克图”之号，赏给所获俘虏，许多绸缎、财物、马匹、骆驼、牛羊。将所获之俘虏，论功行赏给出力的官兵。汗同宗之人，不论是否出征还是驻守，均赐牛一头。（大兵遂还。）①

九月二十二日，战役其实已经结束，科尔沁土谢图汗始终未来会面，而是“擅自”返回，前来会面的科尔沁首领满珠习礼和巴敦都得到了重赏。其余官兵、贵戚论功行赏，爱新国大军就返回了。结合《旧满洲档》的几段记载，董夔之战其实仅进行了不到三天，十九日夜至二十日清晨，大军袭击了席尔噶（sirga）、锡伯图（sibetu）、英（yeng）、汤图（tangtu）四路，将据守此处的蒙古军队打败；二十一日又派精兵追击败兵直到大兴安岭。董夔之战只是一次小规模战役，和皇太极预想的满蒙联军击溃林丹汗的战略目标相距甚远。

（三）天聪二年征董夔战役中满洲、蒙古贵族勋臣的表现

笔者根据《旧满洲档》以及碑刻、传记材料绘制了天聪二年（1628年）董夔之战功臣表（以族属分为满洲、蒙古二表），兹据二表对第二次董夔之战中满洲、蒙古功臣进行分析。

根据附表1②可以得知，此次皇太极亲征，宗室王公多有扈从，前文引用的史料中代善长子岳托功勋卓著，率领满蒙精兵追击败兵直至大兴安岭。希福巴克什则是作为使者，以区区数人，穿越战场，两次奉使科尔沁部调兵。图赖的经历也十分特殊，他参与过天命、天聪年间两次征董夔战役。萨木什喀与喀喇沁军队并肩作战，应该是击溃了董夔部的主力，虏获甚多。孟库则擒获了绰什希塔布囊福金一人，使女二人，及西岱台吉之弟。

再来看蒙古方面，根据前引《旧满洲档》以及附表2③，听从皇太极号令参与此次

① 《旧满洲档》，第2841—2842页。转写及译注参考《旧满洲档译注（清太宗朝一）》，第95—96、220页。

② 详见文末附表1：《天聪二年征蒙古董夔部功臣表（满洲）》。

③ 详见文末附表2：《天聪二年征蒙古董夔部功臣表（蒙古）》。

远征的蒙古部落有这样几个集团：首先来会的是新归附的敖汉、奈曼部首领；其次是内喀尔喀部的诸首领;《旧满洲档》中特别强调的扎鲁特部首领，上表中也提及扎鲁特部的功勋；然后是喀喇沁汗、洪台吉及附属的大小贵族；之后是喀喇沁大塔布囊苏布地；最不积极的是科尔沁部，仅有三名主要首领响应皇太极号召，最终率兵来会的只有满珠习礼和巴敦。还有一部分早已归附爱新国的蒙古人是和爱新国大军一起行动的，比如布彦塔布囊、巴克、多尔济、和济格尔等人。上表所列立功之蒙古人中，功劳最大的当然是弼喇什台吉，他应该是率领喀喇沁军队的主力，与岳托率领的满洲军队协同作战，击溃了董夔部。而苏布地或许是因为实力不足，没有击败董夔部军队，最后由满珠习礼击败了这部分敌军。

（四）董夔之战的插曲：绰什希塔布囊的遭遇

《通志·孟库传》提供了一个有趣的信息：

> 孟库，满洲镶红旗人，姓鄂济氏，世居乌喇地方。国初随大兵征董夔，擒获绰什希塔布囊福金一人，使女二人，及西岱台吉之弟。①

孟库俘虏了蒙古绰什希塔布囊的福金和使女。17世纪初蒙古人名绰什希者不在少数，如科尔沁亦有绰什希台吉，但有塔布囊称号者唯见喀喇沁布彦洪台吉属下绰什希塔布囊。

《十七世纪初蒙古文文书档案》中收录了喀喇沁绰什希塔布囊致天聪汗书信一封：

> Oom Suwasdi Sidam
>
> Sečen qaγan-du. Čoski tabunang bičig-iyer qaγan-du üge ailadqaba.
>
> Čaqarin qaγan-i γar-tu oroγsan-du bi qaγan qung taiǰi qoyar Sečen qaγan-i tüsiy-e geǰi ǰoriǰu ečibe geǰü sonosču. Bi daisun qaγan γar-ača aldaγulǰu kitad dotuγur iregsen mini degesi-ni Sečen qaγan-i geǰi doγosi-ni qung taiǰi qatun abaqai-yi birasi taiǰi ede bügüde-yi sanaǰu iregsen ene bile. Iregsen qoina eǰen mini qung taiǰi namai qairalaǰi daisun dotur-a qatun eke-den unuγsan mori-yan baγuǰu öggügsen čini ünen bile geǰi bey-e tei ulustai čini qairalasu geǰi ǰarliγ bolǰu bila. Mani kesig ügei-dü sain noyan burqan-i qutuγ olba. Qoina ür-e-ni birasi taiǰi sain noyan-i ǰarliγ-yi martaǰi mani qadaγalasan ulus köbegüddin morin-i abču unuǰu üker qonin-i kögeǰü idekü-dü ulus ese tesǰi kitad-tü oroqu-du ulus-i-ni bi quriyaǰu sang nere ögčü teǰiyegsen mini ene bile. Namai subudi dügüreng-tü bosǰu ečiǰi geǰi alaqu talaqu geǰi bainam. Subudi dügüreng či bolba bi či bolba γaγača Sečen qaγan-ni buyu geǰi sanaγsan bila. Baqan beleg-iyen bariǰu qaγan-du ailadqaqu mini ene bile.
>
> 信后附满文：meihe aniya sunja biyade karacin-i coski tabunang-i gajiha.
>
> 愿吉祥。
>
> 绰什希塔布囊致书彻辰汗奏事。
>
> 当我落入察哈尔汗之手时，我听说汗和洪台吉二人打算投奔彻辰汗；我从敌对的汗手中逃脱，经由汉地而来，对上是（为）彻辰汗，对下是（为）洪台吉、哈屯阿巴亥、弼喇什台吉等所有这些人考虑（而来）。回来之后，我主洪台吉爱惜

① （清）鄂尔泰：《八旗通志（初集）》卷二二五《忠烈六》，第5147页。

我，下旨道：你曾在敌阵中，把自己所骑之马献给哈屯母后，有这件真事，（所以）保护你自身和你的兀鲁斯。我没有福分，好诺彦获得了佛的福分。后来，他的儿子弼喇什台吉忘记了好诺彦的旨意，夺骑我所属兀鲁斯男子的马，将牛和马赶走吃掉，兀鲁斯不堪忍受，进入汉地。此时，我收留了这个兀鲁斯，给了（他们）赏和名号，抚养了（他们）。因我逃往苏布地杜棱处，（弼喇什台吉）想杀我，劫掠我。苏布地杜棱也罢，我也罢，一心想着天聪汗。略备薄礼，向汗上奏。

信后满文：蛇年五月，喀喇沁之绰什希塔布囊处取来。[①]

信后的满文标示了收到该信件的时间是蛇年五月，而天聪年间的蛇年唯有天聪三年（己巳年，1629年）。也就是说，此信件是在天聪二年（1628年）八月喀喇沁与爱新国结盟以及同年九月征董夔之后所写，反映了当时喀喇沁小塔布囊绰什希的处境。根据信中所言，绰什希是喀喇沁洪台吉布彦阿海的属民，曾在战场上帮助过布彦阿海的夫人，在布彦阿海在世时受到优待；察哈尔击败喀喇沁时，绰什希逃到明朝边境，后来又投奔了大塔布囊苏布地，洪台吉之子弼喇什因此对他怀恨在心。出征董夔之时，弼喇什引导满蒙军队掳掠绰什希塔布囊的营地是很有可能的，而前面提到的孟库应该就参与了这次掠夺之战。这更反映出这次远征根本没有对林丹汗的察哈尔本部造成实质性的影响，而是演变成一场掠夺战争，积极响应的喀喇沁贵族很有可能“公报私仇”，打击不听自己号令的小贵族们。

（五）天聪二年九月董夔之战的影响

那么第二次董夔之战对整体局势造成了什么影响呢？东土默特首领额尔德尼杜棱洪巴图鲁台吉致天聪汗的书信提供了一些线索：

Oom suwasdi siddam

Sečen qaγan-u gegen-e. erdeni dugüreng qong baγatur taiji: bičig-iyer aildaqay-a.

Sečen qaγan-u ǰarliγ-un bičig tamaγa: manu-du moγai jil-ün sabin dörben sara-yin arban sinede kürči irebe. Qoorutu qaγan-i otoγ nidunun düngkei-yi abqu-du qoisi dürbeji ečiji bile. Oda mön otoγ-daγan basa kürči irebe: örlüge üdesi man-du buq-a čerig ireji yabunam. Tegün-lüge bide qadqulduči bainam. Yerü qamuγ-iyan örösiyeji qairalaqu bolusa ögede bolji ireged ösiyetü kümün-i mani ölmein-dü oroγulji ögkü ajiyamu:（后文从略）

愿吉祥

彻辰汗：额尔德尼杜棱洪巴图鲁台吉致书上奏：

彻辰汗之诏书及印，已于蛇年吉[②]四月初十送来我处。恶毒之汗的鄂托克去年攻取董夔时溃散而去。如今其鄂托克又回来了。其精兵[③]日夜于我处出没，我们常与他们的军队交战。若（汗）垂佑和爱护我们众人，请向我们这边（派兵），

---

① 李保文：《17世纪蒙古文文书档案：1600—1650》，第51—52页。汉译参考乌云毕力格：《喀喇沁万户研究》，第92—93页。

② 此处出现的Sabin一词，经达力扎布指出系满语，意为瑞、好运。此处参考其译文，详见达力扎布：《明清蒙古史论稿》所收《蒙古文档案研究——有关东土默特部资料译释》，第377页。

③ buq-a čerig应指强大的军队，但具体是什么类型的军队目前不得而知，意译为精兵。

使我们的仇敌匍匐于脚下。①

文中所谓“去年征董夔”即天聪二年（1628年）九月的董夔之战，恶毒之汗指林丹汗，但此役并没有打击林丹汗直属的察哈尔万户，如此行文或许出于恭维皇太极的考虑。但后面所谓“其鄂托克又回来了，其精兵日夜于我处出没”，应该是实情，林丹汗的军队又越过大兴安岭威胁东土默特的根据地，因此东土默特首领才需要给皇太极写信求援。天聪二年九月皇太极亲率满蒙联军远征林丹汗的战略目的没有实现，林丹汗的势力没有受到实质性打击，而爱新国的传统盟友科尔沁部也态度消极，这次战役中受损害的只有董夔部与绰什希这样不听从喀喇沁汗与洪台吉号令的小贵族。但是此役中喀喇沁部响应积极，通过这次协同作战，天聪二年八月爱新国与喀喇沁部结成的同盟关系得以巩固。

三、何谓董夔：关于董夔部的族属及游牧地

顺治八年（1651年）满蒙汉三体《和格诰封碑》碑文，证实董夔是一个蒙古部落的名字。但根据现有资料，无法找到一个蒙古部落叫做董夔。一种可能的情况是：董夔是人名，以首领之名作为所统辖部落之名，这是一种很常见的做法。明末边防类文献《卢龙塞略》《筹边纂议》《四镇三关志》中都记载了有蒙古首领名为董灰（董惠），而且他们大多与朵颜卫有关，达延汗子孙南下瓜分兀良哈三卫后，这些名为董灰的首领们附属于达延汗的后裔。这些名为董灰的蒙古首领统领的部落很可能就是爱新国攻打的蒙古董夔部，考察这些人首领的游牧地及其附属达延汗后裔的情况，有助于我们了解天命、天聪年间两次征董夔之战的更多细节。

（一）汉文史籍所见董灰的族属及游牧地

就笔者管见所及，汉籍史料中名董灰凡八人，详见附表3②，其中六人为朵颜卫花当后裔，一人为花当结义兄弟，另一人亲缘关系不详。他们附属于其他大首领，这显然是16世纪中叶打来孙汗（daraisun qaγan）率领左翼三万户南下大大兴安岭瓜分兀良哈三卫的结果。到了17世纪初，爱新国攻略蒙古诸部时，附属于更大的游牧集团的董灰们，也就不同程度上遭到了攻击。

关于董灰们的游牧地，有五人在老哈河流域，一人在大凌河流域，另外两人游牧地不详。根据宝音德力根研究，“留兔”疑为“海留兔”（qaliγutu）的脱漏，其地望应在老哈河与西拉沐伦河交汇处的“海留兔”（qaliγutu）；“挨伯兔”应是“捨伯兔”（sibetu）之讹误，即今赤峰市喀喇沁旗锡伯河流域。③关于“迭儿孛只鹰”（dörbeljin）的地望，乌云毕力格考证其地在清代翁牛特右翼旗东北，宝音德力根补充说今翁牛特旗老哈河下游另有两处名为“dörbeljin”的地方，总之在今赤峰市区北部到翁牛特旗

① 李保文：《17世纪蒙古文文书档案：1600—1650》，第91页。汉译参考达力扎布：《明清蒙古史论稿》所收《蒙古文档案研究——有关东土默特部资料译释》，第377页。乌云毕力格：《喀喇沁万户研究》，第110页。

② 详见附表3：《汉文史籍所见“董灰”一览表》。

③ 宝音德力根、玉芝：《山阳或岭南万户的结局——达延汗子孙瓜分朵颜—兀良哈三卫考》，《蒙古史研究》第十三辑，第54—77页。

东北部老哈河下游一带。[①]“罕赤保哈”，宝音德力根构拟为“qaljin buq-a”，其地在今辽宁西部北票与阜新市境内的大凌河支流牤牛河流域。[②]除了花当五子哈哈赤嫡三子董灰游牧于大凌河支流牤牛河流域，其余五人都在老哈河中下游及老哈河支流锡伯河流域游牧。

所知的有明确隶属关系的六人中，只有花当结义兄弟董灰附属于喀喇沁部昆都仑汗把都儿，花当次子巴儿孙长子孛革之次子董惠附属于扎鲁特部首领兀把赛；其余四人都隶属于蒙古大汗及其直属的察哈尔万户各大贵族。[③]

（二）两次征董夔之战的细节

天命年间第一次征董夔之战有一个细节值得注意，《通谱·吴拜传》记载：“征董夔时击败察哈尔，多所俘获。”[④]吴拜从征董夔事记于征囊努克事之前，征囊努克发生在天命十一年（1626年），因此吴拜从征董夔指的是天命七年（1622年）前的董夔之战。吴拜在征董夔战役中击败了察哈尔兵，但此次征伐的对象是董夔部，而不是察哈尔，难道董夔部附属于察哈尔万户？附属于察哈尔万户及其分支部落的董灰有四人，其中三人驻牧于老哈河流域，一人驻牧于辽西大凌河流域。天命七年之前，努尔哈赤势力还不是特别强大，爱新国军队应该不敢深入到老哈河流域，从第一次董夔之战的规模上看，也只是一场试探性进攻。那么最有可能遭到爱新国攻击的应该是驻牧于大凌河流域罕赤保哈（qaljin buq-a）一带的朵颜卫花当第五子哈哈赤第三子董灰所属部落。

据明代汉文史书《卢龙塞略》卷十五《考部·贡酋考》记载：

> 朵颜卫都督花当第五子哈哈赤第三子名董灰，为都指挥佥事，部落五十余名，与其兄弟八人在罕赤保哈境界驻牧，附属东虏阿牙他皮。[⑤]

《卢龙塞略》对当时的蒙古部落多有记述，且成书距离天命七年（1622年）前征董夔仅早十几年，其记述应该相对准确。宝音德力根认为罕赤保哈系蒙古语“qalǰin buq-a”，即大凌河支流牤牛河的蒙古语名称，而阿他皮牙就是著名的“埃大笔失”（亦称瑷塔必），乃岭南察哈尔阿喇克绰特部（alaγčud）首领。[⑥]若此董灰即是后世所谓的董夔，那么此次征伐的对象就是附属于察哈尔部的部分朵颜卫首领。罕赤保哈若为牤牛河，地处今辽宁阜新、北票一带，与爱新国领地相邻。爱新国为攻略锦州等明朝重镇，打击分化附近的蒙古各部也在情理之中，而爱新国攻打附属于岭南察哈尔阿喇克绰特部的朵颜卫董灰所部，察哈尔出兵帮助是完全有可能的。

再审视第二次董夔之战的细节。天聪二年（1628年）九月十九日夜至二十日晨，

① 乌云毕力格：《喀喇沁万户研究》，第48—49页。宝音德力根、玉芝：《山阳或岭南万户的结局——达延汗子孙瓜分朵颜—兀良哈三卫考》，《蒙古史研究》第十三辑，第54—77页。

② 宝音德力根、玉芝：《山阳或岭南万户的结局——达延汗子孙瓜分朵颜—兀良哈三卫考》，《蒙古史研究》第十三辑，第54—77页。

③ 宝音德力根、玉芝：《山阳或岭南万户的结局——达延汗子孙瓜分朵颜—兀良哈三卫考》，《蒙古史研究》第十三辑，第54—77页。

④（清）弘昼等编：《八旗满洲氏族通谱》卷四，第86页。

⑤（明）郭造卿：《卢龙塞略》卷一五《考部·贡酋考》，载薄音湖编：《明代蒙古汉籍史料汇编》（第六辑），内蒙古大学出版社，2009年，第126—127页。

⑥ 宝音德力根、玉芝：《山阳或岭南万户的结局——达延汗子孙瓜分朵颜—兀良哈三卫考》，《蒙古史研究》第十三辑，第54—77页。

满蒙联军攻取席尔噶（sirga）、锡伯图（sibetu）、英（yeng）、汤图（tangtu）四路，次日拣选精骑追击败兵到大兴安岭而还。

席尔噶（sirga）应即英金河支流锡尔哈河，据《钦定热河志》[①]记载：

锡尔哈河，源出围场内，会诸小水北流，出纳林锡尔哈栅，入平泉州（即八沟厅）西北喀喇沁右翼境，东北流径赤峰县（即乌兰哈达厅）属翁牛特右翼境，又东北入英金河。[②]

锡伯图（sibetu）应该是锡伯河流域的某处，关于锡伯河的流向，据《热河志》记载：

锡伯河，源出平泉州（即八沟厅），属喀喇沁右翼西一百余里察罕陀罗海山之东。东流径右翼旗之南，又东北入翁牛特右翼旗境内会锡尔哈河。[③]

而英（yeng）应即英金河，据《热河志》记载：

英金河，亦名英河。源出围场内都呼岱山。会诸小水，东南流，出英格栅，亦名英格河，径都呼岱山入赤峰县（乌兰哈达厅）西北翁牛特境，东南流一百四十里，会锡尔哈河。又东流七十里，径县治之北，又东流八十里，径察罕陀罗海之东，入建昌县（即塔子沟厅）北敖汉境，与老河会，东流，入潢河，即古饶乐水也。[④]

根据《热河志》的记载，锡尔哈河、锡伯河都是英金河的支流，英金河向东北汇入老哈河。如今称赤峰市区以上的英金河为阴河，锡尔哈河成为阴河的支流，阴河与锡伯河在赤峰市区北部交汇后称英金河。[⑤]

根据光绪三十三年（1907年）所绘《昭乌达盟翁牛特右旗图》（原标题《翁牛特全旗图》）记载：

沙尔嘎河（širɣ-a-yin ɣool）旁有黑字蒙古文、汉文注释：

蒙古文：olan ɣool-yin urusqal čüm širɣ-a-luɣ-a neyilen luuq-a-du čidqumui.

汉文：众河水通西尔嘎河归于老河。

阴河川（ing-yin ɣool）旁有红字汉文注释：西北百五十里，英金河亦曰颖河。源出英格栅，亦名英格河，经都呼岱山，入境东南流百四十里会锡尔哈河，东南流八十里，经察罕陀罗海之东入建昌县，与老河会，东流会潢河，而古饶乐水。

西北川（sibege-yin ɣool）旁有红字汉文注释：源出喀喇沁右翼西之察罕陀罗海山东，东流达右翼南，又东北入境会锡尔哈河，入英金河。[⑥]

《翁牛特全旗图》有关记载基本和《热河志》相同，绘图者所著注释文字应该是引用了成书更早的《热河志》的相关内容。

关于汤图（tangtu）的地望，《热河志》确实记载有一条汤图河：

① 以下简称《热河志》。

② （清）和珅等编：《钦定热河志》，天津古籍出版社，2003年，第十三册，第740页。

③ （清）和珅等编：《钦定热河志》，第十三册，第740页。

④ （清）和珅等编：《钦定热河志》，第十三册，第739页。

⑤ 孟庆久：《英金河流域水沙特性分析》，《泥沙研究》2003年第3期，第78—81页。

⑥ 乌云毕力格等编著：《蒙古游牧图：日本天理图书馆所藏手绘蒙古游牧图及研究》，北京大学出版社，2014年，原图见第42—43页，地名释读见第166—167页。汉文旁注无法释读部分据《热河志》补充。

汤图河源出建昌县（即塔子沟厅）西南境，东南流径迁安县边外，至石柱子，会青龙河。[①]

若汤图（tangtu）亦是河名，则其地望远在辽宁西南部、河北东北部的滦河支流青龙河流域，距离上述三路相距数百公里。一日之内要在相距数百公里的地方同时作战，第二天又追击败兵到大兴安岭，这种可能性微乎其微。所以此汤图（tangtu）之地仍应在老哈河流域寻找。

根据光绪三十三年（1907年）重绘的《卓索图盟喀喇沁中旗图》，老哈河左岸支流纳林坤都伦河上游有名为塘图（tangtu）之地，今赤峰市宁城县大城子镇仍有名为小塘土沟村的地方。[②]第二次董夔之战爱新国满蒙联军袭击的汤图（tangtu）一路应即此地。

综上所述，天聪二年九月满蒙联军攻克的席尔噶（sirga）、锡伯图（sibetu）、英（yeng）、汤图（tangtu）四路，俱为老哈河下游左岸支流，这一带正是朵颜卫塔布囊们的传统根据地。

游牧于老哈河下游以及英金河流域的名为董灰者有三人，分别是花当次子巴儿孙之次子孛来庶三子；花当三子打哈嫡长子咬儿斡庶长子；花当三子打哈嫡四子阿儿札次子。他们分别附属于蒙古大汗土蛮（即图们札萨克图汗）以及察哈尔所属浩齐特部的首领长秃。[③]这三个董灰及其所部的地理分布和天聪二年（1628年）征董夔战役发生的地理空间多有重合，而他们又都附属于察哈尔部。天聪二年（1628年）皇太极接收错误情报率领满蒙联军远征察哈尔，因为科尔沁部的观望态度以及没有找到察哈尔主力而攻击曾附属于察哈尔的原朵颜卫首领董灰（们）是很有可能的。

四、结　　语

通过对满文、蒙古文、汉文相关史料的比较分析，蒙古董夔部的真实“面目”渐渐浮现。但是仍缺乏直接证据将董夔部和汉文史籍中出现的某一个董灰（或某几个）勘同，同时也缺乏相关史料说明爱新国两征董夔的具体缘由，这应是对蒙古董夔部进一步研究需要关注的重点。天命年间征董夔之战，是对驻牧于大凌河流域、附属于察哈尔部的蒙古部落的一次试探性进攻。天聪二年（1628年）九月皇太极发动的察哈尔远征，明显是受喀喇沁提供的虚假情报的影响。皇太极打败林丹汗的战略目的最后落空，只能率满蒙联军掳掠从属于察哈尔部的朵颜卫首领董灰所部。反观这次战役中蒙古部落的表现：喀喇沁部是最为积极的，这既是因为他们急于向察哈尔报仇，又是由于他们才与爱新国结盟且提供情报劝说皇太极出征察哈尔。这次战役获益最多的或许是喀喇沁部。被皇太极给予厚望的科尔沁部则消极响应，大部分贵族可能因为知道

① （清）和珅等编：《钦定热河志》，第十三册，第731页。

② 乌云毕力格等编著：《蒙古游牧图：日本天理图书馆所藏手绘蒙古游牧图及研究》，原图见第21—22页，地名释读见第118—119页。

③ 宝音德力根、玉芝：《山阳或岭南万户的结局——达延汗子孙瓜分朵颜—兀良哈三卫考》，《蒙古史研究》第十三辑，第54—77页。

“赵城之战”的真相而拒绝出兵，响应号召的土谢图汗自行掳掠，不与皇太极会兵；只有满珠习礼击败了董夔部的部分军队，他与巴敦前来与皇太极会合，得到了皇太极的奖赏。这次远征暴露出了当时满蒙联盟的诸多问题，也为皇太极加强对归附或结盟的蒙古部落的管控埋下伏笔。研究蒙古董夔部的游牧地以及隶属关系，有利于进一步研究17世纪初的蒙古历史以及地理问题。

附表1：天聪二年征蒙古董夔部功臣表（满洲）

姓　名	旗分/氏族	功　　绩	史料来源
豪格	（宗室）太宗长子	击败其兵，招抚其国	《和格诰封碑》[①]《通志》[②]
岳托	（宗室）代善长子	率军征董夔	《清国史·弼喇什传》[③]
尼堪	（宗室）褚英第三子	从征	《通志》[④]
希福巴克什	正黄旗/赫舍里氏	为使者往调科尔沁兵	《通志》[⑤]《通谱》[⑥]
图赖	正黄旗/瓜尔佳	从征有功	《通志》[⑦]《通谱》[⑧]
萨木什喀	正白旗/佟佳氏	斩拜思噶尔辖、札穆吴巴什等百余人，获火炮五十三，俘获人口、马、牛、羊千计	《通志》[⑨]《通谱》[⑩]
雅赖	正白旗/佟佳氏	大有俘获	《通谱》[⑪]
博尔惠	正白旗/他塔喇氏	从征，有斩获	《通志》[⑫]《清国史》[⑬]
席卜臣	镶白旗/瓜尔佳氏	有功	《通志》[⑭]
查哈泰	镶红旗/萨克达氏	有功	《通志》[⑮]
孟库	镶红旗/鄂济氏	擒绰什希塔布囊福金一人，使女二人，及西岱台吉之弟	《通志》[⑯]

① 原碑位于北京市朝阳区广渠门外架松，拓片见北京图书馆金石组编：《北京图书馆藏中国历代石刻拓本汇编》（第61辑），第42页。
② （清）鄂尔泰：《八旗通志（初集）》卷一三一《宗室王公列传三》，第3569页。
③ 清国史馆：《清国史》卷七五四《弼喇什传》，嘉业堂抄本，第15649—15650页。
④ （清）鄂尔泰：《八旗通志（初集）》卷一三三《宗室王公列传五》，第3592页。
⑤ （清）鄂尔泰：《八旗通志（初集）》卷一四七《名臣列传七》，第3782页。
⑥ （清）弘昼等编：《八旗满洲氏族通谱》卷九，辽海出版社，2002年，第147页。
⑦ （清）鄂尔泰：《八旗通志（初集）》卷一四八《名臣列传八》，第3794—3796页。
⑧ （清）弘昼等编：《八旗满洲氏族通谱》卷一，第32页。
⑨ （清）鄂尔泰：《八旗通志（初集）》卷一五二《名臣列传十二》，第3859页。
⑩ （清）弘昼等编：《八旗满洲氏族通谱》卷一九，第252页。
⑪ （清）弘昼等编：《八旗满洲氏族通谱》卷一九，第253页。
⑫ （清）鄂尔泰：《八旗通志（初集）》卷一五四《名臣列传十四》，第3903页。
⑬ 清国史馆：《清国史》卷七五四《博尔辉传》，第15841页。
⑭ （清）鄂尔泰：《八旗通志（初集）》卷一五九《名臣列传十九》，第3983页。
⑮ （清）鄂尔泰：《八旗通志（初集）》卷一六四《名臣列传二四》，第4070页。
⑯ （清）鄂尔泰：《八旗通志（初集）》卷二二五《忠烈传六》，第5147页。

附表2：天聪二年征蒙古董夔部功臣表（蒙古）

姓名	部族	功绩	史料来源
满珠习礼	科尔沁	带兵前来，击败喀喇沁苏布地未克之一百敌军。	《理藩院满蒙文题本》《内国史院蒙古文档案》①
拉斯喀布汗	喀喇沁	从征	《旧满洲档》《满文老档》《清国史》②
弼喇什台吉	喀喇沁	追斩蒙古拜斯噶勒、扎穆等百余人	《旧满洲档》《清国史》③
苏布地塔布囊	喀喇沁	从征	《旧满洲档》《满文老档》《理藩院满蒙文题本》④
吴巴立灿锦	喀喇沁	为向导，率喀喇沁人至约会之地。	《通志》⑤
布彦塔布囊	察哈尔（昂坤杜棱属下）	从征	《通志》《通谱》⑥
巴克贝勒	扎鲁特	身先斩贼有功	《通谱》⑦
多尔济	兀鲁特（明安之子）	斩获甚众	《通谱》⑧
和济格尔	兀鲁特	俘获甚众	《清国史》⑨

① 中国第一历史档案馆、中国人民大学国学院西域所整理：《清朝前期理藩院满蒙文题本》第八册《管理理藩院事务大学士傅恒等题科尔沁和硕卓哩克图亲王扎木巴勒扎木素病故请准其子承袭本》，内蒙古人民出版社，2010年，第487—495页。齐木德道尔吉、吴元丰等整理：《清内秘书院蒙古文档》第七辑，内蒙古人民出版社，2003年，第38—44页。

②《旧满洲档》，台北故宫博物院，1969年影印本，第2840—2841页。转写及译注参考台北故宫博物院《旧满洲档译注（清太宗朝一）》，第95、219—220页。清国史馆：《清国史》卷七五四《弼喇什传》，第15649页。中国第一历史档案馆、中国社会科学院历史研究所译注：《满文老档》，中华书局，1990年，第909—910页。

③ 同上。

④《旧满洲档》，第2840—2841页。转写及译注参考《旧满洲档译注（清太宗朝一）》，第95、219—220页。中国第一历史档案馆、中国社会科学院历史研究所译注：《满文老档》，第909—910页。中国第一历史档案馆、中国人民大学国学院西域所整理：《清朝前期理藩院满蒙文题本》第八册《管理理藩院事务大学士傅恒等题科尔沁和硕卓哩克图亲王扎木巴勒扎木素病故请准其子承袭本》，第487—495页。

⑤（清）鄂尔泰：《八旗通志（初集）》卷二一六《勋臣列传十六》，第4953页。

⑥（清）鄂尔泰：《八旗通志（初集）》卷二〇三《勋臣列传三》，第4706页。（清）弘昼等编：《八旗满洲氏族通谱》卷六七，第734页。

⑦（清）弘昼等编：《八旗满洲氏族通谱》卷六六，第722页。

⑧（清）弘昼等编：《八旗满洲氏族通谱》卷六六，第719页。

⑨ 清国史馆：《清国史》卷七五四《和济格尔传》，第15712页。

附表3：汉文史籍所见“董灰”一览表[①]

世代	亲缘关系	驻牧地	投附的首领	文献来源
Ⅰ.董灰	花当次子巴儿孙之次子孛来庶三子	留兔	东虏土蛮（蒙古大汗）	《卢龙塞略》
Ⅱ.董灰	花当三子打哈嫡长子咬儿斡庶长子	挨伯兔	东虏长秃（察哈尔分部浩齐特）	《卢龙塞略》
Ⅲ.董灰	花当三子打哈嫡四子阿儿札次子	迭儿孛只鹰	东虏土蛮（蒙古大汗）	《卢龙塞略》
（四）董灰	花当五子哈哈赤嫡三子，为都指挥佥事	罕赤保哈	东虏阿牙他皮（察哈尔分部阿喇克绰特）	《卢龙塞略》
⑤董灰	花当结义兄弟	不详	西虏把都儿（喀喇沁）	《卢龙塞略》
Ⅵ.董惠	花当次子巴儿孙之长子孛革之次子	不详	兀把赛（扎鲁特）	《筹边纂议》
（七）董灰	花当五子哈哈赤之子	大宁城前后	不详	《四镇三关志》
⑧董灰	不详	厂房、老河	不详	《四镇三关志》

① 为便于表示世代关系，凡花当后裔，一表示花当之子，（一）表示花当之孙，Ⅰ表示花当曾孙，1表示花当玄孙。与花当非亲属关系者以①来表示。该表据（明）郭造卿：《卢龙塞略》卷一五《考部·贡酋考》，薄音湖编：《明代蒙古汉籍史料汇编》第六辑，内蒙古大学出版社，2009年。（明）郑文彬辑：《筹边纂议》，全国图书馆缩微文献复制中心，1999年。（明）刘效祖著，彭勇、崔继来注释：《四镇三关志校注》卷一〇《夷部考》，中州古籍出版社，2018年，第774—775页。

留居阿鲁喀尔喀之伊苏特部考述

巴·那楚克道尔吉　著
（蒙古国社会科学院）
玉　海　译
（内蒙古大学）

北元时期，成吉思汗四个弟弟，即蒙元时期东道诸王后裔所属强大的科尔沁、翁牛特、阿巴噶、阿巴哈纳尔等“往流”诸部游牧于兴安岭以北地区。这些部落与巴图孟克达延汗幼子格呼森札札剌亦儿珲台吉后裔所属阿鲁喀尔喀万户被统称为“阿鲁部落”或“阿鲁蒙古”，是因其住牧地均位于兴安岭山阴地区而被冠以“阿鲁”之称。由于蒙古大汗林丹呼图克图为统一蒙古诸部而采取的强硬措施和爱新国（后金）天聪汗皇太极的积极拉拢下，游牧于兴安岭山阴地区的阿鲁蒙古诸部于1630年与爱新国取得了联系。林丹汗为打破针对自己的这一联盟，是年出兵征讨阿鲁蒙古诸部。①阿鲁蒙古诸部迫于林丹汗的军事威胁，越过大兴安岭南下，归附新盟友爱新国，噶尔马伊尔登等诸贵族所属游牧于克鲁伦地方的伊苏特部就在此列。②近年，内蒙古大学学者玉海通过对罗密所著《蒙古博尔济吉忒氏族谱》和《八旗通志初集》等文献进行详细考证后得出，伊苏特部贵族并非源自哈赤温，而其始祖则是成吉思汗另一弟别里古台的新结论，澄清了该部贵族的祖源问题。③

但由于史料的欠缺，在其研究中未能解决伊苏特部贵族与阿巴噶、阿巴哈纳尔贵族之间的亲族关系，以及究竟属于别里古台家族的哪一支等问题。因此，在此拙文中，笔者利用蒙古国国家档案馆和国家图书馆所藏档案史料的记载，试图对当时未随同南下部众归附爱新国，而留居故土，进而成为阿鲁喀尔喀一员的部分伊苏特部众作一番考察的同时，还对玉海先生尚未解决的伊苏特部贵族属于别里古台第几世子孙，以及究竟是谁分得的部众等问题做出解答，祈请大家赐教。

① 宝音德力根、玉芝：《关于1630年林丹汗出征阿鲁诸部及阿鲁喀尔喀》，《内蒙古大学学报》（蒙古文）2007年第4期。
②《旧满洲档》，台北故宫博物院，1969年影印本，第3467页。
③ 玉海：《伊苏特部贵族祖源考》，《中国蒙古学》2015年第5期。

一、田野调查及档案、家谱所载伊苏特部

从20世纪中叶开始，蒙古国科学院历史所派出专门团队，对蒙古国全境进行过大范围的民族学田野调查。将这些工作团队的调查资料，于2010年印刷出版，共计10册。据其第8册的统计，居住于蒙古国东方省玛塔德县的哈答斤喀尔喀人中有一部分伊苏特姓氏。具体记载如下：

除哈答斤氏之外，在此苏木（东方省马塔德县——笔者）还有几户伊苏特氏。哈答斤氏的人们称自己为喀尔喀部哈答斤氏，这是喀尔喀部形成所导致的结果，其实以原先的乞颜部哈答斤氏称呼自己才能体现他们阿阑豁阿母亲子孙的身份。这种现象在封建社会的发展过程中非常常见。关于达格纳特、忙黑喇噶、阿噶萨哈喇、伊苏特等姓氏目前无法做出解释。①

在此提到的东方省玛塔德县位于莫能草原，南北各与中国内蒙古的呼伦贝尔市和锡林郭勒盟相邻，东南至哈拉哈河流域。历史上，这里属于喀尔喀车臣汗部哈答斤三旗之卫征札萨克旗。清代称之为喀尔喀东路左翼后末旗，是以哈答斤喀尔喀人为主，首任旗札萨克为马哈撒嘛谛达赖车臣汗硕垒第六子绰斯嘉布乌巴什的次子多尔济达什，建旗之前附牧于其兄车棱达什旗。1711年，清朝再增设一旗，命多尔济达什掌管，使其成为该旗札萨克，最初由一个半苏木组成。据1918年的人口统计，该旗有1 195户，2 905丁（其中，台吉160名，随丁340名，喇嘛、班迪1 482名，箭丁554名，闲散丁369名），妇女2 743名，共计人口5 648名。②

据巴・阿穆尔赛罕所著《东方省玛塔德县历史》，该旗行政区划有1. 伊苏特 2. 永谢布 3. 准噶尔 4. 巴润噶尔 5. 塔布斯 6. 巴润阿日 7. 准阿日 8. 杭爱 9. 舒巴勒岱 10. 巴噶郭勒 11. 哈木济喇噶 12. 章京 13. 巴彦 14. 绰尔济喇嘛的弟子 15. 墨尔根班迪达喇嘛的弟子等15个小单元。除两个喇嘛的弟子之外，所列其他鄂托克所属台吉中，包括伊苏特鄂托克的15名台吉。③当地人哈答斤氏高・阿凯木在自己《拜祭于心的神山或献给哈答斤十三敖包的十三块石头》一书中介绍故乡的山和敖包祭祀时，也提到该旗伊苏特部诸台吉在过去祭祀罗布瑚诺颜敖包的情况。④据此可知，在蒙古国东方省玛塔德县，即旧喀尔喀车臣汗部卫征札萨克旗曾有过伊苏特鄂托克或其首领伊苏特台吉等。

关于这些伊苏特部台吉，在蒙古国国家档案馆所藏档案资料也有所记载。在车臣汗部盟长的轮值文书中，道光二年（1822年），车臣汗部札萨克贝子朋素克多尔济旗协理台吉丹苏隆等向盟长状告称，本旗札萨克和官员将他们这些早已登记在册的达延汗后裔族中台吉，擅自修改为所属台吉。⑤特为此事，该盟长处专门进行调查，并统

① 《蒙古国民族学田野调查原始资料》第8辑，乌兰巴托：索永布印刷厂，2010年，第4页。

② 策・索诺木达格瓦：《蒙古国行政机构的演变及改革》，乌兰巴托：蒙古工商会印刷厂，1998年，第117页。

③ 巴・阿穆尔赛罕：《东方省玛塔德县历史》，乌兰巴托：商贸大学印刷厂，2002年，第6—7页。

④ 哈答斤氏高・阿凯木：《拜祭于心的神山或献给哈答斤十三敖包的十三块石头》，乌兰巴托：钢出版社，2003年，第17页。

⑤ 据《理藩院则例》（卷三《袭职上》）的记载，“族中台吉”指土谢图汗部和车臣汗部四十三旗的成吉思汗直系子孙，“所属台吉”指上述各旗的别里古台等之子孙。关于清代喀尔喀地区这两种台吉身份的区别，在玉芝《蒙元东道诸王及其后裔所属部众历史研究》（内蒙古大学博士学位论文，2006年）第94—95页已有专门论述。——译者注

计过盟内各旗的族中台吉和所属台吉的情况。该盟所属札萨克公萨满达巴达喇①旗官员呈报盟长处的文书内容如下：

edüge güng samandabadara-yin γaǰar-ača man-u qosiγun-du yisüd. yüngsiyebü kemekü qoyar anggi-yin tayiǰinar bui: egün-dü teden-ü qadaγalaγsan ger-ün teüke-yi bayičaγan üǰebesü **yisüd kemekü tayiǰinar čöm böke belgetü-yin ür-e** kemen bičiǰüküi: yüngsiyebü kemekü tayiǰinar-i batumöngke dayun qaγan-u γurbaduγar köbegün barsbolud-un ür-e kemen bičiǰüküi:②

汉译：

今公萨满达巴达喇处呈文称，我旗有伊苏特、永谢布二部台吉等。经查看他们的家史，伊苏特台吉等均系布库博勒格图之后；永谢布台吉等系巴图孟克达延汗三子巴尔斯博罗特之后。

该文书虽未写明这些伊苏特部台吉的系谱，但明确指出他们确系成吉思汗之弟布库博勒格图，即别里古台后裔。蒙古国国家档案馆馆藏中，还藏有较为完整的该旗族中台吉及所属台吉家谱。据其记载，别里古台十八世孙额布格岱诺颜，其子特古斯车臣诺颜，其子布雅虎达尔汉诺颜。这些所属台吉的系谱就是从这位布雅虎达尔汉诺颜开始，呈报于清咸丰五年（1855年）九月初七日，所画系谱呈蒙古包状。③下面介绍时，在保持家谱原貌的基础上，再以斜体下划线标识出何人支系在何处。如世系表一（见下页）。

该家谱自额布格岱诺颜共收录十一世，但未标明额布格岱诺颜系别里古台的哪一支后世子孙。所幸的是，在车臣汗部盟长的轮值文书中，留下与其相关的珍贵信息。下面再对其进行探讨。

道光十六年（1836年），克鲁伦巴尔和屯盟盟长处札行该盟所属札萨克公玛哈苏噶旗官员的文书中称，因去年将该旗所属台吉家谱缮录进呈时，只说明该旗所属台吉系别里古台二十世孙布雅虎达尔汉诺颜后裔，甚是不妥。因此，要求该旗官员再将布雅虎达尔汉诺颜的源流分支详细缮录进呈。于是，是年十二月十二日札萨克公玛哈苏噶旗官员再次呈报，其文相关内容如下：

ene kereg-ün man-u qosiγun-u qariyatu tayiǰinar-un γar-tur qadaγalaγsan teden-ü ger-ün üy-e-yin bičimel-dür bayičaγan üǰebesü böke belgetei-yin arban ǰirγuduγar üy-e-yin ür-e vačirai ǰasaγtu noyan. tegün-ü aqamad köbegün bayan noyan. tegün-ü aqamad köbegün bayasqu bürgüd noyan. mön vačirai ǰasaγtu-yin qoyaduγar köbegün kegedei noyan. tegün-ü köbegün ebügedei noyan. tegün-ü aqamad köbegün tegüs sečen noyan. tegün-ü aqamad köbegün buyaqu darqan noyan. egün-ü ači edügeki-yin man-u qosiγun-du üreǰigsen tayiǰinar-un ger-ün üy-e-yin bičimel-i uγ tusiyaγsan yosuγar nemen

① 札萨克公萨满达巴达喇系哈答斤卫征札萨克旗第五任札萨克，1817—1829年间担任该旗札萨克。

② 道光十五年（1835），札萨克敏珠尔多尔济旗也发生过类似事情，此即该旗札萨克和官员已解决该事情的奏折。道光十五年（1835）十二月初三日。蒙古国国家档案馆藏，ТБА, М–31, Д–2, хн–824, н.16。

③ 在公衔札萨克玛哈苏噶我旗之别里古台十八世孙额布格岱诺颜后裔分支家谱，清咸丰五年九月初七日。蒙古国国家档案馆藏，ТБА, М–168, Д–2, хн–450, н.1。盖有可证明其原件的掌管喀尔喀东路左翼后末旗之满蒙文印章。

世系表一

<table>
<tr><td colspan="19">布库博勒格忒
十八世孙
额布格岱诺颜</td></tr>
<tr><td colspan="19">其子特古斯车臣诺颜</td></tr>
<tr><td colspan="19">其子布雅虎达尔汉诺颜</td></tr>
<tr><td colspan="4">长子
恩格德尔岱青</td><td colspan="3">次子
章京额尔克诺颜</td><td>三子
扎勒布额尔克</td><td colspan="5">四子
额森德尔哈坦巴图鲁</td><td colspan="6">五子
奇塔特墨尔根诺颜</td></tr>
<tr><td colspan="2">长子
绰伊喇墨尔根岱青</td><td>次子
俄木布</td><td>三子
噶尔玛</td><td colspan="2">长子
鄂齐尔额尔克诺颜</td><td>次子
那木扎布墨尔根</td><td>*其子孙在阿巴噶左翼旗*</td><td>长子
敦多布哈坦巴图鲁</td><td>次子
那木达尔岱青</td><td>三子
乌巴什诺颜</td><td>四子
乌喇济青</td><td>五子
乌肯额尔克诺颜（无嗣）</td><td>长子
垂扎布</td><td>次子
垂</td><td>三子
沙格都尔</td><td>四子
诺尔布</td><td>五子
阿尔宾</td><td>六子
德乌琳</td></tr>
<tr><td>根墩</td><td>老章岱青</td><td>贡格德尔</td><td>*其子孙在阿巴噶左翼旗*</td><td colspan="2">布达里</td><td>丹巴</td><td></td><td colspan="2">*其子孙在阿巴噶左翼旗*</td><td colspan="3">卫征札萨克旗所属诸台吉</td><td colspan="6">卫征札萨克旗所属诸台吉</td></tr>
<tr><td colspan="2" rowspan="2">*其子孙在阿巴噶左翼旗*</td><td rowspan="2">卫征札萨克旗所属诸台吉</td><td rowspan="2"></td><td>席鲁克</td><td>班迪</td><td>卫征札萨克旗所属诸台吉</td><td></td><td colspan="2"></td><td colspan="3"></td><td colspan="6"></td></tr>
<tr><td colspan="2">*其子孙在阿巴噶左翼旗*</td><td></td><td></td><td colspan="2"></td><td colspan="3"></td><td colspan="6"></td></tr>
</table>

bičiǰü güičedkeged ǰaruγdaǰu iregsen elči-dü tusiyaǰu ergün kürgegülügsen yabudal-i medegülün egün-ü tula ergübe:[①]

汉译：

为此事，查阅我旗所属台吉所藏彼等家谱，布库博勒格忒十六世孙斡赤赉札萨克图诺颜，其长子巴彦诺颜，其长子巴雅斯瑚布尔古特诺颜，斡赤赉札萨克图诺颜次子可额岱诺颜，其子额布格岱诺颜，其长子特古斯车臣诺颜，其长子布雅虎达尔汉诺颜。根据札文要求，将其在我旗衍派之子孙家谱缮录完善，并交与来使，委托转呈，特此呈报。

据此可知，该旗伊苏特部台吉支系源自斡赤赉札萨克图诺颜次子可额岱诺颜(kegedei noyan)及其子额布格岱诺颜。这位伊苏特部先祖额布格岱诺颜与阿巴噶、阿巴哈纳尔贵族的先祖巴雅斯瑚布尔古特诺颜同为别里古台十八世孙，即分别为斡赤赉札萨克图诺颜的次子可额岱诺颜和长子巴彦诺颜之子。多数蒙古文史书所述别里古台后裔系谱均从巴雅斯瑚布尔古特诺颜二子诺密特默克图汗和塔尔尼库同开始，伊苏特部有关的记载极其匮乏，使得学界在很长一段时期无法解决其贵族族源问题，甚至无从查找哪一分支的所属部众。

据宝音德力根的研究，1630年林丹汗攻打阿鲁诸部，唯有阿巴噶部出兵抵抗。[②]他认为，在此次协助都思噶尔济农抵抗林丹汗征讨的喀尔喀布雅虎固英系后来与喀尔喀车臣汗硕垒一同于1635、1636年遣使爱新国天聪汗的阿巴噶部布雅虎达尔汉诺颜。再据阿巴噶的诺密特默克图汗之子奇塔特诺颜的子孙有“固英”称号这一史实，做出进一步推断，布雅虎达尔汉诺颜系奇塔特诺颜后裔。据上述资料的记载，很显然，事实并非如此，布雅虎达尔汉诺颜出身于伊苏特部无疑。

伊苏特部一支源自斡赤赉札萨克图诺颜次子可额岱诺颜，这说明他当时与阿巴噶、阿巴哈纳尔的先祖巴彦诺颜一同分得“斡木齐·忽必”（ömči qubi，财产）。这里提到的斡赤赉札萨克图诺颜之父是巴图孟克达延汗继位前，插手蒙古大汗位争斗的毛里孩巴图鲁王。马可古儿吉思可汗被杀后，他1465年拥立摩伦汗，不久又弑摩伦汗。此后，蒙古汗位空缺多年，由毛里孩巴图鲁王掌握过一段时间蒙古政权。[③]毛里孩巴图鲁王被杀之后，其子斡赤赉札萨克图继承父位。据汉籍史料记载，满都鲁汗岳父乩加思兰太师为拥立斡赤赉，欲弑满都鲁汗，但因先被满都鲁汗所杀而未能得逞。之后不久，斡赤赉札萨克图跟随巴图孟克达延汗。

据相关研究，罗桑丹津的《黄金史》所载“札萨克图汗开始做万户诺颜”是指“斡赤赉札萨克图诺颜”。[④]毛里孩巴图鲁王虽未能即蒙古大汗位，但由于一段时期掌握过蒙古政权，其子斡赤赉札萨克图似乎也冠有汗号。这时，别里古台后裔的实力较为雄厚，因此属民也应该较为众多。或许基于以上原因，将阿巴噶、阿巴哈纳尔的先

---

① 蒙古国国立档案馆藏，M-31，Д-2，хн-862，н.43。

② 宝音德力根、玉芝：《关于1630年林丹汗出征阿鲁蒙古和喀尔喀》，《内蒙古大学学报》（蒙古文）2007年第4期。

③ История восточных монголов в период династии Мин. 1368-1644 (По китайским источникам). Д. Покотилова. Санктпетербург. Типография императорской академии наук. 1893, С.104-109.

④ 宝音德力根：《往流和往流四万户》，《蒙古史研究》第五辑，1997年。

民分给长子巴彦诺颜，伊苏特部分给次子可额岱诺颜。如世系表二：

世系表二

<table>
<tr><td colspan="4">别里古台十六世孙斡赤赉札萨克图诺颜</td></tr>
<tr><td colspan="3">巴彦诺颜</td><td>可额岱诺颜</td></tr>
<tr><td colspan="3">巴雅斯瑚布尔古特诺颜</td><td>额布格岱诺颜</td></tr>
<tr><td>诺密特默克图汗</td><td colspan="2">塔尔尼库同</td><td>特古斯车臣诺颜</td></tr>
<tr><td>奇塔特诺颜
（二阿巴哈纳尔）</td><td colspan="2">素僧格卫征</td><td>布雅虎达尔汉诺颜</td></tr>
<tr><td></td><td>额尔德尼
图扪札萨克图</td><td>扬古岱卓哩克图</td><td></td></tr>
<tr><td></td><td>布达什哩
车臣济农</td><td>多尔济额齐格诺颜
（阿巴噶右翼）</td><td></td></tr>
<tr><td></td><td>都思噶尔济农
（阿巴噶左翼）</td><td></td><td></td></tr>
</table>

二、图书史料所载伊苏特部

在林丹汗的军事威胁之下，部分伊苏特部贵族率众穿过戈壁，南下归附爱新国。那么，上述车臣汗部卫征札萨克旗的伊苏特部诸台吉与南下归附爱新国的伊苏特部贵族之间究竟有何亲缘关系？如果这两部分人之间具有亲缘关系，留居喀尔喀的伊苏特部诸台吉对南下被编入八旗体制内的兄弟亲族有何了解？所幸的是，现收藏于蒙古国国家图书馆的一份文献能够对上述问题做出回答。

蒙古国国家图书馆蒙古文手抄本收藏库中，保存有一份编号为1133/96，书名为《古代可汗、诺颜的源流》（*erten-ü qaγad noyad-un uγ eki*）或《一位台吉的家谱》（*nigen tayiǰi-yin ger-ün üy-e-yin bičimel*）的毛笔写本。①在青布封面上没有书名，而在第一页上后人用铅笔写有《古代可汗、诺颜的源流》的书名，左下角上还有用毛笔以较小字号所写的另一书名《一位台吉的家谱》，二者均可视作后人所起书名。共有26张纸，51页。该书从宇宙的起源说起，蒙古史的内容主要叙述成吉思汗的事迹，然后再简要介绍成吉思汗后裔黄金家族出身的蒙古各部诸贵族。最后的10页，也就是用20%的篇幅，详细记载别里古台后裔布雅虎达尔汉诺颜的子孙。

在书中对蒙古历代可汗出身的“乞雅惕部（kiyud yasutan）博尔济斤氏”这一名称也做出解释。认为，将博尔济斤氏称作乞雅惕部的缘由是，“博尔”（boru）指哈阑（平民）母亲，“济”（ǰi）指腾格里（天）父亲，“斤”（gin）指他俩的儿子。“乞雅惕”

① 蒙古国国家图书馆藏，编号：1133/96。

的“乞”（ki）指诸腾格里和菩提心合二为一的意念，“雅惕”（yud）指成为天之子。还将成吉思汗的四位弟弟哈撒儿、别里古台、哈赤温、斡赤斤的博尔济斤氏称作敦达部（dumda yasutan）。这与1918年成书的《蒙古国史》（*mongγol ulus-un šastir*）的叙述基本吻合。①

1911年喀尔喀蒙古脱离满清的统治后，需要编纂一部国家史，要求各地撰写提供各自的地方历史，并将其统一集中到大库伦，用于编纂《蒙古国史》。这部《古代可汗、诺颜的源流》或《一位台吉的家谱》很可能就在这一时期成为该书的原始资料。

很显然，这部《古代可汗、诺颜的源流》或《一位台吉的家谱》的大部分内容转抄自萨冈彻辰的《蒙古源流》，有些地方利用噶尔丹图萨拉格齐的《水晶珠》等其他著作。从写作方式和文末出现的诸台吉和该旗札萨克德勒黑策策格的名字来看，该书很可能是伊苏特部某一位台吉在1866—1879年间（这一时期德勒黑策策格担任札萨克）撰写而成。从书中所盖蒙古人民共和国科学院图书馆的馆藏章可断定，1930年代已被该图书馆登记收藏。

该书第38页的记载中留下了有关伊苏特部诸台吉的珍贵信息，具体内容如下：

> vačirai ǰasaγtu noyan-u qoyaduγar köbegün kegedei noyan. tegünü köbegün ebügedei noyan. tegünü aqamad köbegün tegüs sečen noyan. tegünü köbegün buyaqu darqan noyan. tegünü aqamad ači ür-e ǰegün abaγ-a vang. qalq-a-yin güng ni ǰerge ǰasaγ delekeyičečeg-yin qosiγun-tu bui. qoyaduγar köbegün-eče daraγalan möngküči donoi küibolud külüg tegüs eden-ü ür-e neyislel qotan-du bui.②
>
> 汉译：
>
> 斡赤赉札萨克图诺颜次子可额岱诺颜，其子额布格岱诺颜，其子特古斯车臣诺颜，其长子布雅虎达尔汉诺颜，其长系子孙在东阿巴噶王、喀尔喀的公衔札萨克德勒黑策策格等旗。次子之后孟古齐、多内、奎博罗特、库鲁格、特古斯等之子孙在京城。

这里所说的京城是指清朝京城北京。八旗蒙古人是于1644年清军入关迁都北京时，跟随清朝皇帝进入北京的。据玉海的研究和《八旗通志初集》的记载，被编入八旗的伊苏特部贵族也跟随顺治皇帝进入北京，有的官至内大臣、理藩院尚书加太子太保，在清初的政局中曾占有非常重要的地位。③那么，这些进入京城的伊苏特部诸贵族的先祖，即所谓的“次子”究竟是谁的次子？据原文的叙述，这位次子像是指布雅虎达尔汉诺颜的次子系。但是，据上面引用的卫征札萨克旗伊苏特部台吉家谱，布雅虎达尔汉诺颜次子为章京额尔克诺颜，他有子二，名为鄂齐尔额尔克

---

① 阿·奥齐尔博士（Sc.D）、哈啦努特氏扎·龙吉特博士、策·图尔巴特博士转写校注：《蒙古国史》，乌兰巴托，索永布印刷厂，2006年，第400、406页。其原文如下：［Боржигэд хэмээхийн Бор нь харц эх, жи нь тэнгэр эцэг, гэд нь тэр хоёрын хөвгүүн хэмээсэн утга мөн. Бас Хиуд хэмээхийн Хи нь тэнгэр нар хийгээд бодь сэтгэл хамтадсан хий хүсэл, иуд нь Дусал Мандал тэнгэрийн хөвүүн мөн хэмээсэн утга басхүү буй］;［Бас Тайзу хааны дөрвөн дүү Хавт Хасар, Бөх Билигт, Хачигин, Очигэнээс үржигсдийг мөн Боржигэд овог, дунд ястай хэмээжээ］.

② 蒙古国国家图书馆藏，编号：1133/96。《古代可汗、诺颜的源流》，第38页。

③ 玉海：《伊苏特部贵族祖源考》，《中国蒙古学》2015年第5期。

诺颜和那木扎布墨尔根台吉。鄂齐尔额尔克诺颜的长子为布达里，其二子分别为席鲁克和班迪，二人子孙在阿巴噶左翼旗。那木扎布墨尔根台吉的儿子为四等台吉丹巴，其子孙在卫征札萨克旗。据此推断，布雅虎达尔汉诺颜的次子等不可能在京城。

因此，在京城之伊苏特部贵族的先祖，即所谓的“次子”的出身或许有两种可能。一是，额布格岱诺颜的次子，即特古斯车臣诺颜之弟；二是，特古斯车臣诺颜次子，布雅虎达尔汉诺颜之弟。是因为，上述家谱和《一位台吉的家谱》记述额布格岱诺颜儿子时，只提到特古斯车臣诺颜，并且不忘强调其长子身份。特古斯车臣诺颜的儿子也只提到布雅虎达尔汉诺颜，仍强调其长子身份。基于以上情况，可以认为，这些伊苏特部贵族的先祖是特古斯车臣诺颜和布雅虎达尔汉诺颜父子中某一人之弟。如世系表三中的粗黑色边框内的两个“次子佚名”：

世系表三

<table>
<tr><td colspan="3">别里古台十六世孙斡赤赉札萨克图诺颜</td></tr>
<tr><td colspan="3">可额岱诺颜</td></tr>
<tr><td colspan="3">额布格岱诺颜</td></tr>
<tr><td colspan="2">长子特古斯车臣诺颜</td><td>次子佚名</td></tr>
<tr><td>长子布雅虎达尔汉诺颜</td><td>次子佚名</td><td>↓</td></tr>
<tr><td></td><td>↓→→</td><td>在京城：次子之后孟古齐、多内、奎博罗特、库鲁格、特古斯</td></tr>
</table>

进而，再查阅被编入满洲八旗的伊苏特部贵族相关资料后发现，与上述佚名次子的子孙人名中，有一人名较为相近。《八旗满洲氏族通谱》卷六十六的满文记载如下：

> kitat weijeng. gulu suwayan i niyalma. k’arma yeldeng ni eshen mafa guluge i omolo. fukjin doro neihe fonde ahūta deote i emgi harangga aiman be gaifi yaya onggolo baime dahame jihe. dahalame dalingho be dailame genefi ginjeo i cooha be gidara de dain de gaibuha seme amcame ilaci jergi ashan i hafan šangnafi. erei jui honici hafan siraha.①
>
> 汉译：
>
> 祁他特卫征，正黄旗人，噶尔马叶尔登叔祖古鲁格之孙也。国初同兄弟部属首先来归。从征大凌河，击锦州兵阵亡，赠三等男，其子和尼齐袭职。

这里提到的“古鲁格”（gülüge）系1630年南下归附天聪汗皇太极的伊苏特部贵族首领噶尔马伊尔登（叶尔登）诺颜的叔祖，其名字与上述《一位台吉的家谱》所载“库鲁格”（külüg）的发音较为相近，两个人名或许指同一个人。满洲八

① 《八旗满洲氏族通谱》（jakūn gūsai manjusai mukūn hala be uheri ejehe bithe）卷六十六，克尔伦地方博尔济吉特氏。

旗的伊苏特部贵族对自己直系先祖的名字记忆应该较为清楚，再用满文准确标音后，其可信度极高。反而，对于留居阿鲁喀尔喀的伊苏特部台吉而言，被编入满洲八旗的这些亲族已离开故土很多年，记忆也随之变得很模糊，未能标出辈分和支系信息，只提到几个人名已属不易，所以这位“库鲁格”（külüg）的正确读音或许是“古鲁格”（gülüge）。他是1630年南下归附爱新国的祁他特卫征之祖父，祁他特卫征和布雅虎达尔汉诺颜的生活年代基本相同，因此将二人的祖父古鲁格和额布格岱诺颜可视作同辈人。至此，据目前掌握的资料可推测，祁他特卫征祖父古鲁格和噶尔马伊尔登的祖父兄弟二人很可能是额布格岱诺颜的兄弟，或是子侄辈人。

值得注意的一点是，在家谱中特意注明伊苏特部布雅虎达尔汉诺颜的部分子孙被编入阿巴噶左翼旗一事。阿巴噶左翼旗是阿巴噶部济农都思噶尔于1651年南下归附清朝后设立的旗分，历代札萨克均系都思噶尔济农后裔。[①]阿巴噶部都思噶尔济农早在1630年与伊苏特部布雅虎达尔汉诺颜一起抵抗过林丹汗，并且最早与爱新国取得联系的阿鲁蒙古首领，但很晚至顺治八年（1651年），喀尔喀车臣汗硕垒去世后才率部南下，正式归附清朝。在此期间，都思噶尔济农曾前往北京参加过伊苏特部噶尔玛索诺木与天聪汗皇太极之女的婚礼盛典，可见他与伊苏特部贵族之间的亲密关系。正因为如此，1651年都思噶尔济农率部归附清朝时，布雅虎达尔汉诺颜五个儿子后裔中的多数人率部跟随南迁，最后共同组成阿巴噶左翼旗。留居喀尔喀的伊苏特部诸台吉对这些伊苏特部众的去向记忆犹新，记载详细，实属难能可贵。

结　语

综上所述，北元末期的阿鲁蒙古诸部之一的伊苏特部确系成吉思汗之弟别里古台后裔所属部众。伊苏特部诸贵族的先祖为别里古台十六世孙斡赤赉札萨克图诺颜次子可额岱诺颜。蒙古文史书均从斡赤赉札萨克图诺颜之孙巴雅斯瑚布尔古特诺颜开始叙述别里古台家族系谱，并且只叙述阿巴噶、阿巴哈纳尔诸贵族世系，因而学界一直无法得知伊苏特部贵族的相关信息。1630年，伊苏特等部分阿鲁蒙古部落为躲避林丹汗的征讨，南下归附爱新国，布雅虎达尔汉诺颜所属部分伊苏特部众投靠喀尔喀车臣汗部，留居阿鲁喀尔喀故土。

1651年，喀尔喀车臣汗硕垒去世，随之引发的汗位之争，导致阿巴噶都思噶尔济农率部南下，正式归附清朝。布雅虎达尔汉诺颜后裔中的多数人率部跟随都思噶尔济农，成为内札萨克锡林郭勒盟阿巴噶左翼旗的一员。

喀尔喀蒙古接受清朝统治之时，留居故土的伊苏特部诸台吉已失去曾经的相对独

① 在《钦定外藩蒙古回部王公表传》中，将都思噶尔济农记载为阿巴噶右翼旗首任札萨克，与多尔济额齐格卓哩克图诺颜的阿巴噶右翼旗相混淆，误导后世所撰张穆的《蒙古游牧记》等诸多史料。实则都思噶尔济农系阿巴噶左翼旗首任札萨克。那·布和哈达、色·钢根其其格编：《阿巴嘎研究》（道尔吉色登：《史书记载中的一大谬误》），内蒙古人民出版社，2010年，第232—234页。

立性，成为喀尔喀部诸贵族的附庸，生活在车臣汗部哈答斤卫征札萨克旗，经历漫长的历史岁月，直至现在。他们对于早已被编入满洲八旗的伊苏特部亲族，虽留存一些记忆，但已变得很模糊。八旗伊苏特部诸贵族的先祖古鲁格与其兄弟等很可能是布雅虎达尔汉诺颜祖父额布格岱诺颜的同辈人。

茂明安部原牧地补考

齐木德道尔吉
（内蒙古大学）

茂明安部是清初阿鲁蒙古的重要组成部分，更是科尔沁右翼七鄂托克的首领部落。16世纪中叶，科尔沁左翼在图美只雅噶齐长子奎蒙克塔斯哈喇率领下迁居到嫩江流域，成为嫩科尔沁部。科尔沁右翼的部分鄂托克则留居原牧地直到17世纪30年代，其中就有茂明安部。茂明安部是哈撒儿十三世孙鄂尔图岱布延图王及其后裔所统部落，是科尔沁诸部中传承“汗”或“王”号之部，是供奉哈撒儿宫帐及其黑纛的部落，实属哈撒尔后裔宗长之部落。17世纪30年代初，茂明安部与阿鲁蒙古诸部一道先后归附爱新国。不久，部分茂明安部众逃归原牧，爱新国派蒙古部落兵丁追至其原牧，实施了残酷的镇压，并将其残余部众及牲畜加以瓜分。此后，茂明安部失去应有的地位，在康熙年间迁徙到阴山北麓组成乌兰察布盟的一个旗时，地位低于科尔沁部所有旗分，仅为一等台吉札萨克旗。这肯定与茂明安部的叛逃有关，也与茂明安部据有科尔沁部首领部落的地位有关，更是与清朝对蒙古政策有关。茂明安部分部众叛逃至原牧地，这与哈撒儿后裔部落的最初封地有关，与科尔沁部的发展问题有关，需要作进一步的研究。

关于茂明安部的原牧地，清代《王公表传》等史籍认为就在呼伦贝尔地区。学界则普遍认为茂明安部的原驻牧地在鄂嫩河中下游及尼布楚河流域，随着历史的演进，其牧地逐渐向东南移动，到17世纪30年代，才到了呼伦贝尔地区。①本文拟在前人研究的基础上，围绕茂明安部叛逃事件，利用蒙古文史籍及清初《满文原档》，结合《王公表传》《清实录》《评定罗刹方略》等官修史籍以及国外学者著述，对茂明安部的原牧地做一番补充考证，以求获得较为可信的结果。

---

① 关于哈撒儿兀鲁思领地，胡日查、长命认为：“茂明安的原居地在鄂嫩、尼布楚附近，后逐渐南移至额尔古纳、呼伦湖和贝尔湖周边。”玉芝认为：“哈撒儿以呼伦湖、海剌儿河下游、额尔古纳河右岸地区，东与斡赤斤领地接邻。哈撒儿后裔在今俄罗斯后贝加尔州境内额尔古纳河支流乌卢龙桂河和昆兑河畔都曾建过宫室，这里应是其统治中心。”详胡日查、长命：《科尔沁简史》（蒙古文），内蒙古文化出版社，2015年；玉芝：《蒙元东道诸王及其后裔所属部众历史研究》，内蒙古人民出版社，2019年。

一、哈撒儿兀鲁斯及其演变

茂明安部是哈撒儿后裔所统部落，所以首先需要回顾哈撒儿兀鲁斯的牧地所在。1206年，成吉思汗建立大蒙古国，分封诸子、诸弟及功臣，分给大弟哈撒儿4 000户。①成吉思汗九年（1214年），太祖赐给哈撒儿农土，将弘吉剌氏族的世居之地“苦烈儿温都儿、斤，以与按陈（斡陈）及哈撒儿为农土”。②这就与《史集》所记哈撒儿兀鲁思的封地在额尔古涅河、阔连海子、海剌儿河一带的说法相一致。③

哈撒儿死后，长子也苦继位，也苦死，其子合尔合孙继位。在他之后，其叔父、哈撒儿次子移相哥继位。④早在成吉思汗在位时期，移相哥以高超的箭术著称，并随从大汗，得到大汗的信赖。成吉思汗二十年（1225年）成吉思汗西征归来，举行全体蒙古诸颜参加的忽里台，移相哥展示其箭术，从335步的距离射中了靶心。为了纪念移相哥高超的射箭技能，在他的封地专门树立了举世闻名的“移相哥石碑”。

1818年，俄罗斯西伯利亚研究者Г. И. 斯帕斯基报道了若干年前在额尔古纳河西支流乌卢龙圭河（Urlunggui ghol）左支流黑尔黑尔河（Harhira ghol）下游附近发现的花岗岩石碑。该碑高220厘米，宽74厘米，厚22厘米，碑文用畏吾体蒙古文镌刻。碑文经多位学者的识读，最终解读为：“成吉思汗征讨花剌子模国还师，全蒙古国诸颜聚会于布花-速赤孩之际，移相哥射三百三十五步中的。”⑤这是现存最早的畏吾体蒙古文石刻，最初保存在尼布楚城工厂里，1832年移送至圣彼得堡，1839年在工业博览会上展出后移交给俄罗斯科学院亚洲博物馆。现藏于俄罗斯圣彼得堡埃尔米塔什博物院。移相哥碑的发现，是哈撒儿及其后裔封地所在的最好物证。

1957年苏联考古学家C. B. 吉谢列夫带领一个考古队对黑尔黑尔河畔的一座古城遗址作了考古学调查和挖掘，1959年对该城附近的古墓群进行了考古学发掘。他们的研究证明，黑尔黑尔古城是成吉思汗建立大蒙古国以后形成的，立于该城近郊的移相哥石碑也是同一时期的产物。毫无疑问，黑尔黑尔城遗址是拙赤哈撒儿兀鲁思的城市，移相哥与该城有密切的关系。⑥移相哥石碑在此城郊被发现，说明哈撒儿兀鲁思领地也包括今俄罗斯外贝加尔地区的东南部，额尔古纳河西支流乌卢龙圭河（Urlunggui ghol）左支流黑尔黑尔河（Harhira ghol）下游一带。

---

①《元朝秘史》第242节。

②《元史》卷一一八，“特薛禅”。据有学者考证，这里的“按陈”是“斡陈”之讹，“斡陈”即是成吉思汗幼弟斡赤金。详白拉都格其“成吉思汗时期斡赤斤受封领地的时间和范围”，载《内蒙古大学学报（哲学社会科学版）》1984年第3期。

③［波斯］拉施特主编，余大钧、周建奇译：《史集》第一卷第二分册，商务印书馆，1997年，第66—67页。

④《史集》第一卷第二分册，第66页。

⑤ 因为碑首第一行文字为“成吉思汗”（Činggis qan），该碑也称作“成吉思汗石”。此碑畏吾体蒙古字铭文共5行，经过J. Schmidt, D. Banzarov, W. Radloff, I. A. Kljukin等俄罗斯学者解读，确认其为：“(1) Činggis qan-i (2) Sartaqul irge [d]a(q)uliju baquju qamuq mongqol ulus-un (3) noyad-i Buqa [s]ociqai quriqsan-dur (4) Yisüngke ontudur-un qurban jaqud qucin tabun aldas- (5) tur ontud(u)laq-a.”详Edited by D.Tumurtogoo with the Collaboration of G. Cecegdar, *Mongolian Monuments in Uighur-Mongolian Script (XIII–XVI Centuries)*, Institute of Linguistics, Academia Sinica, Taipei, Taiwan, 2006，p.9.

⑥［苏］C.B. 吉谢列夫著，哈斯汉译，吴持哲校：《位于外贝加尔地区黑尔黑尔河畔的蒙古移相哥城堡》，载内蒙古大学蒙古史研究室编《蒙古史研究参考资料》第19辑，1965年，第43—64页；俄文原文载《苏联考古学》1961年第4期。

《史集》称，“在蒙哥汗和忽必烈合罕时代，移相哥是拙赤—哈撒儿的继承者，他声誉远播，参与要务，商议国事，很受尊重。按照习惯他统辖了父亲及其长幼宗亲的全部军队和部落。”①移相哥之后，其子势都儿成为哈撒儿兀鲁思的首领。元世祖至元二十四年（1287年），势都儿参与乃颜叛乱而被废黜，其子八不沙被封为汗王，最后于大德十一年（1307年）始封为齐王，成为东道诸王之一。终元一代，哈撒儿后裔领有齐王头衔，活跃于元朝政坛，其领地并未有大的变动。②元末明初，明蒙冲突剧烈，东道诸王领地遭受战争蹂躏，但是哈撒儿后裔领地偏据兴安岭西北直至鄂嫩河中游地带，未受多大影响。

15世纪中叶以后的哈撒儿后裔统治下的部众，以“科尔沁万户”之称出现于17世纪的蒙古文史籍中。③“科尔沁”，清代汉译音，词义为“箭筒士”。哈撒儿及其子移相哥都以善射著称，故哈撒儿后裔部众遂有“科尔沁”之称。北元时代，科尔沁万户的第一个统治者为哈撒儿十一世孙锡古西台王。1452年，瓦剌灭蒙古政体，锡古西台王被瓦剌也先杀害。其长子孛罗乃被掳往瓦剌，后返回本部继承王位，并使科尔沁万户变得强大。接着由其弟兀捏博罗继承齐王位。当年，瓦剌也先杀害锡古西台王，掳走其长子孛罗乃时，次子兀捏博罗因“驻牧于斡难而幸存”，④说明此时的科尔沁的核心力量还在斡难河流域。15世纪末，孛罗乃之子鄂尔图岱继王位，⑤16世纪初，支持达延汗平定右翼叛乱，辅助黄金家族中兴蒙古政体，立有大功。

16世纪中叶，科尔沁万户内部形成左右两翼集团。左翼集团首领是孛罗乃次子图美济雅哈齐及其后代，16世纪中叶，图美长子魁孟克率其左翼诸部南下大兴安岭，到嫩江流域驻牧；右翼集团首领便是孛罗乃长子鄂尔图岱布延图王及其嫡系后代，他们是科尔沁万户的宗长，拥有汗和王号，有茂明安、塔奔等7个鄂托克，留在原驻牧地。胡日查认为，随着16世纪中叶蒙古大汗联合右翼万户征灭兀良哈万户，进而瓜分其领地人户，科尔沁右翼的牧地逐渐南移，进入呼伦贝尔地方。⑥

二、茂明安部归附爱新国时期的游牧地

到了17世纪初，东北大兴安岭以北、以西，呼伦贝尔草原直至克鲁伦河流域分布着阿鲁（aru，蒙古语，“山阴”之意）蒙古各部，包括成吉思汗诸弟后裔所统阿鲁科尔沁、四子、乌喇特、茂明安、翁牛特、喀喇车里克、伊苏特、阿巴嘎、阿巴哈纳尔

① 《史集》第一卷第二分册，第66页。

② 胡日查认为，大蒙古国及元朝时期的哈撒儿兀鲁思主要分布在额尔古纳河流域，西与别力古台后裔兀鲁思接壤，东与南面和斡赤金兀鲁思为邻，向北囊括外贝加尔湖东南广阔地域。详胡日查、长命：《科尔沁简史》（蒙古文），第110—111页。

③ 如《黄金史纲》《大黄史》等史籍中开始出现Qorčin称呼。

④ ［蒙古］Sh. Choimaa整理，M. Bayarsaihan校勘，佚名《黄金史纲》原文影印件第62a页。“Qorčin-u baqatur Šigüšitei-yin köbegün Önebalad ong Mongqol-un törü Oyirad-tu abtaqsan-dur onon-du nutuqlaǰu qarbai.” 乌兰巴托：Bolor Sudur出版社，2011年。

⑤ 宝音德力根：《十五世纪前后蒙古政局部落问题研究》，内蒙古大学博士学位论文，1997年；胡日查、长命：《科尔沁简史》（蒙古文），内蒙古文化出版社，2015年；玉芝：《蒙元东道诸王及其后裔所属部众历史研究》，内蒙古人民出版社，2019年。

⑥ 胡日查、长命：《科尔沁简史》（蒙古文），第119页。

等部落。这些部落由于驻牧在大兴安岭山阴而得名。其中的阿鲁科尔沁、四子、乌喇特、茂明安部是哈撒儿后裔所统科尔沁右翼部落的遗存。《蒙古回部王公表传》称阿鲁科尔沁部、四子部落、茂明安部和乌喇特部均“游牧呼伦贝尔”，①说明此时的科尔沁右翼的大部逐渐东移到了呼伦贝尔西北部，依次形成从东到西的阿鲁科尔沁、四子、三乌喇特和茂明安的地理布局。乌喇特人至今还记得他们来自“故地呼伦贝尔，远祖布尔海，起源三公札萨克；祖籍呼伦贝尔，祖辈哈布图哈撒尔，现居穆那汗山阳”，②并能进一步说出：“老家在辽阔的呼伦贝尔，忽布图乃满查干。”③茂明安民间婚礼祝词中有“茂明安的先祖啊，曾住在呼伦贝尔草原。沁查干朝鲁图是我们的祖籍，查呼日台小白河流域，是水草肥美的牧场，祖先们在那里游牧，吉祥如意”④的语句，就是茂明安在呼伦贝尔游牧地的具体地理位置的记忆。这些地名已不见于当代，清代历史记录中也未曾留下其痕迹，现已很难考订其方位。

17世纪初，女真爱新国崛起，将蒙古嫩科尔沁部和岭南五部喀尔喀的绝大部分纳入自己的统治。1627年，驻牧大凌河流域的察哈尔左翼敖汉、奈曼二部归附爱新国，最终迫使察哈尔林丹汗率部西迁。1628年，爱新国利用察哈尔西迁后出现的有利局势，征灭了在大凌河流域住牧的阿喇克绰特部，紧接着和喀喇沁万户建立了同盟关系。至此，爱新国成功地孤立了林丹汗，将大兴安岭以南广大区域内的蒙古诸部置于自己的控制之下。下一步摆在爱新国面前的就是如何拉拢和争取游牧于大兴安岭背后的阿鲁诸部的问题了。林丹汗西迁后，为了与爱新国争夺阿鲁蒙古部落，开始了对阿鲁蒙古部落的威胁与征伐。在这样的形势下，阿鲁蒙古诸部被大兴安岭山阳形成的政治旋涡所吸引，并在岭南蒙古诸部的召唤下，逐渐南移，加入到了蒙古部落归附爱新国的行列之中。

天聪三年（1629年），爱新国为了拉拢阿鲁蒙古诸部，以探亲的名义派遣早先投诚爱新国的察哈尔诺颜昂坤杜棱前往阿鲁阿巴噶部，阿巴噶部首领杜思噶尔济农则遣使偕来通好，献马十匹。阿鲁部自此开始与爱新国交往。⑤

天聪四年（1630年）三月，阿鲁阿巴噶、阿巴噶纳尔、翁牛特、阿鲁科尔沁等四部落济农、台吉遣使通好于爱新国，并与皇太极盟誓，订立反察哈尔盟约。十一月，阿鲁蒙古的四子部落和依附翁牛特部的伊苏特部前来归附爱新国。天聪五年（1631年）爱新国完成对翁牛特、阿鲁科尔沁、四子部、伊苏特部和阿拉克绰科特部的牧地划分。⑥这些阿鲁蒙古部落中，阿鲁科尔沁和四子部属于科尔沁右翼之部落。

① 包文汉、奇·朝克图整理：《蒙古回部王公表传》卷三十、卷三十九、卷四十、卷四十一，内蒙古大学出版社，1998年。

② 齐木德道尔吉：《乌喇特部迁徙考》，《中央民族大学学报（哲学社会科学版）》2006年第3期。

③ 布图格奇认为忽布图乃满查干在今呼伦贝尔市陈巴尔虎旗旗政府所在地查干镇附近。布图格奇：《乌喇特民歌及歌手概况》，载《乌喇特后旗文史》第二辑。转引自青松：《乌喇特历史研究——以乌喇特部迁徙与领地为主》，内蒙古大学硕士学位论文，2010年，第10页注2。

④ 《达尔汉茂明安历史文化资料》第1辑，达茂旗政协文史资料编辑委员会，1997年，第106页。

⑤ 详《清太宗实录》卷三“天聪元年十一月庚午”条：“察哈尔国管旗大贝勒昂坤杜棱携妻子人民来降，以礼迎之。”卷五“天聪三年九月丙戌”条：“昂坤杜棱以事往阿禄部落，阿禄杜思噶尔济农遣使偕来通好，献马十。阿禄通好自此始。”

⑥ 详齐木德道尔吉：《四子部落迁徙考》，《蒙古史研究》第7辑。

此时，在呼伦贝尔西北一带游牧的乌喇特与茂明安部，由于地域偏远仍未与爱新国产生联系。天聪五年，乌喇特部离开呼伦贝尔牧地，前移临近兴安岭，却被科尔沁部额尔只格诸子[①]及扎赉特以恶言语使之折还。七月，皇太极致书阿鲁科尔沁、四子部首领，要求他们遣使乌喇特部，说服他们南下归附爱新国。[②]天聪六年（1632年）正月，皇太极直接致书茂明安和乌喇特部首领，说："扎赉特、郭尔罗斯、额尔只格诸子以一匹马的价格，购买你们四五匹马，所以唆使你们不要进入兴安岭以南"，"若察哈尔知道你们远离达赖楚呼尔部众而掳掠你们，谁会援助你们？若人畜被夺之后，来我处又有何用。若与我们会合对你们也安全，不是吗？"[③]离间、恫吓、拉拢茂明安与乌喇特部尽快前来投附。

鄂尔图岱曾孙锡喇奇塔特，号土谢图锡喇汗，有子三：长多尔济，次固穆巴图鲁，次桑阿尔斋洪果尔。多尔济号布颜图汗，子车根，为茂明安部长，系哈撒儿次子移相哥长子嫡系后裔，在科尔沁万户中掌有最高统治权，拥有"汗"号，并世代守护哈撒儿斡耳朵。[④]乌喇特部三兄弟与当时的四子部僧格四兄弟以及茂明安部长车根都是堂兄弟关系，是阿鲁科尔沁部长达赖楚琥尔的从侄，他们都是成吉思汗胞弟哈撒儿后裔。

天聪七年（1633年），与乌喇特部一道南下，二月，茂明安部车根汗、固穆巴图鲁以及达尔玛代衮等率众千余户归附爱新国，献驼马。固穆巴图鲁和达尔玛代衮为锡喇汗之子，车根汗之叔父。八年（1634年）九月，又有台吉扬固海都凌、乌巴海达尔汉巴图鲁、瑚凌都喇勒、巴特玛代青、额尔欣岱青、阿布泰及小台吉等二十余人率众继至。十月，划分牧地，茂明安车根部被安置在阿鲁科尔沁部之下。九年（1635年），乌巴海等携部分属民逃往阿鲁部落。阿赖达尔汉率外藩蒙古诸贝勒兵追至阿鲁喀尔喀鄂嫩河地方，斩其首领及部分属众，获其剩余人口、牲畜。[⑤]乌喇特、茂明安部的归附，使得阿鲁蒙古的科尔沁右翼诸部完成了归附爱新国的进程，并在西拉沐沦河流域驻牧。[⑥]

清顺治三年（1646年）至六年（1649年）间，随着平定苏尼特腾机思叛归喀尔喀事件，随征的四子部落、乌喇特三旗先后从大兴安岭南麓之西拉木伦河迁徙到阴山迤北西喇木轮河流域和穆纳山一带，以防备喀尔喀和额鲁特。茂明安部迟至康熙三年

---

① 应为科尔沁部贵族额勒济格卓里克图。成吉思汗弟哈撒尔十五世孙博第达喇西室哈屯吉鲁根生额勒济格卓里克图，为噶喇珠色特尔等七子父。天聪八年（1634年），科尔沁部噶尔珠塞特尔、海赖、布颜代、白谷垒、塞布垒等各率本部落人民，托言往征北方索伦部落，取贡赋自给，遂叛去。科尔沁部土谢图济农巴达礼、札萨克图杜棱布塔齐、额驸孔果尔、卓礼克图台吉吴克善率兵往追噶尔珠塞特尔等，俱获之。杀噶尔珠塞特尔、海赖、布颜代、白谷垒、塞布垒等，尽收其部下户口。

② 《旧满洲档》，台北故宫博物院，1969年，第3439页。详见齐木德道尔吉：《乌喇特部迁徙考》，《中央民族大学学报（哲学社会科学版）》2006年第3期；玉芝：《蒙元东道诸王及其后裔所属部众历史研究》，第250—251页。

③ 《旧满洲档》，台北故宫博物院，1969年，第3909—3910页。玉芝：《蒙元东道诸王及其后裔所属部众历史研究》，第251页。

④ （清）罗布桑丹毕坚赞：《黄金史》，内蒙古文化出版社，1998年，第74页；（清）答里麻：《金轮千辐》，内蒙古人民出版社，2013年，第263页；《王公表传》卷四十《茂明安部总传》；胡日查、长命：《科尔沁简史》，第169—173页。

⑤ 详齐木德道尔吉：《清初茂明安部叛逃事件二则史料辨析》，《中央民族大学学报》2019年第1期。

⑥ 详齐木德道尔吉：《乌喇特部落迁徙考》，《中央民族大学学报》2006年第3期。

（1664年），始授车根子僧格札萨克一等台吉，俾统其众。随之，将其余众尽迁艾布盖河流域。与四子部、乌喇特三部及喀尔喀右翼亲王旗一道组成有清一代之乌兰察布盟。

综上所述，17世纪初，阿鲁科尔沁、四子、乌喇特、茂明安三部游牧于大兴安岭迤北地区，茂明安、乌喇特更是在呼伦贝尔西北一带，因受到察哈尔林丹汗的威胁，在爱新国的招抚和其近亲嫩科尔沁部落的召唤下，于17世纪30年代相继归附爱新国。这样，哈撒儿后裔所统左右翼诸部，除了留在原牧的塔奔等部，全部归附到爱新国统治之下。

通过以上对哈撒儿兀鲁思以及15世纪70年代以后直至17世纪初茂明安部原牧地的研究成果的回顾，可以认定，15世纪后半叶哈撒儿十三世孙鄂尔图岱布延图诺彦统领茂明安部，游牧于斡难河、尼布楚河流一带。到17世纪初，茂明安部已经南迁至呼伦贝尔沁查干朝鲁图、查呼日台小白河流域驻牧。乌喇特部也游牧于呼伦贝尔一带，并且与茂明安部接邻，忽布图乃满查干是其新的家乡。[①]

三、茂明安部迁移至呼伦贝尔之原因和时间

究竟何因、何时乌喇特与茂明安两部落迁徙到呼伦贝尔？史无记载。胡日查、长命认为16世纪20年代不地汗与左右翼贵族联合，瓜分兀良哈万户后，蒙古左翼万户的领地发生了巨大的变化，科尔沁万户的核心区域从鄂嫩河中游迁往额尔古纳、呼伦贝尔一带。[②]但是茂明安部何时离开鄂嫩河原牧迁往呼伦贝尔，并没有说明白。根据清代官修《平定罗刹方略》及《清实录》，可以确定茂明安部原牧地所在外，也可以窥见茂明安部离开原牧迁往呼伦贝尔的端倪。

《平定罗刹方略》卷四：

> 康熙二十七年五月癸酉，前内大臣索额图等与鄂罗斯来使集议分界事宜。……索额图等奏言，察鄂罗斯所据尼布楚本系我茂明安部游牧之所，雅克萨系我达呼尔总管倍勒儿故墟，原非罗刹所有，亦非两界隙地也。
>
> 又载：
>
> 康熙二十八年四月壬辰，复遣内大臣索额图等与鄂罗斯使臣会议。……十二月丙子，遣官立界牌于格尔弼济河诸地。内大臣索额图等抵尼布楚城，与鄂罗斯国来使费要多罗额礼克谢会议。彼初犹以尼布楚雅克萨为所扩之地固执争辩。索额图等以鄂嫩、尼布楚系我国所属茂明安诸部落旧址，雅克萨系我国人阿尔巴西等故居，后为所窃据，细述其原委，开示之因，直斥其侵犯之非。

早在1606年，俄罗斯便与喀尔喀部的最西端的和托辉特部首领阿拉坦汗建立了联系。1619年俄罗斯在西伯利亚建立叶尼塞斯克城堡，接着建立克拉斯诺亚斯克城，大肆进行侵略扩张。随后俄罗斯势力进入贝加尔湖地区，与布里亚特蒙古部发生了激烈的冲突。正是在这个时期，茂明安、乌喇特等部离开鄂嫩河、尼布楚一带牧地，迁往

---

① 《蒙古回部王公表传》卷四〇、卷四一。详屈罗木图：《清代乌兰察布盟形成及相关问题考辨》，内蒙古大学博士学位论文，2017年。

② 胡日查、长命：《科尔沁简史》，第141、169—178页。

呼伦贝尔地方。俄罗斯势力趁虚而入，占据了尼布楚地区。说明俄罗斯势力的扩张，是其迁移呼伦贝尔的原因之一。茂明安部在外来势力的逼迫下，迁往本来就是科尔沁万户领地的额尔古纳河流域，从而才有了茂明安、乌喇特部众“呼伦贝尔是老家”的记忆。

又《清圣祖实录》卷二〇〇：

康熙三十九年秋七月乙卯，上又谕，鄂罗斯地方遥远，僻处西北海隅，……曩者遣人分划边界，即献尼布潮地以东为界。尼布潮等处，原系布拉忒、吴梁海诸部落之地，彼皆林居，以捕貂为业，人称为树中人。后鄂罗斯强盛，遂并吞之，已五六十年矣，即此允当轸念也。

至于《清圣祖实录》中关于尼布潮等地归属的这条记载，［日］和田清据《平定罗刹方略》的“鄂嫩、尼布楚系我国所属茂明安诸部旧址”的记载，认为《清圣祖实录》所记树中人就是乌梁海（兀良哈），布拉忒即乌喇特。①很明显，《清圣祖实录》中所说“布拉忒”，就是“布里亚特”的另写，并不是“乌喇特”的讹写。康熙皇帝对12年前与俄罗斯签订“尼布楚条约”的史事作如上回忆，而且这里与“吴梁海”林居捕貂人罗列一起，说明并不是乌喇特人，应该是指布里亚特人。鄂嫩河上游，肯特山西麓原本是兀良哈万户领地，科尔沁万户居民大部迁走，部分兀良哈捕猎者留在外贝加尔森林地区，与布里亚特蒙古人混居，这刚好是当时的情景。康熙帝称俄罗斯吞并尼布楚等地是距康熙三十九年（1700年）“五六十年”，也刚好在17世纪30—40年代。结合这些记载，可以推定茂明安等部离开原牧地是在17世纪20年代的事情。

关于科尔沁右翼遗落的信息，［英］约·弗·巴德利著《俄国·蒙古·中国》一书中引俄使斯帕法里1675—1677年出使中国的日记中有透露：“（1676）11月17日，我们走过略有丘陵起伏的平地，到达波格罗姆纳亚河。这条河所以取这个名字，是因为去年，即1675年，涅尔琴斯克的哥萨克伙同阿尔巴津的哥萨克曾在这里袭击并打垮了一支称为塔布努特的不向俄国纳贡的蒙古人，这些蒙古人曾多次侵犯沙皇的臣民。他们有三千人，游牧于乌德河流域。但自从这次‘波格罗姆’（屠杀）后，他们已经逃奔远方，现在他们在离鄂嫩河四十五俄里的草原上游牧。”②说明茂明安部归附爱新国后的40年，直到康熙十五年，公元17世纪70年代，还有科尔沁右翼的塔奔部的人滞留在原牧，并与侵入其领地的沙俄哥萨克战斗，遭受其屠杀。另据胡日查的研究，科尔沁右翼的新塔奔千户留在原牧地，成为布里亚特诸部中的塔布努特部。1689年，塔布努特诺颜在莫斯科与戈洛文谈判，答应成为沙皇臣民，被允准在色楞格河流域游牧。此后屡遭哥萨克欺凌，部分塔布努特人众逃入喀尔喀，其余则融入布里亚特，成为俄罗斯臣民。③

四、茂明安部部分部众叛逃至原牧地之信息

乌喇特部于天聪七年（1633年）归附爱新国；随后，茂明安部部长车根汗偕其叔

① ［日］和田清著，潘世宪译：《明代蒙古史论集》，商务印书馆，1984年，上册，第380—381页。
② ［英］约·弗·巴德利《俄国·蒙古·中国》，商务印书馆，1981年，下卷第二册，第1372—1373页。
③ 胡日查、长命：《科尔沁简史》，第98—101页。

父固穆巴图鲁暨诸台吉携户千余归附爱新国；翌年（1634年），茂明安部台吉杨古海杜棱、巴特玛戴青等继至。两个近亲部落先后归附爱新国，说明乌喇特部驻地靠前，茂明安驻地在其后。

天聪九年（1635年），茂明安部诺颜吴巴海达尔汉巴图鲁、吴巴赛都喇尔、洪珪噶尔珠、俄布甘卜库等倡首并带领部分人众脱离爱新国，返回原驻牧地——外喀尔喀鄂嫩河地方。爱新国皇帝皇太极派阿赖达尔汉率外藩蒙古兵追赶，在外喀尔喀极边、邻近喀木尼汉的地方追及他们，杀死为首诺颜，带回所俘获人口，顺便虏获了部分喀木尼汉人户及其首领叶雷。皇太极将俘获人口及牲畜赏给参加此次远征的外藩有功人员以及阵亡被创将士。

《满文原档》[1]第十册“日字档”第64页，天聪十年丙子二月档及第95—101页，天聪十年丙子三月档的满文原始记录[2]与《清太宗实录》所载关于茂明安部叛逃及追讨之两条记录相合，然其内容较《实录》详尽得多。

该二月档之二十五日条载有与《清太宗实录》天聪十年二月庚子条完全对应的满文记录，[3]显然是《实录》文字的原始出处。汉译如下：

天聪十年丙子二月档册

> 奉汗圣旨，阿赖达尔汉率外藩诸贝勒之蒙古人众，往追茂明安部逃人，至阿鲁喀尔喀极边地方，追及并俱获之。彼等所获数：户口二百三十，人口四百二十一，马一千七百九十一，驼一百二十。在追赶逃人之际，顺遇而获者为喀木尼汉之人家三十五，人口一百一十，马三百有五；席达里之人家五，人口一十六，马三十七。此信息于二十五日由奈曼洪巴图鲁属下阿邦和硕齐、四子部落达尔汉卓礼克图属下绰浓古英前来奏闻。

茂明安部部分人众究竟因何何时叛逃，史无确切记载。《王公表传》卷四十，《茂明安部总传》称天聪九年“乌巴海达尔汉巴图鲁、都喇勒叛逃喀尔喀”，并未说九年的几月。《清太宗实录》崇德元年五月乙巳条载：“阿赖达尔汉追毛明安下逃人至使鹿部落喀木尼汉地方，获男子十八人，妇女十一口来献。”说明阿赖达尔汉远征后的归期是崇德元年五月乙巳（1636年6月4日）。又《清太宗实录》崇德四年八月辛亥条载，皇太极定国公扎哈纳等罪时称：“昔毛明安逃已三月，令阿赖库鲁克达尔汉率外藩蒙古兵四百追至阿古库克特勒地方，斩其兵八百及从人千余，全获其妻子、牲畜。又征服叶雷部落，收取其人，阅八月始还。后叶雷遁去，席特库追至北海斩之，亦阅七月始还。”明确指出“毛明安逃已三月”，然后才下令阿赖达尔汉率兵追击。既然阿赖达尔汉用时八个月，于崇德元年五月乙巳（五月二日）回来，那他应该于天聪九年九月初奉命出征的，茂明安部众逃亡事件当在天聪九年六月发生。吴巴海等茂明安人于天聪

---

① 《满文原档》，台北故宫博物院授权，冯明珠主编，沉香亭企业社2006年出版。《满文原档》共10册，将清初所遗40册满文原档重新摄制微片后再转档印制，更完整、真实、清晰地再现了原档风貌，与台北故宫博物院1969年影印出版之《旧满洲档》不尽相同，其满文字体更大，原档涂改之处，一定程度上可以辨认。

② 该两份档案在拙文《清初茂明安部叛逃事件二则史料辨析》中作了详尽的语文学解读和汉译。载《中央民族大学学报》2019年第1期。

③ 《满文老档》（下）第1397页载有该段满文记录的汉译。《满文老档》，中国第一历史档案馆、中国社会科学院历史研究所汉译，中华书局，1990年。

八年九月归附爱新国，不知何因，九个月后便脱离爱新国逃亡了。

阿赖达尔汉率外藩诸贝勒之蒙古兵，追赶茂明安逃人直至外喀尔喀极边地方，并且顺便虏获了喀木尼汉人。《清太宗实录》中皇太极说阿赖达尔汉追至阿古库克特勒 Aγuu Köktöl地方，尚无其他史料佐证此地之方位，当在外喀尔喀与布里亚特交界地带。喀木尼汉，是布里亚特人对森林中使鹿部鄂温克人的称呼，其生活地域在贝加尔以东及东北西伯利亚森林地带，当与茂明安部驻牧地尼布楚河中游一带相交叉。阿赖达尔汉在此地追及茂明安逃人，说明这部分茂明安人由于某种原因，毅然返回了原驻牧地。

《满文原档》“日字档”第十册第95—101页，天聪十年丙子三月二十日，有一份赏赉追击茂明安逃人有功人员和阵亡及被创将士的原始记录，详细地记录了参加追击的蒙古各部兵员数目及种类，有功人员、阵亡及被创将士的名号，所属部落、所得赏赉数目等，由此可以较为完整地获知茂明安逃亡事件的最终结果。这段档案记录与《清太宗实录》卷二八天聪十年三月乙丑条的记载相对应，刚好与该档案所处位置——天聪十年三月二十日相吻合。[①]然而，《实录》的记载简略，《满文原档》的内容详实。汉译如下：

天聪十年丙子三月档册

茂明安所属吴巴海达尔汉巴图鲁，吴巴赛都喇尔，洪珪噶尔珠，俄布甘卜库倡首逃往阿鲁方向，阿赖达尔汉为首率领外藩蒙古国兵往追之。其兵丁数阿赖达尔汉自身甲兵七，佩带撒袋跟役六；扎鲁特部达尔汉巴图鲁之纳塔开，内齐所属戴青之甲兵五十，佩带撒袋跟役十，无械跟役二十二；巴林部满珠习礼所属巴特玛，阿玉锡所属莽赉之甲兵五十，佩带撒袋跟役一，无械跟役二十七；敖汉部班第额驸所属博奇袋，索诺木所属脱果，奈曼部达尔汉郡王所属阿邦之甲兵五十一，佩带撒袋跟役十二，无械跟役十四；达赖布彦图、海色巴图鲁之班步海甲兵五十，佩带撒袋跟役五，无械跟役三；四子部落达尔汉卓力克图所属齐诺、布寨之甲兵五十二，佩带撒袋跟役十五，无械跟役九；乌喇特部图门所属图冷，色棱所属图格尔，图巴所属达鲁携甲兵五十一，佩带撒袋跟役十三，无械跟役八；翁牛特部都棱郡王所属博古达噶达尔汉、达尔汉戴青所属阿塔喀携甲兵五十，佩带撒袋跟役九，无械跟役十五；茂明安部巴特玛所属鄂尔济、诺木齐、昂噶纳、库棱所携甲兵五十四，佩带撒袋跟役四十五，无械跟役一，总计甲兵四百十五，佩带撒袋跟役一百十六，无械跟役九十九。追及逃亡的茂明安，杀死为首诸贝勒大臣，将部众招降携来之。茂明安人众逃亡时，于该部边界抢夺马匹四百三十六，妇人四十。将此劫走之马匹夺回，以其半归入俘获数，另半还给原主。妇人还归其原夫。巴特玛之六十户，马六百三十七，索诺木之十一户，马三十三，驼三，垂穆朱尔之十四户，马四十五，驼四，肯哲科一户，马三，纳玛盖七户，马三十三，驼二，将此牲畜之半归入俘获，人众归原主。被杀诸贝勒所属十四户，马三百五十八，总计俘获数为马九百四十九，驼四十八，妇人三十七。从中挑选

① 《满文老档》（下）第1413—1418页载其全文汉译。

供进献者妇人六，马五十七，驼一，貂皮一百二十八张，猞猁孙皮端罩四，雕鞍三，大银盘一。赏给各旗从征大臣如下：阿赖达尔汉，茂明安部所属巴特玛二人各赏妇女二，马四。敖汉部所属博奇袋、脱果；奈曼部所属阿邦；扎鲁特部所属纳塔开、戴青；四子部落所属齐诺、布寨、达赖布彦图、班步海；巴林部所属巴特玛之莽赉；乌喇特部所属都棱、图格尔之达鲁；翁牛特部博古达噶达尔汉、阿塔噶等，各赏妇女一，马二。又赏齐诺妇女一。茂明安部所属鄂尔济、诺木齐、昂噶纳、库棱等各赏妇女一，马四。又赏鄂尔济妇女一。赏布塔齐妇女一，马一。赏墨尔根台吉马二。将被杀诸贝勒之家户十四，赏给敖汉部班第额驸，奈曼部达尔汉郡王，翁牛特部都棱郡王、达尔汉戴青，扎鲁特部达尔汉巴图鲁、内齐，巴林部满珠习礼、阿玉锡等家户各一、马二。赏给三部乌喇特家户各二，马四。赏给四子部落达尔汉卓力克图、达赖家户各二、马四。甲兵四百十五，每人各赏马一匹；佩带撒袋跟役一百一十六，每二人合给马一匹；无械跟役九十九，每三人合给马一匹。达尔汉卓力克图所属诺门、喀木，班第额驸所属萨奇尔、布克图，都棱郡王所属和你齐，茂明安之鄂尔济、吴库雷、苏克德依等以杀人之功，各赏妇女一。班第额驸属下浑津，索诺木属下喇布克，阿赖达尔汉属下恩克森，茂明安所属阿尔毕特胡、垂穆朱尔等以杀人之功，各赏马一。扎鲁特部所属戴青、博栋二人，以招降逃人携之归来，各赏马一。达尔汉卓力克图属下布颜岱，都棱郡王属下杨谷尔等因受枪伤，各赏给马二。都棱郡王所属鄂诺依以杀人受伤之故，赏马二。该都棱郡王属下奇塔特，达尔汉卓力克图属下布彦图，满珠习礼属下门杜黑等以受创伤，各赏马一。内齐属下一人，满珠习礼属下一人，以创伤身亡，各抚恤驼一、马二。**乌喇特部图门属下翁嘎岱，茂明安部所属肯哲科二人以作响导，各赏马二。**将剩余驼三十六，抵补疲羸丢弃之缺，给阿赖达尔汉驼二，阿玉锡之莽赉驼二，达尔汉卓力克图属下齐诺驼十二，达赖布彦图驼五，色棱属下达鲁驼二，都棱郡王属下博古达噶达尔汉驼五，达尔汉戴青属下阿塔噶驼三，索诺木属下脱果驼二，奈曼部达尔汉郡王属下阿邦驼三，茂明安部所属巴特玛驼二，此总计驼三十八。另外之驼，以及阿赖达尔汉之三马，齐诺之十一马，三十四驼，布彦图之九马，二十六驼，巴特玛之九马，六驼，莽赉之六马，十一驼，阿邦之七马，十五驼，博奇袋、脱果之十二马，十五驼，纳塔喀之七马，十三驼，戴青之六马，七驼，博格达噶达尔汉之十马，十八驼，阿塔噶之七马，十五驼，图冷之三马，六驼，图格尔之四马，五驼，达鲁之六马，十二驼，茂明安部巴特玛之十四马，十二驼，以倒毙丢弃之故，均以马匹折抵偿还。与茂明安逃人一同携来之喀木尼汉部叶雷所属男丁三十一，共计九十八口。将被杀人等之马匹妄称己属而擅取之故，夺回巴特玛所得人口，并依法治罪。因哄骗被杀者之妇人，取而与之，各罚布塔齐、巴雅尔图、阿尔毕特胡三人以九九之数。由进献之马驼内恩赏出征之大臣们：阿赖达尔汉马二、驼二、猞猁孙皮端罩二、雕鞍一、大银盘一。敖汉之博奇袋、脱果，奈曼之阿邦，各赏马一、三人合驼一。扎鲁特之纳塔开、戴青，二人合马三、驼一。巴林之巴特玛、莽赉，二人合马三、驼一。四子部落之齐诺马二、驼一，布寨马一，达赖布彦图马二、驼一；海色巴图鲁、班步海马一。乌喇特部图冷、达鲁、图格尔，各赏马一、三人合驼一。翁牛特部之博格达噶达尔汉马一、驼一，阿塔噶马二。**乌喇特部之翁嘎岱，茂明安部之肯哲科二位响导，各赏马一。**将此俘获，三月二十日，由阿什达尔汉舅舅，塔雅齐塔布囊二大臣前往西拉木伦之乌兰布尔嘎苏地方分给之。

这则档案较为完整地记录了阿赖达尔汉率领蒙古兵丁追击逃亡之茂明安人口的情况，出征蒙古部落及兵丁数目，详尽准确；所获人口牲畜数目及其分赏情况，笔笔在案。

出征蒙古部落及兵丁数目为：（1）阿赖达尔汉，属蒙古正黄旗，自带甲兵7，佩带撒袋跟役6，合计13。（2）扎鲁特部右翼色本、左翼内齐甲兵50，佩带撒袋跟役10，无械跟役22，合计82。（3）巴林部左翼满珠习礼、右翼阿玉锡甲兵50，佩带撒袋跟役1，无械跟役27，合计78。（4）敖汉部班第额驸、索诺木都棱及奈曼部达尔汉郡王甲兵51，佩带撒袋跟役12，无械跟役14，合计77；达赖布彦图、海色巴图鲁甲兵50，佩带撒袋跟役5，无械跟役3，合计58。（5）四子部落达尔汉卓力克图甲兵52，佩带撒袋跟役15，无械跟役9，合计76。（6）乌喇特三部图门、色棱、图巴甲兵51，佩带撒袋跟役13，无械跟役8，合计72。（7）翁牛特部右翼都棱郡王、左翼达尔汉戴青甲兵50，佩带撒袋跟役9，无械跟役15，合计74。（8）茂明安部巴特玛甲兵54，佩带撒袋跟役45，无械跟役1，合计100。以上总计630名，其中甲兵415，佩带撒袋跟役116，无械跟役99，与档案记录完全吻合。除了阿赖达尔汉所属蒙古正黄旗外，出征外藩蒙古来自阿鲁蒙古之四子部落、三乌喇特、翁牛特及茂明安本部；山阳左翼察哈尔敖汉、奈曼二部以及山阳五部喀尔喀之扎鲁特部左右翼及巴林部左右翼。嫩科尔沁诸部及阿鲁科尔沁部未派兵随征。

阿赖达尔汉等追及逃亡的茂明安部众，杀死为首诸贝勒大臣及部分随众，将剩余部众招降携来。在国舅阿什达尔汉和塔布囊塔雅齐的具体组织下，于天聪十年三月二十日，会盟于西拉沐沦之乌兰布尔嘎苏地方，将此次远征所俘获，作为皇帝的赏赐分配给出征将士以及出兵各部之首领。由此，茂明安部逃亡事件画上了句号。

与茂明安及乌喇忒原牧地相关的重要信息是担任此次追击任务的二位响导翁嘎岱和肯哲科来自乌喇特和茂明安部，各赏马二，后来还各补马一。响导来自乌喇特和茂明安，说明此二部原驻牧地相近，他们最为熟悉地理。

通过以上二则档案史料的解读与分析，我们可以对清初茂明安部逃亡事件有一个较为清楚的了解。茂明安部诸颜巴特玛戴青为首的一部分人众，晚于该部车根汗于天聪八年九月归附爱新国。九个月后，即于天聪九年六月，巴特玛戴青下的吴巴海达尔汉巴图鲁、吴巴赛都喇尔、洪珪噶尔珠、俄布甘卜库等诸颜倡首带领一部分茂明安部众，抢夺邻居部落人口牲畜，逃往茂明安部原驻牧地——鄂嫩河中游地区。茂明安部众逃亡三个月后，皇太极派遣蒙古正黄旗官员，喀尔喀籍的阿赖达尔汉，率领由阿鲁蒙古三乌喇特部、四子部落、茂明安部、翁牛特部，山阳五部喀尔喀之扎鲁特部、巴林部，山阳察哈尔左翼敖汉、奈曼部，总计630名甲兵及跟役，以乌喇特部和茂明安部的二位作响导，追及至喀尔喀极边地方，杀死为首诸颜大臣及部分随众，缴获户口二百三十，人口四百二十一，马一千七百九十一，驼一百二十。顺便收集路遇之其邻部喀木尼汉部人家三十五，人口一百一十，马三百有五；席达里之人家五，人口一十六，马三十七。其中包括著名的使鹿部喀木尼汉首领叶雷。阿赖达尔汉历尽艰险，阅八月始还。

至此，可以认为，茂明安部原驻牧地就在鄂嫩河中下游及尼布楚河流域一带。这是大蒙古国时期封给哈撒儿后裔的领地。随着16世纪20年代左翼科尔沁的南迁，科尔沁右翼诸部的牧地往东南呼伦贝尔一带伸展。17世纪30年代，随着阿鲁蒙古部落投附爱新国的潮流，科尔沁右翼诸部依次归附爱新国。据其投附时间顺序，可以推知阿鲁科尔沁部据地最靠前，其后是四子部，接着是乌喇特三部，最后是茂明安部。还有一些科尔沁右翼部落留居原地，逐渐融入俄罗斯，如塔布努特部。归附爱新国的科尔沁右翼诸部，最初安置在西拉沐沦河流域一带，参加了爱新国一系列战事后，四子部于顺治三年（1646年）被迁徙到阴山背后之西喇木轮河流域。15年后的顺治六年（1649年），乌喇特部西迁至穆纳山一带，茂明安部晚到康熙三年（1664年）才被迁至阴山北麓艾布盖河流域。这样，科尔沁右翼的三大部落被清廷异地安置在阴山北麓及穆纳山一带，以防范外喀尔喀与厄鲁特部的南进，最后成为清代乌兰察布盟的主要成员。

17世纪喀喇沁部游牧地变迁考*

萨出日拉图
（内蒙古师范大学）

喀喇沁是历史悠久的蒙古部，元代作哈剌赤，明代作哈喇慎，清代作喀喇沁。他的起源可以追溯到元代为皇室酿制黑马乳的钦察人。16世纪中叶，喀喇沁部在伯思哈勒昆都仑汗（明代汉籍记作把都儿、老把都、昆都力哈）统治时期取代永谢布万户，组成了新的哈喇慎万户。哈喇慎万户下辖哈喇慎本部，以及阿苏特、永谢布、东土默特和朵颜兀良哈等蒙古部。17世纪前期，强大的哈喇慎万户集团却惨遭瓦解并归附清朝，一部分被编入八旗，剩下的被组建成清代卓索图盟所辖各札萨克旗。在此过程中，哈喇慎万户各分支的游牧地发生了不小的变化。关于喀喇沁部的历史，学界做过非常详细且系统的讨论。①本文将在前人研究的基础上进一步探讨17世纪喀拉沁部游牧地变迁。

一、哈喇慎万户根据地“三间房”考

哈喇慎万户是在伯思哈勒昆都仑汗统治时期强盛起来的政治集团。所以探讨哈喇慎万户的游牧地变迁时应该追溯到昆都仑汗统治时期。昆都仑汗是达延汗孙，俺答汗弟，1510年生，②1571年明朝封都督同知，1572年去世。③他有五个儿子，亦即摆三忽儿威正台吉、斋三忽儿青把都儿台吉、哈不慎来三兀儿台吉、满五素矮儿克勿打儿汗

* 本文为内蒙古师范大学引进高层次人才科研启动经费项目“清代漠南蒙古西部区域历史地理研究”（批准号：2019YJRC038）成果之一。

① 乌云毕力格：《喀喇沁万户研究》，内蒙古人民出版社，2005年；《从十七世纪前半期的蒙古文和满文“遗留性史料”看内蒙古历史》，《内蒙古大学学报（哲学社会科学版）》1999年第2期、第4期，2000年第2期，2001年第2期，2002年第1期；《论东土默特蒙古》，《蒙古史研究》第8辑，2005年；《阿苏特蒙古的结局》，《青册金鬘——蒙古部族与文化史研究》，上海古籍出版社，2017年；[日]和田清：《东亚史研究——蒙古篇》；[德]魏弥贤：《关于1628年满洲—喀喇沁联盟的边注》，《蒙古史研究》第6辑，2000年；宝音德力根：《满官嗔—土默特部的变迁》，《蒙古史研究》第5辑，1997年；赵琦：《明末清初的哈喇慎与蒙古八旗》，《蒙古史研究》第5辑，1997年。

② 萨囊彻辰著，乌兰译注：《蒙古源流》，内蒙古大学出版社，2014年，第262页。

③《明实录》卷六九，隆庆六年四月己丑。

台吉、满五大七庆朝库儿台吉。[①]明末汉籍中有不少关于哈喇慎部游牧地的记载。根据前人研究，可知当时的哈喇嗔本部牧地分布在今河北省崇礼县东北部、沽源县及内蒙古正蓝旗和多伦县境内。在它的东南部一隅，今北京市怀柔县北、延庆县东、河北省赤城县东部黑河以东，以及丰宁县西南部是东土默特诸诺颜的根据地。河北省丰宁县西部和南部、围场县、隆化县境内的伊逊河、蚁蚂吐河一带，以及从平泉县西部到辽宁凌源县、建昌县一带，是当时东土默特诸塔布囊的牧地所在。喀喇沁台吉属下朵颜兀良哈诸首领的牧地大致以今内蒙古喀喇沁旗、宁城县北部为中心；东边到辽宁喀左县和建昌县北境一带；西边经过河北省隆化县东部，到丰宁县东部、滦平县北部；南边经过平泉县境，到承德县东南部一带。永谢布住牧大青山以北，今苏尼特草原一带，阿速特住牧永谢布领地之东。可见，学界对喀喇沁万户的游牧地范围有了比较清楚的了解。因此，本文仅对哈喇慎本部根据地"三间房"进行考证。

明代汉籍中对哈喇慎万户游牧地多有记载。王鸣鹤的《登坛必究》（1598年成书）在"顺义王达子宗派"中记载，"二代四子老把都，住独石后三间房……"[②]。瞿九思的《万历武功录》（1612年成书）记载，"昆都力哈，俺答同母弟也。逐插汉根脑及大沙窝三间房水草，旁近三卫。……青把都，始故授我指挥同知也。所居在大沙窝三间房，旁近赤城。……满五大亦名满兀带，盖昆都力哈第五子也。世与察罕通婚媾，以所居在大沙窝三间房也。"[③]上述文献记载说明"三间房"是老把都为首的哈喇慎本部根据地。根据上述记载还可以知道三间房在独石口边外，与朵颜三卫、明朝宣府镇赤城堡和蒙古察罕（察哈尔）部落相邻。此外，戚继光的《蓟镇边防》、米万春的《蓟门考》等明代汉籍，以及康熙朝《大清一统志》、金志章的《口北三厅志》、《清圣祖实录》等清代史籍也对该地留下了不少重要记载。通过这些记载可以确定该地的地理位置。《蓟镇边防》记载：

> 插汉根儿，在宣镇独石边外东北，有小山一座，三个山头，每山头盖庙一间，呼为白庙儿，宣镇呼为三间房，夷人呼为插汉根儿，蓟边遂因名之。本山前怀有旧城一座，不知其名。[④]

这里对三间房的环境作了简单介绍。据此可知，三间房的蒙古名叫插汉根儿，汉译作白庙儿。三间房是明朝宣镇汉人根据其地理环境特征起的名字。该地位于独石口东北。《蓟门考》还记载：

> 插汗根儿，番云即白庙儿，在独石东北。西虏若自插汗根儿向东南行约七十八里，至地名甘答苏太，再行七八十里，至地名石伯岭，行二日至地名满套儿。此满套儿乃犯石塘岭、古北口、曹家寨三路之总括也……
>
> 插汗根儿在独石东北，西虏自北南行即至地名甘他素，再南行至水可天克力，即元之官路房川。西犯滴水崖边马市口、作口墩，并白河、龙门所一带。正南犯渤海所、慕田谷并开连口一带。虏若自插汗根儿往东过潮河犯古北口，正南犯白

① 乌云毕力格：《喀喇沁万户研究》，第33页。
② 薄音湖、王雄：《明代蒙古汉籍史料汇编》第二辑，内蒙古大学出版社，2006年，第270页。
③ 薄音湖：《明代蒙古汉籍史料汇编》第四辑，内蒙古大学出版社，2007年，第146页。
④ 薄音湖、王雄：《明代蒙古汉籍史料汇编》第二辑，第564页。

马关，西南由毛哈气儿即汤河上稍南犯河防口一带。[①]

此文对插汉根儿的方位、交通、军事等作了详细描述。文中出现的甘答苏太、石伯岭、满套儿、水可天克力，毛哈气儿等地是锁定三间房（即插汗根儿）地理位置的重要线索。“甘答苏太”在插汗根儿东南七十八里处。据《大清一统志》记载：“噶尔达苏台泉，在牧厂（御马厂）东南，直独石口东北七十里。”[②]噶尔达苏台和甘答苏太是同一个地名的不同音译。该地在三间房东南，独石口东北。当在今河北省承德市丰宁县东北。石伯岭即木虎岭，下木虎岭即满套儿。[③]满套儿位于今河北省承德市丰宁县东南。[④]两地当不会很远。水可天克力是两条河名。“水可”是《大清一统志》所载。“里遂黑河，在牧厂（御马厂）东南界，土人名额伯里遂黑河，在独石口东南五十里，源出兴安山东南，流至龙潭会白河。”[⑤]水可或遂黑是蒙古语süyike的两种音译，意为“耳坠或探春花（süyike čečeg）”。该河是流经今河北省张家口市赤城县的黑河。“天克力”是《口北三厅志》所载“天圪力河源出平安铃洞儿沟，东南流入白河”[⑥]。天克力或天圪力则是蒙古语tngri的两种音译，意为“天”。该河是流经今河北省丰宁县杨木栅子乡的天河。“毛哈气儿”是汤河上游的蒙古语名。在今天河之东。由以上地名的考证可知，从三间房东南行，经甘答苏太、满套儿等地可达明朝蓟镇古北口。由此正南行，经水可河和天克力河可达明朝宣府龙门所。《大清一统志》记载：

白庙儿山，在牧厂（御马厂）东北，土人名布珠山。旧志，白庙儿山在旧开平东北，边人谓之三间房，土名插汉根儿，乃蓟宣通路。滦河经其北，东去密云县白马关四百里。[⑦]

据此可知，《蓟门边防》记载的有三个山头的那座小山名叫布珠山。布珠山上建有三座小庙，叫作插汉根儿、白庙儿或三间房。《口北三厅志》有相同记载。

《清圣祖实录》记载，清圣祖在康熙二十三年（1684年）和康熙二十七年（1688年）北巡期间曾路过“博哲博格图尔鄂莫地方”。这里的博哲博格图尔之“博哲”与“布珠山”之名颇为相似，只是该地是个湖泊（满语作“鄂莫”）。但据《大清一统志》载：“布珠泊，在牧厂（御马厂）东界，即白庙儿泊也。直独石口东北二百二十七里。”[⑧]这表明布珠泊在布珠山附近，山下有湖，湖畔有山的景观不难想象。博格图尔是《大清一统志》所载“布虎图尔山，在牧厂（御马厂）东北。直独石口东北二百三十里”[⑨]。显然也和布珠山、布珠湖相距甚近。因此，博哲与布珠、博格图尔与布虎图尔只是同一个地名的不同汉译。根据清圣祖康熙皇帝的北巡路线还可以进一步确定该地的地理位置。

康熙二十三年五月，康熙帝从北京启行，北出古北口，依次经过恩格木噶山、喀

① 薄音湖、王雄：《明代蒙古汉籍史料汇编》第二辑，第552页。
② （清）蒋廷锡：《大清一统志》卷三四三“牧厂”，第6页。
③ 薄音湖、王雄：《明代蒙古汉籍史料汇编》第二辑，第553页。
④ 谭其骧：《中国历史地图集》第7册，中国地图出版社，1982年，第46页。
⑤ （清）蒋廷锡：《大清一统志》卷三四三“牧厂”，第5页。
⑥ （清）金志节：《口北三厅志》，成文出版社，1958年，第37页。
⑦ （清）蒋廷锡：《大清一统志》卷三四三“牧厂”，第4页。
⑧ （清）蒋廷锡：《大清一统志》卷三四三“牧厂”，第6页。
⑨ （清）蒋廷锡：《大清一统志》卷三四三“牧厂”，第4页。

喇巴克什、鹳尔营、阿里木台、三道河、汤泉、苏贝昂阿柏尔车尔、库赫哈达、海拉苏台昂阿之上都毕喇、西尔哈莫林阿林等地到达博哲博格图尔鄂莫，再经过乌尔图布拉克，去到额尔通色秦，然后又经过乌尔图布拉克、博哲博格图尔鄂莫、哈玛尔昂阿、迤哈玛尔阿林、孟克昂阿等地到瑚尔希勒毕喇之后，再次回到博哲博格图尔鄂莫，接着经过昆都伦布拉克、图尔根伊扎尔毕喇、纳拉苏台、和诺忒、拜察、英尼汤泉、驽湖岱毕喇、舍尔图、乌喇岱、克勒昂阿、纳林郭尔、西尔哈乌里雅苏台、爱里昂阿、乌喇岱、森济图昂阿、柏敦昂阿、破濑噶山、森济图哈达、上都毕喇、恩格木噶山等地，八月，入古北口，回宫。[①]据此可知，康熙皇帝曾有三次路过博哲博格图尔鄂莫。为节省篇幅，这里仅对到达博哲博格图尔鄂莫前后路过的海拉苏台昂阿之上都毕喇、乌尔图布拉克、额尔通色秦、哈玛尔昂阿、迤哈玛尔阿林、孟克昂阿、瑚尔希勒毕喇、昆都伦布拉克、图尔根伊扎尔毕喇、拜察、乌喇岱等地进行考证，以确定博哲博格图尔鄂莫的地理方位。

海拉苏台昂阿之上都毕喇是《大清一统志》所载“榆河，在牧厂（御马厂）东界，蒙古名海拉苏台，直独石口东北一百四十里，源出永安冈，东流入上都河”[②]，位于今内蒙古锡林郭勒盟多伦县三道沟乡榆树林自然村榆树沟村附近。榆树沟旧名叫“大水泉子”。[③]博哲博格图尔鄂莫当在此地以北。

乌尔图布拉克是《大清一统志》所载“乌尔图布泉，在牧厂（御马厂）东，直独石口东北二百里”[④]，大概位于今内蒙古锡林郭勒盟多伦县黑山咀乡境内。

额尔通色秦是满语，意为额尔通河源。据《大清一统志》记载：“额尔通河，在牧厂（御马厂）东，直独石口东北一百五十里。源出万岁山，东北流至查汉城东南，入上都河。”[⑤]所以额尔通河源在万岁山。万岁山是《大清一统志》所载，“万岁山，在牧厂（御马厂）东，土人名尔几图阿尔宾俄蓝山，直独石口东北一百五十里。”[⑥]位于今内蒙古锡林郭勒盟多伦县大北沟乡境内。可能是该乡最高峰花塘沟敖包山（海拔1566.8米）。[⑦]

哈玛尔昂阿是河名、迤哈玛尔阿林是山名。据《钦定热河志》记载：“巴颜陀罗海围场在镶蓝旗东，燕子窝卡伦之北。西南则哈玛拉达巴汉，巴颜陀罗海河源出焉。”[⑧]哈玛拉达巴汉就是迤哈玛尔阿林。哈玛尔昂阿可能是巴颜陀罗海河的别名。位于今河北省承德市围场县石桌子乡碑梁沟村附近，即伊玛图河上游。

孟克昂阿在热河孟奎色钦围场。据《钦定热河志》记载：“孟奎色钦围场在哈朗圭围场之东，其北有孟奎达巴汉，孟奎河源出焉。”[⑨]位于今河北省承德市围场县大头山乡裕泰丰村附近。

瑚尔希勒毕喇是《钦定热河志》所载“库尔奇勒河，俗名小滦河，其水出兴安山

① 《清实录》，康熙二十三年五月甲申至八月戊申。
② （清）蒋廷锡：《大清一统志》卷三四三“牧厂”，第5页。
③ 《内蒙古自治区地名志·锡林郭勒盟分册》“地名录”，内蒙古自治区地名委员会，1987年，第134页。
④ （清）蒋廷锡：《大清一统志》卷三四三“牧厂”，第6页。
⑤ （清）蒋廷锡：《大清一统志》卷三四三“牧厂”，第5页。
⑥ （清）蒋廷锡：《大清一统志》卷三四三“牧厂”，第3页。
⑦ 《内蒙古自治区地名志·锡林郭勒盟分册》，内蒙古自治区地名委员会，1987年，第384页。
⑧ （清）和珅：《钦定热河志》卷四六，第22页。
⑨ （清）和珅：《钦定热河志》卷四六，第22页。

梁之阳，三支分引，过托霍隆和洛合为一，西南流会玛尼图卡伦、哈郎圭达巴罕、珠尔噶台、海拉苏台诸水，折而东南，会霍来郭勒、哈尔浑诸水，又噶拜卓索、阿鲁布拉克昂阿诸水复先后会之，合为一河，注于此（滦河）”[①]，即流经今河北省承德市围场县西部和隆化县西北部的小滦河。

昆都伦布拉克，位于今内蒙古锡林郭勒盟多伦县大河口乡公吉诺行政村坤头岭村。[②]

图尔根伊扎尔毕喇是滦河上游的一条支流。据《钦定热河志》记载："其水亦出兴安山梁之阳，逶迤西南流，锡喇札拜自北入之，又西南流，摩霍尔伊札尔自东南入之，汇注于此（滦河）。"[③]即流经今内蒙古锡林郭勒盟多伦县大河口乡的图鲁根河。

拜察是《大清一统志》所载“高凉河，在（克西克腾）旗西南五十里，蒙古名拜查。源出拜查泊，东北流入潢河”[④]，即流经今内蒙古赤峰市克什克腾旗芝瑞、万合永等乡的拜查河。

乌喇岱是《大清一统志》所载“乌拉岱河，在（翁牛特）右翼西北一百二十里，源出杨木岭，东南流经博多克图山，折东北流会獐河”[⑤]，流经今河北省承德市围场县朝阳湾镇。

由以上考证可知，康熙皇帝出古北口，向北行，经过海拉苏台河，到达博哲博格图尔湖之后，转向西南，经过乌尔图布拉克泉、去了额尔通河河源。然后，再回到博哲博格图尔湖，转向东南，经过伊玛图河上游的哈玛尔山、哈马尔河、孟克岭、孟克河等地，去了小滦河。而后，又回到博哲博格图尔湖，转向东北，经过昆都伦布拉克、图尔根伊札尔河、拜查河等地，前往乌拉岱河，最后回京。可见，博哲湖和博格图尔湖是康熙皇帝此次巡幸途中的一个重要中转站，它位于今内蒙古锡林郭勒盟多伦县上都河乡西南部的老北沟行政村境内。该行政村所辖前簸箕山、后簸箕山二村得名于其境内的簸箕山。[⑥]该簸箕山就是《大清一统志》所载布珠山。布珠山即《蓟镇边防》记载的有三个山头的小山。山头所建寺庙即白庙儿，明朝人叫作三间房，蒙古人叫作插汉根儿。《蓟镇边防》还记载，本山前怀有旧城一座，不知其名。该旧城应该就是今多伦县上都河乡驻地附近残留的元代东凉亭遗址。[⑦]东凉亭是元世祖忽必烈在上都以东建立的一座猎场。蒙古名叫“只哈赤八剌哈孙”，意为“渔人之城”，曾为元朝皇室酿造上供酒。[⑧]元代与东凉亭并称的，还有建立在上都以西的西凉亭，蒙古名叫“昔宝赤八剌哈孙”，意为“鹰人之城”。1315年，元朝改只哈赤八剌哈孙总管府为尚供总管府的同时在昔宝赤八剌哈孙设立了云需总管府。元代云需总管府在元朝退出中原以后演变成了永谢布万户。永谢布万户后来被哈喇慎万户取代。“喀喇沁”一名源于元代酿制黑马乳的钦察人的职业。只哈赤八剌哈孙又曾为元朝皇室酿造上供酒。还有传说称，

---

① （清）和珅：《钦定热河志》卷六九，第20页。
② 《内蒙古自治区地名志·锡林郭勒盟分册》“地名录”，内蒙古自治区地名委员会，1987年，第414页。
③ 和珅等敕撰：《钦定热河志》卷六九，第19页。
④ （清）蒋廷锡等：《大清一统志》卷三四七，克西克腾，第17页。
⑤ （清）蒋廷锡等：《大清一统志》卷三四六，翁牛特，第26页。
⑥ 《内蒙古自治区地名志·锡林郭勒盟分册》“地名录”，内蒙古自治区地名委员会，1987年，第418页。
⑦ 《内蒙古自治区地名志·锡林郭勒盟分册》“地名录”，内蒙古自治区地名委员会，1987年，第416页。
⑧ （明）宋濂、王祎：《元史》卷二四，至大四年六月丁卯。

喀喇沁蒙古姓氏“扎哈沁”起源于只哈赤八剌哈孙。①由此可以推断，只哈赤八剌哈孙就是喀喇沁部的发祥地，并且后来成了喀喇沁万户的根据地。

二、喀喇沁部归附爱新国初期的游牧地

16世纪中期到17世纪初期，喀喇沁本部一直在明朝独石口边外，以三间房为中心的草原上游牧。1627年，林丹汗西征，击溃哈喇慎万户，使蒙古政局风云突变。那么，这时遭到重创的喀喇沁诸诺颜、塔布囊都有怎样的动向呢？对此，《三朝辽事实录》《满文原档》《请初内国史院满文档案》等明清史料留有零散的记载。《三朝辽事实录》记载：

> 宣府报，插汉王子从原巢尚未起身，有哈喇慎家夷首带领小部夷帐房、牛羊、马匹，于（天启七年）三月二十三日从奢儿城搬移地方五喇哈哈住牧。我省台吉等亦于本月从奢儿城搬移地方亦地都一带四散驻扎。各酋联络以备虎酋等情。②

这里提到的“插汉王子”或“虎酋”是指林丹汗。“奢儿城”可能是蒙古语šir-a qota（黄城）的音译。地望不详。“五喇哈哈”应该是《大清一统志》所载，“五blue哈尔哈山，在（御马厂）牧厂西，直独石口北一百五十五里。”③五blue哈尔哈和五喇哈哈是同一地名的不同汉译。据“康熙皇舆全览图”，乌篮哈尔哈岭在哈郎归岭之东，库尔奇勒河（即小滦河）东岸。④位于今河北省围场县御道口乡。⑤1688年，康熙皇帝北巡至博哲博格图尔以后，又经过乌兰哈尔哈来到了伊玛图。伊玛图就是今滦河上游支流伊玛图河。故而康熙皇帝路过的乌兰哈尔哈与“皇舆全览图”注记的乌篮哈尔哈是同一个地方。这也证明《大清一统志》的记载有所偏差，应该更正为：“乌兰哈尔哈山，在御马厂东，直独石口北一百五十五里。”“我省台吉”可能是蒙古贵族尊号“uïjang tayiJi”的汉译。清代译作“委正台吉”。喀喇沁万户伯思哈勒昆都仑汗长子摆三忽儿号曰“威正台吉”。所以，我省台吉很可能是摆三忽儿后裔。“亦地都”见于《宣大山西三镇图说》“独石城图说”。该图在明朝独石口边外从东到西依次注记了旧开平、还州驿、还州城、永安城、亦地都等四城。⑥其中的旧开平是指元上都遗址，蒙古名“兆奈曼苏默”。还州是桓州之误，蒙古名“库尔图巴尔哈孙”，有二城。北为故城，是金代桓州遗址。南为新城，是明初的桓州驿。桓州驿在明初是开平西南第一驿。永安应该是明安之误。明安驿是明初开平西南第三驿，蒙古名“五篮城”。城西有元代的西凉亭遗址。亦地都则在明安驿之西。其地理位置与明初开平西南第四驿隰宁驿相符。隰宁驿蒙古名“齐龙巴尔哈孙城”，位于今河北省张家口市沽源县石头城村。

上述史料说明，林丹汗西征之前的1627年三月，喀喇沁本部就得到情报，从奢儿城迁到明朝沿边的乌兰哈尔哈山、隰宁驿等地避难。同年十月，林丹汗率察哈尔大部

---

① 近代著名蒙古学者、喀喇沁右旗人札奇斯钦先生就是这个姓氏的人。

② （明）王在晋：《三朝辽事实录》卷一七，《续修四库全书》史部，第418页。

③ （清）蒋廷锡：《大清一统志》卷三四三“牧厂”，第12页。

④ 《皇舆遐览——北京大学图书馆藏清代彩绘地图》，中国人民大学出版社，2008年，第8—9页。

⑤ 文平：《木兰围场研究》，九州出版社，2014年，第15页。

⑥ 薄音湖：《明代蒙古汉籍史料汇编》第十二辑，内蒙古大学出版社，2015年，第317页。

西征，在召城库库河屯击溃喀喇沁，土默特军队。继而麾师东返，降兀慎、摆腰、明安等酋。十二月，占据了喀喇沁本部游牧地旧开平所。[①]于是，失去牧地的喀喇沁诸诺颜不得不向爱新国遣使求援。1628年八月，拉斯喀布汗、不言洪台吉为首的喀喇沁部最终与爱新国建立了联盟。九月，喀喇沁汗拉斯喀布和洪台吉弼喇什（不言洪台吉之子。这时不言洪台吉可能已去世）率领万丹伟征、马齐塔布囊、耿格尔恰等首领，参加了爱新国出征察哈尔的军事行动。[②]此时，林丹汗在挨不哈河击败土默特、永谢布联军，进而侵杀鄂尔多斯兵马之半，陆续征服了右翼蒙古诸部，也迫使流离失所的喀喇沁诸诺颜归附了爱新国。

那么爱新国是如何安置喀喇沁本部诸诺颜的呢？乌云毕力格教授根据《满文原档》中有关天聪五年赏赐八旗蒙古人的史料，认为喀喇沁汗、洪台吉因不见于受赏名单中，所以他们直到天聪五年仍没有被编入八旗。还一直统领所属人马。[③]此外，《满文原档》有两条关于天聪汗遣官赈济喀喇沁人的记载，其拉丁文转写及汉译如下：

○ tere inenggi turusi. Omoktoi. Udahai. Sulkio. Sirin. Buyan. Ilemu./Bayan batur. Ere jakūn amban. Karacin I banjici ojorakū yadahūn be tuwame. Cilin I ergide duin. Yooju ergide duin/genehe.[④]

汉译：（天聪六年正月初七日）是日，图鲁什、鄂墨克图、乌达海、苏尔秀、席林、布彦、伊勒木、巴颜巴图鲁等八大臣为察看喀喇沁难以为生之穷困状况，四人去往铁岭方向，四人去往耀州方向。

○ karacin be fakū alinde usin terime dosino sehe bihe. Tarime wajici wajiha. Tarime wajiha unde oci/wajihiyame tarikini saikan olhome te.[⑤]

汉译：（天聪六年五月十一日）曾命喀喇沁人入法库山耕种。耕种完毕则已，若未耕种完，则令耕种完，仍谨慎防守。

引文中的cilin是指明朝建立的铁岭卫。[⑥]位于今辽宁省铁岭市。yooju是指明朝建立的耀州驿，位于今辽宁省营口市北。faku alin是指法库山，根据《大清一统志》记载："宽山，在（科尔沁）左翼前期东南一百二十里，蒙古名巴虎。"[⑦]巴虎是法库的不同汉译。位于今辽宁省沈阳市法库县。

从这两段记载可以推测，天聪六年在爱新国境内的铁岭、耀州集中居住着很多穷困的喀喇沁人。其中一部分喀喇沁人还被允许到法库山耕种。这表明归附爱新国的喀喇沁人虽然大部分被编入了八旗，但还没有被彻底瓜分。当时可以在爱新国境内大规模聚居的穷困的喀喇沁人很可能就是喀喇沁汗、洪台吉的属民。因此，喀喇沁本部诸诺颜归附爱新国以后，可能一度被安置在铁岭、耀州两地。到天聪八年才作为"在

① "中央研究院"历史语言研究所校印本明实录附录之一《明□宗□皇帝实录》，台湾中华书局，1962年，第59页。
② 《满文原档》第6册，第275页。
③ 乌云毕力格：《喀喇沁万户研究》，第166页。
④ 《满文原档》第8册，第55页。
⑤ 《满文原档》第8册，第167页。
⑥ 《满文原档》经常把铁岭记作"cilin"。
⑦ （清）蒋廷锡：《大清一统志》卷三四五，科尔沁，第5页。

内喀喇沁”被编入八旗，成为八旗蒙古的重要组成部分。哈斯巴根研究员最近撰文考察了归附爱新国以后的喀喇沁诸诺颜的牧地等问题。他认为，从天聪初年开始到崇德八年入关前，喀喇沁部黄金家族成员长期居住在宣府边外，极有可能就是居住他们在独石口边外的原游牧地。[①]但这一看法值得商榷。首先，林丹汗从1627年西征开始到1634年西迁之前为止，一直在宣府、大同边外地区活动。即使在1632年遭到爱新国征讨，逃往他处，也很快回到了宣、大边外。[②]因此，深受林丹汗侵害并归附爱新国的喀喇沁黄金家族的诺颜们是不可能在1627至1634年之间回到宣府边外住牧的。其次，1635年清朝编审喀喇沁壮丁，编设十一个旗后，喀喇沁黄金家族诺颜们被正式纳入八旗系统。所以，作为八旗蒙古的重要组成部分，也作为清朝与明朝之间的政治经济联系的中介，喀喇沁黄金家族诸诺颜在1635至1644年之间率领属民到宣府边外住牧或到八旗察哈尔牧地混居是顺理成章的事。哈斯巴根引用的史料均属于崇德年间的史料也证明了这一点。以上对喀喇沁本部诸诺颜的游牧地变迁进行了考述。下面再看看哈喇慎万户所属兀良哈塔布囊们的游牧地情况。

17世纪初期，朵颜卫兀良哈人主要生活在明朝蓟镇边外，西拉木伦河以南，敖木伦河上游以西，潮河以东地区。

1627年，林丹汗大举西征，喀喇沁万户所属兀良哈人一部分被林丹汗吞并，一部分四散逃走。逃散的兀良哈人当中，大首领苏布地都棱的动向最引人注目。因为他不仅是明代朵颜卫左都督花当长子的后裔，还是清代卓索图盟喀喇沁右旗札萨克始祖。据明代兵部档案记载，林丹汗西征时，苏布地逃到明朝境内居住了两年，期间还参加了爱新国西征察哈尔的军事行动。1629年，苏布地向明朝禀告要搬回旧住处暖太那木城。[③]而《满文原档》记载：

> ○ orin de jurafi jiderede. Sobodi dureng omuren/birai dalinde okdofi juwan ihan orin honin wafi/sarin sarilaha.[④]
>
> 汉译：（天聪四年二月）二十日，起行前来时，苏布第都棱迎于敖木伦河畔，杀牛十、羊二十进宴。

引文中的“omuren bira敖木伦河”是《大清一统志》记载的“大凌河，在（喀喇沁）左翼北五里，蒙古名敖木伦河。源出尾苏图山，东流至西喇哈达图山，又东北折入土默特右翼界，又东南入边为大凌河”[⑤]。亦即流经今辽宁省朝阳市喀左县、朝阳县、北票市等的大凌河上游河段。敖木伦河流域原来是察哈尔万户多罗特部牧地。1628年，爱新国以两次截杀遣往喀喇沁使臣为由出征多罗特部。结果，多罗特部的一部分被爱新国兼并，一部分投靠了明朝，牧地被爱新国占领。此次战役史称“敖木伦战役”。爱新国通过这次战役扫清了喀喇沁部之间的联系障碍。苏布地可能就是在这个时候从明朝境内迁出，进驻敖木伦河流域，归附了爱新国。所以，苏布地是比较早归附

① 哈斯巴根：《清代蒙古八旗口外游牧地考》，《清史研究》2021年第3期。
② 乌云毕力格：《明朝兵部档案所见林丹汗与察哈尔蒙古》，《五色四藩：多语文本中的内亚民族史地研究》，上海古籍出版社，2016年，第13页。
③ 乌云毕力格：《喀喇沁万户研究》，第75—78页。
④《满文原档》第6册，第428页。
⑤（清）蒋廷锡：《大清一统志》卷三四六，喀喇沁，第18页。

爱新国的喀喇沁塔布囊。其他喀喇沁塔布囊则迟至1629年爱新国用兵明朝期间才陆续归附爱新国。

天聪三年（1629年），天聪汗在出征明朝的行军途中遣书警告喀喇沁诸塔布囊不得抢掠降民，否则视为敌人，必斩无赦。①但是，爱心国军攻入明朝边境以后，喀喇沁诸塔布囊并没有听从警告，经常肆意抢掠明朝降民。②于是，爱新国方面再次警告喀喇沁诸塔布囊道，若奉汗命而来，可前往遵化朝见。若非奉命而来，令速返回故地。倘若不回，必调兵驱逐出境。③天聪汗亦遣书警告，尔等须严加约束部众，不得侵扰归降之民。若杀降民，必杀其杀人者以抵命。④由此可见，1628年喀喇沁与爱新国建立联盟以后，喀喇沁诸塔布囊的自主权仍很强。故而，爱新国不断申明约法，对其加强政治支配。从明朝班师后，天聪汗继续派遣使臣，加强对喀喇沁诸塔布囊的约束。如《满文原档》记载：

○ duin biyai ice sunja de simyanci yenu be karacin de elcin takūrahabi./takūraha gisun. Jasai jakarame tehe monggoi hoton be nikan de/gaiburahū./ark inure de soktofi. kederere niyalma de akdafi hoton/gaiburakū seme takūrahabi. Boi mejige be fonjici adulaha morin be/lioha be dofi juru kuju de/yoota age. Hooge age jifi/dobuha sere./han amala juwan de tucimbi sere ning Iowan I ergi de kelen gaimbi seme/hentumbihe sere.⑤

汉译：（天聪四年）四月初五日，自沈阳差叶努往喀喇沁，寄语曰，勿因沉湎酒饮，凭信巡逻之人而将沿边墙而居的蒙古之城使明人夺去。问及家信时答道，兆塔阿哥、豪格阿哥到朱尔库珠，使所有牧放马匹渡过辽河。随后，汗将于十日出行，往宁远一带捉生等语。

引文中提到的“Jasai jakarame tehe monggoi hoton沿边墙而居的蒙古之城”是指沿明长城一带喀喇沁塔布囊居住之城。如喀喇沁布尔噶都台吉驻守的罗文峪，⑥善巴驻守的大安口⑦等城。“juru kuju朱尔库珠”是康熙朝《皇舆全览图》在辽河和杨什穆河汇流处附近注记的jurhuju giyamun（朱尔呼朱站），即今辽宁省沈阳市新民市巨流河古城。由此可见，爱新国通过1629—1630年的军事行动，初次越过长城，对明朝进行军事打击以外，很快将养息牧河以西、长城罗文峪（靠近喜峰口）、大安口（位于古北口和喜峰口中间）边外地方的喀喇沁诸塔布囊及其领地纳入统辖范围之内。这时，林丹汗占据着喀喇沁本部旧牧地三间房一带及以西的蒙古地区，直到1634年去世。

三、清朝入关，设置围场及喀喇沁部牧地的变迁

1635年，爱新国编审喀喇沁蒙古壮丁，分设了十一个旗。其中的八个旗成为八旗

① 《满文原档》第6册，第327页。
② 《满文原档》第7册，第14、26、32页。
③ 《满文原档》第7册，第39页。
④ 《满文原档》第6册，第422页。
⑤ 《满文原档》第7册，第110页。
⑥ 《清实录》，天聪三年十二月己卯。
⑦ 《满文原档》第7册，第80页。

蒙古，剩下的三个旗发展成了外藩蒙古札萨克旗。这三个札萨克旗的游牧地最初应该包括敖木伦河以东，明长城喜峰口、古北口边外的喀喇沁诸塔布囊全部领地。《清初内国史院满文档案》记载：

○juwan ilan de. dergi hesei ashan I amba sereng. Nikan. [se de jakūn gūsai jakūn/baitasisa be adabufi] aisilakū hifena. Naige./fuka. Tulergi baitasi se. gulu suwayan I neodei. Gulu fulgiyan I okcom. Kubuhe/fulgiyan I ulabi. Gulu lamun I coski be gamame karacin. Tumet I beise. Tabunung/se be mailai gun olom【20】gebungge bade isabufi. Jin nan fu. Zeng ho zo. Ere juwe mudan i/cooha de komso genehe turgunde jai yaya weile be gemu gisurefi.……①

汉译：（崇德四年十一月）十三日，上命参政塞冷、尼堪，审事官希福纳、奈格、富喀，外审事官正黄旗下诺德伊、正红旗下鄂克绰木、镶红旗下吴巴里、正蓝旗下绰思济等召集喀喇沁、土默特部贝子、塔布囊等于迈赖衮鄂洛木会审锦南府、中后所两次出征中，出兵不足诸事宜……

这里记载了崇德四年（1639年）清太宗遣官到喀喇沁、土默特会盟审案的事情。值得注意的是，会盟地点在“mailai gun olom迈赖衮鄂洛木”地方。清代古北口驿路上的一个驿站名与该地相似，可能是同一个地方。该驿站在《大清会典》中记作“默尔沟”②,满文《理藩院则例》作“mei el geo”③。《中国历史地图集》在西白河源,七老图山附近注记的“美尔沟”即该地，④位于今赤峰市喀喇沁旗美林乡。清初在外藩蒙古会盟审案，一般选择各旗居中之地。那么这时的喀喇沁各札萨克旗领地仍应包括以今赤峰市与承德市交界一带的美林乡为中心的长城口外，敖木伦河上游以西，潮河以东地区。而且当时各旗可能还没有明确的边界。乌云毕力格教授也认为，至少在1642年年底以前，东土默特人仍在宣府和蓟镇边外活动。他们被安排到今辽宁省境内，大致是在清朝入关以后。⑤

那么清朝入关以后，喀喇沁各札萨克旗因何被安置到今赤峰市南部和辽宁省西北部的呢？笔者认为，这和清朝入关和设置围场有直接关系。

1644年，摄政王多尔衮率清军入关。同年，清朝迁都北京，开启了清朝入主中原，统一全国的历史序幕。为适应这一新的政治、军事环境，清朝内部进行了一系列调整，其中就包括八旗和外藩蒙古各札萨克旗领地的重新分配。研究表明，清朝在顺治初年将四子部落、乌喇忒、茂明安等旗从西拉木伦河流域迁到大青山北麓，为清朝抵御外喀尔喀蒙古的袭扰。⑥笔者从《清朝前期理藩院满蒙文题本》中找到一份满文档案，可以间接证明喀喇沁万户所属东土默特部也是在顺治初年从原来的住牧地迁到今辽宁省北部地区的。这份档案的拉丁文转写及汉译如下：

① 《清初内国史院满文档案译编》，光明日报出版社，1986年，第442页。
② 《钦定大清会典（嘉庆朝）》卷五十，叶十八。
③ 《钦定理藩院则例（满文）》卷三十二，叶一。
④ 谭其骧：《中国历史地图集》第八册，清时期，7—8直隶，1996年。
⑤ 乌云毕力格：《喀喇沁万户研究》，第155页。
⑥ 齐木德道尔吉：《四子部落迁徙考》，《蒙古史研究》第七辑，内蒙古大学出版社，2003年。《乌喇忒部迁徙考》，《中央民族大学学报》2006年第3期。

Gisurehe songkoi obu. /wesimburengge / ○ Tulergi golo be dasara jurgan taka daiselaha aliha amban gūsai ejen minggandari sei gingguleme/wesimburengge. Kubuhe suwayan I arašan I gūsai meiren I janggin unggai sei habšaha jalin, /unggai sei habšarangge, bejing de gurime jiheči ebsi meni gūsai nuktere monggoi/akū yadara urse be gemu jang jiya keo I duka šurdeme, čagan tologai de/tebufi usin tarime, moo unčame banjimbihe. Amala mergen wang, dukai šurdeme/tebuči aba tučihe de fačuhūn seme gemu hahir de guribure jakade, ere/aniya jeku ufarafi, yadara urse ambula jobumbi. Aikabade meni da ba dukai/šurdeme čagan tologai be/dergi boo I ulha I niyalma usin tarimbi seme burakū oči, gūrban I gol mudan I ba, aba/cooha tučike seme tubade isinarakū be dahame mende bureo sembi. Uttu ofi/jurgan I gisurehengge/enduringge hese, mergen wang ni fonde abalambi seme fafulaha babe gemu meni meni da ejete/de bu sehe be dahame gūrban I gol be kubuhe suwayan de buki sembi. Erei jalin/hese be baime gingguleme wesimbumbi. /Ijishūn dasan I juwanči aniya uyun biyai juwan ilan.[①]

汉译：依议赐给（批红）。题，署理理藩院尚书、固山额真明安达礼等谨奏，为镶黄阿喇善之旗副都统翁盖等控诉事。翁盖等控诉，迁来北京以后，令我旗移营蒙古贫民，皆居住沿张家口关之察罕托罗海地方，以种田，出售木材为生。后，睿亲王以沿边关而居则扰乱出猎为由，皆令迁居哈奇尔。然，今年粮食歉收，贫民痛苦不堪。若以我故地，沿边关之察罕托罗海地方已让皇家放牧之人耕种而不能赐予，请将出兵行猎均不能到达之古尔板果尔河湾地方赐予我们等语。因此该部议复，圣旨，将睿亲王时以行猎为由封禁之地，皆分别归还原主，据此将古尔板果尔地方赐予镶黄（旗）。为此请旨谨奏。顺治十年十月十三日。

首先需要解释该档案中的一些人名和地名。“Arašan阿喇善”是扎鲁特部人。《金轮千辐》记载他的世系为，喀喇巴拜之子喇思奇布岱青侍卫，喇思奇布之子阿喇善固山额真，阿喇善之子阿喇尼固山额真。[②]《国朝耆献类征》详细记载了他的生平。据记载，阿喇善在太宗年间随其祖喀喇巴拜归附清朝，隶镶黄旗满洲，崇德八年（1643年）擢镶黄旗满洲副都统，顺治七年（1650年）擢刑部尚书兼镶黄旗蒙古都统，顺治十二年（1655年）卒。[③]“unggai翁爱”是科尔沁部卓尔古特氏人。他在太宗年间归附清朝，隶镶黄旗蒙古，顺治九年（1652年）擢镶黄旗蒙古副都统，顺治十五年（1658年）卒。[④]“mergen wang”就是睿亲王多尔衮。[⑤]“jang jiya keo I duka”就是张家口关。“čagan tologai察汉托罗海”在张家口关外，《皇舆全览图》记作čagan tologūi dabagan（察汉托罗海岭），此地设有张家口驿路上的察汉托罗海站。[⑥]位于今河北省崇礼县石嘴子乡察汗陀罗村。“gūrban I gol mudan古尔板果尔河湾”是《口北三厅志》所载“古尔

① 《清朝前期理藩院满蒙文题本》卷一，内蒙古人民出版社，2010年，第43页。
② （清）答里麻：《金轮千辐》，内蒙古人民出版社，2000年，第194页。
③ （清）李桓：《国朝耆献类征初编》卷四二“卿贰”，明文书局，1985年。
④ （清）李桓：《国朝耆献类征初编》卷二六六“将帅六”。
⑤ 《清实录》（蒙古文）天聪十年四月丁酉。
⑥ 汪前进、刘若芳整理：《清廷三大实测全图集——康熙皇舆全览图》，外文出版社，2007年，第三排三号。

板果尔”，又名“三道河”，[①]位于今河北省崇礼县西湾子镇。“hahir”在《皇舆全览图》中出现过两次，且均被记作hahir bira哈奇尔河，一个在今内蒙古赤峰市阿鲁科尔沁旗境内，另一个是今河北省承德市丰宁县境内的潮河上游河段。[②]但是，今赤峰市境内的哈奇尔河当时已经是阿鲁科尔沁旗的辖地，所以绝不可能是上引档案中的哈奇尔地方，潮河上游的哈奇尔河才是上述档案所见哈奇尔地方。据此可知，清朝入关以后进一步为八旗划分了牧地。这时阿喇善所管镶黄旗蒙古游牧于张家口边外的察汉托罗海一带。睿亲王多尔衮摄政期间（1644—1650年），以住牧张家口关外会扰乱出猎为由，将镶黄旗蒙古迁到了独石口东南的潮河上游哈奇尔河一带住牧。顺治十年（1653年）又迁到察罕托罗海以东，独石口西南的固尔班果尔地方住牧。而潮河上游的哈奇尔河一带地方是17世纪初期的东土默特部根据地。[③]这说明，清朝入关后，将东土默特部原来的游牧地划分给了八旗，东土默特人再也不可能回到潮河上游的哈奇尔河游牧。另外，清代察哈尔八旗的左翼四旗在口外地区由“本部”和“分部”两部分组成。其“本部”就是独石口、张家口外的四个旗，“分部”则在四旗厅境内，即今河北省承德市丰宁县、隆化县。而且察哈尔左翼四旗的“分部”是在顺治年间由京中陆续派出的。[④]由此可知，清朝入关不久，将古北口边外的原喀喇沁万户所属东土默特部和部分兀良哈塔布囊的领地纳入清廷的直接管辖下并划给了察哈尔八旗。东土默特部应该是在这时迁到今辽宁省北部阜新县一带住牧的。

清朝初期还在喀喇沁塔布囊的领地上设置了著名的木兰围场。关于木兰围场的设置时间，学界提出过康熙二十年（1681年）[⑤]、康熙二十二年（1683年）[⑥]、康熙二十三年（1684年）[⑦]、康熙三十四年（1695年）[⑧]等不同看法。但是在康熙皇帝正式设立木兰围场之前，摄政王多尔衮在顺治初年就已经开始着手在喀喇沁塔布囊的领地上设置围场了。顺治七年七月，摄政王多尔衮以京城建都年久，地污水咸，效仿辽金元曾于边外上都等城为夏日避暑之地，拟建小城一座。以便往来避暑。[⑨]同年十一月，多尔衮因有疾不乐，率诸王、贝勒“前往围场”。[⑩]十二月，死于喀喇城。[⑪]由此可知，多尔衮摄政期间，曾想要建一座小城，用于避暑，该小城应该就是喀喇城，喀喇城周围有他行猎的围场。《清朝前期理藩院满蒙文题本》里的一份满文档案，对我们确定多尔衮的喀喇城和围场的位置提供了重要的线索。档案拉丁文转写和汉译如下：

---

① 《口北三厅志》卷七《蕃卫志》，成文出版社，1968年，第110页。
② 汪前进、刘若芳整理：《清廷三大实测全图集——康熙皇舆全览图》，外文出版社，2007年，第三排二号。
③ 乌云毕力格：《喀喇沁万户研究》，第106—108页。
④ 陈肖寒：《清代汤河围场述略——兼及直隶口外地区的察哈尔左翼四旗》，《盐城师范学院学报（人文社会科学版）》2018年第1期。
⑤ 《承德避暑山庄》，文物出版社，1980年。
⑥ 胡延荣：《木兰围场开创年代新考——康熙第一、二次北巡最北到今宁城境考实》，《昭乌达蒙族师专学报（汉文哲学社会科学版）》2000年第1期。
⑦ 刘文波：《康熙时期的清帝北巡与木兰围场设置问题探析》，《内蒙古师范大学学报（哲学社会科学版）》2021年第1期。
⑧ 玉海：《清代翁牛特右翼旗献地及木兰围场始置时间新考》，《吉林师范大学学报（人文社会科学版）》2019年第3期。
⑨ 《清实录》，顺治七年秋七月乙卯。
⑩ 江桥：《有关多尔衮史料选译》，《历史档案》1987年第3期。
⑪ 《清实录》，顺治七年十二月戊子。

Gisurehe songkoi unggi. /wesimburengge / ○ Tulergi golo be dasara jurgan taka daiselaha aliha amban gūsai ejen minggandari sei gingguleme/wesimburengge. /Hese be dahame yabure jalin. /Enduringge hese, jasei tulergi monggoi dači nuktehe babe, mergen wang abalambi seme fafulafi časi /bošoho bihe sere, te tere fafulaha babe meni meni da nuktehe ejete de amasi bu/sehebi. /Hese be gingguleme dahafi jurgan i gisurehengge, mergen wang abalambi seme sifengkeo duka be/tučime, karačin I during beile, sereng gung ni tehe barhan I bira, ūrguwe I bira I/babe fafulafi, during beile, sereng gung be časi aname tebuhe bihe. During/beile, sereng gung ni da tehe babe bume, meni jurgan I juwe aisilakū hafan be/tucibufi unggiki sembi. Erei jalin/hese be baime gingguleme wesimbumbi. /Ijishūn dasan I juwanči aniya uyun biyai ice ilan.[①]

汉译：依议派遣（批红）。题，署理理藩院尚书、固山额真明安达礼等谨奏，为遵旨办理事。圣旨，因睿亲王曾为行猎，将口外蒙古向彼处驱逐，封禁其原住牧之地，故今将此封禁之地分别归还原住牧之主等语。该部遵旨议复，睿亲王曾为行猎，出喜峰口关，封禁喀喇沁部杜棱贝勒、色棱公所居巴尔罕河、乌尔郭河之地，令杜棱贝勒、色棱公依次向后退居。为归还杜棱贝勒、色棱公原居之地，该部派出二员外郎，为此请旨谨奏。顺治十年九月初三日。

上引档案中出现的“during beile杜棱贝勒”是指喀喇沁右旗札萨克多罗杜棱贝勒固噜思奇布，天聪九年（1635年）爱新国授其札萨克，崇德元年（1636年）天聪汗封其为固山贝子，并赐多罗杜棱号，顺治七年（1650年）晋多罗杜棱贝勒，顺治十五年（1658年）卒。[②]“sereng gung色棱公”是指喀喇沁左旗札萨克镇国公色棱，天聪九年（1635年）爱新国授其札萨克，顺治五年（1650年）被封为镇国公，顺治十四年（1657年）卒。[③]“sifengkeo duka”即喜峰口关。“barhan i bira”是《大清一统志》所载“巴尔汉河，源出（喀喇沁）右翼南九十里，东南流会神水河，入老河”[④]，即今内蒙古赤峰市宁城县境内的八里罕河。“ūrguwe I bira”可能是《大清一统志》记载的“和尔和克河，源出右翼南一百十里，东南流经和尔和克阿惠山，入老河”[⑤]，即今宁城县境内的黑里河，此河在八里罕河之南，两河均流入老哈河。光绪三十三年绘制的《喀喇沁中旗[⑥]游牧图》在霍尔夥克河（即和尔和克河）和劳哈河（即老哈河）会流处北岸很形象地描绘了带有围墙的“哈拉城”（即喀喇城）[⑦]。这座哈拉城无疑是多尔衮为避暑而建的那座小城，也是他去世的地方。[⑧]由此可知，多尔衮摄政期间，将喜峰口关外

① 《清朝前期理藩院满蒙文题本》卷一，第37页。
② 《钦定外藩蒙古回部王公表传》卷之二，表第二，喀喇沁。
③ 《钦定外藩蒙古回部王公表传》卷之二，表第二，喀喇沁。
④ 《嘉庆重修一统志》喀喇沁，叶七。
⑤ 《嘉庆重修一统志》喀喇沁，叶七。
⑥ 喀喇沁中旗，是康熙四十四年（1705年）从喀喇沁右旗析出部分属民和土地而建立的札萨克旗，本文论及的顺治年间，该旗还没有成立。
⑦ Walther Heissig. Mongolische Ortsnamen. Teil Ⅱ. Wiesbaden: Franz Steiner Verlag GMBH, 1978. p.91-F10.
⑧ 值得一提的是，刘文波在《康熙时期的清帝北巡与木兰围场设置问题探析》一文中非常认真地论证了这个问题，且结论与本文相同。但他虽然提到本文引用的这份理藩院满文档案，却没有作进一步的释读。本文就此作了弥补。

的喀喇沁左、右二旗的八里罕河、和尔和克河一带牧地封禁起来，设置了围场。虽然顺治十年将这些牧地归还原主，但多尔衮为清朝在长城口外蒙古地区设置围场开了先河。后来，康熙皇帝1677年第一次北巡和1681年第二次北巡期间所到之地与多尔衮相同，1683年第三次北巡时才首次到后来的木兰围场之地避暑。说明，康熙皇帝设立木兰围场的过程中参考过多尔衮的计划。总之，清廷在长城口外的蒙古地区设置围场之举使得喀喇沁各札萨克旗牧地不断缩小。直至康熙三十四年（1695年），喀喇沁右旗和翁牛特右翼旗还在为木兰围场献出牧地。[①]最终，清代喀喇沁部及原属喀喇沁万户的东土默特部各札萨克旗游牧地固定在了卓索图盟范围之内。

小　结

喀喇沁万户是16世纪后期取代蒙古六万户之一永谢布万户而兴起的强大的政治集团。喀喇沁万户以“三间房”地方为根据地，活动于明朝宣府、蓟镇边外地区。三间房蒙古名叫“插汉根儿”，位于今内蒙古多伦县境内的簸箕山一带。该地有元代东凉亭故址。元代东凉亭蒙古名叫“只哈赤八剌哈孙”，是喀喇沁部的发祥地，后来成为其根据地。

喀喇沁部在17世纪跌宕起伏的东亚政治环境之下发生了翻天覆地的变化。游牧地的变迁就是其中一项内容。1627年，喀喇沁部遭到林丹汗的攻击，失去了根据地。次年，喀喇沁诸诺颜、塔布囊为了自保与爱新国建立了军事联盟，此后，他们经常参加爱新国的对外战争，爱新国也顺势加强对喀喇沁部的政治支配。1634年，林丹汗覆亡。次年，爱新国编审喀喇沁蒙古壮丁，编设了三个札萨克旗和八旗蒙古。这时的三个喀喇沁札萨克旗还保有蓟镇边外的喀喇沁诸塔布囊领地。

1644年，清军入关。在这一新的政治、军事条件下，清朝开始重新划分外藩蒙古各札萨克旗牧地和八旗牧地并设置围场，进行了大规模调整。这时的喀喇沁蒙古原来的牧地逐渐被占用，今承德市西部的东土默特部牧地划归八旗察哈尔，清中期成为四旗厅辖地，今承德市东部的喀喇沁部牧地设置了木兰围场。最后，喀喇沁各札萨克旗组成了卓索图盟。

① 玉海：《清代翁牛特右翼旗献地及木兰围场始置时间新考》，《吉林师范大学学报（人文社会科学版）》2019年第3期。

《蒙古家谱》作者罗密行迹考

郭怡馨
（安徽省滁州市审计局）
特木勒
（南京大学）

内容提要：雍正十二年八月，清朝派遣使团往准噶尔汗国。使团领队有三人：侍郎傅鼐、内阁学士阿克敦和副都统罗密。雍正十三年四月，使团带领准噶尔使者吹纳木喀回到北京。四月，傅鼐等人受到雍正皇帝赏赐。《蒙古世系谱》作者是罗密，作者序言所署时间是雍正十三年八月。笔者认为，《蒙古世系谱》的作者罗密就是雍正十二年秋至雍正十三年春出使准噶尔的罗密。

关键词：《蒙古家谱》；罗密；出使准噶尔

一、提 出 问 题

《蒙古家谱》上下两卷，作者罗密。学界一般也称此书为《蒙古世系谱》《蒙古族谱》。中国第一历史档案馆李保文先生从该馆发现罗密原著传抄本，在1996年在《历史档案》分两期刊布。上卷开篇说："清罗密传。其书首有《蒙古博尔济锦氏族谱序》，末题雍正十三年八月初一日。都统裔孙罗密谨序。"①李保文先生将这个抄本称为"罗本"，而将学界熟知的，"清乾隆四十八年（1783）八月，其裔孙博清额在罗本基础上重纂"的《蒙古博尔济吉忒氏族谱》称为"博本"。《汉译蒙古黄金史纲》末尾收录的是"博本"。好在"博本"里仍可以看到原作者罗密及其序文。

罗密是谁？有哪些生平事迹？蒙古史学者一直在试图回答这些问题。关于罗密的身世，《汉语蒙古黄金史纲》收录的《蒙古家谱》，贾敬颜先生做了考订，他说"罗密，字慎夫，喀喇沁部人，达延汗第三子巴尔斯博罗特八世孙，父达赉，官二等侍卫"，并考证出罗密的出身及父亲姓名与官职。王钟翰先生据罗密序言与博清额的序与跋断定，《蒙古家谱》作者为罗密，博清额仅为改订者，他还说"今检《清世宗实录》载雍正三年三月

① 《蒙古博尔济锦氏族谱》。

戊子（二十三日，即1725年9月29日），‘调直隶布政使罗密来京。以户部郎中德明、署理直隶布政使司布政使’与《家谱》序末所署之‘雍正十三年八月朔（1735年8月29日）都统裔孙罗密所序’亦无不合，两罗密似是一人”的观点，但仍无法确实：“惟署理直隶布政使之德明为满洲，而《家谱》之作者罗密为‘蒙古裔孙’，则此雍正三年从直隶布政使上调来京之罗密是否亦系‘蒙古’尚无明文记载，因此还不敢断言二者为一人。”[①]

冈田英弘则考证出罗密属正蓝旗蒙古统领的左翼参领第十三佐。[②]纳古单夫在两人研究的基础上，不仅解决了王文的问题，确认了二者为一人[③]，还利用《清代职官年表》《八旗通志》进一步考证了罗密的仕宦生涯[④]：康熙二十七年，其兄索诺穆故，由其继任佐领；据《清代职官表》载，后被革退，调任理藩院郎中；雍正二年甲辰十二月十日由理藩院郎中授直隶布政使；雍正三年乙巳八月廿三日召京；雍正五年十月被召京，任蒙古镶白旗副都统，十年十月被革；雍正十三年五月升蒙古镶红旗都统。而《八旗通志》的记录与《清代职官表》中略有出入：《八旗通志》记载罗密在雍正八年三月升蒙古镶白旗副都统；十年十一月被革职，又于十三年五月复授原职镶白旗都统；是年八月十五日完成了《蒙古家谱》原稿。又于乾隆二年二月继任镶白旗都统，三年十一月病休，此后再无记载。纳古单夫推测他或许是告老还乡了。[⑤]除此之外，纳古单夫还结合博清额乾隆四十六年秋八月的序“中郎逝矣……今四十奇一春矣”，推定了他生于康熙十至十四年之间，病逝于乾隆五年。[⑥]然而，纳古单夫一文章中对罗密仕宦生涯的考证却在其于“雍正十三年五月升蒙古镶红旗都统”至“乾隆二年二月继任镶白旗都统，三年十一月病休”之间，出现了近两年的空白。总之，关于罗密的生平事迹，“仍然有很多事情还不清楚”。

二、关于罗密“塞上出使”

1986年张羽新发表《阿克敦伊犁之行述评》，介绍了阿克敦使团的事迹。他提到了罗密其人，却未对罗密其人未予关注。[⑦]而纳古单夫在《关于〈蒙古博尔济吉忒氏族谱〉之作者及版本》一文中虽对罗密的生平进行了讨论，却也未注意到业已发表两年的张羽新的文章。实际上关于罗密生平事迹的线索仍然要从《蒙古世系谱》本身的内容——罗密和博清额所作的两篇序言——中寻找。在罗密的序中，有“欲述先人源流支派，以垂后祀，缘王事驱驰，未能如愿，今年逾耳顺矣”句。[⑧]这里说罗密曾经为“王事驱驰”，究竟是何意？按照我们的理解，应该是指受皇帝差遣的朝聘、会盟、

---

① 王钟翰：《〈蒙古世系谱〉作者及其它》，《蒙古史研究》1989年第三辑。
② 冈田英弘著，忽刺安译：《蒙古编年史与成吉思汗系家谱》，《蒙古学资料与情报》1985年Z1期。
③ 笔者查阅了吉林文史出版社2002年12月第1版的《钦定八旗通志》的卷三百二十四《八旗都统年表五》，其中还记载了另一位名为罗密的蒙古镶蓝旗副都统，但其人已于康熙四十七年三月过世，因此绝无再于雍正末年出使准噶尔或完成《蒙古世系谱》书稿的可能。
④ 纳古单夫：《〈蒙古博尔济吉忒氏族谱〉之作者及版本》，《内蒙古社会科学（文史哲版）》1988年第4期。
⑤ 纳古单夫：《〈蒙古博尔济吉忒氏族谱〉之作者及版本》，《内蒙古社会科学（文史哲版）》1988年第4期。
⑥ 纳古单夫：《〈蒙古博尔济吉忒氏族谱〉之作者及版本》，《内蒙古社会科学（文史哲版）》1988年第4期。
⑦ 张羽新：《阿克敦伊犁之行述评》，《新疆社会科学》1986年第2期。
⑧《蒙古博尔济吉忒氏族谱 蒙古黄史》，内蒙古大学出版社，2014年。

征伐等王朝大事，这篇序言作于雍正十三年八月朔，而雍正十年前后几年的大事，莫过于此前与准噶尔的战事以及战后的边界谈判。

清朝与准噶尔汗国之间的冲突可一直追溯到康熙朝中叶，到了雍正八年，噶尔丹策零“发兵来犯西路”①，雍正九年，“贼接踵而至，以全力向我北路进犯”②。雍正皇帝本来是有准备的。早在雍正七年，他就“命领侍卫内大臣三等公傅尔丹、为靖边大将军，北路出师。川陕总督三等公岳钟琪、为宁远大将军，西路出师”③，但因“岳钟琪身在军营全无布置”和“纪成斌益加不成体统，鲁莽庸懦，于贼来犯之时，惊慌失措，一筹莫展”④使得西路失利，而北路“傅尔丹信间言噶尔丹策零兵寡，遂出师”⑤。又在雍正九年六月的和通泊之战中惨败，“敌据险，攻之不克，移军和通呼尔哈诺尔。敌伏山谷，突起截战，蒙古兵溃，收满洲兵四千作方营，保辎重，退渡哈尔哈纳河。敌追至，傅尔丹还科布多”⑥。战事进行到雍正十年秋天，喀尔喀蒙古人额驸策凌在额尔德尼召（光显寺）取得大胜，扭转战局，使得噶尔丹策零在“被创之后，惧我军威，仍循其旧，远徙牧场，规避我军，显然暂且不敢再带部众来犯我境”⑦，并在雍正十二年十二月初五上表称“大皇帝安抚众生，我亦极为情愿，彼此意合”⑧，请求和议和划界。这才有了罗密的此次的出使任务。

博清额的序中亦言“罗公乃能于塞上出使之暇，问俗闻风，征其载遗，分晰支源”云。看来罗密确实有过“出使”的经历。那么罗密出使的“塞上”是什么地方呢？纳古单夫先生理解为“农村牧区”（ködöge nutuγ），笔者认为纳先生理解有误。之所以理解有误，是因为他没有参考《清实录》的史料。明清时期汉语语境中“塞外”经常泛指北方长城以外。但是博清额此处所用塞外是具体有所指的，那就是准噶尔汗国。《清世宗实录》雍正十二年八月丙午条记：

> 遣侍郎傅鼐、额外内阁学士阿克敦、副都统罗密前往准噶尔，谕台吉噶尔丹策零。谕曰：从前尔遣使特磊、奏闻尔父亡故。彼时朕即召入特磊。面降谕旨，详加开导，令将罗卜藏丹津送至，越二三载，并无回奏，故于两路驻兵，防守边界。尔乃遣特磊奏称、已将罗卜藏丹津拿送至，途间闻有兵至，故暂停解送，特遣人恳求指示。伏愿广兴黄教，爱惜生灵等语。朕即遣使臣杭奕禄、众佛保，同特磊前往巴尔库尔军营，与尔商议诸事。因朕躬违和。故未将特磊召见，令部臣传旨遣回。即有疑难不便之处，亦当彼此遣使议和。岂有轻动兵戈之理！特磊乃卑贱之人，未免捏词告尔，以图偾事。尔若果无动兵之心，为生灵黄教起见，则当向我国使臣恳切陈奏，乃并未接见使臣，猝然发兵，侵我巴尔库尔军营，抢去马匹，又发兵阿尔泰地方。彼时我国将军大臣、未行请旨，忽略轻动，致尔得利。

① 《军机处满文准噶尔使者档译编》第1件，《和硕康亲王等议奏先行派使至噶尔丹策零处晓以利害折》。
② 《军机处满文准噶尔使者档译编》第1件，《和硕康亲王等议奏先行派使至噶尔丹策零处晓以利害折》。
③ 《清世宗实录》卷七十九，丙辰条。
④ 《军机处满文准噶尔使者档译编》第1件，《和硕康亲王等议奏先行派使至噶尔丹策零处晓以利害折》。
⑤ 《清史稿》卷二一五，列传二，辅国襄愍公巴赛条下。
⑥ 《清史稿》卷二一五，列传二，辅国襄愍公巴赛条下。
⑦ 《军机处满文准噶尔使者档译编》第1件，《和硕康亲王等议奏先行派使至噶尔丹策零处晓以利害折》。
⑧ 《军机处满文准噶尔使者档译编》第8件，《噶尔丹策零为情愿息兵之事奏表》。

> 未几，尔兵侵我卡伦，我兵于苏克阿尔达胡地方迎战，尔遂收兵退去。次岁，尔复协力来扰喀尔喀游牧，被我师轻骑掩杀，战于厄尔得尼招地方，尔兵大败。今春我哨探兵丁至额尔齐斯地方时，尔游牧处人俱行遁匿，乌鲁木齐驻劄之人亦行移去。我两路将军大臣即欲尽驱雄兵，乘势进剿，朕悉谕令停止。朕为天下元后，惟以好生为本，并无将准噶尔必行剿灭之意，况得尔土地人民，于我大国亦何补之有？尔若执迷，不息兵戈，则我师更换驻防，毫无缺乏之虑，不过稍费粮饷耳。但如此相持日久，彼此皆劳，非徒士卒苦累，而马匹牲畜亦多损伤，是以朕心深为恻然。**今特遣使臣侍郎傅鼐、学士阿克敦、副都统罗密等前来宣谕朕意，与尔商议爱惜生灵，彼此罢兵之事**。若我大兵仍在尔游牧近处驻札，恐尔心生疑贰。今巴尔库尔军兵。因使臣由彼处遣往。故暂令守候驻札。其北路已抵阿尔泰军兵，俱撤至察罕叟尔。尔果欲遵旨罢兵，同享安逸，即与遣往之大臣明白定议。朕已将一切事务，面谕大臣，尔宜详思，如诚心知过，痛改前愆，乐遵朕旨，则朕将往事尽行宽宥，断不食言，至于是非利害，尔宜酌定。欲构兵，欲止戈，欲安逸众庶，欲残害生灵，亦惟尔择而行之。特谕。

这是雍正十二年八月雍正皇帝向准噶尔汗国派出的使团，带团的主要有三人：侍郎傅鼐、内阁学士阿克敦和副都统罗密。他们主要的任务是向准噶尔汗国的首领噶尔丹策零转达雍正皇帝的谕旨，商议关于“彼此罢兵”并划定边界的事宜。《清史稿·傅鼐列传》记录雍正皇帝“问傅鼐，傅鼐赞抚议。降旨罢兵，遣傅鼐偕内阁学士阿克敦、副都统罗密谕噶尔丹策零”云，[①]说的也是同一件事情。

笔者认为，雍正十二年八月带领使团出访准噶尔汗国的清朝使臣之一副都统罗密就是《蒙古世系谱》的作者罗密。罗密自己在序文中说他“幸能恪恭奉职，勉效驱驰。”博本说“出使塞上”，“王事驱驰”云，是有具体内容的，也就是作为雍正皇帝的使臣出访准噶尔汗国，应该没有疑问了。前辈学者只是因为没有注意到罗密和博清额序文的具体表述与《清世宗实录》清朝派往准噶尔使团的记录进行关联考察。

现在我们要继续追问的是，罗密等人出使准噶尔汗国的具体情况如何？往返具体日期是否有更多的记录？会谈结果如何？令人倍感欣慰的是，中国第一历史档案馆所藏清朝军机处满文夷使档中有幸留下了宝贵的记录。

三、夷使档所记关于罗密出使准噶尔的情况

赵令志先生和郭美兰先生将清朝军机处608件夷使档汉译，题为《军机处满文准噶尔使者档译编》出版，为学者利用这批档案提供了极大的方便。笔者将相关几条满文档案试着进行拉丁转写，连同相对应的汉译文进行了对读。从中我们可以了解关于傅鼐和罗密出使的更多的细节。

《军机处满文准噶尔使者档译编》第4件档案题为《雍正帝为遣使议休兵事颁降噶尔丹策零之敕谕》，这是其中第一次出现关于傅鼐和罗密等人出使的记录。

① 《清史稿》卷二九一，列传七十八。

hūwaliyasun tob i juwan juweci aniya, funai se genere de gamaha g'ldan cering de wasimbuha hese. jun gar i taiji g'ldan cering de wasimbuha: ……uttu ofi, te cooha ashan i amban funai、ashan i bithei da akdun、meiren i janggin lomi sebe elcin obume takūrafi, sinde acafi, mini gūnin be neileme ulhibufi, ishunde coohalara be nakafi, geren ergengge be enteheme jirgabure babe gisurekini sehe unggihe.……eri jalin cohome wasimbuha.

雍正十二年，傅鼐等前去时往颁降噶尔丹策零敕谕。敕谕准噶尔台吉噶尔丹策零：……是故，特以侍郎傅鼐、内阁学士阿克敦、副都统罗密等为使，前去见尔，宣谕朕意，与尔商议彼此罢兵，以永安众生。为此特谕。

cooha ashan i amban funai、ashan i bithei da akdun、meiren i janggin lomi分别对应兵部侍郎傅鼐、内阁学士阿克敦、副都统罗密。这件档案只是注明雍正十二年，没有具体日期。《清世宗实录》雍正十二年八月丙午有记录。

雍正十三年（1735年）二月十八日，尚在回程途中的傅鼐和罗密等人向雍正皇帝奏报了出使和会谈的情况。《军机处满文准噶尔使者档译编》第18件档案题为《侍郎傅鼐等奏报与噶尔丹策零等商谈定边等情折》，提供关于这次出使的非常详尽的信息。

hesei jun gar i taiji g'ldan cering de takūraha isha i amban amban funai sei gingguleme wesimburengge, g'ldan cering ni baru baita gisurehe babe donjibume wesimbure jalin. amban be hūwaliyasun tob i juwan juweci aniya jorhon biyai ice uyun de ili bira de isinara inenggi, jaisang teli、coinamk'a、batumungke、orin funcere ūlet be gaifi okdome jifi alarangge.……juwan juwe de telei se jifi alarangge, meni g'ldan cering elcisa be cimari accafi, hese bithe be afabukini sehe. ……juwan ilan de telei se jifi amban membe yarume g'ldan cering ni tehe boode isinaha manggi, amban be hesei bithe be gingguleme tukiyeme jafafi, g'ldan cering de afabume de ini hanci tehe niyalma alime gaifi ulame g'ldan cering de afabuha. g'ldan cering wargi ergi be jorime teki sehede……tofoho de acaha de……g'ldan cering bi hesei bithe be tufaha manggi, jai gisureki sehe bihe, tuttu ofi suwembe enenggi jikini seme gajiha. meiren i janggin、jargūci suweni juwe nofi julesi tefi, ice hesei bithe telei genehede gajiha hesei bithe be menyen menyen i hūla, bi mini babe sume gisureki sefi……juwan ninggu de jaisang coinamk'a se amban meni tatan de jifi alarangge, meni g'ldan cering ni gisun, hesei bithe be tuwaha, sain baita de jihe be dahame elcin ambasa de honin bele i jergi jaka be bejikini seme.……juwan uyun de jaisang coinamk'a se jifi, meni g'ldan cering ni gisun, elcin jifi hesei bithe be afabuha, baita be inu gisurehe de hūwaliyame acaha ba dahame, elcisa de emu erin i buda ulbuki seme membe takūraha sehede……

orin jakūn de coinamk'a se jifi alarangga, meni g'ldan cering ni gisun, enenggi elcin nirugan be gamfi baita be gisureki……orin uyun de, g'ldan cering jaisang ubasi、ūljei、orosihū、telei batumungke sebe takūrafi amban meni tata de jifi……

gūsin de jaisang coinamk'a amban meni tata de jihe manggi, amban be sikse jaisang ubasi se jifi meni g'ldan cering ni gūnin ūlet sebe altai mulu be dababurakū……

jai inenggi, jaidzang[①] ubasi se amban meni tata jafi ini dain oki seme gisurehe waka be alime arki gajifi hūntahan jafaha. aniya biyai ice sunja de amban membe jurambure, doroci gamafi, g'ldan cering ini wesimbure bithe be hūlame donjibuha……erei jalin donjibume gingguleme wesimbuhe. hūwaliyansun tob i juwan ilanci aniya juwe biyai juwan jakūn de wesimbuhe.

钦差前往准噶尔台吉噶尔丹策零处之臣傅鼐等谨奏，为奏闻与噶尔丹策零所议之处事。臣等于雍正十二年十二月初九日行抵伊犁河之日，宰桑特磊、吹纳木喀、巴图蒙克率二十余名厄鲁特来迎……十二日，特磊等前来告称，我等之噶尔丹策零称将于明日会见使臣等，彼时再转交谕旨……十三日特磊等来引臣至噶尔丹策零之住所后，臣等钦捧敕谕，交付噶尔丹策零时，其近侍接收转交噶尔丹策零阅览。噶尔丹策零令臣等西边就坐……十五日晤面……噶尔丹策零曰：吾曾言阅过谕旨再议，故今日请尔等来。副都统、理事官尔等二人面南而坐，将新颁谕旨及特磊去时至赍谕旨一一宣读，吾且做解释……十六日宰桑吹纳木喀等来至臣等住处告称，我等之噶尔丹策零云，敕谕已阅，既为和好事来，相应给为使大臣等送日用羊、米等物……十九日宰桑吹纳木喀等来称，我等之噶尔丹策零云，使臣等来，已递敕谕并议事，兹已和好，相应宴请使臣等一次，故遣我等前来……二十八日吹纳木喀等来称，我等之噶尔丹策零云，本日请使者赍图前往议事。二十九日，噶尔丹策零遣宰桑乌巴什、乌勒哲依、额罗西胡、特磊、巴图蒙克等来臣之住所云……三十日，宰桑吹纳木喀来臣之住处后，臣等告之曰昨日宰桑乌巴什等来，称我等之噶尔丹策零之意，令厄鲁特等不越过阿勒泰山麓……翌日，宰桑乌巴什等来至臣等之住所，就其用兵一语认错，举杯敬酒。正月初五日，以饯行礼，请臣等前往，噶尔丹策零宣读其奏书……为此谨遵奏闻。雍正十三年二月十八日奏。

这份满文奏折是傅鼐于雍正十三年二月十八日呈交的。在奏折中，傅鼐详细地汇报了本次出使与准噶尔方面交涉的情况。使团于雍正十二年十二月初九日抵达了伊犁河。准噶尔汗国方面派出了宰桑特磊、吹纳木喀、巴图蒙克等人，带领着二十余人迎接他们。在准方将他们送到住处后，使团询问了转交诏书的时间，但未得到明确的答复。十二月十二日，特磊等人来通知使者们次日即十三日将举行会见，使者可在此时将谕旨转交。出于谨慎考虑，使者不能亲手交付，使团对此表示了理解。十二月十三日，会见举行。使团交付了敕谕及礼品，并简述了来意。噶尔丹策凌表示容他阅后再议。十二月十五日，再次会面。噶尔丹策凌首先问候了班禅与达赖，随后请副都统罗密与理事官面南而坐，宣读了特磊返程时所带与使团本次出使所带的两份谕旨。双方围绕罗卜藏丹津的遣送、使臣迎候、巴里坤军营马匹被夺、受封、编设旗佐、确定边界等事宜上进行了多轮交涉，由于分歧过大，会议在不甚友好的氛围中结束。十二月十六日，吹纳木喀等人为使团送来米、羊等日用补给。双方围绕上次会面的议题，尤其是确定边界一项私下交换了意见。十二月十九日，吹纳木喀等人请使团赴宴。席

① 宰桑一词的拉丁转写，上下文均为jaisang，仅此处为jaidzang，或为笔误。

间，使者们与噶尔丹围绕在京藏传佛教僧人及雍正皇帝对经书的态度进行了简单的交流。十二月二十八日，吹纳木喀等人请使团携地图于噶尔丹策零家中举行会见。双方围绕确定边界、遣送罗卜藏丹津、以往扣留的使者等事宜进行了更深入的沟通。十二月二十九日，噶尔丹策凌派遣宰桑乌巴什、乌勒哲依、额罗西胡、特磊、巴图蒙克等人至使团住所，双方就确定边界的问题充分但不愉快地交换了意见。期间，准噶尔汗国的宰桑乌巴什等人发表了过激言论，会谈在剑拔弩张的氛围中结束。十二月三十日，吹纳木喀前来拜访使臣。在得知乌巴什前日言行后，吹纳木喀表示这仅仅是乌巴什的个人行为，不能代表准方意见，双方就上次会面的议题进行了再次沟通。十二月三十一日，也就是除夕这天，乌巴什至使团住处，为之前的过激言论表示歉意，并敬酒一杯。雍正十三年正月初五日，噶尔丹策零为使团饯行。双方在有关遣送罗卜藏丹津和划定边界的问题上仍未达成一致。至此，傅鼐和罗密使团在准噶尔方面的活动已经基本结束，只待回京复命。

傅鼐和罗密等人回北京的时候，带来了准噶尔汗国的使臣吹纳木喀等人。《军机处满文准噶尔使者档译编》第22件《侍郎傅鼐等奏报办理使臣吹纳木喀等进京事宜情形折》，应该是使团回到北京以后傅鼐等人给皇帝奏折。这个奏折详细记录了使团回程的情况。

> hūwaliyansun tob i juwan ilanci aniya ilan biyai juwan emu de. ashan i amban amban funai sei hese i ginguleme wesimburengge: ……amban be elcin coinamk'a sebe gaifi, juwe biyai orin duin de bar kun i coohai kūwaran de isinjiha.……ashan i bithei da akdun、meiren i janggin lomi、elcisa be gaifi, orin jakun de bar kun ci jurafi, si an jugūn deri gineki……

> 雍正十三年三月十一日。侍郎臣傅鼐等谨奏，为奏闻事：……臣等带领使臣吹纳木喀等，于二月二十四日至巴里坤军营……内阁学士阿克敦、副都统罗密带使臣等，于二十八日自巴里坤起程，取道西安路前往……

上面这段文字是《夷使档》中的《侍郎傅鼐等奏报办理使臣吹纳木喀等进京事宜情形折》的节选，中间详细描述了使团与准方使臣到达巴里坤军营后对返京时间与路线的具体安排。清朝使团与准方使臣吹纳木喀等人于二月二十四日抵达巴里坤军营。傅鼐等人与大将军查郎阿商议后，决定分为两路：一路侍郎傅鼐沿边境先行返京；一路由阿克敦、罗密等带领使臣吹纳木喀等人二十八日从巴里坤启程，取道西安路，到达肃州后将使臣吹纳木喀、诺惠尼及十三名随从遣往京城，其余七人由总督刘于义安排进行贸易。

雍正十三年四月二十一日，[①]罗密和阿克敦等及其带领的准噶尔使团回到北京。四月，在筹备接见准噶尔使臣期间，雍正皇帝赏赐了傅鼐和罗密等使团的所有成员。《军机处满文准噶尔使者档译编》第38件题为《谕著赏给派往准噶尔地方侍郎傅鼐等银两》记录了傅鼐和罗密等人因出使立功受奖的情况：

---

① “准噶尔使臣等于本月二十一日抵达”。《军机处满文准噶尔使者档译编》，中央民族大学出版社，2009年第一版，第31件《军机处为备办宴筵准噶尔使臣事咨膳房文》，第840页。

hūwaliyasun tob i juwan ilaci aniya duin biyai orin duin de hese wasimbuhangge: jun gar i bade takūraha ashan i amban funai sebe, kemuni jun gar i bade takūrara be dahame, ashan i amban funai、meiren i janggin lomi、ashan i bithei da akdun、aisilakū hafan ioi boo de niyalma tome menggun emte minggan yan, dahame genehe gabsihiyan itene、bošokū badai de niyalma tome menggun juwete tanggū yan, gisun ilan kutule de niyalma tome susaita yan menggun, šangnafi dasatakini. sehe. erebe bithe arafi doron gidafi, booi amban yamun i bithesi faboo de afabufi menggun gaifi ambasa, tuwame šangnaha.

雍正十三年四月二十四日奉上谕：派往准噶尔地方之侍郎傅鼐等，既曾派往准噶尔地方，相应赏侍郎傅鼐、副都统罗密、内阁学士阿克敦、员外郎玉保每人银一千两，随行之前锋伊特纳、领催巴岱每人银二百两，三十三名跟役每人银五十两，用于整治行装。钦此。将此文缮印，交付内务府笔帖式法保支取银两，相应赏之。

雍正十三年四月二十四日，雍正皇帝下令，由内务府笔贴式支取银两，对曾出使准噶尔的使臣及其随从人员进行嘉奖的一份谕旨。文中记载，因曾出使准噶尔，侍郎傅鼐、副都统罗密、内阁学士阿克敦、员外郎玉保等四人，各赏银一千两；前锋伊特纳、领催巴岱等二年各赏银二百两；其他三十三名跟役，各赏银五十两。罗密序文说："幸能恪恭奉职，勉效驱驰，皆沐圣代隆恩，有加无已。"这次因出使立功而获得赏银一千两，也是"圣代隆恩，有加无已"的一部分。

四、结　论

罗密《蒙古家谱》所反映的主要是归附清朝的蒙古黄金家族后裔的身份认同。联系到雍正十二年到十三年出使，重读罗密序文，可以有生动而深刻的理解。罗密追溯康熙到雍正皇帝对蒙古贵族的"隆恩"说："蒙圣主仁皇帝开兴废继绝之恩，收纳豢养，特遣官兵，复其三汗故号，封众诺音为王、贝勒、贝子、公、查萨克、台吉等有差。又为分旗分佐领以处之。御驾亲征，灭噶尔旦，使喀尔喀各归故地。数十年来，仰蒙皇恩，复其本业，坐享生平，子孙繁衍，部众赋盛，向之所谓七旗，今已七十旗矣。"清朝在康熙时代战胜准噶尔汗国夺回了喀尔喀蒙古大部分地区的控制权。罗密对此当然非常清楚。喀喇沁蒙古人罗密，作为清朝使臣出使准噶尔，对于自己作为清朝统治下东蒙古贵族的归属感更加清晰了。至正二十八年（1368年），元朝退居漠北以后，瓦剌曾经强势兴起，蒙古黄金家族屡遭挫辱，这就是罗密所说"蒙古自出边，屡遭威勒忒之变"。这些毕竟还只是时代遥远的历史。但是雍正十二年的出使，耳闻目睹，看到了真切的对手。这次出使准噶尔对于《蒙古家谱》的撰写或成书可能产生了影响。雍正十三年四月出使回京，八月《蒙古家谱》成书，应该不是偶然的。罗密与准噶尔人之间有哪些对话，这些对话又对他产生了怎样的触动和影响，应该是《蒙古世系》文本的研究的重要内容。

不同文献与清前期扎鲁特右翼旗札萨克贵族及其家族

乌云格日勒
（内蒙古大学）

清代盟旗制度的核心是清朝通过确保蒙古王公贵族的权威性、特殊性，以稳定地方，最终达到巩固和强化王朝统治的目的。而占据该制度中心位置的是札萨克，札萨克身兼最高职务和爵位，权倾一方，可谓当地最风光的权威者。札萨克权威的确立，是通过其对一旗的有效管理和统治体现，而其有效管理和统治，是决定这一旗统治阶层稳定与否的关键因素之一。

有清一代，一旗之长——札萨克是如何承袭的，其家族又如何繁衍生息的？札萨克及其家族的历史，不仅是探究一旗政治生活的主要内容，也无疑与清代政治制度史、蒙旗社会史、蒙旗人口史高度关连。

一、清代蒙旗札萨克贵族相关文献概况

研究札萨克家族以及蒙旗王公贵族，可利用的传世文献为数众多，可将其归类如下。一是档案文书，包括蒙古文、满文、汉文档案；其中蒙古文档案，就清代内札萨克6盟49旗而言，留存的并不多，而且留存的并不均衡。据目前所知，卓索图盟各旗留存档案数量最为众多，其次是伊克昭盟各旗档案，而其他4盟诸旗档案，或是个别蒙旗档案系统性留存，或是数量不多且零星存留。这些档案，大部分收藏于内蒙古自治区档案馆，一部分收藏在盟市、旗县档案馆，哲里木盟十旗、昭乌达盟部分蒙旗相关档案则收藏在辽宁、吉林、黑龙江等省省级、市县级档案馆。满文、汉文档案则多收藏于中央、省市档案馆、图书馆。当然，一部分档案早已散落于民间。在讨论清代某一时期某一旗的具体史实时，通常会通过梳理档案资料，汇集更多的可靠信息，对其进行分析，再得出合理而客观结论。这种研究方法，易于发现新问题，超越前人研究。但对清代扎鲁特二旗而言，那只是空想。因为该二旗蒙古文档案几乎没有存世，满文、汉文档案也为数甚少，而据目前所知，这些数量有限的档案资料，又分散收藏

于国家第一历史档案馆、辽宁省档案馆等国家、省级档案馆。二是官修史书，如编年体史书《清实录》，纪传体史书《外藩蒙古回部王公表传》，典章制度类史书《大清会典》《大清会典事例》《理藩院则例》。三是17—19世纪形成的蒙古文史籍，其中18世纪被视为蒙古文史籍撰写的鼎盛时期，代表性著作有《恒河之流》《蒙古博尔济吉特氏族谱》《金轮千辐》《黄金史纲》《水晶数珠》等。四是官、私修谱牒史料，其中官、私修家谱占多数。1999年出版的《中国蒙古文古籍总目》收录蒙旗家谱目193个[①]；2019年出版的《中国少数民族古籍总目提要・蒙古族卷》，收录家谱目154个[②]。从书目可判断，二书所列的146目相同，而后者比前者新增8个。另据笔者目前所知，未收于二书，另由地方档案馆和个人收藏的家谱有8幅以上。

在各类别文献资料当中，蒙旗王公贵族的记录，占据大量篇幅。概括而言，第一类档案文书中关于蒙旗王公贵族的内容，反映某一时间点或某一时期的蒙旗札萨克、王公贵族基本情况、活动轨迹、生活状况；第二类官修史书，多记录札萨克、王公贵族在王朝政治活动中的参与和表现，以及保障、维护王公贵族特殊地位的规章制度；第三类蒙古文史籍着重记录清代王公贵族的先祖及其支脉，以及入清前后的事迹、所享受的待遇等，各书作者因出身地属性而讨论重点也有所不同，笔墨轻重也有差别；第四类家谱则属于某一贵族家族的专门性资料，其真实度、详细度以及系统性，其他史料所难以企及。

纵观各类别文献，关于某一旗札萨克（及其家族）的信息，缺乏系统性、完整性。有的受时间限制，有的则受特定内容限制，只记录特定时期的特定事情。即使是由朝廷设馆编纂的编年体史书《实录》、专门组织人员编写的纪传体史书《王公表传》，仍然局限于内容与时间，难求完整、系统。何况这类文献，具有明显的针对性和目的性，甚至存在正误掺杂，信息不实的缺点。

二、官修史书中扎鲁特部与右翼旗札萨克家族

在官修编年体史书《实录》中，爱新国天命年间（1616—1626），扎鲁特部首领屡屡现身。最早的相关记录出现于天命三年（1618年），这一年四月十五日，“蒙古扎噜特部钟嫩贝勒送女与太祖次子古英巴图鲁贝勒为婚，贝勒亲迎大宴，以礼受之”。与扎鲁特右翼旗贵族先人相关的记录则出现于天命四年（1619年），这年三月，“是夜蒙古喀尔喀部斋赛、扎噜特部巴克与巴雅尔图岱青、色本诸台吉等约二十人共领兵万余，星夜而来，伏于秫田内”[③]。其中所提扎鲁特部巴克、巴雅尔图岱青、色本三人，是亲兄弟，其中色本就是扎鲁特右翼旗首任札萨克桑噶尔的父亲，将在后文展开讨论。爱新国天聪年间（1627—1636），扎鲁特部首领纷纷率众归附。[④]《实录》天聪六年四月丙

① 《中国蒙古文古籍总目》，北京图书馆出版社，1999年，下册，第1532—1568页。
② 《中国少数民族古籍总目提要・蒙古族卷》，内蒙古教育出版社，2019年，下册，第2322—2370页。
③ 《满洲实录》卷六，中华书局，1987年影印本，第266—271页。
④ 《钦定外藩蒙古回部王公表传》卷二九。

子条和天聪八年六月辛酉条，分别记录扎鲁特部大小首领26人和27人。[①]这是《实录》关于扎鲁特部大小首领的两次集中记录。清顺治五年（1648年），《实录》分别记录扎鲁特左右二旗首任札萨克贝勒的承袭：顺治五年正月甲寅，扎鲁特部落达尔汉巴图鲁塞本（即色本——引者）为贝勒，以其子桑阿尔（即桑噶尔——引者）袭爵；同年三月甲辰，命扎鲁特部落故贝勒内齐子尚嘉布、镇国公马尼子毛奇塔特各袭爵。[②]之后，有清一代《实录》所记扎鲁特贵族的内容，集中于二旗札萨克和贵族年班进京、参加朝廷宴席和受皇帝嘉赏、不同等级爵位的承袭或削职，以及祭祀等内容。这类官方史书，更多地体现蒙旗王公贵族在清王朝政治生活中的角色。

纪传体史书《钦定蒙古回部王公表传》，初修于乾隆后期，续修于嘉庆、道光、咸丰年。扎鲁特部首领归附爱新国和大清国的过程，较《实录》简略，史实叙述简单，所涉及的人物，重要的突出，次要的则明显省略。任命札萨克贝勒和设旗编佐，顺治五年，"诏编所部佐领。时内齐、色本卒，以内齐子尚嘉布掌左翼，色本子桑噶尔掌右翼，各授札萨克贝勒"。此段虽不长，却较《实录》清晰、直接。这一差别恰好印证清王朝对蒙统治体制和政策渐趋成熟、固定的过程。另外，当然也是因《王公表传》著述体例的统一要求所致。

关于扎鲁特右翼旗前五任札萨克承袭据该书摘录如下[③]：

初封色本	贝勒内齐从叔父。顺治五年，追封多罗达尔汉贝勒，诏世袭罔替。
一次袭 桑噶尔	色本次子。顺治五年，袭多罗达尔汉贝勒，领札萨克。康熙五年卒。
二次袭 班达哩[④]	桑噶尔长子。康熙五年，袭札萨克多罗达尔汉贝勒。二十七年卒。
三次袭 毕里克图	班达哩长子。康熙二十七年，袭札萨克多罗达尔汉贝勒。四十四年卒。
四次袭 诺扪拉拜	毕里克图第三子。康熙四十四年，袭札萨克多罗达尔汉贝勒。四十七年卒。
五次袭 阿第沙	诺扪拉拜长子。康熙四十七年，袭札萨克多罗达尔汉贝勒。乾隆二十九年，以罪削。

三、《金轮千辐》中的扎鲁特右翼旗札萨克家族系统

研究清代扎鲁特右翼旗札萨克及其家族历史，正如上文所述，存世的档案文书为数

① 《太宗文皇帝实录》卷十一："内齐、色本达尔汉巴图鲁、马尼青巴图鲁、喀巴海、拜浑岱、喇巴泰、弼登图、巴牙尔图、额腾、根度尔、赛桑、侯痕、济尔噶朗、恩克参、桑土、商佳布、额一德、额参德、戴青、桑噶尔寨、博尔济、昂阿、桑阿尔、猎烈忒、特精克、塔占诸贝勒"（第157页）；卷十九："色本达尔汉巴图鲁、恩克参、桑噶尔寨、昂阿、戴青、博尔济、巴特玛、马尼青巴图鲁、赛桑、毕登图、拜浑代、喇巴泰、满朱习礼、冰图、额腾、马尼、恩格参、际尔哈朗、多尔济、额尔古得克、额参特、桑图、俄尔博克、喀巴海、根度尔、常加布、内齐。"（第246—247页）

② 《清世祖实录》卷三六、卷三七，第291、301页。

③ 根据以下书籍记载制成：包文汉、奇·朝克图整理《蒙古回部王公表传》第一辑，内蒙古大学出版社，1998年；包文汉、陶继波整理《蒙古回部王公表传》第二辑，内蒙古大学出版社，2008年；《钦定续纂外藩蒙古回部王公传》（《中国少数民族古籍集成》第26册），四川民族出版社，2005年。

④ 班达哩，在家谱、《金轮千辐》和《实录》中均作badari，音译可作巴达哩。《王公表传》显然有误。

甚少，而官方史书中的内容，显现局限性和目的性，难以提供全面考察依据。因此，其他类别的文献资料格外让人期待。庆幸的是，成书于18世纪上半叶的蒙古文史书《金轮千辐》，作者答里麻出身于扎鲁特贵族家庭，书中对包括扎鲁特部在内的“山南五鄂托克喀尔喀”[①]的历史、五部首领及其入清后的世系有详细的记载。对扎鲁特二旗直至18世纪上半叶，即作者撰书时代为止的贵族世系和成员构成，记录清晰，探讨请前期扎鲁特二旗贵族家庭，必然大有帮助。其记载不仅能够填补其他资料的缺载，也与其他资料互为佐证。

《金轮千辐》(altan kürdün mingɣan kegesütü)，全称为《九卷本黄金家族明史・黄金家族之心欢或曰金轮千辐》(yisün jüil bülüg-tü altan uruɣtan-u toda teüke, altan yasutan-u sedkil-ün činggel boyu altan kürdün mingɣan kegesütün kemekü bičig)[②]，共六册九卷，第一册分四卷，其他五册均一卷，作者本名确札木苏(čoyijamsu，藏文，意为法海)，或称答里麻(Dharm-a，梵文，意为教法)，其尊称为ölemji biligtü，意为广慧。答里麻在书中自称“jarud-un qosiɣun-dur törögsen ölemji biligtü kemekü dharm-a bui bi”，即出生在扎鲁特旗的呼作广慧的答里麻我。[③]作者笼统说自己出生在扎鲁特旗，却没有交代是扎鲁特左翼旗，还是右翼旗，为后人留下探究空间。

答里麻在编写《金轮千辐》时，正是清朝对蒙古王公制度、盟旗制度几近成熟之时，此时对蒙古贵族谱系的整理缮写以及制度化管理，也一同推进。据乾隆朝《大清会典则例・理藩院则例》的记载，乾隆二年(1737年)，乾隆皇帝下令理藩院上报全部蒙古贵族的家谱和家世册子。理藩院奏称：“蒙古王札萨克等，原系太祖、太宗时输诚向化，率属归附，各论其所著劳绩，封为王、贝勒、贝子、公、一等台吉，编设旗分佐领。其科尔沁等十旗之王、台吉，在圣祖时，因皆系太皇太后、皇太后姻戚，曾将世次具奏有案，今重加考订，造册奏闻外，其余五会札萨克等，应俟造册送院，再行办理，并行令外藩之喀尔喀、青海、厄鲁特等，一并核明锡封根源，袭爵世次，造册送院。”之后，理藩院奉旨制定蒙古王公家谱的修订年限为“五年缮录进呈，换出旧册”。乾隆十年(1745年)，理藩院又奉旨：“蒙古王等家谱，原定五年一修，今将留内收贮者撤出，应改修者改入。嗣后著十年具奏一修。”[④]据上引文，1737年，内札萨克蒙古六盟除了哲里木盟十旗王公、台吉袭爵世次已有备案外，内札萨克其他五盟、外札萨克喀尔喀蒙古和青海、厄鲁特蒙古王公世次尚未修订造册上报。此时朝廷自上而下强调蒙古王公贵族世袭情况，制定出蒙古贵族全范围“缮录进呈”的规定，年限由五年一修，改为十年一修。答里麻的《金轮千辐》成书于乾隆四年(1739年)，那正

---

① 关于扎鲁特、巴林、弘吉喇特、巴岳特、乌济叶特五部统称，乌云毕力格教授根据《金轮千辐》中的称呼和清朝早期满汉文记载，认为应为“山南五鄂托克喀尔喀”，而现在通用的“内喀尔喀五部”的称呼是非历史的、不正确的。见乌云毕力格：《青册金鬘——蒙古部族与文化史研究》第四章《金轮千辐》所载扎鲁特蒙古，上海古籍出版社，2009年，第46—63页。

②《金轮千辐》有三种抄本传世，分别收藏于中国内蒙古社会科学院图书馆(称呼和浩特本)、丹麦皇家图书馆(称哥本哈根本)、俄罗斯圣彼得堡东方研究所(称圣彼得堡本)。1958年德国学者海西希影印出版哥本哈根本，内蒙古社会科学院乔吉研究员对勘呼和浩特本和哥本哈根本，进行校注，分别于1987、2000年铅印出版。

③ 乌云毕力格：《青册金鬘——蒙古部族与文化史研究》第四章《金轮千辐》所载扎鲁特蒙古，第46—63页。

④ 乾隆朝内务府本《理藩院则例》，中国藏学出版社，2006年。据(光绪)《理藩院则例》卷三“袭职上”、(光绪)《钦定大清会典事例》卷九七三“封爵”，蒙古王公贵族家谱的修订年限，从乾隆十年之后直至清末再无改动。

是五年一修蒙古王公贵族家谱规定出台两年后的事情。答里麻写书之时，也许看到了和他著书内容相关的蒙古贵族世系家谱。对《金轮千辐》进行对勘校注的乔吉先生曾指出：在抄录答里麻固什原书之际，抄录的人多有补录。[①]乾隆最初几年答里麻完成著书，但是后人显然又根据所看到的家谱对其内容进行了补充。

《金轮千辐》第四册记录答言罕诸子世系，其题为“Boγda činggis-ün ür-e batumöngke dayun qaγan-ača saluγsan olan jasaγ moji-yi daruγuluγsan noyad-un ür-e jalγamjilaγsan jüi orušiba”，即“圣祖成吉思子孙把图蒙克赛因答言合罕分出诸札萨克首领诸颜诸子世系”。

扎鲁特右翼旗的王公贵族，主要由山南五鄂托克喀尔喀之一扎鲁特部首领乌巴什伟征[②]之三、四、五、六子之后代组成。有清一代，札萨克均出于乌巴什伟征四子图岱都喇勒的后代，下面摘录《金轮千辐》中扎鲁特右翼旗札萨克家族的部分内容：

> Sayin dayun qalq-a qaγan-u ür-e tabdaγar köbegün alčubolod ……alčubolod-ača quraqači tayiji qasar noyan, jarud quraqači-yin tabun köbegün-inü, obaši üijing……[③]
>
> 赛因答言汗第五子阿儿楚孛罗……阿儿楚孛罗生虎喇哈赤台吉哈撒儿诺颜。扎鲁特虎喇哈赤之五子为乌巴什伟征……
>
> aqamad köbegün obaši üijing noyan-ača bayandar ildeng, qonggi doγsin, tobuqu mergen, tudai dural, büni sečin, luusa qošiγuči jirγuγula bui.[④]
>
> 长子乌巴什伟征诺颜有巴颜达尔依勒登、辉克多克新、托博瑚莫尔根[⑤]、图岱都喇勒[⑥]、布尼色臣、罗色和硕齐六子。
>
> obaši üijing-ün dötöger köbegün tudai, baraγun jarud terigülen jakiruγsan dural noyan-ača baγ-a darqan qošiγuči, bayartu daičing, sebün darqan batur, sonin jarγuči, mani čing batur, susuqai böke ür-e ügei, qaisa güüši, jaisang keöken naimaγula bui.
>
> 乌巴什伟征四子图岱主掌扎鲁特右翼，都喇勒诺颜有巴克达尔汉和硕齐、巴雅儿图岱青、色本达尔汉巴图鲁、索宁扎鲁忽齐、玛尼青巴图鲁、索素海布克无嗣、海萨固什、宰桑扣肯八子。

图岱都喇勒有八个儿子，长子巴克达尔汉和硕齐，又作巴克贝勒[⑦]，《金轮千辐》记录了巴克达尔汉后代16人，其中2人任内大臣、1人任副都统、6人任侍卫，1人为额驸，这一支脉融入满洲八旗系统之内。《金轮千辐》中关于这一支脉隶属正白旗一说，

① 答里麻著，乔吉校注：《金轮千辐》，内蒙古人民出版社，2000年，前言，第16页。
② 音译又作兀巴失·委正。
③ 答里麻著，乔吉校注：《金轮千辐》，第192—193页。
④ 答里麻著，乔吉校注：《金轮千辐》，第193页。
⑤ 音译又作多布呼墨尔根。
⑥ 音译又作多岱都喇勒。
⑦ 据楠木贤道教授研究：“巴克贝勒，于天命四年七月掠夺爱新国占领的铁岭，结果和翁吉剌特部斋塞等一起被爱新国军捕获。天命七年一月，以其子作为人质，被释放。天命十一年十月，遭受爱新国的攻击，在册被擒”。《编入清朝八旗的扎噜特部蒙古人》，收录于《扎鲁特历史文化》（第一卷），内蒙古教育出版社，2011年，第188—200页。

经研究被纠正为隶属满洲镶黄旗。①

图岱都喇勒六子索素海布克，无嗣。其余六个儿子的后代，组成了扎鲁特右翼旗札萨克贵族大家庭，上文也有提及。而扎鲁特右翼旗历任札萨克均出自三子色本达尔汉巴图鲁后代。根据《王公表传》所制扎鲁特右翼旗前五任札萨克贝勒承袭概况表，桑噶尔被写为色本次子。《金轮千辐》记载显示，该写法显然有误，桑噶尔并非次子，应为第三子。其长兄巴克达尔汉和硕齐，脱离蒙旗，早入满洲八旗，有可能因此而没被统计在《王公表传》数据当中，自然也被剔除在蒙旗贵族的世系谱之外。

在《金轮千辐》中，关于色本达尔汉巴图鲁后代的记载，摘录如下：

γutaγar sebün darqan batur-ača terigün jerge tayiji angq-a, ***beyile sangγar***, šači, quγčin, muukitad, tuba, bayibaγas, qudaγči naimaγula bui.

*第三子色本达尔汉巴图鲁有子头等台吉昂哈、**贝勒桑噶尔**、沙齐、呼黑沁、茂奇塔特、图巴、拜巴噶思、呼达克齐八人。*

angq-a-ača ačitu、ačigi arbaγula.

昂哈有子阿齐图、阿齐吉十人。

törö-yin noyan ***sangγar***-ača ***badari beyile***, erdeni, bodai, anu, amurjin, bandi jirγuγula bui. ***badari beyile***-eče ***biligtü beyile***, eldeb, bisai, biligündalai bui. ***biligtü beyile***-eče čimegtü, ačitu, bayasqu, ***nomunlabai beyile***, nombariγči, ariγundalai jirγuγula. bayasqu-ača tusalaγči urtunasutu. ***nomunlabai beyile***-eče jasaγ-un ***beyile adiša*** aq-a degüü γurbaγula bui.

*多罗诺颜**桑噶尔**有子**巴达哩贝勒**、额尔德尼、博岱、阿努、阿穆尔津、班第六人。**巴达哩贝勒**有子**毕里克图贝勒**、额勒德布、弼塞、毕里衮达赉。**毕里克图贝勒**有子齐默克图、阿齐图、巴雅斯瑚、**诺扪拉拜贝勒**、诺扪巴里克齐、阿哩衮达赉六人。巴雅斯瑚有子协理乌尔图纳素图。**诺扪拉拜贝勒**有子札萨克**贝勒阿第沙**兄弟三人。*

γutaγar šači-ača šari, budari, erke, očir, kečiyenggüi, sari, buda, urtunasutu, süjügtü yisügüle bui.

第三子沙齐有子沙哩、布达哩、额尔克、鄂齐尔、贺齐延贵、萨哩、布达、乌尔图纳素图、素珠克图九人。

dötöger quγčin tayiji-ača tusalaγči bayisang, šaritai darqan tayiji, darma, gülige, ayuši, bögelen jirγuγula bui. darma darqan-ača bajar darqan aq-a degüü γurbaγula bui.

第四子呼黑沁台吉有子协理拜桑、沙喇泰达尔汉台吉、达尔玛、固力格、阿玉什、布克伦六人。达尔玛达尔汉有子巴扎尔达尔汉兄弟三人。

tabuduγar muukitad-ača erdeni, baγ-a erdeni, buda, ačitu dörbegüle bui.

第五子茂奇塔特有子额尔德尼、小额尔德尼、布达、阿齐图四人。

jirγuduγar buba-ača očir, buyantu qoyar bui.buyantu-ača urtunasutu, čoyijab,

① 楠木贤道《编入清朝八旗的扎噜特部蒙古人》、乌云毕力格《〈金轮千辐〉所载扎鲁特蒙古》，二文同收录于《扎鲁特历史文化》（第一卷），第188—200、110—129页。

qadanjab, nasunjab, šidi tabuγula bui.

第六子图巴有子鄂齐尔、布延图二人。布延图有子乌尔图纳素图、垂扎布、哈丹扎布、那逊扎布、锡第五人。

doloduγar bayibaγas tusalaγči-ača čaγun, abida, badi, bandi dörbegüle bui. čaγun ača bačir. abida-ača nasutu. badi-ača bübei. bandi-ača arilqu, jamsa toyin-tan bui.

第七子拜巴噶思协理有子察衮、阿弼达、巴第、班第四人。察衮有子巴齐尔。阿弼达有子纳素图。巴第有子布拜。班第有子阿哩拉瑚、扎木三托音等。

naimaduγar qudaγči otqan noyan-ača üriskib, očir, urtunasutu γurbaγula bui. očir-ača tusalaγči bandida, biligündalai bandida bui. ede sebün darqan batur-un ür-e bui.

第八子呼达克齐敖特根诺颜有子乌哩斯希布、鄂齐尔、乌尔图纳素图三人。鄂齐尔有子协理班第达、毕里衮达赉、班第达。

色本达尔汉巴图鲁的三子桑噶尔于顺治五年（1648年）被追封为扎鲁特右翼旗札萨克，到康熙四十七年（1708年）阿第沙承袭为止，历时60年，五代五任札萨克贝勒先后承袭。《金轮千辐》成书的1739年，第五任札萨克阿第沙在任，阿第沙因罪被削职是乾隆二十九年（1764年）的事情。《金轮千辐》中提到五代札萨克贝勒的家族成员，共69人，部分成员未被点名，仅以数字体现，两者合计共81人。也就是说，从1648年色本被追封多罗达尔汉贝勒，其第三子桑噶尔正式承袭扎鲁特右翼旗札萨克贝勒，至答里麻写成《金轮千辐》的1739年（或比此时稍早）为止的90年间，桑噶尔及其后人繁衍五代，男性成员达81人之多。而这一数据，是否准确，还可以根据其他资料加以讨论。

四、扎鲁特右翼旗札萨克家谱的细节再讨论

从官修史书、蒙古文史籍能够得知扎鲁特右翼旗札萨克贝勒的爵职授予、乾隆中期为止的承袭及其家族男性成员人数，以及部分成员的名字等信息。下面首先介绍扎鲁特右翼旗的两幅家谱，并利用该家谱资料对札萨克家族及其成员进行补充讨论。

如今收藏于美国已故著名蒙元史专家柯立夫教授藏书室的扎鲁特右翼旗两幅家谱分别修于光绪十一年（1885年）、光绪三十一年（1905年），两幅家谱为探讨札萨克家族成员相关问题无疑提供了可能性和条件，笔者曾撰文介绍两幅家谱。[①]

乾隆十年（1745年）清政府规定，蒙旗王公札萨克家谱十年一修，以新修家谱置换旧家谱，[②]于是蒙旗王公贵族家谱的修订，从乾隆年间自上而下推行并制度化。修订家谱一事，必然成为蒙旗行政事务中的要事，而它当然也成为中央政府管控蒙旗贵族的重要依据。从扎鲁特右翼旗两幅家谱所修订的1885年和1905年可以断定，札萨克家谱十年一修之规定，从1745年开始以十年为单位延续下来，直至清末。到1885年时，

① 《传统与记忆的延续——清代扎鲁特右翼旗札萨克多罗达尔汉贝勒家谱初探》，《蒙古学问题与争论》第16辑，2020年，第69—78页。

② 关于该规定，（光绪）《理藩院则例》卷三“袭职上”、（光绪）《钦定大清会典事例》卷九七三“封爵”均有条目。而蒙古王公贵族家谱的修订年限，乾隆八年之后直至清末没有改动。

该规定经历14个10年，家谱前后应修过14次，而到1905年，经历16个10年，家谱也应当修过16次。当然，1885年和1905年中间的1895年，以及1885年前的十数次的10年，扎鲁特右翼旗“缮录进呈”的札萨克家谱，我们未曾看到。

国家图书馆收藏翁牛特右翼旗札萨克贵族两幅家谱，一修于光绪元年（1875年），另一修于光绪三十一年（1905年），如今已影印出版，为学界所利用。内蒙古大学玉海副教授对此家谱进行过研究，他同时利用赤峰市档案馆藏翁牛特右翼旗清代档案，复原了1875年翁牛特右翼旗札萨克衙门修订该旗札萨克郡王和公、台吉家谱，以及按照昭乌达盟长公文要求同年十月将新修家谱上交的经过。[①]这是札萨克家谱十年一修规定清后期自上而下实施的完整实例。除了翁牛特右翼旗外，昭乌达盟其他各旗必定也收到了盟长同一内容的札文。因为该札文中称：“今年值我盟十一旗王以下、四等台吉以上众台吉家谱缮录进呈之年，收到公文后依照前例详细缮录，以备我等盟长一同呈报。”[②]因此，1875年，各蒙旗按照要求修订了家谱，并经盟长处呈报理藩院。

五、五任札萨克及其家族的男性成员

展开扎鲁特右翼旗家谱，札萨克大家族的祖先、分支、延续或断代，一目了然，清晰可见。

在家谱的谱首正中自上而下写道：batumöngke dayan qaγan-u arban nigen köbegün alčubolod--ača qorquči qasar noyan--ača obaši üijing--ača tobuqu mergen noyan，即巴图孟克达延汗十一子，阿儿楚孛罗（又作阿尔楚博勒特）生虎剌虎赤哈撒儿诺颜，其子乌巴什卫征，其子托博瑚莫尔根。这几位人物便是扎鲁特右翼旗贵族在达延汗之后的祖先。

桑噶尔家族是组成扎鲁特右翼旗贵族大家庭的最大的成员，前文也已谈到，而札萨克贝勒，无疑是家谱的头号主角，他与札萨克贝勒同祖同源的其他家族男丁，构成了家谱的全部内容。

扎鲁特右翼旗两幅家谱能够为我们提供哪些信息呢？前五任札萨克及其传承记录如下：

> obaši üijing-ün köbegün tudai dural-----γurbaduγar köbegün sebün darqan batur----qoyaduγar köbegün törö-yin darqan beile sangγar----aqamad köbegün törö-yin darqan beile badari----aqamad köbegün törö-yin darqan beile biligtü----γurbaduγar köbegün törö-yin darqan beile nomunlabai----aqamad köbegün törö-yin darqan beile adiša。
>
> 乌巴什伟征子（家谱未标明排序）图岱都喇勒，其三子色本达尔汉巴图鲁，其次子多罗达尔汉贝勒桑噶尔，其长子多罗达尔汉贝勒巴达哩，其长子多罗达尔汉贝勒毕里格图，其三子多罗达尔汉贝勒诺门达赖，其长子多罗达尔汉贝勒阿第沙。

① 玉海、文宝：《清代翁牛特右翼旗贵族家谱考述——以哈赤温至图兰杜棱汗世系为中心》，载*QUAESTIONES MONGOLORUM DISPUTATAE* XV Association for International Studies of Mongolian Culture，2019年，第101—118页。

② 赤峰市档案馆藏：翁牛特右翼旗印务处档案，1-1-542-8，转引自玉海、文宝上提论文。

家谱记录表明，图岱都喇勒有七子，扎鲁特右翼旗首任札萨克多罗达尔汉贝勒桑噶尔是图岱都喇勒三子色本达尔汉巴图鲁的次子，也就是说，图岱都喇勒是首任札萨克的祖父。其后代在清一代总人数达到3 300余人，从桑噶尔到阿第沙贝勒的前5人繁衍后代共计60人。

除了札萨克的庞大家族之外，还有三个非札萨克贵族家庭。他们的后代，无疑也是清代扎鲁特右翼旗贵族的重要组成部分。那么这一支在扎鲁特右翼旗贵族中处于何种位置，或者其家族具有怎么样的传承？这将是另一篇论文的主题。

清代蒙旗札萨克府邸札记

胡日查
（内蒙古师范大学）

清代内札萨克蒙旗札萨克府邸一般称为“王府”，蒙旗王府既是札萨克及其家属府邸，又是蒙旗最高行政权力机构印务处所在地，在蒙旗地方行政管理运行机制中扮演重要角色。研究蒙旗王府，对于推进清代蒙古政治制度研究的深入，有其特定的学术价值。国内外学界对清代蒙旗札萨克制度、苏木组织已有深入研究，相关论著也较多，但对于札萨克府邸，即王府组织形式、驻地迁移、建筑风格、王府仓与蒙旗财政关系等方面因史料缺乏少有论及。比如日本著名学者田山茂著《清代蒙古社会制度》、我国台湾著名学者札奇斯钦著《蒙古社会与文化》对于清代蒙旗王府组织有所提及以外，到目前为止，几乎很少有人就此问题进行专题讨论，值得关注。

一、札萨克府邸名称及其组织形式

据蒙旗印务处蒙古文档案和近代外国人调查资料，清代蒙旗札萨克府邸称为“qoroγ-a”（霍洛）或“sang”（仓），而不称为“ordo”（斡耳朵）。在内蒙古东部蒙旗，王府一般称为“vang-un qoroγ-a”或称“beyile-yin qoroγ-a”“beyise-yin qoroγ-a”“güng-ün qoroγ-a”。如清代喀喇沁左旗札萨克公府邸称为“伊克（大）霍洛（yeke qoroγ-a）”，闲散一等塔布囊住所称为“baraγun qoroγ-a”。[①]蒙古语“qoroγ-a”，意为“有围墙之院落或房屋”。在科尔沁右翼中旗，王府又称“sang-un küriy-e”[②]，意为“仓院”。而在内蒙古西部的鄂尔多斯地区，札萨克府邸又称为“sang”[③]，意为“仓”。这是因为，札萨克府邸不仅拥有收藏札萨克私人财产的“诺颜仓”，而且还有收藏旗公共财物的“旗仓”。另外，清代蒙旗札萨克衙门—印务处与札萨克府邸一般同在一处，或同在一个围墙之内，组成王府的东、西跨院，故王府在某种意义上又是“旗衙门”或“印务处”所在地。

① 《喀喇沁左翼旗王府档案》政务（上），第799页，辽宁民族出版社，2013年。
② 南满洲铁道株式会社庶务部调查科编《图什业图王旗事情》（日文），1927年，第33页。
③ ［比利时］田清波著，［日］村上正二译：《有关鄂尔多斯的民俗资料》（日文），《蒙古研究》1985年第16期。

札萨克府邸人员由札萨克及其家眷以及札萨克所属随丁、克博特（家奴）等人口组成。顺治五年（1648年）和九年（1652年），清朝分别制定蒙旗札萨克亲王可拥有随丁60名，郡王50名，贝勒和固伦额驸40名，贝子35名，公30名，多罗额驸20名，一等台吉15名，二等台吉12名，三等台吉8名，四等台吉4名。[①]受到王公札萨克宠信的随丁，不仅充当府内一至四等护卫（恰-kiy-a），也可担任王府总管等职官，有的还可破例充任旗府官吏，跻身官僚阶层。除了额缺内的随丁人员之外，府邸拥有数量较多的家奴，王府的各种差役由他们来完成。在清代的乌喇特诸旗，王府所属差役、奴仆人口构成特殊的"扎鲁特塔宾（ǰarud tabin）"，他们经常居住于王府附近，为札萨克诺颜和王府承担放牧、砍柴、担水、挤奶、剪毛等日常杂务。[②]

蒙旗王府有其独特的组织形式，与印务处组织机构完全不同。据民国时期调查资料和前人研究，清代蒙旗王府官制有如下三层隶属关系：(1)白通达（faidan i da），亦写拜生达，满语司仪官之义，汉译为长史，其职务为总管府邸一切事务。蒙古语又称ǰiγsaγal-un daruγ-a（阵首），每旗设一人，为府邸内最高官吏，主管王府内的会计、仪注及札萨克的一切府邸事务。因其为府邸官吏，故任期无定。任其者不拘平民或贵族。白通达多由府邸内低级官吏或旗衙门低级官吏升任。有时亦可转升为旗公署之高级官吏。日本学者田山茂对"拜生达"一词源于满语表示怀疑，认为"拜生达"可能是固定房屋或官邸之长，即bayising之da，也就是王府长官，但无确据。[③]很明显，他把语音相近的蒙古语"bayising"（房屋）误认为是满语的"faidan"。因为当时的"白通达"，蒙古语又称为ǰiγsaγal-un daruγ-a（阵首），而不称为bayising-un-daruγ-a。(2)哈藩（hafan），满语侍卫官之意，为白通达之下级官吏，辅助白通达办理府邸厨房、厩舍以及佛事等事务，每旗府邸设二人或四人。(3)包衣达（booi da），满语府邸之庶务官之意，隶属拜生达，专门处理府邸庶务事宜。此外，王府还有从事翻译、接待、仪仗、护卫、笔帖式等官员配置。王府的官员可以与旗印务处官员互调。[④]

清代蒙旗札萨克府邸的这种组织形式来自清朝皇室的王府官制。据《清通典》王公府属官兵制度中记载，亲王府设长史一人，散骑郎四人，护卫二十人，典仪六人；郡王府设长史一人，散骑郎三人，护卫十五人，典仪四人。贝勒府设司仪长一人，护卫十人，典仪三人。贝子府设护卫六人，典仪三人。镇国公、辅国公府各设护卫四人，典仪二人。[⑤]以亲王府所配备的人员来说，一般是长史一名，头等护卫六名，二等护卫六名，三等护卫八名，四、五、六品典仪各二名，牧长二名，典膳一名，管领四名，司库二名，司匠、司牧六名。值得一提的是，蒙旗王府官制的主体虽然来自清朝皇室的王公属官兵制，但其中的护卫之名"恰-kiy-a"来自蒙古游牧社会传统官制。明末汉籍史料《开原图说》记载："恰，台吉下主事之人。"[⑥]另一汉籍史料《三运筹俎考》

① 《钦定大清会典事例·理藩院》卷九九二。
② 吉仁泰编著：《乌拉特政治史》，民族出版社，2013年，第150页。
③ [日]田山茂著，潘世宪译：《清代蒙古社会制度》，商务印书馆，1989年，第112页。
④ 札奇斯钦：《蒙古史论丛》（下），学海出版社，1980年，第1072页。
⑤ 《清通典》卷二三，商务印书馆，1936年。
⑥ 冯媛：《开源图说》卷下。

亦载“恰”是各台吉门下主本部落大小事情，断事好人。①清代王府内一至四等护卫（恰 -kiy-a）一般从受到王公札萨克宠信的随丁中产生。

二、札萨克府邸的迁移

清朝前期内札萨克各蒙旗游牧地界划定后，札萨克府邸为集中的多座蒙古包，并在旗界内逐水草迁移，尚未形成垒墙式的房屋定居点。到了清后期，随着汉族移民大量流入蒙旗以及人口密集的商业贸易集市或新的交通枢纽地带的出现，有些蒙旗札萨克府邸不仅迁移至人口密集的交通要道，而且从原来的移动居点变为有围墙的四合院式定居点。

关于清代内札萨克49旗札萨克驻地，《大清一统志》《理藩院则例》和张穆著《蒙古游牧记》相关记载相同。而《大清会典》所记内札萨克49旗札萨克驻地与上述三种文献记载虽然基本相同，但有些蒙旗札萨克驻地的记载则不同于以上三种文献相关记载。如三种文献均记科尔沁左翼后旗札萨克驻双合尔山，科尔沁左翼前旗札萨克驻伊克岳里泊，科尔沁右翼前旗札萨克驻席喇布尔哈苏，杜尔伯特旗札萨克驻多克多尔坡。而《大清会典》所载以上四个蒙旗札萨克驻地分别为鄂勒济布里特、济尔哈朗图、翁衮山、图布森锡呼图。《大清会典》所记这些蒙旗札萨克驻地之所以不同于以上三种文献所载驻地，表明以上四个旗的札萨克府邸已经从原来的驻地迁移至这些地方。

据嘉庆十三年（1808年）绘制的《划定哲里木盟嫩十旗边界图》（蒙古文地图），以上四个旗的札萨克驻地明确标在鄂勒济布里特、济尔哈朗图塔拉、翁衮山、图布森锡呼图，与《大清会典》记载完全吻合。从乾隆朝内府抄本《理藩院则例》修订于乾隆二十一年（1756年）来看，以上四个旗札萨克驻地从原来的驻地迁徙到以上四个地方的时间应在1756—1808年期间。宣统二年（1910年）叶大匡、春德上奏《调查科尔沁左翼后旗报告书》所载“该旗札萨克本驻双和尔山，后移居吉尔嘎朗图他拉，即今之博多勒噶台和硕亲王府也”②亦可证明科尔沁左翼后旗札萨克驻地从双合尔山迁移至济尔哈朗图塔拉的史实。所以，在蒙旗历史地理研究当中，札萨克府邸已经迁徙的情况下，仍以原王府驻地为中轴探究蒙旗四至八道距离显然是错误的。

三、札萨克府邸与蒙旗内仓

清代蒙古札萨克旗财政收支管理机构由旗署—印务处所辖旗仓（外仓）和札萨克府邸所辖王府仓（内仓）构成。据张永江研究，清代蒙古札萨克旗财政属于收支独立，中央补贴型的地方财政类型。各札萨克旗财政收支，均由札萨克自主支配，不纳入国家财政监管范围。清廷不予筹措，也不予监督。各旗收入不必上交国家财政，开支情况也不必向中央呈报。一切财政事务均由旗自理。财政独立自主，构成了札萨克蒙旗

① 王士琦：《三云筹俎考》卷二，《封贡考·夷语解说》。
② 《哲里木盟十旗调查报告书》上册，远方出版社，2007年，第124—126页。

财政的最主要特征。第二个特点是官私界限不明显。清代札萨克旗兼有清朝地方政府和封建领地双重性质。但是作为一级政府，旗署的一切政务开支完全由旗札萨克自行解决。①日本学者田山茂也指出清代蒙旗“公私经费的筹措和使用，并未截然分开，在财政使用上是封建领主性质的”②。另外，旗民战时是国家的箭丁，平时则是王公的属民，属民在经济上尚未完全独立。这样一来，旗的财政与王府的财政便处于混淆状态，公私不明成了其特点。

当然，这并不说二者完全不分，在名义上旗署财政与王府财政还是有别的。③在清代的喀喇沁左旗，旗财产分别属于内仓和外仓。④在喀喇沁右旗，旗仓又名“度支局”，主要管理旗务公产，即全旗公共财政。王府仓又名“管事处”或“东大仓”，专门管理王府财产。旗仓管辖的公产主要包括旗务差徭、地租、旗规、山分等。王府私产包括王府地租、山分、抽分、捐税、地基、窑口等收入。⑤光绪三十三年（1908年）喀喇沁右旗旗仓总收入共计钱28 975吊，总支出共计钱24 260吊，王府仓总收入为51 355吊，总支出为27 944吊。⑥

可以看出，清代蒙旗旗仓和王府仓虽在一处，但旗仓所属公共财产和札萨克府邸所属私人财产及其收支是分别管理的。尤其是旗仓财政及其收支规模小于王府财政，这也表明旗虽然作为清朝在蒙古地区设立的一级地方行政建置，但札萨克作为一旗之长，其领主地位高于旗署的特点。在清代农业不断拓展的喀喇沁地区，王府拥有的内仓地面积不断扩大的情形便可证明蒙旗财政中札萨克拥有的内仓主导地位。值得一提的是，王府的各种消费性开支，如王府内和京城用于社交排场的各种月费、例钱、赏钱、寿礼奠仪钱、酒席费、年节祭礼等各项费用，这些零用钱占去了所有赢余，“或几万吊”，均被挥霍掉了。“倘若再不敷使用，只得设法借挪垫办。”⑦王府的这种无止境消费性开支进一步加重了清末蒙旗借债性财政危机。

与清代农业经济较为发达的内蒙古东部喀喇沁地区相比，地处内蒙古西部的阿拉善和硕特旗社会经济中畜牧业占主导地位。故旗仓和诺颜仓拥有的财产中畜群占有重要分量。据清代阿拉善和硕特旗印务处蒙古文档案，同治七年（1868年）该旗畜群分别属于内仓、衙门仓和拉卜楞仓（王府家庙），四个绵羊群共计牲畜6 640只，1个山羊群共计940只，3个牛群共计562头，3个牦牛群共计2 304头，14个驼群共计8 182峰，19个马群共计3 459匹。⑧嘉庆十三年（1808年）该旗札萨克衙门从吉兰泰、奎布日两个巴噶境内挖茯蓉、甜草的民人身上所收银两的一份上交旗仓，另一份上交诺颜仓（内仓）。咸丰元年（1851年），旗札萨克亲王下令：“因内仓债务甚大，经两班协理

① 张永江：《试论清代内蒙古蒙旗财政的类型与特点》，《清史研究》2008年第1期。
② ［日］田山茂著，潘世宪译：《清代蒙古社会制度》，中华书局，1987年，第210页。
③ 张永江：《试论清代内蒙古蒙旗财政的类型与特点》，《清史研究》2008年第1期。
④《喀喇沁左翼旗王府档案》“政务（上）”，辽宁民族出版社，2013年，第177页。
⑤ 汪国钧著，玛希、徐世明校注：《蒙古纪闻》，内蒙古人民出版社，2006年，第93—100页。
⑥ 汪国钧著，玛希、徐世明校注：《蒙古纪闻》，第93—100页；另参见张永江：《试论清代内蒙古蒙旗财政的类型与特点》，《清史研究》2008年第1期。
⑦ 汪国钧著，玛希、徐世明校注：《蒙古纪闻》，第93—100页；另参见张永江：《试论清代内蒙古蒙旗财政的类型与特点》，《清史研究》2008年第1期。
⑧《阿拉善和硕特旗蒙古文历史档案》，内蒙古人民出版社，2019年，第33册，第114页。

台吉、官员商定，认为债务应迅速还清。为此，把格根诺颜［指亲王囊都布苏隆，道光十二年（1832年）至二十四年之间任职］时由仓下赐给人们的铺子及耕地，以三年为期，租子全归内仓。……并强调今后内仓和外仓要节省各种开支。”[①]引文中出现的“仓下”是指旗仓所辖。可以看出，清末该旗王府内仓外债累累，为了还债，札萨克亲王把本属于旗仓名下的财产划归内仓。所以，不管是内蒙古东部还是西部蒙旗，王府内仓各种开支巨直接造成了近代蒙旗借债性财政危机。

蒙旗王府的巨大开支也直接加重了蒙旗阿勒巴图等平民阶层的赋役，导致其贫困化。对此，清末大臣姚锡光就提道：“蒙户所受之勒派，则在王府。王府之需索蒙人，则较州县之横敛汉民为尤酷。王府之勒派蒙民，有每年有常数之勒派，有每年无常数之勒派。”“凡王府一切用费，无一不派诸蒙户。如府有大丧，则治丧之经费，府有婚嫁，则婚嫁之经费，无不随时摊派；以至猝遭大差过境及贵宾来临，与夫本府演剧开筵及采办食物、用物、玩物诸价值，甚至府中讼事如争爵、争差等事一切讼费无非派诸蒙户。其法，王府责成管旗章京，管旗章京责成佐领，佐领勒派蒙户。其猝不能缴钱者，则驱其所牧牛羊而去，以抵见钱。若蒙人讼事互控王府，则府员之私押陵虐颠倒诪张，非贿不成，尤较地方官为甚，故蒙人动辄弃产逃亡，率以此故。”[②]

四、札萨克府邸的建筑特点

清代内蒙古札萨克府邸一般建在依山傍水之地，建筑风格及规模各不相同。清朝虽然有明确的王府建筑规制，但是由于政治、经济、社会需要和场地的制约，府邸的主人可以进行适应性调整，使得府邸建筑有很大的灵活性和可变通性。

清末农业经济较为发达的内蒙古东部蒙旗札萨克王公均把自己的府邸建成大小规模不等的汉式四合院建筑。据清末日本人鸟居龙藏著《蒙古旅行》，卓索图盟喀喇沁右旗、昭乌达盟敖汉旗、巴林左、右旗、阿鲁科尔沁旗王府均为砖瓦结构的汉式建筑。其中，大巴林（巴林右旗）王府建在丘陵上，北有高山，南有西流的王涅邵布特勒德格高勒，分布数栋汉式建筑，正面的大门非常宏大。王府旁建有掌管辖区内事务的衙门（在此指印务处），衙门里的衙役是蒙古人，一个月一轮换。王府近旁有喇嘛庙。[③]可见，巴林右旗王府与旗印务处—衙门以及王族家庙虽同在一处，但各自形成独门独院的建筑群。

据科尔沁右翼中旗口述资料，土谢图亲王府建于该旗第十三任札萨克亲王巴布多尔济执政时期（1871—1890年），1890年竣工。王府主体建筑由正院、东、西跨院组成。正院为四进四合院，共98间。府门是仿照北京皇宫的午门修成。正院四进院由侍卫院、迎客厅、议事厅、王爷家庙、储藏室和最后边的王爷及其妻儿住所等组成。王府正宫东、西跨院分别为长史处和印务处。王府外围由城门、城墙、炮台等构成。[④]

---

① 奇格：《古代蒙古法制史》，辽宁民族出版社，1999年，第205页。
② 姚锡光：《筹蒙刍议》，载《内蒙古历史文献丛书》之四，远方出版社，2008年，第63—64页。
③［日］鸟居龙藏著，戴玥、郑春颖译：《蒙古旅行》，商务印书馆，2018年，第56—57页。
④《科尔沁右翼中旗文史》（第二辑），政协内蒙古自治区科右中旗委员会编，2004年，第62—63页。

能够反映20世纪30年代土谢图亲王府状况的日本人调查报告《土谢图王旗事情》亦载，该王府四面环沙丘，地处河谷，王府南北734尺，东西775尺，城墙平均高度为10尺。城墙有南大门、西小门。城内有42栋房屋，其中6栋为土房之外，其余均为炼瓦制造的瓦房。王的居所和管理府中事务的长史处（俗称“东衙门”）以及掌管旗务的印务处（俗称“西衙门”）均在城墙里边。[①]可以看出，土谢图亲王府与巴林王府相比，不仅筑起城墙，建筑规模庞大，而且王府、印务处以及王族家庙均在同一建筑群里，构成王府的东、西跨院。

与内蒙古东部蒙旗王府相比，清末内蒙古西部蒙旗札萨克府邸建筑格局及风格有所不同。如乌兰察布盟四子王旗王府规模小得多。王府建于光绪三十一年（1905年），由该旗第十三代王爷勒旺诺尔布在查干补力格兴建。王府由中间的3间家庙、右侧的2间袋德喇嘛（出家当喇嘛的王子）住宅、左侧的四子王住宅和旗协理台吉办公的9座蒙古包以及后边的50余座蒙古包组成。[②]清末乌珠穆沁左旗王府只有执掌事务的几个帐子，王府事务由协理、管旗章京等衙役执掌，而王的居所则隐藏在丘陵中。[③]这与以上所述蒙旗王府与旗衙门一般同在一处有所不同。据田清波调查资料，在清末民国初期的伊克昭盟蒙旗，掌管旗印章或札萨克印章的札萨克驻地称为“仓”，而办理公务之地则称为“衙门”。“仓”与“衙门”同在一处，相互距离仅有20～30步。“仓”由几栋砖瓦结构的房屋和若干个传统蒙古包构成。[④]

总之，清末农业经济较为发达的内蒙古东部蒙旗札萨克府邸基本上形成为有围墙的大型四合院落，而以畜牧业经济为主的内蒙古西部蒙旗札萨克府邸则显示出规模较小的固定的砖瓦结构的房屋和可移动的蒙古包结合在一起的建筑风格和特点。

---

① 南满洲铁道株式会社庶务部调查科编：《图什业图王旗事情》（日文），1927年，第32页。
② 勹与：《西盟游记》，载《近代蒙古文献大系·见闻卷》第一册，中华书局，2019年，第93—96页。
③ ［日］鸟居龙藏著，戴玥、郑春颖汉译：《蒙古旅行》，第160页。
④ ［比利时］田清波著，［日］村上正二译：《有关鄂尔多斯的民俗资料》（日文），《蒙古研究》1985年第16期。

乾隆初年杭锦旗蒙古人婚姻问题浅析

思日牧恩
（清华大学）

内容提要：婚姻是男女双方在缔结婚约基础上组成的一种社会现象，婚姻的和谐与稳定除了家庭关系以外，与社会政治、法律环境以及经济生活密不可分。本文以杭锦旗札萨克衙门蒙古文档案为例，探讨乾隆初年杭锦旗蒙古人离婚存档情况、离婚原因以及向女方索取召里格现象等所展现的社会问题。

关键词：乾隆初年；杭锦蒙古；离婚；召里格

一、文 献 概 述

本文主要参考鄂尔多斯市档案馆藏清代杭锦旗札萨克衙门蒙古文历史档案，乾隆十二年（1747年）十月《杭衙户口登记簿》档案。该档案形制长方形，封面写有蒙古文“乾隆十二年十月档案”字样，页面右上角印有汉字“乾隆”字样。档案前面部分残缺，内容每页12行，每行13—14个字，以畏吾体蒙古文依照从左到右的顺序一一书写，每一项起头由○标示。档案文内第一个准确时间为乾隆十二年（1747年）七月初一日，在此之前记档在案的6宗仅记“是日”。根据同时期档案记载规则，同年每一个季节开始时的记载为“又中秋”或“晚秋”而新一年开始时才记载年份，故推断“是日”应为同年的冬月之前。档案文内最后记载时间为乾隆二十二年（1757年）一月二十一日，共计131页，后残。虽然该份档案已残缺不全，但其信息量大、涉及面广、内容丰富，是了解当时杭锦旗地区基层社会必不可少的珍贵史料。

记档原文摘录：

……乾隆十三年一月二十一日……是日，丽都苏木下米基给将妻子交给巴图苏木下曹德巴，记档在案；是日，布顿苏木下丹津将妻子送回娘家兄长阿尤西苏木章阁处，索取召里格大畜三，记档在案；是日，巴图苏木下格力将妻子同苏木帖木儿家奴之女送回，索取召里格两头大畜，记档在案；是日，那顺苏木下那木珠格，将家奴巴雅尔等四口，以九头大畜价卖给巴图苏木衮布札布，记档在案；是日，丽都解除阿西格图苏木道理胡之妹妹的婚约，记档在案；是日，巴图苏木那孙巴图将其妻，班第苏木道尔吉之女送回，记档在案；是日，衮布岱苏木诺尔木，因无法生理将儿子扎马尔查，以三头大蓄价卖给巴图苏木崴丹，记档在案；是日，阿尤西苏木达木出阁，将妻子交给妻父布顿苏木班继思给布，记档在案；是日，巴图苏木巴雅尔将妻子送回，交给妻弟索诺木苏木伊西丹布，记档在案；是日，巴图苏木却札布，以四匹布的价买下班第苏木沃巴西的汉女，记档在案。乾隆十二年七月初一日，巴图苏木台吉陶巴，把巴彦格、额乐德卜二男子送给女婿排单达格雷之子额林钦为奴，记档在案。[①]

这是一份未分类逐项记档，[②]与汇总了咸丰元年至同治元年（1851—1862）归化城土默特财政结余情况的归化城副都统衙门档案中的“银库行文档册”分属一类，且与清代清水河通判处“乾隆初年至二十七年案件简况”的这类案件简况[③]类似。史料开头结尾残缺，现有内容记录了乾隆十二年七月初五日至乾隆二十二年（1747—1757年）一二十一日间（包括五项之前某一天发生的事件），在杭锦旗内和周边旗之间发生的各类事件。时间的记录上，除了“乾隆十二年初冬初八日”这样明确记载外，多数为同一天内的记录，且记录项目较多——乾隆十二年（1747年）十月初八日，记载离婚、退婚等61件，少部分一天中只记载一例——“乾隆十三年二月初五日，巴图佐领下西拉布希将儿媳妇交给妻父达赖佐领下敖瑙，索取召里格棉羊五只，记档在案”[④]。同时，这份档案也未按照严格意义上的时间顺序排列，存在追述汇总的现象——第30页先记载“乾隆十四年十月初九日，那顺苏木塔布囊噶拉丹之子……”后记录“乾隆十四年一月二十日”[⑤]；第41页记载“乾隆十五年一月二十日，巴图苏木侍从额尔德尼送回妻子，于额林钦苏木叶西索取召里格骆驼一峰，记档在案”[⑥]，到45页“乾隆十四年四月初五日，胡土阁苏木顿木布送回妻子，交给却札布苏木妻父布尔扎，记档在案”[⑦]等。

文献记档在案的内容包含离婚、退婚、买卖人口以及析产、争地、债务、偷盗等不同类型案件，共计830宗。其中离婚522宗、退婚92宗、人口移送100宗、买卖人口99宗、其他17宗。从所涉及的内容来看，属于当地政府相关机构对辖下发生的事情的统一汇总记录，归于人口管理类档案。虽然，该档案不属于详细记录类档案，但简约记录中展现了乾隆初年杭锦蒙古人的婚姻生活等社会现象，具有较高的文献价值。

二、杭锦蒙古人离婚有关记档

清代杭锦蒙古人“单靠着饲养多寡不等、增减不定的四种家畜维持生活”[⑧]的同时，作为游牧生活的辅助，开采和驮运哈剌莽耐食盐和特古斯淖尔碱、梁外甘草等与

① 鄂尔多斯档案馆藏，清朝杭锦旗衙门历史档案（蒙古文），57-1-60，第11—13页。
② 归化城副都统衙门满文档案：“银库行文档册”，咸丰元年—同治元年，80-45-95。
③ 归化城副都统衙门汉文档案：“乾隆初年至二十七年案件简况”，80-4-27。
④ 鄂尔多斯档案馆藏，清朝杭锦旗衙门历史档案（蒙古文），57-1-60，第14页。
⑤ 鄂尔多斯档案馆藏，清朝杭锦旗衙门历史档案（蒙古文），57-1-60，第30页。
⑥ 鄂尔多斯档案馆藏，清朝杭锦旗衙门历史档案（蒙古文），57-1-60，第41页。
⑦ 鄂尔多斯档案馆藏，清朝杭锦旗衙门历史档案（蒙古文），57-1-60，第45页。
⑧ 鄂尔多斯档案馆藏，清朝杭锦旗衙门历史档案（蒙古文），57-3-1229，第59页。转引自伊德日克：《债务桎梏：蒙旗之殇——以清代杭锦旗为例》，内蒙古大学博士学位论文，2016年，第50页。

旅蒙商和内地农民贸易维持生计。在社会生活中“鄂尔多斯地方，见其人皆有礼貌。不失旧时蒙古规模，各旗俱和睦如一体。无盗贼。驼马牛羊不必防守，生计周全，牲畜蕃盛，较它蒙古殷富”[①]。但从康熙朝开始买卖民人赵国基持“龙票”前去扎布色日地区做买卖，[②]到雍正初年在“借地养民”政策的推动下，杭锦旗哈剌莽耐湖和沿黄河一带已出现“几百人留居”，[③]加上乾隆三年（1738年）成群结队“行乞糊口”[④]者的涌入以及自然灾害等原因，在乾隆初年开始杭锦旗蒙古人的生活发生了巨大变化，其突出表现为当地蒙古人的婚姻危机，本文中的文献就是杭锦蒙古人的婚姻生活的真实写照。

鄂尔多斯档案馆藏，清朝杭锦旗衙门蒙古文历史档案57-1-60，真实记载了乾隆十二年至乾隆二十二年（1747—1757年）间杭锦蒙古人的离婚情况。在这十年间，杭锦旗蒙古人与本旗内或周边旗之间的婚姻生活中，出现522宗休妻案、92宗退婚案，占该卷宗所涉全部内容74.87%。而就离婚的实际情况看，全部在蒙古人之间发生。仅就婚姻关系而言，文献中涉及婚姻双方姓名、所属佐领、家庭子女、婚姻破裂的原因以及离婚时的交换条件等诸多相关信息。其中，婚姻双方所涉及的旗和佐领，包括杭锦旗各苏木蒙古人与贝勒旗、达拉特旗、郡王旗、贝子旗、乌审旗、鄂托克旗等旗的104个佐领，接近鄂尔多斯各旗214苏木[⑤]的一半。记档最多一天离婚案有59宗。对于离婚的描述未直接写“urog salba”（离婚）而是“gergi-yugen qarigolju……salju”（送回）[⑥]、“em-e yugen gegeju”（弃妻）[⑦]等。对于被休回娘家的女性的称呼有身份区别，一般百姓称“e-me”（妻子）、“gergei”（妻子）[⑧]，台吉等有身份的称“qaton-eyen”（夫人）、“taiji radnasengge-yin abaqai”（台吉拉德纳僧格之闺女）[⑨]或“taiji narujab byiji”（台吉纳如札布妻子）[⑩]等不同的称呼，与女性夫家或娘家身份的高低有关，但均未能避免被离婚的命运。

休妻现象具体可分为“亡夫”、其他缘由如“丈夫出家当喇嘛”“有病”“不和”“无理”以及无理由离婚或休妻三大类。其中，亡夫而妻被送回娘家者共计87宗，如“伊利苏木台吉拜岱亡故，送回其妻予本苏木温布来兄，索取召里格一头牛，记档在案”[⑪]。女性成为寡妇可以被婆家兄长送回娘家，如“本旗朝莫尔根将其亡弟之妻，贝勒旗特古斯苏木翁奎之女送回，记档在案”[⑫]；或被亡夫父亲送回娘家，如“乾隆十四年十月初九日，那顺苏木塔布囊噶拉丹之子尼玛亡故，其父将儿媳送予其父贝子纳木吉

① 赵尔巽：《清史稿》列传三百七，“藩部三”，中华书局，1998年。

② 鄂尔多斯档案馆藏，清朝杭锦旗衙门历史档案（蒙古文），57-1-8，第1页。转引自伊德日克：《债务桎梏：蒙旗之殇——以清代杭锦旗为例》，第62页。

③《杭锦旗文史》第一辑，内部资料，杭锦旗政协文史版出版，1990年，第5页。

④ 内蒙古档案馆藏杭锦旗衙门档，神木、宁夏理事司员为将贫困蒙古迁回故乡一事，512-2-233件号1。转引自伊德日克：《债务桎梏：蒙旗之殇——以清代杭锦旗为例》，第44页。

⑤ 鄂尔多斯档案馆藏，清朝杭锦旗衙门历史档案（蒙古文），57-1-60，第1页。

⑥ 鄂尔多斯档案馆藏，清朝杭锦旗衙门历史档案（蒙古文），57-1-60，第41页。

⑦ 鄂尔多斯档案馆藏，清朝杭锦旗衙门历史档案（蒙古文），57-1-60，第43页。

⑧ 鄂尔多斯档案馆藏，清朝杭锦旗衙门历史档案（蒙古文），57-1-60，第65页。

⑨ 鄂尔多斯档案馆藏，清朝杭锦旗衙门历史档案（蒙古文），57-1-60，第79页。

⑩ 鄂尔多斯档案馆藏，清朝杭锦旗衙门历史档案（蒙古文），57-1-60，第108页。

⑪ 鄂尔多斯档案馆藏，清朝杭锦旗衙门历史档案（蒙古文），57-1-60，第5页。

⑫ 鄂尔多斯档案馆藏，清朝杭锦旗衙门历史档案（蒙古文），57-1-60，第5页。

勒色仁旗台吉拉锡东如布处”[①]；或被亡夫母亲送回娘家，如“本苏木布拉干其巴干查之子亡故，婆婆将儿媳送回其父本苏木章京温竹德处，记档在案”[②]。寡妇娘家已无直系亲属，可交予亲族处，如“昆都阿奇朗之孀妇送回其亲族额林钦苏木台吉沙格都尔处，昆都西拉布等一起记档在案”[③]，“桑湖苏木额木根亡故，其弟将兄嫂交给王旗索诺木”[④]，“道尔吉苏木厄尔贺图将妻子送给巴东苏木玛喜达”[⑤]。这里离婚后不是送回其娘家，而是送到无亲族关系者手里，这与大清律中的“有所娶无所归”[⑥]，即妻子一方无可归宗亲不可离婚等相悖。在这些孀妇被送回娘家的案例中，还存在寡妇及其幼子女也被一同被送其娘家的记载，如乾隆十三年十二月十九日，“纳木札布苏木吴优家奴亡故，所娶之本苏木德木齐格隆侍女同幼子被送回，索取召里格一头大蓄，记档在案”[⑦]；乾隆十四年十月初九日，“那顺苏木塔布囊噶拉丹之子尼玛亡故，其寡妻被送回其父贝子纳木吉勒色仁旗台吉拉锡东如布时，将大儿子待分内牲畜留下与祖父噶拉丹一起生活外，商定小儿子与其母一起回到姥爷家，待长大后由祖父接回，交给财产12头牛，一同记档在案”[⑧]。

第二种其他各种理由，包括“丈夫当喇嘛”“不和睦”“不合适”“妻子有病”而被送回娘家的，共计21宗。其一，丈夫当喇嘛，即只要丈夫不在原生家庭了，妻子就似乎无理由继续生活在夫家，如乾隆十四年十二月初八日，“车林昭苏木八都年岁已高，要当和尚，将妻子交予梅林章京喇嘛札布，记档在案”[⑨]；乾隆二十年十一月二十日，“马竹尔苏木罗布桑当了和尚，将妻子交予其父巴东苏木扎木艺，索取棉山羊四只，记档在案”[⑩]；“鄂托克旗布仁苏木道尔吉当了和尚，其妻交给我旗却札布苏木兄长，记档在案”[⑪]等。因丈夫出家当和尚而被送回娘家的有4宗。其二，夫妻不和睦、不合适。不和睦（ey-e ese neyilegsen），具体可以可理解为夫妻感情不和或家庭不和睦。乾隆二十年十一月二十日，“章京乌友苏木巴礿因不和睦（ey-e ese neyilegsen），将妻子交给其父道尔吉苏木确拉布，记档在案”[⑫]；“我旗王希格苏木宏辉迎娶贝勒栋如布扎木苏旗云东家人米拉之女，因不和睦而将妻子交给云东，索取三两，记档在案”[⑬]；“伊利苏木德牧楚格，迎娶本苏木比奇哈拉之女，因不睦索取召里格牛一头离婚，记档在案”[⑭]。此类因夫妻间不和睦导致离婚的案件共计4宗。另一种不和睦现象发生在公公与儿媳之间，如乾隆十三年十二月十九日“是日，布搭苏木阿拉希状告儿媳有奸情，儿媳反

① 鄂尔多斯档案馆藏，清朝杭锦旗衙门历史档案（蒙古文），57-1-60，第30页。
② 鄂尔多斯档案馆藏，清朝杭锦旗衙门历史档案（蒙古文），57-1-60，第79页。
③ 鄂尔多斯档案馆藏，清朝杭锦旗衙门历史档案（蒙古文），57-1-60，第28页。
④ 鄂尔多斯档案馆藏，清朝杭锦旗衙门历史档案（蒙古文），57-1-60，第52页。
⑤ 鄂尔多斯档案馆藏，清朝杭锦旗衙门历史档案（蒙古文），57-1-60，第79页。
⑥《中国珍稀法律典籍集成》丙编《大清律例》。
⑦ 鄂尔多斯档案馆藏，清朝杭锦旗衙门历史档案（蒙古文），57-1-60，第26页。
⑧ 鄂尔多斯档案馆藏，清朝杭锦旗衙门历史档案（蒙古文），57-1-60，第30页。
⑨ 鄂尔多斯档案馆藏，清朝杭锦旗衙门历史档案（蒙古文），57-1-60，第38页。
⑩ 鄂尔多斯档案馆藏，清朝杭锦旗衙门历史档案（蒙古文），57-1-60，第109页。
⑪ 鄂尔多斯档案馆藏，清朝杭锦旗衙门历史档案（蒙古文），57-1-60，第126页。
⑫ 鄂尔多斯档案馆藏，清朝杭锦旗衙门历史档案（蒙古文），57-1-60，第111页。
⑬ 鄂尔多斯档案馆藏，清朝杭锦旗衙门历史档案（蒙古文），57-1-60，第112页。
⑭ 鄂尔多斯档案馆藏，清朝杭锦旗衙门历史档案（蒙古文），57-1-60，第113页。

告阿拉希偷了大诺彦的绵羊。审理结果儿媳告状是真，阿拉希属诬告，因此宽容了阿拉希偷窃事件，经调解儿媳离婚，记档在案”[①]。不合适（joqis ugei），不合适可理解为两个人并非门当户对，或彼此存在间隙，或婚姻为双方家长所否定。如乾隆十八年五月十四日，“沃巴西苏木大嘎啦桑之子台吉松堆因与妻子朱尔岱苏木塔布囊宫格之女不合适，将台吉嘎啦桑给的牲畜如数还给，由随丁巴雅尔前来交还并记档在案”[②]。案例中的婚姻双方家庭是门当户对的，婚姻不合适的原因应该是不相配或者夫妻双方感情不和所致，此类离婚案例共计5宗。夫妻不和而离婚在大清律中有明确规定，如“若夫妻不相和谐，而两愿离者，不坐”[③]。“不坐”即不定罪。其三，妻子有病而休妻，如乾隆十六年十二月十四日，“马竹尔苏木侍从巴雅尔札布因其妻有病而送回阿西格图苏木妻父道尔吉处，记档在案”[④]的1宗。这与承接自唐律“七出”[⑤]里的因妻恶疾而离婚相符，因患有麻风病、肺结核、天花等传染性疾病，而“不可共粢盛”的，丈夫可以离婚。其四，拒绝收继婚，“是日，巴岱苏木金巴格隆之兄衮布札布亡故后，因无收继之理，送回本苏木亲族图奴格，记档在案”，“苏诺木苏木阿布札布亡故，其妻无子且无收继之理，由夫弟送回桑湖苏木妻弟东嘎尔，记档在案”[⑥]，共2宗。从文献描述上看，是指因收继婚[⑦]现象的逐步消失，女性在丈夫死后，不再由男方亲族收继而退回女方娘家。

第三种无理由被离婚占所有离婚案件的76.25%，共计398宗。其中甚至包含妻子带幼子女被送回娘家的，如“那木札布苏木吴悠家奴巴彦妻子带4岁幼女”[⑧]，“却札布苏木京囊将其妻与2岁幼女”[⑨]，“伊利苏木奥巴西将其妻与1岁幼女”[⑩]，“色王道尔计苏木查干夫将其妻与幼子”[⑪]，“朱尔岱苏木台吉将其妻与幼女”[⑫]，“赛音吉雅苏木孙吉尔将其妻与1岁幼女”，“玛卡尔岱苏木桑查将其妻与一女儿”[⑬]，“玛卡尔岱苏木塞音将其妻与5岁女儿”[⑭]，“基布松苏木扎拉布将其妻与4岁女儿”，“顿巴苏木达喜将其妻与女儿”[⑮]；虽有孕在身但双方无异议[⑯]的，如“布顿苏木西拉夫将妻子巴图苏木巴图古尔之妹妹送回”等案例。以上三类离婚案例中，存在着大量理由不明、主动“妻离子散”的事例，而这些离婚案例都有一个共同的特点，即都属于伴有“召里格”这一物质形式的离婚。

---

① 鄂尔多斯档案馆藏，清朝杭锦旗衙门历史档案（蒙古文），57-1-60，第26页。
② 鄂尔多斯档案馆藏，清朝杭锦旗衙门历史档案（蒙古文），57-1-60，第97页。
③ 沈之奇注：《大清律集解附例》卷六，清雍正三年（1752年）刻本。
④ 鄂尔多斯档案馆藏，清朝杭锦旗衙门历史档案（蒙古文），57-1-60，第69页。
⑤《唐律疏议》“婚律”中“七出者，依令，一无子，二淫佚，三不事舅姑，四口舌，五盗窃，六嫉妒，七恶疾”。
⑥ 鄂尔多斯档案馆藏，清朝杭锦旗衙门历史档案（蒙古文），57-1-60，第69页。
⑦ 满族、蒙古族等北方民族中曾经存在过的父死子妻其后母，兄死弟妻其嫂的婚姻现象。
⑧ 鄂尔多斯档案馆藏，清朝杭锦旗衙门历史档案（蒙古文），57-1-60，第4页。
⑨ 鄂尔多斯档案馆藏，清朝杭锦旗衙门历史档案（蒙古文），57-1-60，第43页。
⑩ 鄂尔多斯档案馆藏，清朝杭锦旗衙门历史档案（蒙古文），57-1-60，第44页。
⑪ 鄂尔多斯档案馆藏，清朝杭锦旗衙门历史档案（蒙古文），57-1-60，第71页。
⑫ 鄂尔多斯档案馆藏，清朝杭锦旗衙门历史档案（蒙古文），57-1-60，第96—97页。
⑬ 鄂尔多斯档案馆藏，清朝杭锦旗衙门历史档案（蒙古文），57-1-60，第123页。
⑭ 鄂尔多斯档案馆藏，清朝杭锦旗衙门历史档案（蒙古文），57-1-60，第125页。
⑮ 鄂尔多斯档案馆藏，清朝杭锦旗衙门历史档案（蒙古文），57-1-60，第127—128页。
⑯ 鄂尔多斯档案馆藏，清朝杭锦旗衙门历史档案（蒙古文），57-1-60，第37页。

三、召里格与杭锦蒙古人的婚姻

召里格（jolig）为蒙古语，意为替代物、交换、赔偿物、抵价物。在本文所用档案文献中无论离婚还是退婚多数情况下均存在着男方索取召里格的现象。作为召里格者包括牛、马、驼、绵羊、山羊、驴或者较模糊的大畜以及银两、粮食、衣服、毡子、布匹、茶或者与银两等价物等。在文档的离婚事件记录中，共出现召里格牲畜975头只，包括牛149头、马48匹、棉山羊597只、骆驼18峰、大畜163头。清代杭锦旗离婚率较高，同时男方索取召里格离婚的现象普遍存在——522宗离婚案例中292宗索取了各种召里格，这显然是与女方收取聘礼的习俗互相依存。因而男方在婚姻关系结束后要求获得一定补偿似乎也是合乎情理的。

首先，离婚索要财物是清朝法律允许的。清代“原定：蒙古庶人结婚聘礼，给马五、牛五、羊五十，逾数多给者入官。聘定后婿故全还，女故还半。如聘定之女，其婿憎嫌不娶者，不还聘礼”①。至乾隆五年，“请酌改蒙古旧习。查蒙古聘妻之礼：马五匹，牛五头，羊五十只。所费甚多，应酌议减省。嗣后蒙古婚姻之礼，准给马二匹，牛二头，羊二十只。再有力不能者，听从减省。违者照追入官”②。说明当时清廷对普通蒙古人的行聘彩礼有明确数量之规定，杭锦蒙古人也照着清律做的，如乾隆十四年十二月八日，“是日，杭锦旗松堆女儿与达拉特劳章，于鸡年成亲家，要了11只山羊、4布、2毡子、1块茶”③。根据本文所用档案，拿聘礼后退婚索取召里格情况也证明聘礼情况的普遍存在。

乾隆初年杭锦旗蒙古人退婚索取召里格情况统计表

牛	马	驼	绵羊	山羊	银粮	无	大畜
1牛，4山羊	1马，3牛	1驼，1马	2绵羊，2布	10	2.5两银，4袋米	31	1（5人次）
1牛，2山羊	1马（8人次）	1驼，1牛，1绵羊	2绵羊，8布	8	5两银		2（7人次）
2牛，15绵羊	1马，4牛	1驼，7大畜	10，绵羊		4.5两银		3（2人次）
1牛，1山羊	1马，2牛						4
2牛，5山羊	1马，6绵羊						5

① 《钦定大清会典事例·理藩院》，中国藏学出版社，2006年，第217页。
② 《清高宗实录》卷一二六，乾隆五年九月乙亥条。
③ 鄂尔多斯档案馆藏，清朝杭锦旗衙门历史档案（蒙古文），57-1-60，第40页。

续 表

牛	马	驼	绵羊	山羊	银粮	无	大蓄
2牛（3人次）	1牛，1马，10棉山羊						
1牛（6人次）	1马，1袍						
3牛	1马，10绵羊						
3牛，2绵羊	1马，2牛，2棉山羊						

在订婚后退婚的92宗案例中仅有31宗未行召里格，近三分之二的人都在聘定时纳过彩礼，虽然因家境不同也有索要布匹或者银粮等现象，但都曾在定亲时拿过彩礼，所以才出现退还彩礼的事实。蒙古人聘妻之礼完婚后，如果出现离婚，直接用《蒙古律例》之“休妻”中规定：“凡人休所娶之妻，其夫妻和睦时用完之物，不准赔还。将妇人带来现存之物全行给回。”[①]上述522宗离婚案例中除了290宗离婚时没由索要召里格，可理解为未交聘礼或者女方带来之物无现存之外，228宗均被男方索要了不同的召里格，其具体情况如下表：

乾隆初年杭锦旗蒙古人离婚索取召里格情况统计表

牛/头、只、匹、块	马/匹、只、头、件	驼/峰、头、只	绵羊/只、头	山羊/只、头	银粮茶布	大蓄	驴
1牛（26人次）	1马，1袍	1驼，1牛	2（2人次）	2山羊	20斗粮	2大蓄，20绵羊	1
12牛	1（10人次）	1驼（10人次）	1绵羊	4（2人次）	4两银（2人次）	1（17人次）	
2牛，10山羊	3马	1驼，4大蓄	1牛，20绵羊	15（2人次）		11大蓄	
2牛（9人次）	2马（5人次）	1驼，2马，1牛	5棉山羊（2人次）	1牛，2布，1山羊	4块茶	2（20人次）	
3牛（5人次）	1马，4布	1驼，15绵羊			1两银	1大蓄，15山羊	

① 《蒙古律例（全）》卷二，成文出版社，1968年，第51页。

续 表

牛/头、只、匹、块	马/匹、只、头、件	驼/峰、头、只	绵羊/只、头	山羊/只、头	银粮茶布	大蓄	驴
2牛，3两银价东西	1马，10绵羊	1驼，3马，2牛，10棉山羊	6绵羊	3（2人次）	2两银	3大蓄（10人次）	
1牛，2山羊（2人次）	1马，6绵羊		50绵羊	7山羊	3两银	2大蓄，4布	
2牛，3绵羊	1马，1牛（2人次）	1驼，50绵羊	15棉山羊	5山羊	1.5两银	14大蓄	
1牛，4山羊（2人次）	2马，1牛		10绵羊	10山羊	1牛，1布	4大蓄，10绵羊	
1牛，4布，2山羊	1马，7绵羊		1绵羊，6山羊	2牛，6山羊	3.5两银	2大蓄，11山羊	
1牛，15棉山羊	1马，13绵羊		3棉山羊	2牛，7山羊	4两银价的东西	5大蓄（5人次）	
3牛，2绵羊	1马，1.5两银		4棉山羊	1牛，10棉山羊	1牛，4两银	6大蓄（2人次）	
2牛，13绵羊，3山羊，1块茶	3马，2牛		1牛，12棉山羊		1牛，1两银（2人次）	2大蓄，2绵羊	
1牛，13棉山羊	3马，5牛，20棉山羊		1牛，8绵羊			4大蓄，8棉山羊	
1牛，1绵羊（2人次）	1马，2牛（2人次）		1牛，11绵羊		1奶牛，4布	3大蓄，10绵羊	
1牛，2绵羊	1马，15绵羊		3牛，10绵羊		1牛，1块茶	4大蓄（2人次）	
2牛，2绵羊			4牛，20绵羊		3牛，1毡子	2大蓄，10绵羊（2人次）	
2牛，15山羊						5大蓄，8山羊	

上述表格显示，多数蒙古人索取召里格的范围基本与聘礼的法定范围“准给马二匹、牛二头、羊二十只”一致，但也有索取12头牛、11头大蓄、14头大蓄等超出聘礼范围的。若按照“其夫妻和睦时用完之物，不准赔还”规定，可以理解为婚姻存续时间较短，或者聘礼已远远超出清廷之规定，但又未见违者照追入官的记录。相反，清朝律例中所规定，离婚时将妇人带来现存之物全行给回，未见记录，可见女方出嫁时的嫁妆普遍不多。除此之外，另有4宗有财产赠予，如乾隆十六年九月二十八日，“是日，巴东苏木萨姆坦亡故，萨姆坦父亲老亚给其妻作为财产骆驼1峰、25只棉山羊、2头牛，送回班第苏木弟弟松堆家，记档在案”[①]；乾隆十三年三月二十七日“是日，那顺苏木比奇汗呼亡故后，由其弟根扎布和其子罗布桑商量，将其妻送回本苏木娘家父亲丹巴家，作为财产给了15只山羊”[②]；乾隆十四年十二月初二日，“伊利苏木巴图亡故后，送回娘家父亲古路格，说好给2头牛，记档在案”[③]等情况。如果将此228宗索要的召里格理解为均被男方索要了不同的召里格，按照大清律例“凡人休所娶之妻，其夫妻和睦时用完之物，不准赔还”，那么夫妻和睦时未用完之物，一旦感情破裂或者其他原因离婚或休妻的话，必须赔还，即索要的召里格就是余下之物，是应该赔还的。究其原因，应当认为这些婚姻生活持续时间不长，被休之妻年纪尚轻，可以再嫁，因此在婚姻关系破裂之后男方索要召里格可以等于或大于聘礼。

其次，杭锦蒙古人家庭贫困化也是发生离婚的重要原因。由于贫困而卖儿女、家奴、属下的现象在蒙旗档案中屡见不鲜。就杭锦旗蒙古文57-1-60件档案中，自乾隆十二年十月初八日至乾隆二十年十一月期间，发生买卖人口99宗，其中卖儿子16宗、女儿11宗、外甥1宗、姐姐1宗、弟弟1宗、妹妹3宗、订婚之妻1宗、2岁台吉1宗、阿拉巴图22宗、家奴35宗、丫鬟2宗、罪人5宗。具体如乾隆十三年一月二十一日，“是日，衮布岱苏木诺尔穆因无法生存，将其子扎马尔查，以3头大畜价卖给巴图苏木崴丹，记档在案”[④]；乾隆十三年二月初五日，“是日，敦都格苏木巴雅尔窘困无奈，将儿子依拉嘎以4只山羊、3袋米的价格卖给班迪苏木毛籁，记档在案”[⑤]；乾隆十九年闰四月十日，“是日，达拉特旗宫格将女儿卖给我旗速溶苏木额林钦，换得棉山羊3只、粮食6袋，记档在案”[⑥]等。甚至乾隆十五年一月二十日，“温竹德苏木马拉占将亡子沃巴西之妻诺霍岱交给亲家公阿达哈。马拉占与阿达哈把诺霍岱卖给其所属台吉色布登，得牛一头、十三棉山羊，马拉占索要儿媳召里格一头牛、五只绵羊，阿达哈得把只棉山羊，记档在案”[⑦]。由此看出，在当时的环境下，为了保证生存，离婚时男方索要召里格是男方把妻子交给娘家时必须的手续，在交接时女方娘家无法给予召里格也应当约定好适时交还，如乾隆十五年九月二十九日，“是日，布都讷苏木那木札布儿子扎木苏亡故，那木札布将儿媳送回本苏木巴图，索要召里格一匹马并说好再要一头牛，记档

① 鄂尔多斯档案馆藏，清朝杭锦旗衙门历史档案（蒙古文），57-1-60，第58页。
② 鄂尔多斯档案馆藏，清朝杭锦旗衙门历史档案（蒙古文），57-1-60，第38页。
③ 鄂尔多斯档案馆藏，清朝杭锦旗衙门历史档案（蒙古文），57-1-60，第15页。
④ 鄂尔多斯档案馆藏，清朝杭锦旗衙门历史档案（蒙古文），57-1-60，第11页。
⑤ 鄂尔多斯档案馆藏，清朝杭锦旗衙门历史档案（蒙古文），57-1-60，第14页。
⑥ 鄂尔多斯档案馆藏，清朝杭锦旗衙门历史档案（蒙古文），57-1-60，第52页。
⑦ 鄂尔多斯档案馆藏，清朝杭锦旗衙门历史档案（蒙古文），57-1-60，第43页。

在案”[①]；乾隆十六年九月二十九日，“是日，蒙克苏木根顿札布，将其妻马竹尔苏木胡黛之女送回，索取召里格一个”[②]；乾隆十八年五月一日，“是日，顿巴苏木扎米仰儿子亡故，扎米仰将儿媳送回达王旗散都布苏木詹启卜兄处，说好索要召里格一匹马”[③]。上述三例中，妻子被送回娘家，但娘家方因无法拿出召里格，只好商定后给，说明这个离婚属于和离，同时也佐证了蒙古人的生活贫困的事实。

纵观乾隆初年杭锦旗蒙古人的休妻或离婚现象，其性质基本属于和离范围之内，无论索要召里格与否，所有记档在案的离婚现象都是在和平状态下进行，未出现纠纷或诉讼。从43.7%的离婚案宗索要召里格的情况说明，婚嫁彩礼等买卖婚姻现象在当时是普遍存在的，也是导致妻子被迫回娘家的同时将自身所得聘资一次性给付丈夫作为离婚的代价，无论名誉还是嫁妆都受到损失，女性社会地位较低。更重要的是将生存问题放在离婚理由之中，多数离婚者男方会得到一笔赔偿，缓解生活困境，如材料中离婚男方索要20斗粮食或4块茶[④]、4两银价的东西，纯属于应急。从管理者角度，在清代婚姻相关记录属于人口管理范畴，而本文献中76.25%是未记载离婚缘由，且时间上也存在追加记录现象，说明当时的杭锦旗蒙古人中离婚已经是一种常见现象。

① 鄂尔多斯档案馆藏，清朝杭锦旗衙门历史档案（蒙古文），57-1-60，第50页。
② 鄂尔多斯档案馆藏，清朝杭锦旗衙门历史档案（蒙古文），57-1-60，第65页。
③ 鄂尔多斯档案馆藏，清朝杭锦旗衙门历史档案（蒙古文），57-1-60，第97页。
④ 鄂尔多斯档案馆藏，清朝杭锦旗衙门历史档案（蒙古文），57-1-60，第72页。

朝廷谕旨与蒙古王公之“同仇敌忾”

——庚子年鄂尔多斯蒙旗反洋教事件再谈

苏德毕力格
（内蒙古大学）

光绪二十六年（1900年）即庚子年，在中国北方义和团运动四起，内蒙古中西部地区发生严重教案，许多教堂被焚毁，教士教民中死伤者为数甚多。在伊克昭盟七旗中达拉特、准格尔、鄂托克、乌审和扎萨克五个旗相继发生教案。以往对庚子年蒙旗教案的研究，多强调义和团运动的影响，而忽略蒙旗本身的因素。实际上蒙旗反洋教，尤其是派蒙兵围攻教堂事件，很大程度上是蒙旗王公遵行朝廷谕旨，主动表现“反帝爱国”的结果。

光绪二十六年五月二十五日，清廷降谕旨，宣告招抚义和团民，与各国“一决雌雄”，即向各国“宣战”。谕旨最后强调：“其有同仇敌忾，陷阵冲锋，抑或尚义捐赀，助益饷项，朝廷不惜破格懋赏，奖励忠勋。苟其自外生成，临阵退缩，甘心从逆，竟作汉奸，朕即刻严诛，决无宽贷。”①五月二十七日，又谕军机大臣等：“现中外开衅，蒙古各盟迫近俄疆，情形吃紧。着理藩院即速传知东北各盟王公，赶紧简练队伍，筹办边防，毋稍延迟。”②

发布“宣战”令后，清廷在北路方面最担心的是俄兵从库伦至张家口的旱路进犯中国。听闻有俄国马队由旱路前来后，即令察哈尔都统祥麟等随时侦探北路军情迅速驰报。同时令理藩院传旨东、北各盟蒙古王公，赶紧简练队伍，筹办边防。绥远城将军永德接到谕旨后也做了一些部署，即拣派马队官兵，驰赴北路蒙古军台一带，侦探有无俄兵；并札饬乌伊两盟各旗蒙古，严防出探，随时飞报。但是，俄兵并无从库伦至张家口一线进兵中国的意图，当时俄国的注意力在东清铁路的保护上，因而义和团运动爆发后即准备进攻中国东北三省。由于俄兵并未从北路进犯，张家口、绥远城一带的边防实际没有发生紧急情况。不过，伴随着清廷宣战谕旨传达至各地方，在直晋

① 上谕，光绪二十六年五月二十五日，故宫博物院明清档案部编：《义和团档案史料》上册，中华书局，1959年，第162—163页。

② 《清德宗实录》卷四六五，光绪二十六年五月丁卯。

两省口外各厅和蒙旗境内不断发生民教冲突，各处教堂聚集了众多教民，局势骤然紧张起来，而绥远城等处驻防官兵也遵照谕旨参与到“教匪”的清剿。

六月初五日上谕称：“教民中有能悔悟前非，到官自首者，均予以自新，不必追其既往。并谕知民间，凡有教民之处，准其报名该地方官，听候妥定章程，分别办理。现在中外既已开衅，各国教士应即一律驱遣回国，免致勾留生事，仍沿途设法保护为要。该督抚等当体察各处地方情形，速为筹办，毋稍疏忽。”六月初九日上谕又指出：“至各国与中国衅端起于传教者居多，教民为洋人勾引，最为心腹之患，乘此事机，杜其传教之根株，实中国一大转机。”[①]上述谕令明确指出此次中外开衅，起因于民教冲突，教士教民是中国的心腹之患，若果乘此时机根除传教，将成为中国的一大转机。

六月初七日，山西巡抚毓贤奏报：“萨拉齐地方天主堂教士石姓等，将民人高占年等焚杀九命，各处闻知，均公愤不平。”[②]六月初十日降谕旨：“各处教民勾结麇聚，胆敢抗拒官兵，即着毓贤、李廷箫督率将士，相机剿捕，毋任蔓延为患。”[③]六月二十三日，绥远城将军永德所派马队、驻包头大同练军步队及义和团等共同围攻萨拉齐二十四顷地教堂，[④]以超过140名教民被杀死而告终。这就是内蒙古近代史上有重要影响的二十四顷地教案。前人关于此案研究颇多，在此不再赘述。[⑤]下面主要探讨伊克昭盟达拉特旗蒙兵攻击小淖尔等处教堂和鄂托克、乌审、扎萨克三旗蒙兵围攻小桥畔教堂事件。

据现存蒙旗札萨克衙门档案记载，在清廷向各国“宣战”和关于剿办“教匪”的上谕下达之前，伊克昭盟各旗遵照绥远城将军指令，一直都在禁止蒙古人练习拳术和会同义和团攻击教堂。但是，宣战谕旨和防范俄兵进犯的谕旨相继下达后，伊克昭盟各旗顿时紧张起来。伊克昭盟盟长、准格尔旗札萨克贝子扎那济尔迪于六月初八日接到绥远城将军转来的五月二十七日所降关于防范俄兵由北路进犯的谕旨后便得知中外开战的消息。[⑥]扎那济尔迪是同治年间统领伊克昭、乌兰察布两盟官兵出征参加镇压回民起义战争的唯一具有“实战经验”的蒙古王公，因为镇压“回乱”有功得到过清廷的嘉奖。他接到防范俄兵进犯的谕令后即令副盟长鄂托克旗札萨克贝勒喇什扎木苏统领全盟出征官兵赴边境，扼要驻守。具体部署是全盟七旗共选调500名蒙兵，派往东北边境一带驻守，以防俄兵进犯。但是，如上所述俄兵并未从北路进兵中国，蒙旗也就无需派兵驻守北境。随着绥远城、包头等地驻防官兵会同义和团攻打二十四顷地教堂事件的发生和理藩院翻译的蒙古文宣战上谕传递至各蒙旗，扎那济尔迪将注意力转向了周边各教堂和教民的防范上。

据目前所发现蒙古文档案记载，伊克昭盟蒙兵最早攻打教堂事件是达拉特旗梅楞

① 上谕，光绪二十六年六月初五日、初九日，载《义和团档案史料》上册，第214—215、239页。
② 山西巡抚毓贤折，光绪二十六年六月初七日，载《义和团档案史料》上册，第225页。
③ 军机处寄山西巡抚毓贤等折，光绪二十六年六月初十日，载《义和团档案史料》上册，第249页。
④ 山西巡抚毓贤折，光绪二十六年七月十二日，载《义和团档案史料》上册，437—439页。
⑤ Patrick Taveirne著《汉蒙相遇与福传事业：圣母圣心会在鄂尔多斯的历史1874—1911》一书对二十四顷地教案发生之来龙去脉、伤亡人数等有较为详尽的论述，参见该书第508—509页。
⑥ 目前尚未找到记载五月二十五日宣战谕旨最早传达到蒙旗时间的文献记载，由理藩院译成蒙古文发给伊克昭盟盟长的宣战谕旨的成文时间为六月二十一日。见苏德毕力格主编《准格尔旗札萨克衙门档案基督宗教史料》，广西师范大学出版社，2011年，第200—202页。

章京乌力吉巴图带领该旗蒙兵于光绪二十六年六月二十八日攻击小淖尔教堂事件。据乌力吉巴图事后禀报，黄河东岸二十四顷地等处教堂被义和团和官兵攻占、焚毁后，有不少出逃的教民聚集于达拉特境内的小淖尔教堂。为了防范这些教民危害地方，乌力吉巴图带领蒙兵前赴小淖尔教堂，伊等抵达教堂时，教民进行反抗，击伤三人，于是蒙兵发起进攻。这时驻包头的庆大人（音）所部也来到小淖尔，遂将堂中粮食分给饥民，所剩器物、衣服等分给兵丁和包衣等。留下的房屋由蒙兵放火烧毁。[①]

伊克昭盟达拉特、准格尔等旗的黄河沿岸地带即后套地方和西南部鄂托克、乌审二旗交接处城川、小石砭等地，是教堂较多，教民比较集中的地方。盟长扎那济尔迪对上述地方的洋人和教民的动静十分关注。七月初六日，盟长处札饬鄂托克、达拉特和杭锦等旗，要遵奉上谕，将本盟边境地带有无洋人，速查明据实呈报。札文中专门节选宣战上谕：“其有同仇敌忾，陷阵冲锋，抑或尚义捐赀，助益饷项，朝廷不惜破格懋赏，奖励忠勋。苟其自外生成，临阵退缩，甘心从逆，竟作汉奸，朕即刻严诛，决无宽贷。”[②]一段文字给看。这意味着各教堂中洋人是朝廷要清剿的敌人，如与敌人私通，就以汉奸论处。十一日，盟长处又札饬达拉特旗将该旗境内小淖尔教堂情况详细查明呈报。十三日，盟长处发布告示，宣布蒙汉民间如有收留之教民财产，必须如数上缴用于军需。十九日，达拉特旗将上述梅楞章京乌力吉巴图所禀报的情况呈报盟长处。乌力吉巴图的这份报告说词较为含混，教堂内百余人是全部清剿了还是放走了，究竟有多少教民死伤并未说清楚。对达拉特旗含混上报小淖尔情况，盟长扎那济尔迪十分不满，遂饬令达拉特旗札萨克贝子图门巴雅尔等，堂中洋人、汉人神父和教民等究竟歼灭或放走，要据实呈报。此后，达拉特旗札萨克贝子及协理台吉等先后几次呈报小淖尔和其他几处教堂教民的聚散情况，但始终没有说明该旗蒙兵具体歼灭之教士教民人数。因此，盟长扎那济尔迪十分怀疑达拉特旗蒙兵并未将堂中聚集的教士教民悉数消灭，而是私下放走了。于是斥责达拉特旗札萨克图门巴雅尔等接奉上谕后仍无动于衷，与违抗朝命无异，或系暗中讲和，以图私利。八月十五日，接到盟长的饬令后，达拉特旗即派出管旗章京朝克图瓦齐尔，令其率兵前往后套地方将该处洋人、神父及教民悉数歼灭。不久，朝克图瓦齐尔禀报：“奉命带领官兵前去拿获耶稣堂洋人男女各三人时，从乌里雅苏台又逃来一名洋人，亦被官兵拿获。初三日，洋人被消灭。初四日，至乌兰卜尔，初五日，剿灭滞留于东西堂之男女教徒一百五十余人，并烧毁其房屋，将缴获之四十余头马、牛、驴等分给官兵以示激励。”[③]这是目前所发现有关达拉特旗教案蒙古文档案中唯一较详细记录教士教民伤亡数字的史料。关于达拉特旗教案死伤人数传教士的报告与蒙古文档案记载有较大出入，当时在甘肃传教的教士向法国公使电呈：“去岁九月二十八日，达拉特王戕杀教民四百余人，下梁（音）地方杀教民五百人。”[④]上文所述“去岁九月二十八日”即为光绪二十六年闰八月初五日，与朝克图瓦齐尔所报“初五日，剿灭滞留于东西堂之男女教徒一百五十余人”，时间上是

---

① 《准格尔旗札萨克衙门档案基督宗教史料》，第207—208页。
② 《准格尔旗札萨克衙门档案基督宗教史料》，第205页。
③ 《准格尔旗札萨克衙门档案基督宗教史料》，第206、207—208、270—271页。
④ 《准格尔旗札萨克衙门档案基督宗教史料》，第284页。

相吻合的。至于死亡人数则二者差距甚大。光绪二十七年九月间，在绥远城筹议达拉特旗教案赔偿时，教会方面更提出达拉特旗杀害八百余名教民。后经反复辩论，最终将死亡人数议定为150人。[①]这与朝克图瓦齐尔所报数字是基本相同的。

光绪二十七年七月初，接到盟长的饬令后，鄂托克、乌审和札萨克三旗派官兵前赴伊克昭盟西南部各处教堂，以防范洋人和教民滋扰地方。这时内地义和团运动已经波及内蒙古西南部地区，于是传教士和不少教民集中到筑有围墙的宁条梁小桥畔教堂避难。鄂托克旗将为防范俄兵而选调的120名蒙兵直接派往小桥畔，以防洋人和教民出逃。副盟长、鄂托克旗札萨克贝勒喇什扎木苏呈盟长的一份呈文称：

> 兹据本旗台吉章京乌力吉巴图、梅楞章京扎木苏等禀称，住本旗城川、科布尔等地洋人均逃往小桥畔寨子，其中有洋人十余人，蒙古、民人教徒三百余人。此等人均持有快抢等利器。七月十五日，义和团神兵将宁条梁一处洋楼和两个铺子焚毁，逼迫该铺子一民人躲进洋人寨子。十八日寅时，我蒙兵赶到小桥畔后即攻打洋人寨子，是时，义和团官兵亦前来攻打该寨子，然久攻不破。十九日晨，我蒙兵一人受伤。因兵力不敷，难以进剿，照此下去，恐洋人等伺机出逃。为此飞驰呈报，文到，希祈御前行走盟长贝勒诺颜鉴核示谕。[②]

乌审旗札萨克贝子察克都尔色楞呈盟长的一份呈文中称："七月二十五日，奉饬派委协理台吉记录两次朝克图鄂齐尔率领留守本旗之官兵前赴小桥畔等处，协同鄂托克旗官兵严加防范洋鬼子。"[③]与此同时，扎萨克旗也选调20名强壮兵丁交由佐领色日古楞前赴小桥畔等处。同一日，先期带兵前往小桥畔的鄂托克旗管旗章京乌力吉巴图来文称：

> 卑职等奉命于二十一日行至小桥畔等洋鬼子所住寨子附近扎营时，靖边县所遣专使言称，听闻蒙兵欲攻打洋人，若致起衅端，后果难料，理应与洋人议和为是等语。卑职答复，如想议和叫几个洋人来军营商议。随即派参领萨日莱前去交涉，然未得回音。之后，卑职带几名官兵前赴宁条梁，欲与该知县晤面，然其已返回。二十二日，我军二十余名枪手在寨子周围防守时，忽从寨子内出来三十余名教民及一名洋人攻击我军，我军虽奋力迎战，寡不敌众，随即撤退。除披甲额勒德布头部受伤，披甲特木仁背部受伤外，另有七名民人及六名义和团民共十三人被洋鬼子杀死等语。二十八日又禀称，七月二十五日寅时，我官兵再次与洋人交战，披甲巴图被枪击受重伤。另，本旗西南大阳湾地方有一名洋鬼子招集百余教民一同前往口内等语。[④]

由此可见，三旗蒙兵并非同一时间内到达小桥畔的，显然是鄂托克旗蒙兵最先到小桥畔，并与洋人和教民发生交战。中外文不同史料中关于小桥畔事件的发生时间、参与者以及各方伤亡人数等的记载不尽相同，研究者亦有不同的看法。后来办理教案

① 绥远城将军信恪为抄录达拉特旗教案草约原奏事咨理藩院文，光绪二十七年十一月十六日，档案号1430，《清末教案》第三册，中华书局，1998年，第124页。

②《准格尔旗札萨克衙门档案基督宗教史料》，第208页。

③ 札萨克贝子察克都尔色楞、协理台吉等为调集官兵派往小桥畔严防异教徒洋人事呈盟长文，光绪二十六年七月二十五日，编号498，《准格尔旗札萨克衙门档案》(32)，内蒙古科学技术出版社，2011年，第341—342页。

④《准格尔旗札萨克衙门档案基督宗教史料》，第212—213页。

时，蒙员与洋教士共同查实核定：“杀毙洋教士一名，教民十名”，“计烧拆大教堂四处、教民房屋六百二十一间，掠取牲畜三千余头、粮粟一千三百余石。”[①]因为蒙兵和义和团始终未能攻破小桥畔洋人寨子，寨子内的教士教民等终幸免于难。教会方面的主要损失为教堂、房屋和牲畜等财产损失，这使得后来的教案赔款较之达拉特旗少了很多。

蒙兵和义和团等共同围攻小桥畔教堂事件是庚子口外“仇教”事件中持续时间最长的一起案例。据带领鄂托克旗蒙兵前赴小桥畔的管旗章京乌力吉巴图禀报，蒙兵最早抵达小桥畔的时间是七月十七日，从小桥畔将全部蒙兵撤回的时间是闰八月初三日。蒙兵围攻小桥畔教堂的持续时间为47天。[②]鄂托克、乌审和札萨克三旗官兵如此长时间围攻小桥畔教堂，如同达拉特旗官兵攻击小淖尔等处教堂，同样也是在执行朝廷命令。蒙旗官兵到达小桥畔并数次攻击教堂而未能攻陷后，即呈文盟长称：现因蒙兵人数少，暂停进攻，驻扎防守，深恐洋人等伺机出逃。盟长扎那济尔迪得知情况后，严饬鄂托克旗札萨克贝子喇什扎木苏等务必遵奉五月二十五日上谕，迅速增调兵丁派往小桥畔增援，将该处洋人和教民全部歼灭，以清理地方。并将办理情形及时回禀以便转呈。[③]因此，蒙兵只能勉强驻守，以防洋人出逃而招致问罪。实际上这时国内局势已经发生改变，朝廷上下皆以“议和”为重，而蒙古王公对此全然不知。

七月二十日联军攻入北京城后，慈禧太后和光绪皇帝一面仓皇出逃，一面派庆亲王奕劻与李鸿章设法尽快与联军议和。二十六日，绥远城将军永德、山西巡抚毓贤等奏请“归绥道属教堂包藏祸心，拟派员统带旗练各军前往剿办”。而所降谕旨则称：“教民聚集教堂，岂能以风闻无据之词，遽指为包藏祸心，逆形已露”，并要求他们“务须持以镇静，但期有备无患，不得轻率行事，致干重咎”。[④]很显然，联军攻入北京城后，清廷已经放弃了依靠义和团，与各国抗衡的决断。永德等派兵攻击教堂也就不合时宜了。所以，清廷下令不得轻率行事，致干重咎。不久，清廷又降谕旨：凡有拳民聚集处所，勒令呈缴军械，克日解散，以免各国以代剿拳匪为名，用兵要挟。为取悦列强，推进和谈，闰八月初二日，清廷再降谕旨，以“纵庇拳匪，启衅友邦”，将庄亲王载勋、怡亲王载漪等部分王大臣加以惩处，以示和谈之诚意。

七月下旬联军攻陷北京至闰八月初二日清廷降旨惩处部分王大臣这段时间，是清政府想方设法与各国达成和解，以求挽救濒临覆亡之局面的关键时期。因此，迭次下令解散义和团甚至不惜派官兵清剿仍聚集不散之团民，而严加保护各处教士教民。这期间伊、乌两盟各蒙旗却纷纷派兵围攻教堂乃至清剿聚集的教民，其原因是值得分析和探究的。其实，蒙兵到小桥畔围攻教堂后，延榆绥道、延安府以及宁夏理事司员等遵照陕甘总督、陕西巡抚等相继传达的关于保护教士教民，以维护和局的谕旨，多次

---

① 绥远城将军信恪为照抄鄂托克等旗办结教案折单等事咨军机处文，光绪二十七年八月初十日，档案号1423，《清末教案》第三册，第105—106页。

② 《准格尔旗札萨克衙门档案基督宗教史料》，第275页。

③ 为剿灭小桥畔洋人及入教蒙古民人札鄂托克旗文，光绪二十六年八月初三日，编号518，《准格尔旗札萨克衙门档案》（32），第359页。

④ 军机处寄绥远城将军永德等上谕，光绪二十六年七月二十六日，载《义和团档案史料》上册，第489—490页。

派员与蒙兵交涉，劝其停止进攻教堂，撤回旗内。但蒙兵仍坚称要遵照五月二十五日谕旨，剿除教士教民。除非接到理藩院下达的饬令，他们决不可撤兵。故根本不听从陕西地方官的劝阻。这是盟旗与行省两套不同管理系统沟通不畅，新的谕旨不能及时传达到蒙旗所导致的。

光绪二十六年十一月初三日，列强共同向清政府提出《议和大纲十二条》，清政府完全接受。光绪二十七年初，清廷下令加重对“首祸诸臣”之惩处，山西巡抚毓贤即行正法。奕劻、李鸿章奏请惩处的教案各员中即有达拉特旗札萨克贝子图门巴雅尔，其因为杀害教民八百余人，罪应革爵，永远监禁。清廷即降旨，将该贝子革爵，听候查办。[①]另有协理台吉、管旗章京等11名蒙旗职官也列于查办名单中。而忠实执行清廷宣战上谕，力挺各旗剿除教士教民的盟长扎那济尔迪则因于上一年去世而免于惩处。达拉特旗札萨克贝子图门巴雅尔显然是因为传教士所声称的该旗杀害八百余名教民这个夸大的数字遭革爵的。清廷从速处理各处教案，尽快达成和局的急切心情，由此可见一斑。

《辛丑条约》尚未正式签订之前，迫于传教士的急催，清政府下令绥远城将军和山西巡抚等尽快处理山西省口外七厅和蒙旗教案，法、意、比等国公使对此极为关注。新任绥远城将军信恪尚未到任前，在京多次晤商各国公使，请求饬令各处传教士持平办理，但传教士提出的索赔金额仍然十分巨大。光绪二十七年四月，绥远城将军、蒙旗和教会三方派员赴宁条梁会商处理鄂托克、乌审、扎萨克三旗在所属宁条梁（小桥畔）、城川口、小石砭等处“相率仇教”而酿成的巨案。传教士起初索赔178 500余两银。蒙员拒不接受如此巨额赔款，后几经磋商，传教士始允减让，最后议定共赔银143 500两。五月二十八日，绥远城将军所派委员佐领图伽布、景秀等会同酌定协议，由蒙旗和教会双方署名钤押。协议上签字者有：普爱堂教士杨光被（Van Den Abbeele Frans）、巴士英（Bruam Johannes），鄂托克旗协理台吉齐莫特多尔济、百通达拉什德勒格尔，乌审旗梅楞那逊巴图、台吉喀拉王丹，扎萨克旗梅楞阿勒丙克什克。[②]七月初，绥远城将军信恪抵任后，札调达拉特等旗蒙员来绥，开始与主教闵玉清（Bermyn Alfons）会商办理达拉特旗教案。起初闵玉清索赔金额高达69万两。后经漫长谈判，于十二月初三日蒙教双方写立草约，确定最终赔偿金为37万两。交现银10万两，牲畜抵银10万两，常年地租抵银17万两，限五十日内交清。写立草约人为：主教闵玉清、鄂托克旗协理台吉齐莫特多尔济、达拉特旗协理台吉巴匝尔格尔第、杭锦旗协理台吉韜克图鲁。[③]

蒙旗最终的赔款数额虽然较之教会起初提出的减少了不少，但对于贫困交加，债台高筑的各蒙旗来说，仍是难以承受的巨大压力，无论哪个蒙旗根本拿不出现银以支付全部赔款，只好以牲畜和土地议价抵偿。例如，乌审旗拟以该旗碱池即查干淖尔招

① 《准格尔旗札萨克衙门档案基督宗教史料》，第301页。

② 外务部收绥远城将军信恪文，光绪二十七年八月二十八日，编号484，台湾“中研院”近代史研究所编《教务教案档》第七辑（一），第529—536页。

③ 绥远城将军信恪为抄录达拉特旗教案草约原奏事咨理藩院文，光绪二十七年十一月十六日，档案号1430，《清末教案》第三册，第123—126页。

商取租，以抵赔款。[①]达拉特旗同样拿不出现银来，只能另筹变通办法，由该旗交出乌兰卜尔地亩一段，计1 400顷，连房院抵银140 200两。又交大淖尔地亩一段，计76顷，抵银7 600两。因这些土地仍不足以抵偿赔款，之后达拉特提出补交濒临黄河的四成地一段，计2 000顷，价银140 000两，但传教士不愿再收地亩，坚执索款。当时到绥远督办蒙旗垦务的垦务大臣贻谷看到蒙旗无法拿出赔教款的窘境后，为了以此为契机推进蒙旗垦务，迫令所办西路垦务公司，替达拉特旗向教会支付这部分现银，而抵赔的土地由垦务公司赎回放垦。[②]贻谷通过垦务公司垫款设法筹赎赔教地的办法，打破各蒙旗一致抵制放垦的局面，最终使蒙地放垦有了转机。在以“和局”为重的清政府高压态势下，教案赔偿很大程度上成了迫使蒙旗放垦牧地的敲门砖。鄂尔多斯各旗王公遵奉谕旨“同仇敌忾”，最终的结果却是让他赔款。

① 外务部收绥远城将军信恪等文，光绪二十七年十二月初二日，编号499，《教务教案档》第七辑（一），第550页。

② 绥远城将军贻谷奏报达拉特旗教案完结赔款一律交清折，光绪三十年七月十八日，档案号1842，《清末教案》第三册，第729—731页。

1931年国民代表会议前后的蒙古籍代表选举及其议案述论

张建军
（内蒙古师范大学）

按孙中山遗教，“开国民会议及废除不平等条约，实为欲致中国之自由平等所必经之方略，尤以国民会议为建国治国一切根本问题解决之所由”。1930年，南京国民政府完成了对中国形式上的统一。同年11月，国民党三届四中全会决定召开国民代表会议，制定《中华民国训政时期约法》。关于本次国民代表会议及其中的少数民族参政议政代表活动的研究，国内学者已有涉及。相比于西藏政治代表的选举的研究，[①]蒙古籍代表的研究明显逊色。实际上，从整个民国时期来看，蒙古精英在边疆事务中的影响力并不逊色于藏族人士。本文试图就1931年国民代表会议前后的蒙古籍代表的选举及其议案讨论为内容，进行初步探索。

一、蒙古各盟旗联合驻京办事处与各盟旗代表的推举

1930年6月底，蒙古会议结束，“蒙古晋京代表团”使命随之完成。蒙藏委员会蒙事处处长吴鹤龄为巩固蒙古会议所争取到的盟旗利益的政治成果，9月1日，以“蒙古晋京代表团”留京团员为基础，经得蒙藏委员会同意，组建蒙古各盟旗联合驻京办事处，[②]以维持蒙地和中央政府的联系，寄望“自治的理想早日实现”，吴鹤龄被公选为该处主任。蒙古各盟旗联合驻京办事处主要处理如下事项，即：“（一）重申蒙人自治的愿望；（二）要求中央维护蒙人权益，停止在所有蒙地设县及滥垦牧地；（三）转送中央交代盟旗的事务；（四）呈报盟旗实际情况及对中央的要求；（五）处理蒙地省县和盟旗

① 代表性成果有：黄西武《南京国民政府时期少数民族参加国家代议机构问题研究》，中央民族大学博士学位论文，2011年；黄雪垠《南京国民政府时期全国性议政机构中少数民族代表考察》，《民族学刊》2016年第3期；喜饶尼玛《民国时期出席全国性政治会议的西藏地方代表》，《中国藏学》2016年第3期；孙宏年《国民参政会中的藏族参政员与国民政府治藏政策》，《西藏研究》2001年第4期；等等。

② 参见张绍庭：《吴鹤龄和“蒙古各盟旗代表联合驻京办事处”的活动》，《内蒙古文史资料》第6辑，内蒙古人民出版社，1979年。

之间的税务和法务问题；（六）照顾蒙古因公来京人员及求学学生。”10月起，该机构向各盟旗印发蒙汉合璧版《蒙古旬刊》，传达相关资讯。[①]

据曾参与其事的归化城土默特籍蒙古人士荣祥日后回忆，该处“曾通知我旗，令选驻京代表一人，来京参加此项机构”。此时的土默特旗因“杂事旁午，亦殊无暇选派驻京代表”。1931年初，国内形势初定，归化土默特旗公署总管满泰与荣祥相商，“我旗第一人驻京代表，须与蒙藏委员会发生有益之关系，而吾弟与蒙藏委员会委员长马福祥氏素有交谊，若能勉膺此职，暂往南京，开我旗向中央进言之途径，为利固非浅也”。荣祥遂奉令南下入京，“连日与新近来京之各盟旗代表，联袂晋谒各院、部、会首长，皆承热情接待。盖国民党此时正蓄意笼络边疆，故中央大吏对远道而来之盟旗代表，皆不惜躧履相迎也。未几，立法院长胡汉民向国民党中央党部之组织建议，要吸收各盟旗驻京代表为党员。组织部即根据此项建议，依照党章必须有三人介绍之规定，由胡汉民、马福祥、余井塘共同介绍，而使各盟旗驻经代表十七人集体入党”。不久，蒋介石与胡汉民交恶，“因召集国民代表大会之时间问题，主张不同而决裂”，将胡氏囚禁汤山，国民代表大会的召开日期，只能延迟五月。荣祥以本旗代表身份，“就近出席大会，参与训政约法之讨论”。[②]

2月初，土默特总管公署呈文蒙藏委员会，“推荣祥为该旗驻京代表”。13日，蒙藏委员会允准备案并转知蒙古各盟旗联合办事处。[③]同日，满泰致电蒙古各盟旗联合驻京办事处，介绍荣祥代表赴京接洽一事。21日，荣祥抵达南京。[④]

二、国民会议代表中蒙古代表的选举规定及蒙地官民的请扩

1931年1月1日，国民政府公布《国民会议代表选举法》，后于1月20日公布《国民会议代表选举法施行法》，国民党中央通过《中国国民党出席国民会议代表选举施行程序》，规定了国民会议的组成和各种代表选举产生办法及其名额分配。

《国民会议代表选举法》规定，国民会议代表总额520名，其中蒙古代表12名，其选举，“以蒙藏委员会为总监督”，各地蒙古代表，“其选举监督由蒙藏委员会就该地方高级长官中选派之”。选举须按实业团体、自由职业团体为单位进行，后者指“曾经主管机关立案之新闻记者、律师、医师、工程师、会计师所组织之职业团体”。考虑到蒙古地方类似合法团体可能不及内地各省完备，《国民会议代表选举法施行法》对蒙古地

---

① 后因工作量增多，人员需求增加，1933年1月，吴鹤龄改组办事处，设主任一人、副主任二人，下设文书组、翻译组、宣传组、会计组和庶务组。“这时办事处里的代表是改由蒙古各盟及等于盟的各部，各推派代表二人，各特别旗各推派代表一人，来共同组织而成。”由此蒙古各盟部旗和中央政府“都有了双方的联络中心和商榷机关，而上令下达和下情上传，就比以前准确、完整、快速和有效很多”。吴鹤龄原著，吴罕台、吴云台编注：《吴鹤龄与蒙古》，新北，2016年，第187—188页。后文引注时，只标明书名、页码。

② 云广主编：《荣祥文档》上编，内蒙古大学出版社，2014年，第563页。后文引注时，只标明书名、页码。

③《蒙藏委员会为据呈推派荣祥为驻京代表准予备案事给满泰的指令》（1931年2月），《荣祥文档》下编，第62—63页。本件档案的整理者在该书第84—86页再次植入同件档案，标题改为“绥远省政府主席李培基为荣祥当选国民议会代表事给满泰的指令”，且不说将国民会议误作“国民议会”，还将文书形成时间凭空捏成“1931年4月20日”。整个文件看不出绥远都统李培基的痕迹。

④《蒙古各盟旗联合驻京办事处为荣祥安抵首都致土默特总管代电》（1931年2月21日），《荣祥文档》下编，第61页。

区可能存在的法团的造册规定，做了相对简化的要求，只需列出团体的类别、设立经过、组织及其职员，以及会员的姓名、年龄、籍贯和住所，而不必像内地各省还需列出团体的组织章程、设立程序与经过，立案机关与具体年月日，以及每个职员的简略履历。又考虑到蒙古地区交通的不便，可能会导致蒙古代表难以如期选出，特变通规定："前项调查，各地方选举监督于选举日期已届，仍未造册呈报时，得由该地方之侨居首都者，分别组织团体，呈经选举总监督核定，就近选举之。"蒙古团体选举，"于各该团体事务所行之；但于必要时，得由选举监督制定选举场所"[①]。实际上，蒙古地方无论党务机关还是民众团体都未组建起来。一些有识者对于侨居代表权提出保留意见："倘依变通办法办理，其结果必有难以尽臻完善者，盖侨居内地之蒙人，或因去境年久，对于地方需要现况，未能细悉，或因囿于区域，不能综察全势，则代表之建议，必与其所代表者，不能无所出入，而兴革者又何足以补地方之实际，其结果必至与中央原意相离甚远。"[②]另须注意的是，选举法及其实施法并未像其他省区那样规定代表名额的具体分配，这就为日后的争议留下了麻烦。

上述各法案传至内蒙古地区后，迅速引起轩然风波。1月18日，哲里木盟图什业图旗札萨克叶喜海顺、博王旗札萨克和希格、卓索图盟喀喇沁中旗札萨克汗罗札布、昭乌达盟帮办盟务阿拉玛斯图呼、锡林郭勒盟乌珠穆沁右旗协理托克托胡、伊克昭盟准噶尔旗协理奇子俊、呼伦贝尔额鲁特旗总管凌升、察哈尔明安牧场总管呢玛额特索尔，以及旅平蒙人阿拉坦瓦齐尔、博音德勒格尔、罗布桑车珠尔等867人，联名致电中央政治会议、国民政府、行政院、蒙藏委员会和蒙古各盟旗联合驻京办事处，对于选举名额及办法的规定，很是不解，认为蒙古地域广阔，即便是已被国民政府推翻的北京政府，在国会和国民会议的蒙古名额分配上，也较这次许多。"查蒙地广阔，情形特殊，故第一届国会议员，蒙古每盟四人，每特别旗二人，第二届国会议员，蒙古每盟二人，每特别旗一人，即前政府召集之国民会议，蒙古名额每盟二人，每特别旗一人。此次国民会议关系重大，中央以扶植蒙古为急务，似不宜减少蒙古代表名额，致全蒙民意有不能充分表现之虞。况全蒙十八盟部、四特别旗，区区十二名额，将如何分配。再蒙古各项法定团体，为数尚少，务请即以盟旗为选举团体，并增定名额，至少为每盟三人、每特别旗一人，共五十八名，除外蒙六盟部恐难推选外，实际上不过四十名。国家、地方俱有裨益。想我中央当不惜此区区也。务乞洞察事实，准如所请。"随后，昭盟克什克腾旗札萨克诺拉嘎尔札布致电南京蒙古各盟旗联合驻京办事处并转中央政治会议、国民政府、蒙藏委员会："国民会议事关国家大计，尤系蒙旗生存。边地辽阔，情形各殊，仰乞每旗选举代表一人与会，则情重苞桑，方能改进边圉。"叶喜海顺等人的这一建议，成为此后内蒙各盟旗代表的共同心声。1月24日，呼伦贝尔副都统公署，以及呼伦贝尔各盟旗代表团代表吴双海、吴明善、苏嘎尔、达木定苏伦、金博、华霖泰、孟定亚、乌保、普鲁布等21人致电各盟旗驻京办事处。1月27日，卓索图盟喀喇沁中旗管旗章京齐之彦、协理朝克巴达尔胡、喀喇沁右旗管旗章

① 夏新华、胡旭晟：《近代中国宪政历程：史料荟萃》，中国政法大学出版社，2004年，第837—844页。

② 朔民：《对于国民会议蒙古代表选举之希望》，《大国师章嘉呼图克图驻京办事处月刊》1931年第1—2合期，第11页。

京杨振邦、协理乌龙宾，哲里木盟博彦德勒格尔、昭乌达盟金奇贤、伊克昭盟奇全城、乌兰察布盟吉雅图、锡林郭勒盟赛吉尔胡、察哈尔部达穆林札布、呼伦贝尔部恭诺春等711人，致电南京国民党中央党部、中央政治会议、国民政府行政院内政部、蒙藏委员会、蒙古各盟旗联合驻京办事处。1月29日，卓盟喀喇沁左右中三旗协理乌尔图那苏图、章京赓杰春、昭那苏图等580人，也致电国民政府、行政院、蒙藏委员会和蒙古各盟旗联合驻京办事处。1月31日，察哈尔十二旗群总管图鲁巴达尔胡、阿凌阿、图鲁巴图、郭勒敏色、巴彦孟克、富凌阿、额色尔固莽赖、额色勒克们德、尼玛鄂特索尔、特穆尔博罗特、喇济弥图普、色楞那木济勒等人致电蒙古各盟旗联合驻京办事处，蒙古旅平同乡会也致电蒙藏委员会。上述几次电文，大意与叶喜海顺等人相同，甚至称，“查历届国会，均予蒙人以平均参政机会”①。不久，国民党中央执行委员会常务委员会讨论决定，“图旗札萨克等请增国民会议代表名额一案，因代表名额业经规定，碍难增加”，至以盟旗为选举团体一节，交蒙藏委员会酌情处理。秘书处将这一意见函达蒙藏委员会知照。②

2月2日，乌伊两盟办事处致电蒙古各盟旗联合驻京办事处：“乌伊两盟幅员辽阔，蒙民繁众，国民会议代表每盟三人，原不为多，即祈毅力要请。”同日，归化土默特旗总管满泰及所属参佐领致电蒙古各盟旗联合驻京办事处并转中央政治会议、国民政府、蒙藏委员会，其诉求与叶喜海顺等相同。③办事处先后将各电转呈蒙藏委员会。盟旗代表们又竭力动员同情蒙古事务的立法院立法委员、国民会议代表狄膺与胡翰为蒙古民众代言。2月2日，狄膺与胡翰致函国民政府文管处文书局长杨熙绩，请增加代表名额、以盟旗为选举团体。4日，杨熙绩复函狄、胡，转达中央态度。④2月2日，察哈尔十二旗群总管图鲁巴达尔胡等致电国民政府，重申原意。4日，国民政府文官处电复，“奉谕查案电复”。10日，行政院长蒋介石致函文官处，名额和选举办法，“已转饬蒙藏委员会知照”。⑤

前述法案颁行后，国民政府责令行政院转发蒙藏委员会通饬内蒙各地遵行。2月10日，蒙藏委员会将该施行法以蒙汉合璧文本，通令蒙古各盟盟长、各旗札萨克公署及蒙古各盟旗联合驻京办事处等机构。⑥2月11日，国民政府责令行政院，要求转饬蒙

① 《呈行政院》（1931年2月18日），《蒙藏委员会公报》1931年第16期。《本处呈蒙藏委员会为据情转请增定国民会议蒙古代表名额并请改以盟旗为选举团体文》，《蒙古旬刊》1931年第12期。叶喜海顺等人的呈文，另见《国民会议法规案》（一），台北国史馆藏档001-012010-00006-011、001-012010-00006-012。1月24日，吴双海等人再次联合联名致电国民政府，重申此意。27日，国民政府文官处致函国民党中央执行委员会秘书处，31日，国民党中央秘书长陈立夫复函文官处，转达中央意见。2月3日，文官处复电吴双海等人，“有关电请增加蒙古代表名额一案，奉谕查案电复并交行政院转达”。见《国民会议法规案》（一），台北“国史馆”藏档001-012010-00006-023、001-012010-00006-024、001-012010-00006-025、001-012010-00006-026、001-012010-00006-027。1月29日，乌尔图那苏图、赓杰春、昭那苏图等致电国民政府，请增加国民会议蒙古代表名额及改以盟旗为选举团体。1月31日，文官处致函国民党中央政治委员会秘书处。2月16日，中央秘书长陈立夫函复文官处。17日，文官处函复乌尔图那苏图等人。见《国民会议法规案》（二），台北“国史馆”藏档001-012010-00007-001、001-012010-00007-002、001-012010-00007-003、001-012010-00007-004。

② 《呈行政院》（1931年2月18日），《蒙藏委员会公报》1931年第16期。

③ 《呈行政院》（1931年2月18日），《蒙藏委员会公报》1931年第16期。

④ 《国民会议法规案》（二），台北“国史馆”藏档001-012010-00007-010、001-012010-00007-011。

⑤ 《国民会议法规案》（二），台北“国史馆”藏档001-012010-00007-014、001-012010-00007-015。

⑥ 《会令》（1931年2月10日），《函各盟盟长》（1931年2月10日），《蒙藏委员会公报》1931年第16期。

藏委员会“迅即依法办理”。14日，行政院责令蒙藏委员会“遵照办理具复”。[①]

2月24日，昭乌达盟盟长扎噶尔致电蒙古各盟旗联合驻京办事处，认为：“全蒙代表仅定十二名，为数过少，请查照代为转陈中央政治会议、国民政府、行政院、蒙藏委员会，准予增定每盟部三人、每特别旗一人，就地选举是幸。”[②]

三、蒙古各盟旗联合驻京办事处对中央政府的进言

如前所述，自1月18日以来雪片般飞来的各地电报，使得蒙古各盟旗联合驻京办事处深切感受到事态的严重。“查原电所述旧例，俱系实情，其请求各节亦有充分理由”，于是召集全体驻京代表详加讨论，“佥以此次国民会议之召集，系将以实现总理之全部遗教，其关系于京内各民族之团结与发展者，异常重大。蒙古为构成中华民国之一份子，自亦应负赞襄此次大会之责任”，遂以蒙地叶喜海顺等各地蒙古王公各处来电为依据，呈文蒙藏委员会，希望对原有选举办法做出适当调整，请求增加名额。文内特别指出，自国民政府统一全国以来，于1930年召开蒙古会议，会议代表和“蒙古晋京代表团”以及蒙古各盟旗联合驻京办事处，将中央政府对蒙主张宣布蒙地，然而，国民党中央和蒙藏委员会决议的有关扶植蒙古的各项方案，“因时间及经济上之关系，尚未能实现一二，以故蒙古民众对于中央及内地之感想，尚不免有淡漠及不了解之处，而西盟青海各盟旗，因为时局所限，未能参加去岁之蒙古会议，至今犹耿耿于怀，就其往返书牍，可以知其梗概。此次国民会议，若能使各盟旗均有代表参加，则不独予各盟旗以表现拥护中央热忱之机会，而增进其对于国家之责任心，并可使中央与蒙地间之情形，更进一步之了解，对于国内民族之团结，实有莫大效益。想我中央当不惜此议场区区几席地，使各处蒙人无由闻见新国家之气象”[③]。

此间，据《中央日报》载：“关于蒙藏国民代表会议之选举，因时间及交通关系，恐至期有误，中央订变通办法，拟由旅京蒙藏人中选举，现正在研究中云。”[④]这一消息，无论真假，很快引起了蒙古各盟旗联合驻京办事处的高度关注，直接指出这种所谓自驻京蒙古人士中选举存在弊端，应改以盟旗为选举团体。按照《国民会议代表选举法》，代表须是各种党团组织，“此在内地行之，固可以产生真实国民代表，惟在蒙古地方，党员既少，党部亦未成立。人民多以农牧为业，而鲜农牧团体之组织，工商学等团体，更为罕见。既间有一二，亦不甚健全。是除盟旗以外，蒙古几无其他团体之结合。此种情形，久为全国人士所共知。”选举法虽对蒙藏选举团体稍有区别，但其实施法“复以由各项职业团体选举为原则，如届期不能举办时，并准由旅京蒙人组织团体选举之。似此委曲求全，是我中央早已洞悉蒙古之实际情况矣。惟以事前无人贡献适当救济办法，遂有上述在京选举之规定，此种办法，实多可虑。”这一说法并非空

① 《国民政府训令第77号》，《国民政府公报》1931年2月12日第696号。

② 《昭乌达盟盟长致本处电请转陈增加国民会议蒙古代表名额文》，《蒙古旬刊》1931年第16期。

③ 《呈行政院》（1931年2月18日），《蒙藏委员会公报》1931年第16期。《本处呈蒙藏委员会为据情转请增定国民会议蒙古代表名额并请改以盟旗为选举团体文》，《蒙古旬刊》1931年第12期。

④ 《蒙藏国民会议选举变通办理》，《蒙古旬刊》1931年第11期。

穴来风，以在京蒙古人为选举代表的做法，北京政府时代即多次施行，弊端不少。[①]

蒙古各盟旗联合驻京办事处也意识到由在京蒙人为选举范围的做法，的确不妥，故向蒙藏委员会提出两点意见。其一，“现在旅京蒙人，总计不过六七十人，除属处代表外，或在各机关服务，或在各学校肄业，亦有临时因事到京者，似此有限蒙人，实不能代表全蒙民众选举国民代表，即属处代表，亦只有代表各本盟旗驻京办事之责，并无再代全蒙选举国民代表之权，果由此数十蒙人组织各项团体，选举国民代表，则中央纵能特别成全，国人曲加谅解，但证以民元之在京选举国会议员，蒙人怨窦丛生之往事，恐各盟旗地方，不免认为制造包办，不予承认，非但有负中央曲全蒙事之厚意，且恐无以善其后矣。”其二，“既曰国民代表，自当以能代表国民者为是，蒙古幅员广大，东西几达万里，各个地方之情形与需要，自非一个地方之少数人所能代表，现在旅京蒙人，各盟旗多寡不同，并有数盟旗尚无一人在京者，然则在京选举之结果，必有若干盟旗无人当选，即令当选者可以从权认为足以代表各本盟旗，但彼无人当选之盟旗，将由何人代表，岂非此次国民会议与该盟旗等不生丝毫之关系。总理所谓会议与人民漠无关系，人民不得不仍守其漠视国事之故习者，岂非仍不免于今日。”建议书郑重指出，“在京选举之法，实有百害而无一利，故各盟旗官民，相率以改由盟旗选举为要求。盖欲顺利的普遍的产出真实蒙古代表，并唤起蒙众对于国事之注意及责任心，则除以盟旗为选举团体而外，实无别种方法也。况盟旗虽蒙古之政治区划，一方亦为蒙古民众之自治团体，就其分子职业之不同而言，亦可谓各项职业之混合团体，由此产生蒙古代表，与由职业团体选举代表之精神，并无背谬之处，较由旅京蒙人勉强选举，徒滋纷扰者，岂非稳妥万万。属处为拥护中央威信，顺应蒙古公意，并为钧会督办之顺利起见，敢恳即以盟旗为选举团体也。”[②]蒙藏委员会将蒙古各盟旗联合驻京办事处的这一意见，提交第78次常务会议认真讨论，“佥以此次召集国民会议，利在各地均有代表参加，全蒙十八盟部、四特别旗，向各为一独立之行政区，现定代表名额十二人，实属无法分配，而集合一处选举，又为事实上所不能，若令旅京蒙人临时组织团体选举之，则可虑之点，诚有如该蒙古驻京办事处所陈述者，且蒙古既无各种职业团体，又无临时促令组织之可能，如不为之增加名额，改定选举办法，实有届时不能选出代表之虞”，希望“以每盟部三人、每特别旗一人为请”，并以盟旗为选举团体，呈文行政院。就在拟稿过程中，蒙藏委员会先后收到行政院三道训令，“代表名额，业经规定，碍难增加，至以盟旗为选举团体一节，交蒙藏委员会”[③]。

如前所述，蒙古各盟旗联合办事处四次呈文蒙藏委员会，希望增加国民会议蒙古代表名额，并改定选举办法，同时将各处舆情转电蒙藏委员会。蒙藏委员会经常委会决议并呈报行政院。[④]然而，这只是一厢情愿。既然《国民会议代表选举法》及其施

---

① 笔者曾就这种情况的因果始末，进行过粗浅述论。张建军：《清末民初蒙古议员及其活动研究》，中央民族大学出版社，2012年。

② 《呈行政院》（1931年2月18日），《蒙藏委员会公报》1931年第16期。《本处呈蒙藏委员会为据情转请增定国民会议蒙古代表名额并请改以盟旗为选举团体文》，《蒙古旬刊》1931年第12期。

③ 《呈行政院》（1931年2月18日），《蒙藏委员会公报》1931年第16期。

④ 《蒙藏委员会指令本处增加国民会议蒙古代表名额案奉令碍难照准令仰知照文》，《蒙古旬刊》1931年第16期。又见《会令》（1931年3月6日），《蒙藏委员会公报》1931年第17期。

行法业经国民政府公布，蒙古代表的总名额、蒙古选举国民会议代表之团体及其资格暨选举方法也已明确规定，虽有蒙古各处致电国民政府和行政院请求更改，行政院也为此请示国民政府主席蒋介石，希望缓解来自蒙民的压力，却遭到蒋介石直接拒绝。①经其授意，1月29日，国民党中央执行委员会常务委员会做出决定，“代表名额业经规定，碍难增加”，并经秘书处转达国民政府文官处。31日，政府文官处致电叶喜海顺等人，同时致函行政院，关于“以盟旗为选举代表团体一节交蒙藏委员会”核办处理。②2月15日，行政院给蒙藏委员会发下指令：“此项代表名额，选举法既经规定，并奉府谕，碍难增加，所请增定名额，自应毋庸置疑；至所请改订盟旗为选举团体，核与《国民会议代表选举法施行法》第十条，以当地合法组织之团体为选举团体之规定，亦不相符，惟据称蒙古既无各种职业团体，又无临时促令组织之可能，究应如何办理之处，仰候转呈国民政府核示，俟奉指令，再行饬遵。”③

尽管事已至此，蒙藏委员会仍在努力为蒙旗争取机会。2月18日，蒙藏委员会呈文行政院称：“查蒙古各盟旗官民所要求者，均系根据目前确有之事实，倘不为之酌量变通，深恐届时不能选出代表，似于国民会议前途不无缺憾，况蒙古官民，向少往来中央参与国事之兴趣，此次因本党主义之号召，相率以增加代表名额为请，一则曰可以增进蒙古对于国家之责任心，再则曰可使蒙古得见新国家之气象，其内倾热忱，溢于言表。当此日俄横肆煽诱之际，实属难能可贵。窃以为此次蒙古代表之名额，纵不能多于历届议会蒙古议员之名额，亦不宜使之少于往日，致令蒙人群起今不如昔之感，倘得应其所求而为之增加代表名额，则国家所费者，亦不过有限之旅费，而于中央之巩固内蒙、感召外蒙，以及对于蒙古之种种设施，均有莫大之效益。职会职责所在，观察较确，既据各方纷请前来，尤未敢壅于上闻，理合缕陈实情，伏乞特予变通，准将蒙古代表名额增为每盟部三人、每特别旗一人，并准改以盟旗为选举团体，以利选政之实施，而期国民会议之圆满。”④

此间，蒙古各盟旗连日组织驻京全体代表，晋谒中央府院和有关各部当局，面陈一切，“均承接见，惟多答称，名额业经公布，且开会时间转瞬即届，倘此时骤予变更，诚恐各处援例而起，将无法应付。并谓此次国民会议，系属临时性质，将来召集全国国民大会时，对于蒙民代表名额，自可酌量增加”。不久，行政院通知下达，注定增加名额一事，已“不准所请”。⑤按荣祥说法，他到南京后，“因各盟旗驻京代表请求增加国民会议代表名额，向政府暨各院部请愿”，于是“亦只得随同前往，共奔走四五日方止，然结果仍属无效。因中央恐内地各省亦援例请增，势将无法应付。故仅许改职业团体为盟旗选举，名额则不能变更矣。计此次全蒙仅十二名，每盟出一名，四特别旗合选二名，以得票最多者为当选”。为此，荣祥致电土默特旗署：“我旗若不即早注意，恐难得手。现在政府要人中，似有特许蒙人额外旁听列席之意，如果实行，亦

① 《院令不准增加国民会议蒙古代表名额》，《蒙古旬刊》1931年第15期。
② 《国民会议法规案》（一），台北“国史馆”藏档001-012010-00006-013、001-012010-00006-014、001-012010-00006-015、001-012010-00006-016。
③ 《院令不准增加国民会议蒙古代表名额》，《蒙古旬刊》1931年第15期。
④ 《呈行政院》（1931年2月18日），《蒙藏委员会公报》1931年第16期。
⑤ 《院令不准增加国民会议蒙古代表名额》，《蒙古旬刊》1931年第15期。

救济之一法也。我旗有何情形，务请诸兄随时示知，以便与在京诸同乡商酌办理。”[①]

2月20日，蒙藏委员会接到行政院命令，要求国民会议蒙古西藏选举总监督，依法“克日举办选举事务”。[②]“据蒙古各盟旗先后来电，及西藏藏达赖代表在京表示，此次选举，须一反旧辙，以能真正代表蒙藏民族之人物当选，不能再由少数人操纵。该会以蒙藏地方向无职业团体之组织，且民族知识思想，迥非如昔日之固陋，旧制度与旧办法未可适用，办理颇形困难。选举时期已促一方须根据中央颁布原则，不能稍事违背，一方须体察边疆情形，使不发生窒碍，以期如限完成，故对于筹备方法及步骤，非常审慎。刻正由蒙事处长吴鹤龄、藏事处长罗桑坚赞详细研究中，拟先将选举事务所组织成立、开始办公。”[③]

2月26日，行政院长蒋介石呈文国民政府，针对蒙藏委员会所提“关于增加国民会议蒙古代表名额，应毋庸议，并改以盟旗为选举团体，应如何办理”。27日，文官处也就这一问题致函国民会议选举总事务所商议。[④]此前，蒙古各盟旗联合驻京办事处呈文国民会议代表选举总事务所，并致电蒙藏选举总监督马福祥，“请增加蒙古代表名额及准以盟旗为蒙古团体”。总事务所致函国民党中央执行委员会秘书处，请高层转陈核示。中央执行委员会复函称，“经陈奉中央决定，名额未便增加，选举方法可酌予变通，交蒙藏委员会妥拟候核，特请查照转知”。中央执行委员会秘书处也为此致函蒙藏委员会知照。[⑤]

蒙旗方面的各种努力，终究未能换得一丝转机。蒙藏委员会只好让蒙古各盟旗联合驻京办事处对全蒙仅有的12个名额，拟定分配办法。2月28日消息，该办事处将分配办法电告蒙藏委员会，即：哲里木、锡林郭勒、卓索图、昭乌达、伊克昭、乌兰察布六盟，及呼伦贝尔、察哈尔两部，各选1名；伊克明安、归化土默特、阿拉善、额济纳四特别旗，合选2名，即伊克明安、归化土默特两旗合选1名，阿拉善、额济纳两旗合选1名；青海左右两翼盟23旗共选1名，新疆蒙民23旗，共选1名。此时蒙藏选举总事务所已筹备就绪。[⑥]蒙藏委员会随即召开第81次常务会议，认可了这一蒙古代表名额分配方案。[⑦]

3月3日，蒙藏委员会依照《国民会议代表选举各省市事务所组织条例》规定，成立国民会议代表选举蒙藏事务所，分设总务、审查、指导三组。其中，总务组下设文书、会计、庶务三股，审查组下设审核、调查二股，指导组下设指导、宣传二股，并派定王之觉（副委员长）为总干事，唐柯三（委员兼总务处长，兼选举事务所总务组组长）、吴鹤龄（蒙事处长，兼事务所指导组组长）、罗桑坚赞（藏事处长，兼事务所审查组组长）、巴文峻（参事）、雷格存（简任秘书）5人为干事，各科科长马策（兼

① 《驻京代表荣祥致寿彭、茂如、问樵三科长信》（1931年2月28日），《荣祥文档》下编，第65—68页。
② 《省市国议代表选举总事务所限期完成》，《蒙古旬刊》1931年第14期。
③ 《国内要电》，《申报》1931年2月25日第4版。
④ 《国民会议法规案》（三），台北“国史馆”藏档001-012010-00008-018、001-012010-00008-019。
⑤ 《代电国民会议代表选举总事务所》（1931年3月18日），《蒙藏委员会公报》1931年第17期。
⑥ 《院令不准增加国民会议蒙古代表名额》，《蒙古旬刊》1931年第15期。《国议蒙代表分配已定》，《大公报》1931年3月1日。《国民会议代表即票选》，《盛京时报》1931年1月28日。
⑦ 《蒙藏委员会第七十八次会议记录》《蒙藏委员会公报》1931年第17期。

选举事务所文书股主任）、秦允文（兼选举事务所会计股主任）、黄本栋（事务所庶务股主任）、戴清廉（事务所审核股主任）、朱福南（事务所调查股主任）、康作群（事务所指导股主任）、熊耀文（事务所宣传股主任）7人为股长，科员胡德章、蔡炳章、郑烜、杨逢昌、关振华、马定安、孟和济亚、刘光尧8人为事务员。以上各员均由蒙藏委员会原有职员分别遴派兼任，随即开始办公。次日，委员长马福祥呈文行政院、国民会议代表选举总事务所，将选举事务所职员名册呈报备案。①3月6日，蒙藏委员会指令蒙古各盟旗联合办事处，宣布认可此前合选办法，责令“并速分别转行各盟旗官民知照”。②

不久，蒙古各盟旗联合驻京办事处对于前述名额分配办法又有了新的设想，认为其虽“委曲求全，实具苦心”，但不能全面代表蒙古民意，“惟查外蒙六盟部，亦为吾国领土，此次分配代表名额，竟致未能列入。设帝国主义者，乘机鼓簧，谓我国中央默认外蒙已不属于中国，则影响所及，殊非浅鲜，若由现在之十二名额内，再分给外蒙几名，则内蒙青新各盟部，必因每一盟部不能分得一人，而无法选出矣。伏思国民会议为中央遵奉总理遗教，于全国统一后，召集之盛大会议，关系重要，诚不待言，设蒙古代表不克依限举出，或因急于选出代表而致漏略外蒙，则不独此次大会之缺憾，且恐于外人以挑拨离间之机会，代表等忝负代表各盟旗驻京办事之责，未敢避免烦渎，而终于缄默，谨再拟一救济办法，以为两全之计”。为此，3月3日，该处代表荣祥等人向国民政府主席蒋介石提交了关于《国民会议蒙古代表名额救济办法》，“国民会议蒙古代表，准令每盟部各选三人、每特别旗各选一人，全蒙十八盟部四特别旗，共应选出代表五十八人。除外蒙六部之十八人，恐不能如期选出外，其余各盟部旗，计应选出四十人，到京后，再互推十二人为选出代表，以符法定名额。其余二十八人，即作为列席代表，准其一体列席，除无表决权外，所有来往川资及招待等项，均与出席代表同等待遇。”这一救济办法，于“中央既无变更法令之烦，而各盟旗已受一致参加之惠，且于固结人心、感召外蒙，俱有莫大之效益”③。这一计划，实际上是打算放弃先前按盟旗独选、合选代表的做法。

四、蒙古各处选举的运作

3月4日，青海选举总监督、省主席马麒致电国民政府暨国民会议选举总事务所，说明青海选举的特殊难处两点。首先，“海北蒙古二十九旗并察汉诺们汗一旗，共三十旗，均属蒙古民族。近海刚拭等八族、海南玉树二十五族及果洛五部，均属西藏民族，并未设立县治及设治局等，无法组织农工商教各团体。可否援用《国民会议代表选举

---

①《呈行政院、国民会议代表选举总事务所》（1931年3月4日），《蒙藏委员会公报》1931年第17期。《国民会议代表蒙藏选举事务所成立》，《蒙古旬刊》1931年第16期。

②《蒙藏委员会指令本处增加国民会议蒙古代表名额案奉令碍难照准令仰知照文》，《蒙古旬刊》1931年第16期。又见《会令》（1931年3月6日），《蒙藏委员会公报》1931年第17期。有消息称，蒙藏选举事务所职员有“三十余人”。实不确。《蒙藏选所开始组织》，《申报》1931年3月8日第4版。

③《本处呈国民政府蒋主席、国民会议代表选举总事务所拟具国民会议蒙古代表选举救济办法呈请核示祗遵文》，《蒙古旬刊》1931年第16期。

法》第九条，归蒙藏委员会办理选举事宜”。其二，“新设之县治，尚有同仁、都兰、玉树等三县，汉民绝少，蒙藏民族居多，全未开化，亦无法组织农工商教等各法团”。5日，马麒又为此致电马福祥。[①]17日，马福祥复电马麒称：“蒙古三十旗代表拟归入蒙古选举案内办理，其余各番族应如何规定名额之处，已转呈核示。”[②]同日，马福祥即向国民会议代表选举总事务所反映青海情况：“查青海省境番族甚多，能依法组织团体选举代表者，仅西宁等十一县，而《国民代表会议选举法》但规定青海代表名额，于各番族则并未规定。同属中华国民，似未便独令向隅。除关于蒙古三十旗应归入蒙古选举案内另请规定外，其余青海各番族代表名额，应如何规定，以免向隅。”[③]总事务所答复称：“所请规定番族代表名额一节，此次系职业团体选举制，该省不分汉番民族，在有资格之选举团体内，均有选举权、被选举权，未便另行规定。”[④]

如前所述，按照2月底所定的选举办法，归化城土默特和伊克明安旗只能选出一名代表。虽然荣祥等人已向蒋介石和国民会议代表选举总事务所提出救济办法，但在中央未允准之前，只能考虑合选一途。

3月11日，心急如焚的荣祥致函本旗政府要员，将国民会议的会期、蒙古名额分配办法转达，将内心的急切尽力道出。“查伊克明安在黑龙江东北方，距我旗几万里之遥，此次为名额所限，令两旗合选一人，事实之困难，自不待言。既不能函电相商，又不能一处同选，惟以何旗选民得票最多为当选。就此言之，则我旗此次选举投票时，必须集中票数，大众同选一人，或者可以将代表竞争到手，否则恐为伊旗捷足先得也。此事弟近来与巴维崧、库仲英商议，皆谓必须集中票数于一人，倘一分派或分人投票，定然失败。且不但须集中票数，并须力求票数之增多，愈多愈好，即至少亦不可在万票以下；如能更多，则愈稳妥矣。此次选举，即以各盟旗长官为选举监督，我旗亦即以总管为监督，如总管在选期以前不能回旗，即由代理人依期赶办，大约正式公文不日亦可到也。此次国民会议开会日期，不过一周或十日即闭幕，并非长期会议，其来往车费及到京宿膳，均由中央招待，不必由本旗支给。但中外除招待以外，亦不给薪。盖因其与长期之国会议员不同故也。计我旗代表将来往返，不过廿日之谱，如有愿来者，大家不妨合力成全之。但人选总以具有作事能力，如提案、发言、交际等项，样样可取，虽不太好，亦不落后者方妙。盖东蒙所最注意即为我旗，倘举一不堪之人，为彼等所笑，则我旗之锐气挫矣。再大家须注意，此次之国民代表与各盟旗联合驻京办事处（联合庄办事处系奉行政院之命令设立，以便蒙古有在京办事之机关耳）之代表不同，弟所担任者，即系驻京代表，并非国民会议代表。盖国民代表由中央招待，而驻京代表则须本旗给旅费，大家幸勿误会，谓有弟在京，即可省却选举，此断不可也。”荣祥还特别提醒说，蒙古各盟旗联合驻京办事处处长吴鹤龄常言：“所谓内蒙竞争，只喀尔［喇］沁与土默特而已，他旗实谈不到也。”因此，即便土默特旗让荣某兼

① 《呈国民会议代表选举总事务所》（1931年3月17日），《蒙藏委员会公报》1931年第17期。
② 《电青海省政府马主席》（1931年3月17日），《蒙藏委员会公报》1931年第17期。
③ 《呈国民会议代表选举总事务所》（1931年3月17日），《蒙藏委员会公报》1931年第17期。
④ 《国民会议实录 选举总事务所报告》，国民会议选举总事务所编印，1931年，第76页。

任国民代表，“亦须经过选举，如有妥人，总以另举为妙”[①]。荣祥对于本旗争夺名额的期盼以及不想自居的谦逊，跃然纸上。

毕竟都是蒙旗，归化城土默特更希望与遥远的伊克明安旗在意见上达成一致。3月21日，归化土默特旗政府致函荣祥：“此次我旗选举，合选之困难事实显然；若与该旗共同选举，相距既在数千里之外，岂将何以集合，如单独办理，纵使我起集中选票，与该旗之选票多寡，似恐无从证明，难免由之捏报以作竞争之，徒致纷争，无补事实。如果该旗在京有人，不妨预为联络，推诚相商，让由我旗选充代表，开会时，该旗如有疾苦，自当竭力提议，未尝非一救济之法。果能如此，既却纷纠，益增感情，此不过同人等自拟之表示，未悉该旗以为如何。惟我旗办理选举，势在必行，刻未奉到正式公文，已商同旗僚积极筹备矣。”[②]

就在此时，3月初由蒙古各盟旗联合驻京办事处代表荣祥等人提出的《国民会议蒙古代表名额救济办法》，于11日，由国民政府文官处转交国民会议选举总事务所。[③]该案也几乎同时出现在蒙藏委员会委员长马福祥案前。蒙藏委员会随即详细讨论，认为：“出席代表名额，既未便增加，列席代表与法令尚无抵触。至选举方法，则以蒙古地方向无农工商学等团体，除以盟旗为选举团体外，实无其他办法。复经拟具变通办法两项：（一）国民会议蒙古代表，请准令每盟部各选三人、每特别旗各选一人，到京后再互选十二人为法定出席代表，其余各员为列席代表。除列席代表无表决权外，所有旅费及招待各项，均与出席代表同等待遇。（二）请准以盟旗为蒙古代表选举混合团体。”[④]

3月16日，蒙藏选举总监督马福祥以快邮代电呈文国民会议代表选举总事务所，“万急”，将万般无奈中确定的蒙古代表分配名额通告，同时指出：“惟查外蒙六部亦为我国领土，历届议会均经规定名额，此次倘为漏列，诚恐日俄帝国主义者借端煽惑，谓我政府已默认外蒙不属于中国，则影响于国家前途，殊非浅鲜。若由原定十二名额内再分给外蒙数名，则内蒙青新各盟部，亦将因每一盟部不能分得一人，而不能选出代表。如届时蒙古方面无一人出席会议，本会职责所在，何敢负此重咎？至以盟旗为选举团体一节，盖因蒙古地方向无农工商学等团体，临时促令组织，又为事实所不能，旅京蒙人组织团体选举代表，则势必引起全蒙官民之反感。再四思维，均非善策。兹为顾全中央法令，参酌多数蒙人心理起见，谨拟具变通办法两项，以资救济。（一）国民会议蒙古代表，请准令每盟部各选三人、每特别旗各选一人，到京后再互选十二人为法定出席代表，其余各员为列席代表。除列席代表无表决权外，所有旅费及招待等项，均与出席代表同等待遇。（二）请准以盟旗为蒙古代表选举混合团体。以上两项，如蒙核准施行，则中央既无变更法令之繁，而各盟旗亦得一致参加之惠，且于固结人心、感召外蒙，俱有莫大之效益。一举数得，莫善于此。计每盟部各选三人、每特别旗各选一人，全蒙代表共应选出五十八人。除外蒙六部十八人，恐不能如期选出

① 《驻京代表荣祥致寿彭、茂如、问樵三科长信》（1931年3月11日），《荣祥文档》下编，第69—74页。
② 《土默特旗为选举国民代表事致驻京代表荣祥函》（1931年3月21日），《荣祥文档》下编，第75—78页。
③ 《国民会议法规案》（四），台北“国史馆”藏档001-012010-00009-002。
④ 《代电国民会议代表选举总事务所》（1931年3月18日），《蒙藏委员会公报》1931年第17期。

外，其余四十人，当可依限到京。其中十二人为出席代表，二十八人为列席代表。但会期已迫近，青海、新疆等处距京穹远，行程均须二月以上，若再稽核延时日，深恐有误会期，且各盟旗对于选举意义尚未深切明了。本会所派往指导各员，刻均整装待发，特迫切电陈，务恳钧所迅赐核准电示遵行，俾得通行各盟旗紧急筹备，依限到京，实为公便。"[①]马氏特别强调："选举方法以盟旗为选举团体，系为因地制宜起见，拟请将以上两项办法迅赐决定，以免延误。"[②]时隔一日，内心万分焦急的马福祥于18日再次急电总事务所："现在限期急迫，用再电陈，务恳将以上两项办法迅赐决定，电复遵行。"[③]马福祥还将该办法呈文行政院转请核示。时隔一周的焦急等待之后，终于26日迎来国民会议代表选举总事务所的复电："准如所拟办理，仰即转令各盟旗先选代表，到京复选十二名，出席国民会议。至列席一节，事关国民会议组织，应静候中央核定。"[④]至此，国民代表会议蒙古籍代表选举办法，最终确定下来，也宣告了2月底按盟旗独选、合选代表的做法。

至此，原定的伊克明安、归化城土默特两旗合出一名法定代表的可能，实际已不存在。但既存在初选、复选之别，只有能选出一票的土默特旗可否成为最终正式代表，仍是未知之数。身在南京的荣祥时刻念兹在兹。3月27日，荣祥致函本旗要员，商讨国民会议代表选举一事："本用快信，因邮局见封面系蒙旗官署，认为距省穹远，坚持不通快信，解说再三，终不肯收。送信人无法，只得按常信付邮。"3月29日，蒙古各盟旗联合驻京办事处长吴鹤龄自蒙藏委员会讨论归来，招集各盟旗驻京代表谈话，略谓："东蒙各盟旗及乌兰察布，凡有驻京代表者，均即由各该本盟旗以电报或者公文，派定其驻京代表为国民会议代表（吴对于东蒙颇有左右之力，故其预言如此；至于乌盟，则该代表已自言兼任），至伊克昭盟因无驻京代表，不得不另选代表，虽有奇子俊在京，但伊系监察院委员，不能兼充（凡监察院大小官员，均不得兼任他项职务）。"

吴鹤龄的这一番言说更使得密切关注南京各蒙旗人士动向的荣祥心急如焚，他担心27日的书信会因交通问题迟延耽搁，特于29日当天再次致函本旗政府，"以期稳妥"。信中说："现奇子俊尚欲觅一在京之伊盟人，以便就近复选。□□［内蒙］各盟部无论如何，总能每盟部得一正式代表，惟有四特别旗则在得失不定之间。盖伊克明安之驻京代表，刻亦积极向其本旗以函报告，大有跃跃欲试之意云。弟观其举动，亦觉伊确有与我旗竞争之决心。日前接兄等大札，谓可与该旗驻京代表接洽，不妨请其让与我旗，弟近日既已知其真相，则让与之言，深觉不便出口，将来只好在复选上决胜负耳。惟愿我旗此次举一漂亮之士，勿被该旗所压倒，则增光不尠矣。盖该旗部分虽小而接近东蒙，其势力亦不可轻视。况在京各蒙古，东蒙占十之八九，西蒙不过十之一二，而乌盟之拉希色楞，又一无所长，彼自顾犹恐不暇，安能为我旗帮忙乎？至于内蒙在京各代表及办事处职员，不下四五十人，大概各有微长，多数能通蒙文，其

① 《代电国民会议代表选举总事务所》（1931年3月16日），《蒙藏委员会公报》1931年第17期。
② 《代电国民会议代表选举总事务所》（1931年3月16日），《蒙藏委员会公报》1931年第17期。
③ 《代电国民会议代表选举总事务所》（1931年3月18日），《蒙藏委员会公报》1931年第17期。
④ 《电各盟长、总管、副都统、札萨克》（1931年3月30日），《蒙藏委员会公报》1931年第17期。《国民会议蒙古代表名额救济办法两项》，《蒙古旬刊》1931年第18期。《蒙民选代表产生办法》，《申报》1931年4月2日第6版。

不过蒙文者，必于汉文有起稿之能。弟此次来京，所以为各代表职员所重视者，则以未到之先，即经吴梅轩代为大吹而特吹，彼等平日均以吴之意思为依归。吴既不敢小觑，彼等自不敢忽视也。加以弟到京以来，每日同室办公，遇有重要作品，无不振笔直书，如建筑蒙藏会馆之缘起及旬刊各稿，或完全由弟起草，或必须经弟核定，然后付印。彼等既亲眼看见，更不得不诚心折服矣。倘此次能再举一助弟增光者，岂非极好之事乎？设我旗亦欲采其他各盟旗之办法，以驻京代表兼充国民会议代表，则在京复选时，吴梅轩必能帮忙。因吴与弟既系［同僚］，而此次来京相处，又极融洽，因彼借重弟处甚多，故与马委员长一致挽留，且彼等对于此次选举，亦曾秘密示意，嘱弟与我旗去信。弟初不愿写此信，后见伊克明安代表如此办理，遂不得不依样画葫芦，姑写一信，以请示于兄等也。盖伊旗代表甚不愿我旗选弟，缘吴之感情对于弟厚而对彼薄。伊去年丢蒙藏委员会之科长，即系吴用手段撤之耳。倘我旗来一生人，或退让老实之人，彼即可借东盟同乡之关系，求吴于复选时加以援助，其形容言动确有此种表现，务请兄等万勿误会，以为弟作毛遂自荐也。究应如何，请酌之为盼。”荣祥特强调：“弟纯系为我旗之胜负计，非为私人计也。因此次国民代表并无何权利可言，弟亦非绝对愿充，如有愿来者，请即举来，不必以弟之言为计较。”“正式公令不日可到，至于代表初选人，必须赶四月廿五日前抵京，以备复选云。”[①]

3月28日，国民会议蒙藏代表选举事务所召开会议，讨论内外蒙古选举监督人选，以及选举手续和日期，决定：“（一）察哈尔十二旗群选举监督，以该旗群联合政治办公处值月总管充任；（二）新疆二十三旗选举区，以阿尔泰新土尔扈特及乌梁海等十旗为一区，旧土尔扈特及霍硕特等十三旗为一区；（三）外蒙各部选举监督暂缓委派，另议妥善办法，再行提出讨论；（四）卓索图盟、昭乌达盟、哲里木盟、伊克昭盟、乌兰察布盟、锡林果勒盟、呼伦贝尔及四特别旗选举监督，即派各该盟长、副都统、札萨克、总管充任；（五）选举手续，查照政府颁布各项规定及呈准办法办理；（六）通行各盟旗当选代表，限于四月二十五日以前一律到京；（七）训令蒙古各盟旗联合驻京办事处，转为催促各盟旗从速依限办理。”据此，会议派定第一批选举监督，即哲盟齐默特散披勒、卓盟达克丹彭楚克、昭盟扎噶尔、锡盟索诺木拉布坦、乌盟云端旺楚克、伊盟沙克都尔扎布、青海左翼盟索诺恩旺济勒、青海右翼盟林沁旺济勒、呼伦贝尔贵福、伊克明安旗哈钦苏荣、归化土默特旗满泰、阿拉善旗塔旺布里甲拉、额济纳旗达什。[②]

3月29日，蒙藏委员会致电察哈尔十二旗群联合政治办公处：“现将选派国民会议蒙古代表选举监督，仰将该处本年四月值班总管之姓名、旗分，即刻电告本会，万勿延误。”[③]不待对方回复，当天即拟电各盟旗选举监督，向察哈尔部总管特穆尔博罗特、三音诺颜汗部那彦图，以及新土尔扈特及乌梁海10旗、旧土尔扈特及霍硕特13旗札萨克，通报代表选举的变通办法，“国民会议定于五月五日在京开会，决不延期”，故依照《国民会议代表选举法》第九条第二项“蒙藏选举监督由蒙藏委员会就该地方高

① 《荣祥自南京为选国民代表致寿彭、茂如、问樵三科长信》（1931年3月29日），《荣祥文档》下编，第79—82页。

② 《国民会议盟长代表选举事务所决定各区选举监督之选派》，《蒙古旬刊》1931年第18期。

③ 《电察哈尔十二旗群联合政治办公处》（1931年3月29日），《蒙藏委员会公报》1931年第17期。

级长官中派充”的规定，“特电派该盟长、副都统、总管、札萨克为各本区选举监督，仰即就职，并成立选举事务所，选出代表三（一）人，发给证明书，限于四月二十五日以前，必须到京”。30日电文发出。①特穆尔博罗特受命为察哈尔十二旗群选举监督。②4月8日，马福祥呈文国民会议代表选举总事务所，抄发各盟旗选举监督名单，呈报国民会议代表选举总事务所鉴核备案。③

此间，为保障内蒙古各地通讯系统的畅通无阻，30日，蒙藏委员会致电张家口台站管理局局长吴树滋、归化城大兴太巷杀虎口台站管理局苏局长：“国民会议为期已迫，本会催办蒙古代表选举甚急，中央以督促极严，所有发交该局转递文电，务须随到随送，不得稍有延误。”④30日，蒙藏委员会经杀虎口台站管理局苏局长转电准噶尔旗公署，但凡蒙藏委员会“所有发往伊盟盟长公署文电，即由杀虎口台站管理局专送该旗署转送，仰即随到随送，不得稍有延误”⑤。

按照蒙藏蒙藏代表选举事务所的设计，新疆蒙古方面，以阿尔泰、新土尔扈特、乌梁海等10旗为一选举区，旧土尔扈特、霍硕特等13旗为一选举区。4月2日，马福祥致电新疆省政府主席金树仁，要求该省政府“就各区高级长官中，选择资望最深者一人，代派各该区选举监督，即日就职，并成立选举事务所，每区选出代表三人，均以蒙古人为限，发给证明书，于四月二十五日以前必须到京，并希将派定监督姓名，电复备案”⑥。

考虑到“各盟旗距京窎远，交通不便，深恐沿途阻滞，辗转需时”，马福祥特于4月2日致电蒙古各盟旗联合驻京办事处，“迅即分电各该监督，迅速遵办，依限到京”。⑦蒙古各盟旗联合驻京办事处也致电各盟部和特别旗选举监督，“务希火速办理，并令代表依限到京”，“至选举法及施行法，已译载本处第十、第十三、十四各期《蒙古旬刊》，并希查照。”⑧例如，4月2日，蒙古各盟旗联合驻京办事处致电呼伦贝尔副都统贵福，催促选举事宜。4月4日，贵福复电称，“国民会议选举代表事宜，现已赶紧筹备，到京期限，不致有误”。7日，蒙古各盟旗联合驻京办事处为此转报蒙藏委员会。⑨

4月2日，察哈尔十二旗群选举监督特穆尔博罗特成立选举事务所，即日就职并致电马福祥，“请颁发关防及小官印，以资信守。其选举事务所经费及各旗选举经费若干，应由何处支领，即请电示”。马福祥电复特穆尔博罗特，“借用该旗群联合政治办公处印信，毋庸另颁关防”。⑩4月7日，蒙古各盟旗联合驻京办事处分别致电察哈尔

① 《电各盟长、总管、副都统、札萨克》（1931年3月30日），《蒙藏委员会公报》1931年第17期。
② 《那彦图任外蒙古三音诺彦汗部选举监督》，《蒙古旬刊》1931年第18期。
③ 《呈国民会议代表选举总事务所》（1931年4月8日），《蒙藏委员会公报》1931年第18期。
④ 《电张家口台站管理局、杀虎口台站管理局》（1931年3月30日），《蒙藏委员会公报》1931年第17期。
⑤ 《电准噶尔旗公署》（1931年3月30日），《蒙藏委员会公报》1931年第17期。
⑥ 《电新疆省政府》（1931年4月2日），《蒙藏委员会公报》1931年第18期。
⑦ 《代电各盟旗联合驻京办事处》（1931年4月2日），《蒙藏委员会公报》1931年第18期。《蒙藏委员会令本处转电各盟旗催办选举代电文》，《蒙古旬刊》1931年第19期。
⑧ 《本处致各盟部及特别旗选举监督催办国议选举电文》，《蒙古旬刊》1931年第19期。
⑨ 《本处呈蒙藏委员会准呼伦贝尔电称国议选举已赶办不致有误等因转呈鉴核文》，《蒙古旬刊》1931年第19期。
⑩ 《代电国民会议代表选举总事务所》（1931年4月9日），《蒙藏委员会公报》1931年第18期。

总管特穆尔博罗特、归化土默特旗总管满泰，催办选举。8日，特穆尔博罗特答复称，“敝处代表，约于二十日以前，准可选出，依限定能到京。”同日，伊克明安旗致电蒙古各盟旗联合驻京办事处，“敝旗代表定能依限到京”。[①]9日，满泰复电称：“选举代表提前赶办，决不误限。查敝旗参领荣祥为众望所归，此次国民代表，以该参领最有希望，前已派赴南京接洽一切。现寓大华饭店，希即遇事推管关照为感。容俟经过，以完手续正式选出，另定奉闻。”[②]

办理选举，势必涉及经费问题，且所费对于普通蒙旗来说，也不能说是小数。民国北京政府时期，国会选举经费概由公出。如，1918年归化城土默特旗国会议员选举，即花费461元有余。[③]本次选举，不少蒙旗也关注这一问题。蒙古各盟旗联合驻京办事处即曾接到卓索图盟驻平办事处来电，询问“选举经费数目及由何处发给”。4月1日，蒙古各盟旗联合驻京办事处急电蒙藏委员会称，“窃查蒙古地方财政困难，选举经费，若令就地支给，必多困难，且历届盟旗选举，其经费均由总监督发给。此次选举经费，似应由钧会发给，拟请速将数目核定，迳电各盟旗选举监督，先行设法垫办，一面即请钧会按照核准数目，将款分别拨发，以资归垫而利选政，仍乞示复，俾便转知。”[④]先前所述的特穆尔博罗特、满泰在其给蒙古各盟旗联合驻京办事处的复电中，都问及选举经费数目及由何处发给的问题。蒙古各盟旗联合驻京办事处询问选举总监督马福祥，请示办法。9日，马福祥急电国民会议代表选举总事务所：“查蒙古情形特殊，关于选举经费一节，似应由中央支给，惟每盟部各选代表三人、特别旗各选一人，其事务所事务繁简不同，所需经费数目自应分别核定。”[⑤]总事务所随即指出，“查关于选举费用，应由国库开支，业经呈准国府转行饬遵。前据该监督呈送该所经费预算书来所，经指令，所有蒙藏各区域办理选举需用经费数目，亦应一律由该会编造预算，补送来所，以凭核转，各在案。兹据前情，仰即遵照迭次电令办理，将前项预算书从速编送，以凭汇转为要。”[⑥]10日，蒙古各盟旗联合驻京办事处接得马福祥说法后，向特、满二人答复称：“选举经费，前准卓盟电询，业经呈请蒙委会，转呈由国库开支，俟奉令后，再行电达。”因察哈尔代表需远道来京，故该“代表旅费，已定由中央支给，免费乘车证，亦请蒙委会必为办到，并请由会径行电知矣”，而归化土默特旗代表荣祥早已驻京。[⑦]

国民会议代表选举总事务所通告马福祥：“蒙藏代表旅费，应按照蒙藏会议代表莅京开会往返车旅等费所定数目，先以单程计算，并仍得发给国有各铁路、轮船免费证，

① 《本处呈蒙藏委员会准伊克明安盟旗察哈尔旗群归化土默特旗等处电称国议选举决不误限等语汇呈鉴核文》，《蒙古旬刊》1931年第19期。

② 《土默特旗总管满泰为选举荣祥为国民会议代表复蒙古各盟旗联合驻京办事处电》（1931年4月9日），《荣祥文档》下编，第83页。原整理者认为该电发出时间“约1931年3月29日”，因未注意到电文末字“佳”而误判。

③ 张建军：《清末民初蒙古议员及其活动研究》，中央民族大学出版社，2012年，第207页。

④ 《本处呈蒙藏委员会请核示各盟旗选举经费数目快邮代电文》，《蒙古旬刊》1931年第19期。

⑤ 《代电国民会议代表选举总事务所》（1931年4月9日），《蒙藏委员会公报》1931年第18期。

⑥ 《呈国民会议代表选举总事务所》（1931年4月17日），《蒙藏委员会公报》1931年第18期。

⑦ 《本处致察哈尔旗群选举监督准电询选举经费已呈请请国库支给乘车证在接洽中覆请查照电文》，《蒙古旬刊》1931年第19期。《本处致归化土默特旗准电询选举经费已呈请请国库支给俟奉令后再行电达希查照电文》，《蒙古旬刊》1931年第19期。

仰即转知遵照。”13日，马福祥致电总事务所：“惟蒙古代表名额原定十二人，嗣以各盟旗情形特殊，分配困难，经本会拟具变通办法，每一盟部选出代表三人、每一特别旗选出代表一人，到京后再互选十二为出席代表，其余各员为列席代表。所有招待旅费等项，均同等待遇。”按照此变通办法，届时来京的蒙古代表共应选出58人。“除外蒙五部十五人，恐不能如期选出外，其余四十三人，当可依限到京。无论出席、列席，所有蒙古代表四十三人，到京旅费，自应一律待遇，以符原案。兹特依照蒙古会议代表所定旅费数目，以单程计算，造具《国民会议蒙古代表旅费支给表》，电陈察核，务乞迅赐列入预算，以便具领转发。”①

3月20日，马福祥呈文国民会议代表选举总事务所，造送国民会议代表蒙藏选举事务所经费预算书4册，将其“组织成立、开始办公日期呈报”，“兹查新疆、青海、康藏等处地方辽远，交通不便，且时间短促，不克派员前往指导。其内蒙方面，拟派指导员四人，分往各盟各部落指导选举事宜。计需旅费二千九百三十八元，及职所三个月办公经费二千九百元，共计五千八百三十八元。”②4月17日，马福祥呈文国民会议代表选举总事务所：“查职所三个月经费二千九百元及指导员旅费二千九百三十八元，均经造具预算书呈送钧所察核。蒙古代表到京旅费，亦经依照蒙古会议各代表所定旅费数目开单呈报，各在案。惟各盟旗地方与省县情形不同，管辖范围均在数百里或一千里以外，调查造册手续繁重，需用经费自必较多，拟请每一盟部由中央补助选举经费八百元，每一特别旗补助四百元，计十三盟部、四特别旗共需补助经费一万二千元，均以一次为限，不再发给。此外，不足之数，由各盟旗自行筹措。兹特造具《蒙古代表到京旅费及各盟旗事务所补助经费预算书》具文呈送，仰祈钧所鉴核施行。至西藏选举经费及外蒙车、土、扎、科、乌五部选举经费，容另案呈报。”③

民初以来，北京政府历届国会的外蒙古议员选举皆由遗老那彦图主持。4月8日，马福祥致电北平地安门外宝钞胡同的那彦图称：“特电派执事为三音诺颜汗部选举监督，希即就职并成立选举事务所，选出代表三人，均以蒙人为限，发给证明书，限四月廿五日以前，必须到案。事关选政，仰即迅速遵办，万勿延误为要云。”④14日，蒙藏委员会驻平办事处处长李凤岗致电马福祥，询问旅平蒙人选举办法。16日，马福祥复电李凤岗，责令“该处会同那彦图，将外蒙各部人民侨居内地者，详细调查，造具清册，务须以外蒙人为限”，并于20日前“将册籍快邮寄京，以凭核办”。⑤

按先前规定，蒙古各处代表应在4月25日之前抵达南京，陆续抵达者被安排在大华饭店居住，“第五宿舍大华饭店，住蒙藏代表四三人及安徽代表二十人”⑥。依照国民会议代表选举事务所规定，“自五月一日起开始招待”，其间的一周时间，用来蒙古代表的复选。相关招待费用即成为问题。4月27日，马福祥呈文国民会议代表选举总事

① 《代电国民会议代表选举总事务所》（1931年4月13日），《蒙藏委员会公报》1931年第18期。
② 《呈国民会议代表选举总事务所》（1931年3月20日），《蒙藏委员会公报》1931年第17期。
③ 《呈国民会议代表选举总事务所》（1931年4月17日），《蒙藏委员会公报》1931年第18期。
④ 《国民会议蒙古盟部特别部旗之选举准以盟旗为选举团体，那钜甫为三音诺颜部选举监督》，《蒙文周刊》1931年第4期。
⑤ 《电驻平办事处》（1931年4月16日），《蒙藏委员会公报》1931年第18期。
⑥ 《国民会议开会前之筹备》，《大公报》1931年5月2日第3版。

务所，“近日各代表已有陆续到京、来会报到者，若概从五月一日起再行招待，该代表等来自远道，人地生疏，诸多不便，所有蒙古各代表拟请即日呈缴证书、来会报到之日起，开始招待，以示优遇。”与此同时，蒙藏委员会将各代表到会情况分别登记，注明时日，以便汇案呈报。①

截至5月2日，“除新疆、额济纳等盟旗尚未选出外，已经来电报告选出代表者，共计四十一人”，车臣汗部、图什业图汗部和扎萨克图汗部“均属外蒙，因情形特殊，故其选举，由本会委派驻平办事处处长李芳春代表总监督，于四月廿六日召集该汗部旅平人士在平举行选举，共选出代表八人。除车臣汗部有二人未到外，余六人均先后到京列席会议”②。

5月3日，蒙古籍代表们如期在蒙藏委员会礼堂举行复选，推选出法定出席代表12人、列席代表29人。法定出席代表为：尼玛鄂特索尔（即尼冠洲，察哈尔明安牧场总管）、奇子俊（伊克昭盟准噶尔旗协理）、拉希色楞（乌兰察布盟）、春德（呼伦贝尔驻京代表）、吴鹤龄（卓索图盟、蒙藏委员会蒙事处长）、苏宝麟（哲里木盟郭尔罗斯前旗梅林）、赵桂林（昭乌达盟）、胡图力（锡林郭勒盟）、戴清廉（卓索图盟、蒙藏委员会蒙事处科长）、陈赓扬（伊克明安旗、蒙藏委员会蒙事处第一科长）、荣祥（归化土默特旗驻京代表）、祺克慎（三音诺颜汗部、那彦图第五子）。列席代表为：德春（呼伦贝尔）、额色勒克们德（察哈尔十二旗）、德钦诺布皆（车臣汗部）、车林诺尔布（土谢图汗部）、祺璞森（三音诺颜部）、车林端多布（土谢图汗部）、特木尔（三音诺颜部）、车林鄂济尔（土谢图汗部）、沙拉巴多尔济（乌兰察布盟）、那达木德（卓索图盟）、图鲁巴达尔胡（察哈尔十二旗）、密喜格道尔吉（阿拉善旗）、吉雅图（乌兰察布盟）、萧兴阿（哲里木盟）、华霖泰（呼伦贝尔）、郑映珍（昭乌达盟）、僧格林沁（伊克昭盟）、罗布桑车珠尔（锡林郭勒盟）、补林讨克特户（伊克昭盟）、补英达赖（锡林郭勒盟）、齐丹僧（青海右翼盟）、色楞多尔吉（哲里木盟）、乐景涛（昭乌达盟）、嘉木色楞札布（札萨克图汗部）、朱福南（青海左翼盟）、巴文峻（额济纳旗）、任冠军（青海左翼盟）、官保才仁（青海右翼盟）、那彦图（札萨克图汗部）。③

从这一选举结果来看，卓盟代表占用2名额；伊克明安和归化城土默特各得1正式名额，而非先前的合选1名，可谓皆大欢喜。和民初国会选举一样，仍存在冒籍选举现象，如身为归化城土默特籍的巴文峻占得额济纳旗名额，原籍喀喇沁的罗布桑车珠尔占得锡林郭勒盟名额。青海左右两翼盟3名，都占得拥有待遇而无身份的列席代表，列席代表中多为外蒙留平遗老。这些代表虽然名义上经过了民主选举，然而，能够真正享有选举权，参加到这次选举中的民众其实少得可怜。

5月4日，国民会议秘书处宣布筹备各省名单，其中蒙古地区代表有察哈尔部的额色勒克们德、尼玛鄂特索尔、图鲁巴达尔胡，卓索图盟的吴鹤龄、戴清廉、那达木德，

---

① 《呈国民会议代表选举总事务所》（1931年4月27日），《蒙藏委员会公报》1931年第18期。

② 《国民会议实录 选举总事务所报告》，国民会议选举总事务所编印，1931年，第155页。

③ 《呈国民会议代表选举总事务所》（1931年5月6日），《蒙藏委员会公报》1931年第19期。《国民会议实录 选举事务所报告》，第156页。两史料除个别人名在汉文音写略有不同外，后者注明多数正式代表的身份，但称列席代表为30人，比实际增加青海右翼盟一名齐作巴。

伊克明安旗的陈赓扬，呼伦贝尔的德春、春德、华霖泰，外蒙地区的那彦图、祺克慎、特木尔。①与此同时，马福祥分别向各法定出席代表发给证书，责令各位径往国民会议秘书处报到，并于6日将蒙古出席、列席各代表名单呈送国民会议代表选举总事务所备案。②

国民会议的一项重要内容，即是讨论《中华民国训政时期临时约法》草案，其中“蒙古、西藏未设省的地方，其制度得就地方情形，另以法律定之。”清末民初以来，蒙古王公一直反对在蒙古设立省县，但并未改变中央政府这一既定举措。在吴鹤龄看来，“今约法草案中竟称蒙古、西藏未设省之地方，是只承认外蒙、西藏为蒙藏地方，无形中即不承认内蒙古、青海蒙古及新疆蒙古及其盟旗”。因此，“蒙古代表到京之后，得知此事，群情激愤，莫可名状，甚至有主张根本不参加此会议者。所谓约法者有关蒙古之规定，蒙古绝不承认。连日讨论，始得结论，即以吴鹤龄先行准备的修正案提出大会，请求修正”，即主张“蒙古、西藏之地方制度，得就地方情形，另以法律定之。”在吴鹤龄看来，此项修正案只是删去“未设省”三字，“既与组织法无碍，也于设省无损，而内蒙古、青海蒙古及新疆蒙古又免无形消灭之恐惧，各方平静无波，原属甚善。”吴鹤龄将该案提出时，“当日无何反应”，“嗣闻该约法草案要分组审查，蒙古代表遂一再写信给该组，而该组亦无反应”。国民会议拟在中央大学大礼堂讲台上召开审查会，戴季陶与其他审查者“高坐堂皇，神情严肃，如要判蒙古死刑者然。蒙古代表三十余人（有几位未及赶到）齐集讲台对过楼上，形色仓皇，莫知所以。”吴鹤龄认为，“如照草案通过，则内蒙古、青海蒙古及新疆蒙古，从此消灭于无形，我等身为代表，无法挽救，何以对民族又有何面目去见蒙胞？既如此，只有血染约法，以殉蒙古”，“于是跨上所在楼的栏杆，要跳楼自杀，其他代表见此情形，无不纷纷跨上栏杆，准备同时跳楼，并大呼曰：‘蒙古不懂汉文，中央巧为此项条文，要无形消灭内蒙古、青海蒙古及新疆蒙古，我等伤心至极，只有自杀以谢先人，天下后世，自有公论。戴先生向来对蒙古有偏见，这事要负责任。’”各位审查人员担心真出人命，急呼“诸位代表，请下楼来，有意见，好商量”，并派担任会议秘书的狄膺往来传话数次，“代表们坚持修正意见，不肯下楼，为时颇久，该审查会在不得已的情势下，允照修正案通过”。③

审查会后，蒙旗代表们回到各盟旗联合驻京办事处，“一面安慰，一面愤慨，对于约法起草热，指责不已”，有人指出，“蒙人在地方，吃尽省县的苦头，现在到了中央，又知道要消灭蒙古于无形，比蒙边省县更厉害，反正蒙古在中国迟早要被消灭，我们在这里作什么，不如早些回去”，另有几位年老的代表“一言不发，只是挥泪”。吴鹤龄只能竭力安慰，“只要蒙人自己团结，随时清醒，有进步的机会，就随时争取，有灾难来临，就马上抗拒，不怕蒙古没有希望，就这一项修正约法来说，岂不是明证么？只是悲哀或气愤，恐怕于事无补，还请大家平心静气的努力奋斗”。④5月10日，蒙古

① 《国民会议代表名单》《大公报》1931年5月7日第4版。
② 《呈国民会议代表选举总事务所》（1931年5月6日），《蒙藏委员会公报》1931年第19期。
③ 《吴鹤龄与蒙古》，第191页。
④ 《吴鹤龄与蒙古》，第192页。

代表奇子俊、吴鹤龄提出“蒙古西藏地方，其制度得就地方情形另以法律定之，或在原条文下加‘蒙古已设省之地方盟旗，照旧设置，其组织另以法律定之’”一句作为强调。①

五、蒙古代表们的三项提案及其讨论

会议期间，蒙古代表在吴鹤龄的带领下，连署三项提案，为盟旗利益积极争取。

第一案，吴鹤龄、荣祥、戴清廉等42名代表，邀请马福祥等169位南京政府政要联署，针对蒙古地区不断扩张的垦荒而提出“保障蒙古盟旗及蒙民生计案”。

该案的缘由，有着历史与现实的依据。民初议和之际，北京政府于1911年颁布的《蒙古待遇条例》中，承诺“蒙古原有管辖治理权一律照旧”，1929年5月15日中央政治会议第181次会议也有“蒙藏行政制度暂准照旧”之决议，足以说明中央政府对蒙古固有制度的历史延续性，有着清醒认识。这也是内蒙各盟旗始终不渝地拥护中央政权的政治基础。清末以来，中央政权虽陆续设立辽宁、吉林、黑龙江和新疆各省，但省内各蒙旗“并无变更”。1929年，国民政府设置热河、察哈尔、绥远、宁夏和青海各省，但“其盟旗仍可以照旧存在”。尽管外蒙一再宣布独立，内蒙各盟旗始终内向。因此，“今为蒙疆安全计，为统一前途计，应予盟旗以明文之保障，借以安定蒙古之人心。”清末以来因蒙地放垦，直接涉及蒙古民众生计，“并非蒙民反对垦植，实因垦植足以夺其生计也。假令对于蒙民生计，兼筹并顾，则不独为蒙民之幸，并可减少垦植之窒碍。否则，垦植所至之处，即蒙民生计断绝之地，愈逼愈促，必至铤而走险，……为渊驱鱼，夫岂厉行垦植之本意，况牧畜农业，相互为用，未可偏废。今以我国之广，牲畜肉酪、骨角、毛革需要之多，又岂可无广大牧场，所能济事。若将蒙古牧畜加以改良，在收益之大，当亦不再农产之下。果有开垦之后，收益实较牧畜为优之地，则开垦时，亦需先行保障蒙民生计之安全，即蒙古公共事业之基金地，以免蒙民生计发生恐慌，而副民生主义之精神。”为此，代表们提出两条解决办法，希望经由国民政府明令公布施行，其内容为：“（一）蒙古各盟旗管辖治理权一律照旧；（二）蒙古不适于垦殖之土地，仍留为蒙民牧场，由中央奖励改良牧畜；其适于垦殖之土地，如开垦时，须先为蒙民留给优厚之生计地及公共学田。”②为争取本案通过，吴鹤龄知道张学良的地位至关重要，会前曾“约同代表数人，几次往访，欲再拜托，都因事忙，终未得见”。③

第二案，由吴鹤龄、荣祥、戴清廉等42名蒙古代表，邀请马福祥等161位南京政府政要联署“通告国内外特许外蒙自治以期早日完成统一案”。众所周知，外蒙一直为中国固有领土，后因不满清末新政而宣布独立，其后，两度在自治与独立之间徘徊，此后被苏俄势力控制。“值兹国民会议共筹统一建设之际，对此隐患所在之重大问题，

---

①《今晨国议第三次大会》，《大公报》1931年5月11日第3版。

②《荣祥文档》下编，第553—555页。吴鹤龄称，第一案是由吴鹤龄、春德、荣祥等180人提出。春德为列席代表，疑无提案权。见《蒙藏委员会公报》第20期。

③《吴鹤龄与蒙古》，第192页。

不能不急谋一妥善解决之办法"。代表们认为，"外蒙人民之所以徘徊不决者，一则囿于苏俄之曲说，一则怀疑于中国之政府"。因此，国民政府应着力"揭橥本党扶植弱小民族，使能自决自治之主张，特许外蒙自治，由国民政府规定扶植办法，昭告中外，以示大信。然后本此宗旨，从事宣传"，以感召外蒙古诚心内附。①按吴鹤龄说法，这一提案稍费周折。某日上午会间，主席团戴季陶派秘书将特许外蒙自治一案退还给吴鹤龄说："戴先生以为此案不必提出"。吴鹤龄莫名其妙，便在会议间歇，与几位代表走上主席台，向戴季陶说明："现在全国统一，外蒙还在独立，既开国民会议，应该有所表示，看他们反应何如，有益无损，仍请大会提出讨论。"戴季陶很是不满，转问"去过外蒙"的于右任的看法。于氏认为，"还在独立"的外蒙，所谓"自治"亦非本意。吴又问张学良，本次国民会议如对外蒙情形有所表示，"也可见国家关心之意，将来或有益处"。张学良答复称，"有益无损，可以讨论"。吴鹤龄随即将该提案转交张学良。②

第三案，由吴鹤龄、荣祥、戴清廉等42名代表，邀请马福祥等170位南京政府政要联署，针对发展蒙古教育文化事业而提出《由中央指拨转款并奖励蒙古教育及各项文化事业案》。在该案提出的理由中，代表们指出，作为中华民族重要组成部分的蒙古民族，"其文化之进步与否，影响于整个中华民族之发展，至为重大。国民政府自奠都南京以后，关于振兴蒙古教育之决议与方案，已应有尽有。惟以经费未经确定，迄无一案见诸实行。"面对复杂的国内外局势，中国政府应尽快"速筹实施既定之方案"，"与其事后矫正，费力多而成功少，何如未雨绸缪，早纳蒙古青年于正轨。"代表们为求得蒙古民族文化的平等发展以及防范日本、苏联势力的文化渗透，拟定办法两条，即"（一）由中央指拨专款，按照既定方案，积极兴办蒙古教育；（二）由中央制定奖励办法，奖励蒙人自动兴办蒙古教育及各项文化事业"。③

几经争取，蒙古国民会议代表的三项提案，一并列入5月1日召开的国民会议第七次大会议程。张学良担任会议轮值主席，"请提案人登台说明"，惴惴不安中的吴鹤龄"三次登台说明提案要旨"。张学良以代表身份宣称，"蒙古代表所提三案，吴代表已经说明，都是当办的事。我想大家都赞成，致［至］于蒙古荒地，所剩无几，应该为蒙民保留生计地，我希望国人往远处看，向外去发展，不必斤斤计较于案议半沙漠的蒙古荒地。"张学良对三案的鼎力支持使其顺利通过，"实出蒙古代表们的意外。吴鹤龄于高兴之下，即刻站在坐椅上，高呼国民会议万岁。并有不懂国语的几位要爬上桌子，表示高兴，几乎影响会场秩序，好在时至中午，主席宣告散会，蒙古代表兴奋之余，手舞足蹈的出了会场，由吴鹤龄率引至张汉卿寓所，要答谢盛情，大声说：张长官，熟悉蒙情，同情蒙古，究竟与别人不同，我们要谢谢他。这时张未回寓，于是由副官卫队长出面招待，蒙古代表各出名片留下，摆下一桌子，并请副官转张长官，蒙古代表要开感谢大会，代表蒙古掬诚致谢。"张并未出席谢宴。但当时的举动的确给吴鹤龄等留下深刻印象，"今日张汉卿主持蒙古三提案之伟大场面，实令人感激不尽，过

① 《荣祥文档》下编，第556—558页。吴鹤龄称该案为第三案。
② 《吴鹤龄与蒙古》，第192页。
③ 《荣祥文档》下编，第558—560页。吴鹤龄称该案为第二案，由吴鹤龄、春德、荣祥联合其他182人提出。

去多年以后，蒙人犹有道及者”[①]。

六、尾声与结论

早在4月22日，国民党中央政治会议第271次会议曾就蒙古盟旗制度，确定基本原则，通过《蒙古盟部旗组织法》草案，[②]“交立法院迅速制定法律”。国民会议决定将本第一项议案，移送国民政府交立法院，“作制定该项法律时之参考，并望国民政府令立法院，将该项法律迅速制定。至关于蒙民生计，应由国民政府参酌本提案妥筹办法”，“全体一致起立通过”。[③]至于蒙古地方制度，在《中华民国训政时期临时约法》第80条已有规定：“就地方情形，另以法律定之，本案应交国民政府，作为制定法律时之参考。”[④]针对第三项提案，国民会议认为：“蒙古西藏地方，情形特殊。语言文字，均与内地不同。应由国民政府，根据约法所定之教育方针，斟酌当地情形，妥定办法，务期蒙藏之文化，得以迅速发展。”[⑤]

5月17日，本次国民会议闭幕。[⑥]20日，蒙古各盟旗联合驻京办事处在其《特别报告》中，详细记述了三案的提出始末，“国民会议开会旬日，经本处暨出席、列席国民会议之各盟旗代表共同努力”，取得一定效果。“现在大会决议之三案，已送由国民政府分别办理。本处责任所在，自当加紧请求促其实现，以慰我蒙古官民之厚望，而副国家扶植蒙族之至意。”[⑦]25日，国民代表会议秘书长叶楚伧致函国民政府文官处，关于吴鹤龄等提出的“由中央指拨专款奖励兴办蒙古教育及各项文化事业”一案，经国民会议议决，应由国民政府按照《中华民国训政时期约法》“妥定办法”。6月2日，文官处致函行政院。6月17日，行政院长蒋介石致函文管处，“已令教育部及蒙藏委员会遵照，会同妥定办法”并具复。[⑧]

此前，5月26日晨，与会的蒙古代表车林端多布、车林诺尔布、车布尔等乘坐平浦铁路抵达天津，并转车改赴沈阳。[⑨]5月29日，蒙藏委员会委员长马福祥呈文国民政府文官处：“现在国民会议业经闭会，蒙古西藏各代表均已陆续离京，国民会议代表蒙藏选举事务所自应即日撤销，以资结束。所有本事务所文卷暨未了事宜，均移交本会办理。除分行外，相应函达，即希查照为荷。”[⑩]30日，马福祥再次致电蒙古各盟旗选举监督：“本事务所业于即日办理结束，所有文卷暨未了事宜，均移交本会办理。仰即

① 《吴鹤龄与蒙古》，第192—193页。
② 卢艳香：《中国国民党中政会研究1924—1937》，社会科学文献出版社，2016年，第269页。
③ 《荣祥文档》下编，第555—556页。
④ 《荣祥文档》下编，第558页。
⑤ 《荣祥文档》下编，第558—560页。
⑥ 《吴鹤龄与蒙古》，第193页。
⑦ 《荣祥文档》下编，第560页。
⑧ 《国民会议会议案（五）》，台北“国史馆”档案001-011110-00014-008、001-011110-00014-009、001-011110-00014-010。
⑨ 《蒙古国议代表过津》，《新天津》1931年5月27日第3版。
⑩ 《函文官处》（1931年5月29日），《蒙藏委员会公报》1931年第19期。

查照。”[①]

1931年的国民代表会议是国民政府统一全国之后，各地蒙古精英积极参与国家大政方针讨论并建言献策的一次重要会议。吴鹤龄为首的各盟旗联合驻京办事处发挥了相当重要的作用，也在很大程度上奠定了吴鹤龄在20世纪30年代国民政府蒙古事务中的主要代言人的地位。起初，中央政府并未认真考虑蒙古代表名额的分配和选举办法，名额远不及民初北京政府规定的数额，甚至有继续仿照旧时做法，以旅京蒙古人士充任的念头。在吴鹤龄、荣祥等人的积极努力下，几经周折，国民政府终于同意以另一种方式扩大蒙旗参政权。在国民会议期间，蒙古代表们提出三项重要议案，几经争取，赢得比较满意的效果。与此同时，蒙古各盟旗对于中央政府的向心力也得到进一步凝聚。

① 《代电蒙古各选举监督、西藏驻京办事处、班禅驻京办事处、蒙古各盟旗联合驻京办事处、本会驻平办事处》（1931年5月30日），《蒙藏委员会公报》1931年第19期。

内蒙古牧区实行牧业大包干责任制社会历史背景*

仁　钦
（内蒙古大学）
刘志宇
（科尔沁右翼前旗档案史志馆）

中国共产党十一届三中全会之后，在改革开放政策的指导下，内蒙古牧区工作在政治、经济、文化、社会、生态文明等方面取得了全方位历史性成就，牧区社会发生了深层次、根本性的历史变革。内蒙古牧区在实行的牧业大包干责任制的基础上，在全国五大牧区中率先创造性地落实了“草畜双承包”责任制等一系列的经济体制改革，形成了适应牧区特点的畜牧业经营管理体制，从而打破了分配和草原管理使用上的“大锅饭”，结束了持续20余年的牧区人民公社体制，调动和激发了农牧民的积极性，牧业生产得到迅速发展；通过畜牧业的基础设施建设和草原基本建设，扭转了靠天养畜的局面，走上了建设养畜的道路；牧民生活得到了明显改善；整个牧区呈现出了政治稳定、民族团结、人民安居乐业的繁荣景象。本文从“文化大革命”期间内蒙古的牧区工作以及之后内蒙古畜牧业的拨乱反正两个方面，考察内蒙古牧区实行牧业大包干责任制的历史背景，以期弥补这一研究领域的一些缺失。①

当前，中国特色社会主义跨入新时代，进入全面建成小康社会决胜阶段，开启了

* 本文系华中科技大学铸牢中华民族共同体意识研究基地开放课题“百年来中国共产党民族工作经验研究——以内蒙古为例”（2021ZLKF006）阶段性成果。

① 关于改革开放以来的内蒙古牧区工作代表性研究成果主要有：敖仁其等《牧区政策与制度研究——以草原畜牧业生产方式变迁为主线》，内蒙古教育出版社，2009年；达林太、郑易生《牧区与市场——牧民经济学》，社会科学文献出版社，2010年；郝时远等主编《当代中国游牧业：政策与实践》，社会科学文献出版社，2013年；乌日陶克套胡等《内蒙古自治区牧区经济发展史研究》，人民出版社，2018年；塔米尔《边疆地区蒙古族的畜牧业合作化生产——以新巴尔虎右旗巴尔虎蒙古族为个案》，载《中国边疆史地研究》2018年第4期；代琴、杨红《草原承包经营制度功能间的矛盾与草原“三权分置”的法权构造》，载《中国农村观察》2019年第1期；仁钦《内モンゴルの牧畜業の「放牧地と家畜の請負制」の再検討》，载《モンゴルと東北アジア研究》第3卷，2017年；仁钦《オラーンモド人民公社の牧畜業における全面請負制に関する考察》，载《日本とモンゴル》第52卷第1期，2017年；等等。

全面建设社会主义现代化国家的新征程，加快牧区工作的发展具有十分重要的战略地位。在当今“一带一路”建设的推进中，内蒙古等西部地区、边疆地区正在发生前所未有的区位大变局：“边缘”正在转变为开放发展的“前沿”，“边疆”正在成为内外联通的“中心”。[①]因此，深入、系统地探究内蒙古牧区变革和发展的历史脉络及其成功经验，对深化认识“三牧”的特殊性和重要性，可提供镜鉴。内蒙古是我国最重要的畜牧业生产基地，畜牧业现代化发展所蕴含的牧业、牧区、牧民问题，不仅关涉内蒙古各民族守望相助、共同团结奋斗和共同繁荣发展、筑牢北疆安全稳定和生态屏障大局，而且内蒙古作为模范自治区需要继续为全国民族自治地方提供成功经验，其中包括牧区现代化发展经验，对于“建设靓丽内蒙古，共圆伟大中国梦”具有极为重大的意义。

一、“文化大革命”期间的内蒙古牧区工作

“文化大革命”给内蒙古牧区工作和畜牧业带来了极具破坏性的后果。

首先，在“文化大革命”的动乱中无政府主义泛滥，打乱了正常的社会秩序、生产秩序和生活秩序，形势急剧恶化，牧区和畜牧业战线陷入严重混乱与瘫痪状态。“文化大革命”开始后，大批领导干部被打倒或“靠边站”，畜牧系统从自治区畜牧厅到各级畜牧局（处）被诬陷为“修正主义黑窝”“叛国投修的据点”，主要领导被罢官、夺权、揪斗，致使他们不能行使职权，畜牧部门管理失控。1968年9月，自治区革命委员会（1967年11月1日成立）设立生产建设指挥部，取代了包括畜牧厅在内的各业务厅局的职权。各盟市、旗县也相继成立了革命委员会，各级畜牧局（处）也随之撤销，原有工作人员投入“斗、批、改”。随着所谓的“内蒙古山河一片红”，内蒙古自治政府成立以来所形成的对畜牧业的专职领导、专门机构、专业队伍、专业会议的“四专”制度，在混乱之中毁于一旦，使畜牧业生产建设失去了指挥系统，经济运行陷入失控状态。

其次，“文化大革命”期间，内蒙古自治政府成立以来的内蒙古牧区工作及其方针、政策和理论被否定，被视为“修正主义”加以批判。

（1）内蒙古牧区民主改革和社会主义改造时期的方针、政策与原则被予以否定。民主改革前的内蒙古牧区的阶级状况、剥削形式、畜牧业经济以及牧主经济等都有其与一般地区不一样的特点和特殊性。但是，内蒙古牧区民主改革初期，由于一些地区没有从牧区的经济特点、阶级关系特点出发，而照搬一般农区土地改革的做法。即错误地提出“牧者有其畜”“有怨报怨，有仇报仇”“牧主的牲畜一律没收”等口号，进行划阶级，斗牧主，平分牲畜。结果，在政治上造成了消极后果，经济上造成了严重损失。内蒙古党委和政府在总结经验与教训的基础上，创造性地制定、实施了既使牧工的生活得到改善又保存牧主经济“不斗不分、不划阶级，牧工牧主两利”的牧业区民主改革的政策。同时，执行了“依靠劳动牧民，团结一切可能团结的力量，从上而下地进行和平改造和从下而上地放手发动群众，废除封建特权，发展包括牧主经济在

① 郝时远：《中国共产党怎样解决民族问题》，江西人民出版社，2018年，第304页。

内的畜牧业生产”的牧区民主改革的总方针。民主改革的成功，不仅调动了牧民发展牲畜的积极性，而且也使牧主发展畜牧业的积极性得到了提高，使内蒙古牧区畜牧业生产得到了稳步的发展，牧区牧民生活得到提高和改善，同时也支援了解放战争。更重要的是“不斗不分、不划阶级，牧工牧主两利”政策为全国其他牧区民主改革提供了范式。

在牧区社会主义改造中，内蒙古党委和政府根据内蒙古牧区阶级状况及畜牧业生产的特殊性与特点，采取了多种社会主义改造方法：对个体牧民实行合作社化的方针，把个体所有制改造成为合作社的集体所有制；对牧主经济采取类似对国家资本主义的改造方法改变为国家所有制，组织牧主加入公私合营牧场、合作社；对召庙经济，采取了比对牧主经济更慎重、更宽厚的政策和一系列稳妥的牧区社会主义改造的方法；对牧民入社牲畜实行了畜股政策，对入社、入场牧主牲畜实行了定息政策。

同时，客观地分析、总结了内蒙古牧区社会主义改造过程出现的牲畜增长率下降的原因。贯彻执行了“依靠劳动牧民，团结一切可以团结的力量，在稳定发展生产的基础上，逐步实现对畜牧业的社会主义改造”的方针和“稳、宽、长”原则。牧区畜牧业社会主义改造的完成，使得内蒙古牧区畜牧业生产得到了迅猛的发展，牧民生活水平也得到了提高，并为国家提供了大量畜产品，显示了牧业合作社的优越性。

但是，在“文化大革命”期间，上述方针、政策、原则等被冠以“阶级斗争熄灭论”“牧主剥削有功论”等罪名，加以批判。

（2）长期以来内蒙古牧区实施的“禁止开垦，保护牧场”等方针、政策，被予以否定，因乱垦，草牧场遭到大面积的破坏。长期以来，内蒙古牧区实施“禁止开垦，保护牧场”政策。以绥远省为例，20世纪50年代绥远省人民政府发出诸多保护牧场，禁止开垦的指示、命令等，主要有：1951年12月5日，绥远省人民政府公布的《绥远省蒙旗土地改革实施办法》第4条规定“土地改革必须照顾牧业的发展，坚决保护牧场、牲群，绝对禁止开垦牧场”；[①]1952年4月5日，绥远省人民政府发布的《绥远省人民政府关于保护牧场的指示》中明确规定“在土地改革地区，尚未完成的调整牧场工作，必须按照既定方针，认真完成，牧场划定以后，必须严守农牧地界，保护牧场，不准破坏”；[②]1953年7月25日，绥远省人民政府发布的《绥远省人民政府关于重申保护牧场的指示》中再次指示“在1953年开垦之牧场，应立即封闭，并给于主持开荒而严重破坏牧场之干部适当处分；1950年秋以后至1952年所开垦的牧场，原则一律封闭；嗣后如发现再有开垦牧场者，不论任何人一律依法处理，对主张开垦牧场，或决定办法导致开垦了牧场的干部，应分情节轻重给予处分”。[③]

但是，“文化大革命”期间，在“牧民不吃亏心粮”的口号下，内蒙古草原被大量

① 《绥远省蒙旗土地改革实施办法（草案）》，1951年12月5日，内蒙古党委、内蒙古自治区农业委员会编印：《内蒙古畜牧业文献资料选编》第二卷（上），内部资料，1987年呼和浩特版，第55页。

② 《绥远省人民政府关于保护牧场的指示》，1952年4月5日，内蒙古党委、内蒙古自治区农业委员会编印：《内蒙古畜牧业文献资料选编》第四卷，第123页。

③ 《绥远省人民政府关于保护牧场的再指示》，1953年7月25日，内蒙古党委、内蒙古自治区农业委员会编印：《内蒙古畜牧业文献资料选编》第四卷，第138页。

开垦，迎来了新中国成立以来的第二次开垦草原的高潮。[①]据统计，在“文化大革命”期间内蒙古自治区16个旗（县）共开垦草原5 422万亩左右，占内蒙古自治区草原总面积的1/10左右，相当于1962年前开垦总面积的3倍。[②]

大量的开垦，使草原遭到了破坏，特别是开垦了不能开垦的草原，严重地破坏了草原生态环境，草原沙漠化严重。即“一年开草场，二年打点粮，三年变沙梁”，“农业吃牧业，沙子吃掉农业”的恶性循环。[③]

（3）在内蒙古牧区进行了公开的阶级划分，牧区划阶级扩大化，混淆了阶级界限。在20世纪40年代末至50年代的社会变革和60年代前半期的政治运动中，内蒙古牧区没有公开地进行阶级划分。1947年11月开始的内蒙古牧区民主改革实施了“消灭封建特权，废除封建草牧场制度，自由放牧”的基本政策。在民主改革过程中，一般农区的土地改革以“没收地主的土地、房屋，分给贫困农民”为基本内容，而在内蒙古牧区民主改革实施了“不分、不斗、不划阶级，牧工牧主两利”的“三不两利”政策。在其后内蒙古牧区社会主义改造过程中继续实施了“三不两利”政策。在1960—1963年的内蒙古牧区人民公社整风整社运动中，虽然强调了阶级教育和社会主义教育，但是在牧民群众中没有进行阶级划分。在之后的内蒙古牧区“四清运动”初期也没有公开进行阶级划分。

1968年7月27日，自治区革命委员会、内蒙古军区在阿巴嘎旗召开牧区活学活用毛泽东思想，狠抓革命大批判、划阶级现场会。会议大批所谓“阶级斗争熄灭论”“剥削有功论”和“牧区特殊论”。[④]1968年8月10日，自治区革命委员会发出《内蒙古自治区革命委员会关于牧区阶级划分和清理阶级成分的几项政策规定（草案）》，决定在牧区划分阶级成分，规定牧区阶级划分为两个阶级、六个阶层，即牧主、富牧、上中牧、中牧、下中牧、贫牧。牧主和富牧是牧区的剥削阶级。[⑤]由此掀起了一场来势凶猛的牧区划阶级的所谓“红色风暴”。在“极左”政策和思潮的影响下，严重地扩大了打击面，普遍出现了扩大化，把相当一部分解放后富裕起来的劳动牧民划为剥削阶级。

例如，锡林郭勒盟被划为剥削阶级的牧主和富牧占全盟总牧户数的15%以上，比“文化大革命”前内控的剥削阶级扩大了12%，有些社队划出的剥削阶级甚至高达40%以上。[⑥]凡被划为牧主、富牧、封建上层、宗教上层分子的，一律撤销其在各级政权机

① 1952—1962年期间，迎来了新中国成立以后第一次开垦内蒙古草原的高潮，牧区开垦草原面积为963亩，占当时牧区可利用草场面积的2.26%；半农半牧区开垦草原面积为836亩，占半农半牧区草场总面积的3.55%。牧区分别是呼伦贝尔盟313万多亩，锡林郭勒盟361万多亩，乌兰察布盟57万多亩，巴彦淖尔盟46万多亩，伊克昭盟136万多亩。半农半牧区分别是呼伦贝尔盟62万多亩，哲里木盟171万多亩，昭乌达盟132万多亩，锡林郭勒盟154万多亩，乌兰察布盟275万多亩，伊克昭盟36万多亩（敖日其楞：《内蒙古民族问题研究与探索》，内蒙古教育出版社，1993年，第191页）。

② 敖日其楞：《内蒙古民族问题研究与探索》，第191页。

③ 闫天灵：《汉族移民与近代内蒙古社会变迁研究》，民族出版社，2004年，第424—425页。

④ 内蒙古自治区畜牧业厅修志编史委员会编著：《内蒙古畜牧业发展史》，内蒙古人民出版社，2000年，第203—204页。

⑤《内蒙古自治区革命委员会关于牧区阶级划分和清理阶级成分的几项政策规定（草案）》，1968年8月10日，内蒙古党委政策研究室、内蒙古自治区农业委员会编印：《内蒙古畜牧业文献资料选编》第二卷（下），内部资料，第213—214页。

⑥ 内蒙古自治区畜牧业厅修志编史委员会编著：《内蒙古畜牧业发展史》，第204页。

关、公社、合营牧场和群众团体中担任的一切职务，取消其在公社、合营牧场中的定息和畜股报酬，有的地区还剥夺了这些人的公民权，取消社员资格，对他们实行无产阶级专政。对牧主、封建上层、宗教上层超过当地贫苦牧民占有水平的生活资料、自留畜及全部金银珠宝、大部分现款和生活用品等，原则上一律没收。对牧主、富牧等的银行存款进行冻结。

（4）否定了60年代初期国民经济调整时期内蒙古党委和政府针对“大跃进”运动期间的内蒙古开垦所引起的生态环境破坏问题，采取、实施的一系列治理政策与措施。据统计，“大跃进”运动期间，至1960年末内蒙古全区共开垦1 600万亩。[①]1961年开垦570万亩（其中，呼伦贝尔盟250万亩，通辽45万亩，赤峰50万亩，锡林郭勒盟60万亩，乌兰察布盟45万亩，鄂尔多斯20万亩，巴彦淖尔盟60万亩，呼和浩特市5万亩，包头市35万亩），1962年开垦342.9万亩，1963年256.4万亩。[②]即1958—1963年间，共开垦2 769.3万亩。

其结果，“大跃进”运动期间大量开垦内蒙古草原，不但没有能够实现粮食增产，反而造成粮食减产。因在牧区发展农业的目的不明，缺乏全面规划，不是因地制宜，大面积开垦，严重破坏了发展畜牧业的基础，也带来了一系列严重的生态问题和社会问题：第一，已开垦的草原中大约30%是不宜开垦的草场，破坏了牧场，造成了既不能种植农作物，也不能放牧的结果；第二，牧场是畜牧业生产不可缺少的、极为重要的生产资料，过度开垦的结果是使能利用的牧场面积缩小，使单位牲畜占有草场的面积锐减；第三，随着草场的减少，内蒙古畜牧业生产衰退，内蒙古牧民的年均收入也下降；第四，牧区农业人口及其他人口大量增加，反而加重了牧区粮食供应的负担，在大办农业中平调了牧民的生产和生活资料，挤掉了一部分畜牧业生产上的劳动力，农业队和牧业队统一分配，减少了牧民的牧入，发生了平均主义，一部分农业队的经营管理不善，粮食生产还不能自给，没有起到支援畜牧业生产的作用。

对此，内蒙古党委和政府制定、实施了关于在牧区发展农业，开垦草原时必须遵守的7条原则、《内蒙古党委、自治区人委关于调整农牧关系保护牧场的规定》及《内蒙古自治区草原管理暂行条例（草案）》等一系列严禁开荒，保护草原生态环境的原则、规定与条例，并对被开垦的呼伦贝尔草原，采取了封闭、调整等措施，使草原生态环境问题基本得到纠正和解决，从而为内蒙古畜牧业生产的发展创造了客观环境条件。

如上所述，“文化大革命”所带来的混乱状态和对之前行之有效的发展畜牧业生产的方针、政策的否定，使得“文化大革命”期间内蒙古畜牧业几次陷入低谷。例如，经1961—1965年间的国民经济调整后得到恢复的内蒙古畜牧业，因“文化大革命”爆发引起的混乱，而在1966年陷入低谷。1966年内蒙古牲畜总数比1965年减少298.66万头（只），占总数的8.33%。[③]再如，因1976年2月开始的“批邓、反右倾翻案风”的影响，

① 《人民日报》1960年6月14日；菅光耀、李晓峰主编：《穿越风沙线：内蒙古生态备忘录》，中国档案出版社，2001年，第142页。

② 菅光耀、李晓峰主编：《穿越风沙线：内蒙古生态备忘录》，第143—152页。

③ 内蒙古自治区畜牧业厅修志编史委员会编著：《内蒙古畜牧业发展史》，第206页。

1976年内蒙古牲畜总数比1975年减少了5.6%，畜牧业生产总值比1975年下降了7%。①

二、内蒙古畜牧业拨乱反正

内蒙古同全国其他地区一样，1976年10月至1982年9月间进行了政治、经济、思想等各方面的拨乱反正。内蒙古牧区畜牧业方面的拨乱反正始于1977年1月28日至2月1日内蒙古党委召开的内蒙古全区牧业工作座谈会。

首先，关于畜牧业的重要性，会议强调："没有畜牧业的经济是一种不完整的经济，畜牧业是内蒙古自治区国民经济的重要组成部分。"并指出："内蒙古自治区草原辽阔，资源丰富，是全国四大牧区之一，发展畜牧业有广阔的前景。畜牧业的发展，对于促进农业的发展，巩固集体经济，支援工业建设，繁荣市场，改善人民生活，都具有重要的意义。""内蒙古自治区地处祖国北部边境，1 600多公里的边境线都是牧区。蒙古族群众主要从事畜牧业生产，搞好畜牧业，发展壮大集体经济，不仅仅是生产问题，而且是关系到少数民族的繁荣发展，增强各民族坚强团结，建设边疆的重大问题。"②

其次，会议要求要认真贯彻执行"以牧为主，围绕畜牧业生产，发展多种经济"方针，坚决执行中央"禁止开荒，保护牧场"的政策和《内蒙古自治区草原管理条例》（1973年公布实施）。同时指示："今后任单位都不准开垦牧场，不准到牧区搞副食品基地。农业队不能视草原为荒地，一律不准到牧区耕种。"③

第三，关于发展畜牧业生产，会议指示，要认真贯彻执行保护适龄母畜的政策，严禁计划外宰杀或出售，不断提高母畜比重，提高繁殖成活率，稳定、优质、高产地发展畜牧业；关于畜牧业经营管理指示，要建立健全责任制，在畜群管理上实行基本核算单位向生产小队和畜群作业组实行定产、定工、超产奖励的制度。④

通过此次会议，畜牧业的重要性重新得到了重视，畜牧业在国民经济中的地位也得到了恢复。在会后的1977年2月28日，为进一步加强牧区人民公社的畜群管理，落实生产责任制，更好地体现"各尽所能，按劳分配"的社会主义原则，调动广大贫下中牧和社员群众的积极性，稳定、优质、高产地发展畜牧业生产，根据《全区畜牧业工作座谈会纪要》等有关文件的精神，结合畜牧业生产的特点，特制定实施了《牧区人民公社基本核算单位对畜群生产组实行定产、定工、超产奖励制度》（简称"两定一奖"制度）。

"两定一奖"制度主要内容有：（1）关于畜群生产组及其规模规定：基本核算单位应根据水草条件，劳力多少，居住分布情况，因地制宜地组织畜群生产组。畜群生产

① 内蒙古自治区畜牧业厅修志编史委员会编著：《内蒙古畜牧业发展史》，第212页。

②《全区畜牧业工作座谈会会议纪要》，1977年2月1日，内蒙古党委政策研究室、内蒙古自治区农业委员会编印：《内蒙古畜牧业文献资料选编》第二册（下册），第290—291页。

③《全区畜牧业工作座谈会会议纪要》，1977年2月1日，内蒙古党委政策研究室、内蒙古自治区农业委员会编印：《内蒙古畜牧业文献资料选编》第二册（下册），第293页。

④《全区畜牧业工作座谈会会议纪要》，1977年2月1日，内蒙古党委政策研究室、内蒙古自治区农业委员会编印：《内蒙古畜牧业文献资料选编》第二册（下册），第295页。

组一般以3～4群牲畜，3～8户社员为宜（第三条）。（2）基本核算单位对畜群生产组实行劳力、畜群、主要草牧场、设备、工具、役畜“六固定”。畜群生产组要坚决服从基本核算单位的统一生产计划、统一调配劳力、统一调剂畜群、统一安排水草、统一安排生产工具设备、统一进行基本建设、统一处理产品、统一分配等“八统一”的原则（第四条）。（3）定产的主要项目：保畜率，按七月一日实有成幼畜总头数计算，确定年内应保育成活的成幼畜指标；繁殖成活率，按应保活的适龄母畜头数计算，确定应繁殖成活的仔畜指标；畜副产品，主要包括绒毛、鬃尾、鲜奶、奶制品及副产品等的产量（第六条）。（4）定工的依据是劳动定额。劳动定额由基本核算单位统一制定。各种劳动定额应以中等劳动力积极劳动能够达到的质量和数量为标准。并根据各种活计的技术高低、劳动强度和在生产中的重要性规定工分。各工种间的劳动定额，应以放牧工为标准，做到大体平衡，防止悬殊过大。要避免出现记“双工分”的现象（第十一条）。（5）奖罚时，要坚持无产阶级政治挂帅，坚持以教育、表扬为主，多奖少罚的原则。在奖罚上，主要以劳动日结算兑现。超产的牲畜和畜产品全部归基本核算单位所有。减产受罚主要应罚那些责任心不强，没有完成任务的人。对责任心强，因不可抗拒的自然灾害没有完成任务者，应酌情减罚或免罚。对劳动不积极，发生责任事故，造成牲畜严重损失的人，除按规定惩罚外，应追究责任，并给予适当处理（第十二条）。①

这一制度的实施，改善了内蒙古牧区畜牧业生产的经营管理，使内蒙古牧区畜牧业生产秩序得到恢复，并发挥了广大牧民发展畜牧业生产的积极性。所以，即使是在大雪灾的1977年牲畜总数仍达到3 840.4万头（只），超过了1976年的牲畜总数。②

1978年2月28日，内蒙古党委公布实施《内蒙古党委关于当前农村牧区若干经济政策问题的规定（试行草案）》明确规定：牧区（包括农区、半农半牧区的纯牧业队）要坚决执行“以牧为主，围绕畜牧业生产，发展多种经济”的方针；严格执行“禁止开荒，保护牧场”的政策；迅速纠正平均主义倾向，坚决贯彻“各尽所能，按劳分配”的原则。③

1978年6月召开的内蒙古全区牧区草原建设会议，总结了内蒙古牧区30多年来畜牧业生产正反两个方面的经验教训，研究牧区建设的具体路线、方针、政策、措施。会议指出，要批判“文化大革命”期间提出的“牧民不吃亏心粮”口号，坚持“以牧业为中心”的方针和“禁止开荒，保护牧场”的政策。④

中国共产党十一届三中全会之后1979年2月7日《内蒙古党委关于尽快地把我区农牧业生产搞上去的意见》中，关于造成农牧业落后状况的原因，指出如下几点：

（1）林彪、“四人帮”混淆社会主义与资本主义的界限，把按劳分配的社会主义原

① 《牧区人民公社基本核算单位对畜群生产组实行定产、定工、超产奖励制度》，1977年2月1日，内蒙古党委政策研究室、内蒙古自治区农业委员会编印：《内蒙古畜牧业文献资料选编》第七册，第318—320页。

② 中共内蒙古自治区委党史研究室编著：《拨乱反正——内蒙古卷》，中共党史出版社，2008年，第98页。

③ 《内蒙古党委关于当前农村牧区若干经济政策问题的规定（试行草案）》，1978年2月28日，内蒙古党委政策研究室、内蒙古自治区农业委员会编印：《内蒙古畜牧业文献资料选编》第二册（下），第339—352页。

④ 《全区牧区草原建设工作会议纪要》，1978年6月14日，内蒙古党委政策研究室、内蒙古自治区农业委员会编印：《内蒙古畜牧业文献资料选编》第四册，第278—284页。

则、人民公社的多种经营、社员正当的家庭副业，当作资本主义批判和取缔；把人民公社社员当作个体农民批斗，把斗争矛头指向农牧民群众。以所谓割“资本主义尾巴”为名，几次取消社员的自留地、自留畜、自留树和家庭副业，肆意破坏党的政策，侵犯群众利益，严重挫伤了社员的社会主义积极性。

（2）集体所有制遭到严重破坏，生产队的自主权和所有权得不到保护。在林彪、“四人帮”的干扰破坏下，连续几年购了过头粮，挤占、挪用国家对农牧业的投资，给生产队转嫁不合理负担，一平二调、请客送礼、挥霍浪费等问题越来越严重。一些地方出现贪污盗窃、投机倒把的情况。形成“四面八方向生产队伸手，上下左右挖集体经济的墙角”，生产队的底子越来越空，社员劳动一年所得无几，生活困难。

（3）瞎指挥严重。不是根据土壤、气候、降雨量等自然条件因地制宜地安排生产，而是千篇一律地片面强调抓粮食，排挤林业和畜牧业。粮食越上不去越大量开荒，破坏了生态平衡，造成严重后果。伊盟地区解放以来三次大开荒，导致农业吃了牧业，沙子又吃了农业，伊克昭盟沙化面积比1960年前扩大了65%。[①]

1979年2月8日公布实施的《内蒙古党委革命委员会关于农村牧区若干政策问题的决定》中指示：人民公社、生产大队和生产队的所有权和自主权，必须受到国家法律的保护；减轻农牧民负担，严禁“一平二调”；认真执行按劳分配，多劳多得的社会主义原则，克服平均主义；正确执行粮食政策；在巩固和发展集体经济的同时，应当认真贯彻鼓励社员发展家庭副业的政策；开放农村牧区集市贸易；禁止开荒，保护牧场等。[②]

在党的十一届三中全会后制定的路线、方针、政策的指引下，提出“以牧为主，农牧林结合，因地制宜，各有侧重，多种经营，全面发展”的方针，这对调整和改革自治区的经济结构，发挥自治区的经济优势，起了极大的推动作用，使内蒙古畜牧业生产得到了恢复和发展，主要表现在五个方面：

第一，内蒙古畜牧业得到了较快的恢复和发展，商品率和出栏率有了提高，社队收入明显增加。内蒙古牧区在1979年增产增收的基础上，1980年在大旱灾的情况下，社队牲畜总头数从1979年的1 878.8万头（只）发展到2 038.2万头（只），纯增8.5%（全区纯增3.9%）。特别是锡林郭勒盟、乌兰察布盟、伊克昭盟、巴彦淖尔盟，1979年遭受历史上罕见的大雪灾，牧区牲畜由1 147万头（只）下降到889.4万头（只），减少了21.85%，但用了两年时间，到1980年就发展到1 210.4万头（只），比灾前头数增加了5.53%。[③]

在1979年内蒙古牧区人民公社总收入增加10.6%的基础上，1980年达到22 931.3万元，比上年增加4.73%。社员人均分配收入130.4元，比上年增加2.3%。人均分配收入超过400元的有19个队，占总队数的0.5%；超过300元的有69个队，占总队数的

① 《内蒙古党委关于尽快地把我区农牧业生产搞上去的意见》，1979年2月7日，内蒙古党委政策研究室、内蒙古自治区农业委员会编印：《内蒙古畜牧业文献资料选编》第二册（下），第353—365页。

② 《内蒙古党委革命委员会关于农村牧区若干政策问题的决定》，1979年2月8日，内蒙古党委政策研究室、内蒙古自治区农业委员会编印：《内蒙古畜牧业文献资料选编》第二册（下），第365—371页。

③ 《巴图巴根同志在全区牧区经营管理座谈会上的讲话》，1981年5月27日，内蒙古党委政策研究室、内蒙古自治区农业委员会编印：《内蒙古畜牧业文献资料选编》第七册，第354—355页。

1.82%；超过200元的有509个队，占13.95%。两个旗（额济纳旗、西新巴旗）的人均收入超过300元，有两个盟（阿拉善、呼伦贝尔）的人均收入超过200元。在生产发展，社员收入增加的同时，牧区对社会的贡献也有明显增加。1980年，牧区社队集体大畜出栏率达13.8%，小畜达26.1%，是历史最高的水平。据2 732个生产队统计，人均向社会贡献229元，劳均贡献595.5元。①

第二，"以牧为主"的方针得到进一步贯彻，牧区的经济结构有所改变。在1980年因灾种植业大幅度减产，收入下降16.1%的情况下，农、工、副业和其他多种经营收入仍占总收入的24.8%，基本上保持了上年的水平。②

第三，进一步落实了自留畜和家庭副业政策。1980年牧区自留畜由1979年的188.6万头（只），增加到3193万头（只），比上年增长69.3%，占牧区牲畜总头数的15.7%。社员家庭副业收入也有明显的增长。据典型调查，正蓝旗14个牧业公社，1980年社员出卖自留畜、畜产品和饲养猪、禽，采蘑菇、黄花、杏核等家庭副业收入达261.7万元，每人平均86.8元。该旗的卓龙河公社人均家庭副业收入高达185元。③

第四，内蒙古牧区生产条件有了进一步改善。1980年牧区草库伦、畜棚、土井等设施都有增加。固定资产总值达到19 912万元，平均每个生产队5.2万元。年终流动资金总额达到11 483万元，每个生产队平均3万元。家畜改良数比上年增加了11.62%，畜疫防治也取得了一定成绩。④

第五，生产责任制进一步落实。1980年牧区有生产队（基本核算单位）3 566个，有96.7%的生产队建立了责任制，其中实行"两定一奖"和"三定一奖"的生产队占95.5%，绝大多数生产队做到了奖罚兑现。据不完全统计，1980年社员得到奖金322.2万元（不包括奖励的牲畜），比上年增加了37.2%。这就进一步调动了牧民的生产积极性。⑤

以上情况充分证明，内蒙古党委按照党的十一届三中全会以来制定的路线、方针、政策，结合内蒙古的实际，坚定不移地执行了"经济上实行进一步调整，政治上进一步安稳"的重大方针，所采取的各项经济政策、具体措施是安全的，受到广大干部和牧民的拥护。

但是，在执行经济政策和经营管理上，主要存在以下两个方面的问题：

第一，多年来在收购环节上存在的压等压价现象始终没有得到解决，广大牧民对此反映强烈。1979年随着农产品提价，牲畜和某些畜产品也提了价，按自治区规定，

① 《巴图巴根同志在全区牧区经营管理座谈会上的讲话》，1981年5月27日，内蒙古党委政策研究室、内蒙古自治区农业委员会编印：《内蒙古畜牧业文献资料选编》第七册，第355页。

② 《巴图巴根同志在全区牧区经营管理座谈会上的讲话》，1981年5月27日，内蒙古党委政策研究室、内蒙古自治区农业委员会编印：《内蒙古畜牧业文献资料选编》第七册，第355页。

③ 《巴图巴根同志在全区牧区经营管理座谈会上的讲话》，1981年5月27日，内蒙古党委政策研究室、内蒙古自治区农业委员会编印：《内蒙古畜牧业文献资料选编》第七册，第355页。

④ 《巴图巴根同志在全区牧区经营管理座谈会上的讲话》，1981年5月27日，内蒙古党委政策研究室、内蒙古自治区农业委员会编印：《内蒙古畜牧业文献资料选编》第七册，第355页。

⑤ 《巴图巴根同志在全区牧区经营管理座谈会上的讲话》，1981年5月27日，内蒙古党委政策研究室、内蒙古自治区农业委员会编印：《内蒙古畜牧业文献资料选编》第七册，第353—356页。

各类牲畜要分别提价31%～41%。但据锡林郭勒盟、乌兰察布盟、巴彦淖尔盟、伊克昭盟和包头市的统计，1979年实际收购价格和提价前相比都没有达到国家规定提价的幅度。1979年大畜实际收购单价每头平均为244.6元，比1978年（1978年是提价前六年中大小畜单价最低的一年，下同）提价49.5%，仅提25.6%。如与最高年（1975年）每头平均单价261.5元相比，还低16.9元，低6.5%。小畜实际收购单价每只平均为20.5元，比1978年的14.7元提39.5%，与最高的1976年每只平均单价17.6元相比，只提价16.5%。1980年的实际收购价格比提价的1979年又下降9%。据锡林郭勒盟、乌兰察布盟、巴彦淖尔盟、伊克昭盟和包头市的统计，1980年大畜每头平均降到200元，下降18.2%，小畜平均每只降到20.1元，下降2%。从全区牧区而言，1980年大畜平均交售单价比1979年下降38.08元，小畜下降0.68元。仅此两项就使牧业生产队少收入588.3万元。①

第二，牧区吃"大锅饭"的问题，从分配上大体有如下三种：

一是社员内部"吃"：（1）统一核算的饲料基地产量低、收入少、费用大，多数是吃了牧业的"大锅饭"；（2）在肉食分配上，牧区一般都低价按人口平均分配。1980年牧区社员自食的大畜11.2万头，平均价格低于国家收购价格226.1元的70.7%，自食小畜138.7万只，平均单价低于国家收购单价（20.3元）的48.8%，两项差价达3 162.2万元，占当年分给社员部分的24.2%，在社员内部挣劳动日少、人口多的户，吃了挣劳动日多、人口少的"大锅饭"。（3）一部分欠款户吃了非欠款户的"大锅饭"，而且这种趋势继续发展。1980年全区牧区社员从集体分到的人均收入，社员自留畜、家庭副业收入都比上年有所增加，但社员超支欠款还增加到5 700.5万元，累计超支欠款户达37 690户。减去1980年新增公社，原有公社累计超欠总额达到5 720.2万元，增加5%，累计超欠户达86 961户，占总户数的46.7%，增加0.8%，户均欠款额658元。哲里木盟增加最多达17%。呼伦贝尔盟虽减少7.4%，但欠款户仍占总户数的47.2%，户均欠款1 489元；欠5 000元以上的有166户，其中有7户超过万元。②

二是拉出去"吃"：（1）机关单位和个人到牧区买肉食牲畜不等价交换。1980年卖给机关单位和个人大畜11.1万头，平均单价183元，每头卖价比卖给国家的少收入43.1元；小畜87.3万只，平均单价15.4元，比卖给国家每只少收4.9元，仅此两项生产队少收906.4万元，牧区每人平均少收入9元。（2）机关单位和个人平调款、借支款长期不还，且还在增加。据统计1980年达到1 806.5万元，比上年增加280.4万元。（3）"左"的思想指导下，一些单位挤牧区草牧场。据8个盟（市）的统计，自1968年以来部队、兵团、机关、学校、厂矿、企事业单位在牧区开垦草原达1 273万亩，相当

① 《内蒙古自治区畜牧厅关于牧区收益分配情况和经营管理方面存在问题向自治区人民政府的报告》，1981年4月17日，内蒙古党委政策研究室、内蒙古自治区农业委员会编印：《内蒙古畜牧业文献资料选编》第七册，第349—350页。

② 《内蒙古自治区畜牧厅关于牧区收益分配情况和经营管理方面存在问题向自治区人民政府的报告》，1981年4月17日，内蒙古党委政策研究室、内蒙古自治区农业委员会编印：《内蒙古畜牧业文献资料选编》第七册，第350页。

于8 500平方公里。[①]这也是一种形式的“大锅饭”。

三是进来“吃”：（1）公社化的1959年参加牧区分配的人口为36.8万人，人均从集体分到的收入为117.4元，此后农区和区外人口大批流入牧区。到1980年末（按可比数），参加牧区分配的人口已达到69.6万人，其中原牧区人口按2%的递增率计算，应达到55.8万人，流入人口约13.8万人，占人口总数的9.8%。这21年期间，生产发展了，收入增加1.62倍，但人均收入只达到156.4元，仅增加39.1元。由于流入人口的增加，1980年原牧区每人少收入38.8元。乌兰察布盟达茂旗查于敖包公社1959年从集体分配部分，人均235.8元，1980年从集体分配部分将近增加1.85倍，人口增加1.74倍，社员人均分配收入为245.9元，仅增加10.1元。锡林郭勒盟苏尼特左旗全旗1960年社员分配部分总额为159万元，当年人口只有4 937人，人均分配收入达322元。1980年社员分配部分达到409.5万元，增加1.6倍，人口增加到13 846人，人均收入降到295元，比1960年减少27元，下降8.4%。流入人口吃了原牧区社员的“大锅饭”。（2）流入人口大量借款，长期不还。据呼伦贝尔盟牧业四旗统计，离队知识青年2 831人，欠生产队款达595.7万元，平均每人欠款2 104元。锡林郭勒盟正蓝旗11个公社统计知识青年欠款29 863元。[②]

上述吃“大锅饭”的问题虽然没有责任制问题那么普遍，但存在这样问题的队社员积极性受到影响。另外，还出现了草牧场建设、牲畜改良和畜疫防疫等方面缺乏领导；长距离游牧的物资供应困难；一部分牧民不服从领导，擅自宰杀或卖出牲畜；因畜群规模过大，由大锅饭转变为小锅饭；承包值过高而达不到要求等问题。[③]

在上述背景下，从1981年开始内蒙古牧区实施了牧业生产大包干责任制。[④]并在总结牧业生产大包干责任制的成功经验和失败教训的基础上，1983年内蒙古牧区“草畜双承包”责任制等经济体制改革，在全国五大牧区中率先全面展开。[⑤]“草畜双承包”制度，把人、畜、草和责、权、利结合起来，它把畜牧业的第一性生产和第二性生产

---

① 《内蒙古自治区畜牧厅关于牧区收益分配情况和经营管理方面存在问题向自治区人民政府的报告》，1981年4月17日，内蒙古党委政策研究室、内蒙古自治区农业委员会编印：《内蒙古畜牧业文献资料选编》第七册，第350—351页。

② 《内蒙古自治区畜牧厅关于牧区收益分配情况和经营管理方面存在问题向自治区人民政府的报告》，1981年4月17日，内蒙古党委政策研究室、内蒙古自治区农业委员会编印：《内蒙古畜牧业文献资料选编》第七册，第351—352页。

③ 旗、社两级调查组：《乌兰毛都公社牧业生产责任制的调查报告》，1982年9月11日，科右前旗档案馆藏，资料号：67-1-134。

④ 牧业大包干制主要内容：在畜群、草牧场等生产资料的所有权不变，不以劳动力、人口、户、畜股平均牲畜，不拆散原有畜群的前提下，将集体牲畜按群包干给自愿结合的畜群组经营；实行“三保”（保本，保值，保纯增）“三固定”（固定畜群、草场、棚圈）；一包三年，一年一结算；生产队里不计工，不投费用，一切费用由畜群组承担，畜产品收入全归畜群组牧业税和牲畜、畜产品的收购任务，由人民公社、生产大队依照过节任务，下达给各承包组去完成。除役畜和接羔场外的生产用具作价归承包组，作价在3～5年内还清，役畜作价归承包组使用，损失赔偿；役畜老弱病残时经允许可以调换，接羔场按适当的造价缴纳一定比例的折旧价；畜疫防治工作由集体统一进行，防疫费和平时治疗费由畜承包组承担等。

⑤ 在推行“牲畜作价，户有户养”的同时，又推行了“草场公有，承包经营”的办法，统称“畜草双承包”责任制。“草畜双承包”制度，是从牧区以牧为主、按群经营以及居住分散等特点出发，既包括牲畜又包括草原的一种新的畜牧业经营管理形式——“牲畜作价归户和草原分片承包”。具体来说，对基层每一个单位、承包户、个体户的草原使用界限进行落实，做到四至清楚，范围明确，登记造册，由旗县人民政府发给草场使用证。在此基础上，建立草牧场管理委员会，制定了草原管理公约，明确了国家、集体、个人的权利和义务，建立合理利用草原的制度。

统一起来，对滥垦、滥占、滥砍、滥搂、滥挖草原的各种破坏活动进行有力的干预，保护了草原资源，从根本上解决了长期以来草原吃“大锅饭”的问题，第一次把畜牧业的经营自主权完全交给了牧民。同时，它更适合于牧区生产力发展水平，更有利于按自然规律和经济规律办事，更能充分调动牧区群众的积极性，从而也更有利于牧区畜牧业生产的迅速发展。[①]

① 详情参见：仁钦《内モンゴルの牧畜業の「放牧地と家畜の請負制」の再検討》，载《モンゴルと東北アジア研究》第3巻，2017年，第93—106页。